KB137402

그날을 어찌 잊을 수가 있겠습니까

– 경산 코발트 광산 구술 증언집 1

경산 코발트광산 구술 증언집 1

그날을 어찌 잊을 수가 있겠습니까

초판 인쇄 | 2023년 10월 15일
초판 발행 | 2023년 10월 23일

엮은이 | 최승호
대　담 | 경산코발트광산유족회
　　　　김장수, 나정태, 박귀분, 박성운, 박정자, 손계홍, 윤용웅, 이금순, 이대우
　　　　이선이, 이영기, 이정우, 이태준, 이필용, 전장윤, 정시종, 정영호, 정옥이
구술 정리 | 박선영

발행인 | 신중현
발행처 | 도서출판학이사
　　　　대구광역시 달서구 문화회관11안길 22-1
　　　　전화 : 053) 554-3431　　　팩스 : 053) 554-3433
　　　　홈페이지 http://www.학이사.kr

* 본 도서는 경산코발트광산유족회의 도움으로 발간되었습니다.

©2023, 최승호, 경산코발트광산유족회
이 책은 저작권법에 따라 보호받는 저작물이므로 무단 전제와 무단 복제를 금하며, 내용의
일부를 인용하거나 발췌하려면 반드시 도서출판학이사의 서면 동의를 받아야 합니다.

* 본 도서는 구술의 현장감을 살리기 위해 구어체를 문어체로 바꾸지 않았습니다.
* 본 도서에서는 구술자의 구술 내용을 맞춤법이나 표준어규정에 따라 수정하지 않고 그대로 살렸습니다.

경산 코발트광산 구술 증언집 ❶

그 날을 어찌 잊을 수가 있겠습니까

— 최승호 엮음

위령탑

學而思 학이사

발간사

고난의 세월 누가 대신 울어주나요?

무슨 영문인지도
모르고 끌려가고
학살 당한 지 73년
고난의 세월이 흘러가도
한 많은 100만 유족들
가슴속의 응어리진 한을
한데 모을 수 있는
유족 증언집을
늦게나마 발간하게 됨을
이사장으로서
진심으로 감사드립니다.
자료수집과 유족들 증언 녹취에
생업을 뒤로하고
불철주야 고생하신
대외협력국장 최승호 이사님께

감사드립니다

그동안 유족들 한 맺힌 마음,
진실화해위원회 1기, 2기
진실규명 본인진술에서도 말할 수 없었던
가슴 아픈 사연
증언집에 기록돼서
2세, 3세 후손들한테
역사의 진실,
기록으로 남겨질 것입니다.

끝으로 이번 증언집에는
유족 전원의 증언을 수록하지 못했지만
차후 2집, 3집, 4집을
계속 발간해 나갈 계획입니다.
이 증언집을 통해 유족들
영원한 형제자매로 남기를 기원드립니다.
감사합니다.

(사)경산코발트광산유족회 이사장 **나정태**

증언집 발간에 부쳐

경산시 평산동 대원골 및 페코발트광산은 일제의 식민수탈과 강제동원, 민간인학살이라는 우리 근현대사에서 결코 잊힐 수 없는 역사적 공간입니다. 학살의 현장과 학살의 수단이 모두 청산하지 못한 역사에서 비롯되었다고 해도 과언이 아닙니다.

식민지배하 일제가 조선 독립운동가와 사회주의자 등 사상가들을 탄압하고 회유하기 위해 만든 조선사상범 보호관찰령은 이승만 정권에 의해 국가보안법으로 태어났으며, 보호관찰령에 의해 전향한 사상가들을 관리한 사상보국동맹은 해방 후 국민보도연맹으로 재탄생했습니다. 조선사상범 예방구금령은 다시 한국전쟁 직후 요시찰인 예비구금령으로 탈바꿈해 이승만 정권에 반대한 정치범들을 불법적으로 처형하는 단초를 제공했습니다.

민간인 불법 처형의 현장이 된 페코발트광산은 일제가 남긴 유산입니다. 1930년대 중반 한국인이 운영하던 춘길광산(금은)은 1937년 일본인 소유의 보국코발트광산으로 바뀌면서 일제의 지하자원 수탈 및 조선인 강제동원 현장으로 바뀌었습니다. 뒤

이어 세계정세의 변화 속에서 열강의 전쟁터로 변한 한반도에서, 이승만 정권은 태평양전쟁 종전과 함께 폐광된 이 보국코발트광산 수직 갱도와 대원골 등 주변 골짜기에 대구형무소 수감자 약 2500명을 포함해 경산 청도 영동지역 등 국민보도연맹원 약 1000명 등 무려 3500명을 전쟁이라는 특수한 상황을 이용해 불법적으로 처형했습니다.

지난 2000년 3월 재결성된 사단법인 한국전쟁전후경산코발트광산민간인희생자유족회는 재결성 23년이 되는 올해 늦은 감이 있지만 그동안 채록해 온 유족 및 목격자, 진상규명 활동가 등 28명의 학살관련 기억을 담은 증언집을 출간하게 되었습니다.

증언집에 수록된 구술증언은 1차로 지난 2007년 1기 진실화해위원회가 실시한 코발트광산 유해발굴을 위한 구술채록작업(10명)과 2차로 영남대 지역협력센터와 함께 작업한 2차 구술채록(10명), 3차로 2기 진실화해위원회가 성공회대에 의뢰해 실시한 대구경북지역 피해자조사에 공동연구원으로 참가해

채록한 구술증언(8명) 등 총 28명의 기억입니다. 28명 가운데 미망인 등 유가족은 22명이며, 목격자는 5명, 활동가는 1명입니다.

특히 지난 2019년 12월 〈한국전쟁 70주년, 민간인학살 기록화 사업〉에 착수해 아흔이 넘은 고령의 유가족, 즉 피학살자 미망인들의 기억을 담는 구술증언채록은 지역대학이 지역사회의 현안해결을 위해 나섰다는 점에서 의미 있는 작업이었습니다. 영남대 지역협력센터(센터장 최범순)는 이 구술증언채록 사업 외에도 총 3권으로 된 코발트광산 백서 발간에도 지원을 아끼지 않아 지역대학의 역할에 충실했다는 평가를 받고 있습니다. 20대 청상과부가 돼 치열하게 살아온 미망인들은 지난 70년의 세월을 입이 있어도 말을 못 하고, 눈이 있어도 눈물을 흘리지 못하며 인고의 세월을 살아오신 분들입니다. 희생자의 얼굴도, 붙잡혀 가던 그날의 기억도 희미해졌지만 '이제는 돌아오겠지' 하는 마지막 희망의 끈을 놓지 않고 사시는 분들의 기억이야말로 민간인학살의 아픈 역사를 치유하고 용서와 화합의 길로 가기 위해서는 반드시 필요한 작업이었습니다.

다만 3차례 구술채록 과정에서 안타까웠던 것은 유가족들의 기억이 빠르게 지워지고 있다는 사실입니다. 2기 유족을 합쳐 200여 명에 이르는 코발트광산 유가족들의 증언채록이 시급하다는 것도 이 같은 이유입니다. 유족회는 이번 1차 증언집 발간에 이어 앞으로도 유족들의 증언채록작업을 계속해 나가야 합니다. 그러기 위해서는 정부와 지자체, 대학 등 지역사회의 관심과 지원이 꼭 필요합니다.

이 증언집이 반전평화인권 교육은 물론 기억의 장치로, 또한 진실과 화해의 관점에서 두루 활용돼 지역의 역사적 상처를 치유하고 공동체를 복원하는 길잡이 역할을 하기를 진심으로 바랍니다.

경산코발트광산유족회 이사, 경산신문 발행인 **최승호**

유족의 기억과 목소리

경산코발트광산 민간인학살사건 유족 증언 자료집 발간을 축하드립니다. 이번 증언 자료집 발간은 경산코발트광산사건 기록물이 또 하나 엮어졌다는 점에서 그 의미가 큰 것 같습니다. 2019년부터 영남대학교 LINC+사업단 지역협력센터 사업의 일환으로 경산코발트광산사건 기록물 작업을 진행했던 만큼 증언 자료집 발간 소식은 더욱 반가웠습니다. 센터의 경산코발트광산사건 첫 작업도 바로 유족분들의 증언을 영상으로 남기는 작업이었습니다. 대학의 교육개발센터 스튜디오 안에서 다섯 분의 증언을 듣던 장면이 지금도 눈에 선합니다. 유족분들의 증언이 스튜디오 안에 있는 사람들의 가슴에 와닿아 저마다 조용히 눈물을 흘린 장면도 적지 않았습니다. 이어진 사진 자료집 발간, 백서 발간은 영남대학교 지역협력센터가 진행한 사업들 가운데 의미가 컸습니다.

경산코발트광산사건에서 유족의 증언은 매우 중요한 것 같습니다. 지금도 여전히 사건의 진상이 상당 부분 묻혀 있는 가운데 유족의 증언은 사건의 진실을 전해주는 매우 중요한 목소리입니다. 유족의 목소리는 학살된 당사자를 대신해서 사건의 진상과 진실을 전해주는 목소리입니다. 그런 만큼 이번 증언 자료집에 그치지 않고 시간이 허락하는 한 후속 작업이 이어진다면 더 좋겠습니다. 이미 오랜 시간이 흘렀고 그런 만큼 증언을 들려 줄 유족들도 상당한 고령에 이르렀기 때문에 남겨진 시간에 대한 절박함도 느낍니다.

유족의 증언은 한국전쟁 초기에 일어난 경산코발트광산사건이 이후 70년을 넘는 오랜 시간 동안 유족의 삶에 드리운 그림자를 전해주는 목소리이기도 합니다. 경산코발트광산사건은 한국전쟁 초기에만 머무는 사건이 아니라 많은 유족의 다양한 삶의 굴곡을 타고 현재도 이어지는 사건입니다. 경산코발트광산사건은 학살된 당사자의 문제, 학살된 당시의 문제인 동시에 남겨진 유족들의 삶을 동여매고 비틀면서 이후에도 계속 이어졌던 것입니다. 이 점에서 유족의 증언은 사건이 남긴 상처의 기록이기도 합니다.

유족의 증언은 목소리의 복원이자 계승이기도 합니다. 억울하고 가슴 아팠지만 오랫동안 가슴 속에 묻어두어야만 했던 목소리의 복원입니다. 이렇게 묻힌 목소리를 복원하는 것, 묻어둔 이야기를 목소리에 싣는 것은 상처의 치유이자 진실의 계승이기도 합니다. 유족의 증언은 과거와 연결된 목소리이기도 하지만 미래로 이어지는 목소리이기도 한 것입니다. 이 점에서 유족의 증언을 육성과 영상으로 남기는 것과 더불어 이렇게 증언 자료집으로 엮어내는 작업은 미래를 위해서 매우 중요한 작업입니다.

이번에 발간된 경산코발트광산사건 유족 증언 자료집에 담긴 목소리들은 우리에게 크고 많은 숙제를 줍니다. 다양한 목소리에 무엇이 담겨 있는지, 다양한 목소리 사이에 어떤 차이와 연결이 있는지, 이 다양한 목소리를 어떻게 공유하고 기억해야 하는지 등등 이루 헤아릴 수 없이 많은 숙제를 건넵니다. 그래서 이번 유족 증언 자료집은 하나의 매듭이자 새로운 시작의 디딤돌입니다. 이런 매듭과 디딤돌이 앞으로도 계속 이어지기를 바라는 마음입니다.

감사합니다.

영남대학교 교수 최범순

차례

1차 구술 (2007년 5월~7월)

CONTENTS

2차 구술 (2020년 11월~12월)

1차 구술

2007년 5월~7월

나정태
박정자
이금순
이정우
이태준
전장윤
정영호

1. 나정태 구술증언

사건과의 관계 : 나윤상의 자
구술 당시 나이(생년월일) : 1947년 11월 21일
출생지 : 대구 북구 침산동 51-3번지

최승호 : 시작하겠습니다. 성함이 어떻게 되시지예?

나정태 : 나정태.

최승호 : 한자는 어떻게 됩니까?

나정태 : 바를 정 자, 클 태 자.

최승호 : 생년월일은?

나정태 : 1947년 11월 21일.

최승호 : 음력이죠?

나정태 : 아니요. 주민등록상. 원래대로면 10월 9일.

최승호 : 출생지는?

나정태 : 출생지는 대구 북구 침산동 51-3번지.

최승호 : 현재 주소는?

나정태 : 현재 주소는 달서구 상인3동 1563번지 비둘기아파트

102동 407호.

최승호 : 전화번호가 어떻게 됩니까?

나정태 : 집에 전화번호는 053-638-****.

최승호 : 휴대폰은?

나정태 : 011-535-****.

최승호 : 집은 어떻게, 자택입니까?

나정태 : 그거는 영구임대 아파트.

최승호 : 가족은?

나정태 : 가족은 집사람하고 1남 1녀.

최승호 : 초등학교는 언제 들어가셨습니까?

나정태 : 60년도에 초등학교 졸업했으니까 53년도.

최승호 : 어느 초등학굡니까?

나정태 : 처음에는 대구 칠성초등학교요. 칠성초등학교 1년 다니다가 집이 파산되고 그래가 큰집으로 오는 바람에 동인초등학교 15회 졸업.

최승호 : 칠성초등은 1년만?

나정태 : 예. 아버지 행방불명되는 바람에….

최승호 : 학교 들어가기 전에 아버지가 돌아가셨다는 말씀이신가요?

나정태 : 아버지 얼굴도 모르고 돌아가셨지예.

최승호 : 중학교 들어가셨습니까?

나정태 : 중학교는 없어예.

최승호 : 초등학교 졸업이 끝이고?

나정태 : 그때부터 직장으로 들어갔지예.

최승호 : 직장은 언제 들어가셨습니까?

나정태: 졸업 두 달 전부터….

최승호: 직장은 언제 하셨습니까?

나정태: 그러니까 3월 25일날 졸업했는데 1월달에….

최승호: 처음에 들어갔는 데가?

나정태: 처음에 들어갔는 데는 목공소. 1년 하다가 인자 섬유공장에….

최승호: 섬유공장엔 61년도쯤?

나정태: 예, 그렇지. 61년도. 그래가지고 25년을 했으니께네.

최승호: 섬유공장에서 25년간? 그사이에 결혼은?

나정태: 결혼은 72년도에.

최승호: 첫애는 언제 낳습니까?

나정태: 72년 6월달에 낳지.

최승호: 딸입니까?

나정태: 아들.

최승호: 둘째 애는?

나정태: 74년도.

최승호: 그러면 공장 쭉 다니시면서 학교 보내고?

나정태: 예.

최승호: 애들 출가는?

나정태: 다 했어요.

최승호: 몇 년도에 큰애가?

나정태: 딸이 2001년도에 했으니까 아들은 1999년도.

최승호: 지금 그 사업하시는 건 언제부터?

나정태: 1983년부터 섬유공장 경영하다가 93년도에 부도 나는 바람에 집사람도 뇌출혈….

최승호 : 충격이 그때 많이 크셨네요?

나정태 : 그래가 93년부터 현재까지 인테리어….

최승호 : 원래 고향은 어디십니까?

나정태 : 고향은 대구.

최승호 : 고향에 태어나서 다른 데로 간 적 있으십니까?

나정태 : 없습니다.

최승호 : 어릴 때 그 뭐고 꿈은 뭐였습니까?

나정태 : 어릴 때 꿈은 이런 이야기 해도 되나. 일단은 배고픈 걸 그거를 한 번 해결해 보자 카는 거.

최승호 : 그때 구체적으로 가족사항이 어떻게 되십니까?

나정태 : 그때 아버지하고 어머니하고 저하고 여동생이 하나 있었 는데 여동생은 아버지 얼굴은 모르고. 어머니하고, 우리 친어머니가 맨 우리 집에서 와가지고 같이 동거를 했다카 이끼내. 우리 엄마가 직장생활을 나가는 바람에….

최승호 : 주변에 큰집하고 작은 집하고 같이 다 있었습니까?

나정태 : 예, 다 있었습니다. 우리는 칠성동에 있었고, 아버지 형 제 중에서 아버지가 막내이기 때문에….

최승호 : 아버지 형제가 몇 명입니까?

나정태 : 4형젭니다.

최승호 : 4형제 중에 막내?

나정태 : 예. 4형제 중에 막낸데 둘째 큰아버지하고 우리 집하고 담 하나 사이로 칠성동에 있었고….

최승호 : 그때 당시에 그 아버지는 직장 무슨 직장 다니셨습니까?

나정태 : 대구역에 기관포. 차 정비도 아이고 옛날 기관포 카는 거 는 …(정확하지 않음) 잡는 일을 하는.

최승호 : 어머니는?

나정태 : 어머니는 집에 살림 사셨고….

최승호 : 아버지 형제분들은 뭐 어떤 일을 하셨습니까?

나정태 : 아버지 형제분은 제가 알기로는 4형제, 고모 두 분 계시
는데 전부 옳은 직장 없었는 것 같애요. 없어가지고 아버
지가 대구역에 근무해가지고 막내아들로서 연명을 했는
모양이지. 경제를….

최승호 : 막내아들이 경제를 책임지고 계셨구나. 그러면 아버지가
4형제 다 먹여 살리고 하면 상당히 어려웠겠다 그지예?

나정태 : 예.

최승호 : 공장 하시다가 부도나는 바람에 인테리어로 하셨다?

나정태 : 예.

최승호 : 그때 당시에 결혼은 중매결혼이었습니까?

나정태 : 연애결혼.

최승호 : 연애결혼하셨고, 그때 부인은 어떻게?

나정태 : 내 같은 직장에.

최승호 : 섬유공장에 같이 다니셨습니까?

나정태 : 예.

최승호 : 현재 가정 형편은 어떻습니까?

나정태 : 지금 생활보호대상자(현 기초생활수급자).

최승호 : 그 지금 그 출가한 아들은 지금 어디 살고 있습니까?

나정태 : 서울에.

최승호 : 서울에선 지금 뭘 하고 있습니까?

나정태 : 직장생활 합니다.

최승호 : 손자도 봤습니까?

나정태 : 손녀 둘이….

최승호 : 그리고 딸은?

나정태 : 딸도 손녀 서이.

최승호 : 딸은 어디 삽니까?

나정태 : 화원 삼거리.

최승호 : 신랑은 뭐 하시고?

나정태 : 섬유가 아이고 자동차 부속품 회사원.

최승호 : 지금 자식들하고 그때 생활하고 지금은 어떻습니까?

나정태 : 경제적인 것보다도, 생활 자체가 좀 많이 달라졌심다.

최승호 : 그때보단 훨씬 더 또 화목하고 그렇습니까?

나정태 : 예.

최승호 : 그러면은 저 그 초등학교 졸업하고 인자 중학교를 진학할 그런 생각은 없었습니까?

나정태 : 하고 싶어도 형편상 못 했습니다. 졸업장도 받기 전부터 직장엘 들어가야 했으니까.

최승호 : 그게 인제 아버지가 안 계시기 때문에 그런 모양이죠?

나정태 : 예.

최승호 : 그 학교 다니면서 특별히 저 뭐 기억나는 거나 이런 게 있습니까? 할머니한테 들었다거나 아니면은?

나정태 : 학교 다닐 때는 아버지도 없고 어머니도 없고 요러니까 큰집에서 인자 얹혀가지고 살고 있으니까 학교에서 도움을 많이 받았지예. 학용품이라든지….

최승호 : 그러면 어머니는 언제 돌아가신 겁니까?

나정태 : 결혼하신 지는 십 년이 돼도 아버지 사건 후부터 바로 결혼하시뿌니까.

최승호 : 그러면 엄마도 없이 생활하셨네요?

나정태 : 여동생은 남우 집으로 보내고.

최승호 : 지금 여동생하고는 연락이 됩니까?

나정태 : 예, 한 번씩은 돼예. 수원에 살고⋯.

최승호 : 그때 학교 다닐 때 뭐 특별하게 친하게 지내던 친구 있습니까?

나정태 : 친하게 지내기보다도 자꾸 그래 되니까 사람 자체가 외톨이가 되니까 특별히 마 친하게 지낸 사람은 없고⋯.

최승호 : 그때 학교 다닐 때 나는 앞으로 어떻게 되겠다. 꿈이나 아니면 본받고 싶은 사람들은 있었습니까?

나정태 : 지금도 기억이 나는데 그 담임선생님 지금도 존경하고 싶은 분이고, 내 형편이 그러이 소풍을 가면은 그 애들한테 조만큼씩 걷어가지고, 지금 주면 못 먹죠. 그거를 이제 갖다 주고, 학용품도 한 번씩 사주시고 이라니까. 그분은 연락은 못 해도 제가 항상 마음속으로 존경을 합니다.

최승호 : 지금 연락은 안 되시고?

나정태 : 예.

최승호 : 자, 그러면은 인제 아버지에 대해서 본격적으로 물어보겠습니다. 당시에 그 아버지는 일제 때는 어떻게 생활하셨는지 들으셨습니까?

나정태 : 제가 알기로는 일제 때부터가 대구역에 근무를 오래 하셨습니다.

최승호 : 일제 강제동원되지는?

나정태 : 그런 일은 없었습니다.

최승호 : 그때 당시에 아버지가 그 연세가 얼마나 되셨지예?

나정태 : 스물여섯인가 잘 모르겠어.

최승호 : 그러면 그 대구철도에 근무하신 게 한 몇 년쯤 됐습니까?

나정태 : 큰집에 하고 이야기 들어서는 마 한 오륙 년….

최승호 : 그럼 스무 살부터?

나정태 : 예.

최승호 : 스무 살부터 다니시면서 큰집 4형제 다 먹여 살리셨네요?

나정태 : 그래가지고 결혼하는 바람에 분가됐고….

최승호 : 그때 당시에 그 뭐고 마을 그 집 주변에 뭐 아버지하고 같이 그, 잘 활동을 하셨거나 아니면 그때 당시에 얘기 들은 게 있습니까?

나정태 : 그때 이야기로는 아버지가 그 지금 같으면 노조위원장 그쯤 됐기 때문에, 또 안 하면은 그게 근무를 모하잖아. 그래 인자 거기에서 근무를 하고 시위(대구 10·1사건) 사건에 연루가 돼가지고 대구경찰서에서 조사를 받고, 두 번을 미결수로 살았거든요.

최승호 : 그게 언제 몇 년도입니까?

나정태 : 그러니끼네 47년도 제가 그 태어났고, 49년도에 여동생이 태어났으니까 그러니까 49년까지는 아버지가 살아계셨다카이끼네요.

최승호 : 45년도쯤에 아버지가 직장에 들어가셨다?

나정태 : 예.

최승호 : 노조 활동은 언제부터 하셨는지요?

나정태 : 노조 활동은 거의 뭐 45년부터….

최승호 : 들어가자마자 노조 활동 하시고?

나정태 : 예.

최승호 : 10·1 사건에 연루된 거는?

나정태 : 그거는 우리 큰집에서 하는 이야기가 아버지에 관한 기억은 다른 거는 없어도 10·1사건 때문에 계속 피해 다녔다. 피해 다녔는데 대구형무소에 두 번째 미결수로 있는데 아버지 친구분이 면회를 가니깐 이번에는 못 나가지 싶으다.

최승호 : 그때가 몇 년도인지는 알고 계십니까?

나정태 : 그기 49년쯤 될끼라예. 그래 친구가 면회 가니깐 요번에는 못 나가지 싶으다. 애들 둘이를 큰집에 데려다주라. 내하고 여동생을…. 그래 이 이야기가 마지막 면회라 카더만요.

최승호 : 그때가 49년도?

나정태 : 50년도 초지.

최승호 : 그 친구분 성함은 혹시 알고?

나정태 : 잘 모르지예. 어머니한테 들었는 게, 어머니가 면회 갈 때는 어머니는 어차피 개가를 하신다꼬 생각을 하고 하셨기 때문에 그 이야기를 안 하고 친구분이 면회를 가니깐 요번에는 인자 못 나가지 싶으다. 애들 둘이를 큰집에 데려다주라. 그래가지고 인자 엄마한테 그 이야기를 하고 50년도에 아버지 인자 학살 당하고…. 그리고 우리가 한 일 년을 갔다가 칠성동에 살았잖아예.

최승호 : 엄마하고 3명이?

나정태 : 할머니하고 친할머니하고. 그래가지고 집도 하나 있었는데 큰집에서 팔아가지고 날 키아주는 조건으로 데리고 가

고, 여동생은 남의 집에 보내고. 어머니는 그질로 개가를
하고.

최승호 : 51년도에 아들은 큰집에 가고 딸은 다른 집에 가고?

나정태 : 그때 수양딸로….

최승호 : 그때 그런 사람들이 많았지예?

나정태 : 많았지예.

최승호 : 어머니는 개가하시고?

나정태 : 개가하시고….

최승호 : 그때 집은?

나정태 : 처분해서 큰집에서….

최승호 : 그 후로 직장 나갈 때까지는 큰집에서 사셨네요?

나정태 : 예. 큰집에서는 61년도에 나왔지예. 나와가지고 그질로
인자 현재까지 저 혼자 살고….

최승호 : 그때 당시에 아버지 그 10·1 사건이 1946년도에 있던 사
건입니까?

나정태 : 46년도예.

최승호 : 그럼 그때 당시에 아버지가 어떤 역할을 하셨는지 들었습
니까?

나정태 : 내 피해 다녔고…. 우리 아버지는 우리 큰집에서 그 사건
이 일어나기 전에는 경제적으로 전부 다 그 근무를 하면
서 월급을 받아가지고 큰집 식구들하고 같이 먹고살았는
데 그 사건 나고부터는 큰집에서 전부 다 우리 아버지를
갖다가 못 오도록 했는 기래. 같이 인자 그기 된다꼬. 혹
시나 또 연루될까 싶어가. 그러이끼네 우리 어머니 이야
기로는 딸하고 아들하고 둘이를 낳아도 어떻게 낳았는지

27

도 모르겠고 5년 동안엔 그 집에는 없었다꼬 봐야 된다.

최승호 : 노조 활동 하시느라고?

나정태 : 예. 노조 활동하고.

최승호 : 그러면은 그때 당시에 노조에 직책이나 이런 건 들어보셨습니까?

나정태 : 어머니 이야기로는 노조위원장 아입니꺼.

최승호 : 위원장으로서 10·1 사건에도 앞장을 서셨겠네예?

나정태 : 예.

최승호 : 노조위원장 활동했던 것 때문에?

나정태 : 그 바람에 경찰도 더 가깝게 조사대상이 되고….

최승호 : 10·1 사건 때문에 보도연맹에 가입하셨는가요?

나정태 : 그래가지고 첫 번째 나왔을 때는 보도연맹에 가입을 했기 때문에 풀어줬고….

최승호 : 보도연맹에 가입해서 1차 석방이 됐다? 그러면 2차로 다시 수감이 됐네요?

나정태 : 예.

최승호 : 2차 수감 될 때는 무슨 이유가 있었던가예?

나정태 : 2차 수감이 됐을 때는 인자 보도연맹에 해가지고 6·25 터지는 바람에….

최승호 : 전쟁 때문에 소집된 거네요?

나정태 : 예. 소집된 거죠.

최승호 : 다른 지역에는 보통 경찰서라든지 아니면은 무슨 창고 이런 데에 들어가게 됐는데 아버지는 그러면 바로 대구형무소에?

나정태 : 예. 산증인은 아버지 바로 우에 형에 친형제지예. 우리

아버지에 우에 형에 제매가 대구형무소 간수로 있었거든
예. 대구형무소 우리 아버지의 내막을 우리 큰아버지한테
자주 전해 드렸거든예. 자기는 그 공무원으로 근무하면
서….

최승호 : 그러면 아버지 언제 들어왔다고 얘기했습니까?

나정태 : 그러니끼네 1년에 한 6개월 살고….

최승호 : 그럼 50년도 1월달쯤 들어오셨네요?

나정태 : 1월쯤인가? 그래가지고 여름에 한참 더울 때 7, 8월에
아버지가 마지막 눈을 가라 가지고 그것도 오후 다섯 시
에 나왔다 카는 게.

최승호 : 마지막 나간 게 오후 다섯 시?

나정태 : 예. 도라꾸에다가 그 눈을 가라가지고…. 그래서 그날 그
제매 되신 분이 우리 큰아버지한테 오셔가지고, 형님 동
생 오늘 마지막으로 눈을 가라 나갔심니다. 마지막 나갔
습니다. 그리고 제가 그 한은 그 학살 한보다도 그 한이
더 많거든요. 그러면은 형제로서 자기 동생이 잘했든 못
했든 그래도 인간의 생명인데 오늘 마지막으로 눈을 가라
가지고 나가면 어디 가겠습니까? 학살 현장으로 가는데,
그러면 그날을 기억했다가 이 조카가 크면은 야야 9월 9
일날 제사를 지내지 말고 그날로 제삿날을 잡아라. 그 이
야기 한마디 못 해주는 게 어떻게 그게 큰아버지입니까.
그래가 저는 한은 학살보다도 거기 한이 더 있습니다.

최승호 : 6개월 정도 형무소 수감되어 있을 동안에 면회는?

나정태 : 그때 면회는 친구분하고, 아까 이야기했다시피 그래 가
고….

최승호 : 엄마도 면회 갔다 오시고?

나정태 : 예.

최승호 : 엄마가 면회 갔다 오시면 그때 당시에 교도소 안에 사람이 얼마나 있었는지 이런 거 얘기해줍디까?

나정태 : 면회를 한 번 신청하면은 3일씩 걸린다 카거든예. 그래 오늘 면회 가가지고 당장 하는 기 아이고 오늘 접수를 해놓고 3일이고 이틀이고 언제 오라 카면 그때 시간을 맞차…. 그만큼 안에 사람이 빡빡하이 들어가 있으니까.

최승호 : 수감자가 많았다는 얘기지예?

나정태 : 예.

최승호 : 그때 당시에 사식을 넣어주거나?

나정태 : 그런 형편은 우리가 못 됐지예. 면회도 거의 마 숨어서 봐야 되고.

최승호 : 잠깐 얼굴만 보고 그때 당시에 둘째 제매가 간수로 있었으니까 좀 면회 같은 건 좀 더 할 수도 있었을 텐데?

나정태 : 자기 신분이 두려워가지고 더욱더 모른 척하지. 자기가 와가지고 우리 큰아버지한테는 인자 마 내막을 상세하게 이야기 해주고 했지.

최승호 : 그러면 안다고 특별하게 뭐 챙겨주거나 이렇게는 못 했겠다 그죠?

나정태 : 예. 못 챙겨주고 눈만 서로 한 번씩 사형 간이니깐 눈만 마주치고. 거기에 또 하나 있는 거는 아버지하고 둘째 큰 아버지 사위가 우리 아버지하고 나이도 두 살 차이라 김만달 씨라고 지금 대구 수성구에 아직도 살아계시는데 그분은 보도연맹에 가입을 안 했기 때문에 정년퇴직을 했

고. 그래서 우리 아버지가 그래서 인우보증서 쓸 때 이야기하니까 그런 보증은 못 서 준다. 그것도 아까도 캤지마는 담 하나 사이에 같이 살았잖아요. 아침만 되면 같이 출근하고 같이 퇴근하는데 다만 아버지는 보도연맹에 가입을 했고 이분은 가입을 안 했기 때문에….

최승호 : 6개월 동안에 그러면 엄마가 면회를 몇 번이나 가셨습니까?

나정태 : 그까지는 잘 모르겠심다.

최승호 : 큰집에서는?

나정태 : 일절 안 가지예. 한 번도 동생이…. 그날도 기억 안 하시는 분들인데….

최승호 : 큰집에서는 면회 안 했고 엄마만 면회하셨네요?

나정태 : 그리고 아버지 친구.

최승호 : 아버지 친구분도 그 당시에 그 같이 근무하셨는가요?

나정태 : 근무는 안 하셨어예. 그냥 인자 뭐 동네 친군지 안 그러면 아주 학교 친군지 그건 몰라도 철도하곤 관계가 없었어예. 그분이 갔다 오셔가지고 밖으로 못 나간다.

최승호 : 이분은 자주 가셨던가예?

나정태 : 자주 갔는 거 같아예. 그러니끼네 엄마한테 자주 전달해 주고. 특히 가족 면회는 더 안 됐다카이.

최승호 : 가족 면회는 잘 안 되는 상태에서 친구분이 면회해서 마지막으로 엄마한테 인제 애들 큰집에 델따주라 카더라.

나정태 : 예.

최승호 : 큰집에 델따주라 카는 거는 인제 개가하라 이 말이시네요?

나정태 : 그렇지예.

최승호 : 아버지도 못 나가시니?

나정태 : 아버지도 제 생각에는 어차피 그때 우리 어무이가 스물 셋이거든예. 마 재가를 하실 거다. 이래 생각하기 때문에.

최승호 : 오히려 편하게 해주신다고?

나정태 : 예.

최승호 : 아들 잘 부탁한다고 하면은 더 마음에 걸렸을 거고?

나정태 : 예.

최승호 : 그러면은 그때 그 마지막 오후 다섯 시에 트럭 타고 눈 가리고 나갈 때 그때 어디로 인제 나갔습니까?

나정태 : 그때 경산하고 저 가창….

최승호 : 경산코발트광산하고 가창하고 두 군데로?

나정태 : 예.

최승호 : 그런데 코발트 오셨을 것이다?

나정태 : 그렇죠. 그게 왜 그렇냐 하면은 그 허담 선생님 증언에 제가 맞춰보니까 하루만 더 있었으면 우리 아버지 안 나 갔을 끼라 카이끼네.

최승호 : 그다음 날부터 그러면?

나정태 : 폐지됐다카이.

최승호 : 중단됐어요?

나정태 : 예. 그러니끼네 마지막으로 나갔다 카는 게, 그냥 나왔는 같으면 오늘 나왔다, 내일 나간다 이칼 낀데 우리 사형되 시는 분이 우리 큰아버지한테 형님 동생 오늘 마지막으로 나갔다. 그러니까 억울하다 이기지. 허담 선생도 그다음

에 나갈 날인데 그분 이야기를 들어보면 추정 상에 세월이 흘러가 그렇지. 거의 한 감방에 있었어요.

최승호 : 음, 허담 선생하고?

나정태 : 예. 그러니께 그 간수가 그래 오늘 마지막으로 나갔다 카이끼네. 다 자기들은 그기 알고 있을 꺼 아입니꺼. 오늘 몇 차 몇 차 나간다 카는 거를. 그게 더 학살보다 더 가슴 아픈 이야기고….

최승호 : 허담 선생님 증언으로는 아버지가 경산코발트광산에?

나정태 : 예. 왜 경산코발트를 갔다고 생각하느냐 하면은 대구형무소가 원체 안에가 많으니까 그냥 수감 안 된 사람들은 대구형무소 마당에다가 천막을 쳐놓고 한 차만 되면은 싣고, 싣고 가는 게 가창이고. 수감자는 끄잡아내서 태워 가는 거는 전부 경산코발트다.

최승호 : 수감자는 코발트 가고, 마당에서는 가창에?

나정태 : 예. 그래서 저는 코발트로 더 확신이 되죠.

최승호 : 아버지는 수감돼 있었으니까?

나정태 : 예. 수감돼 있었으니까.

최승호 : 음, 그리고 나서 코발트 돌아가셨다 얘기 들었는 거는 언젭니까?

나정태 : 제가 최근에 들었는 기 거 저 폭파할 때.

최승호 : 폭파할 때 같으면 2001년도에?

나정태 : 예. 2001년도 아침에 뉴스를 보고. 뉴스 봤을 때까지만 해도 저런 일이 있었구나. 이래 생각하고 그날 낮에 11시쯤 돼가지고 라디오 방송을 들으니까 보도연맹 카는 이야기가 나오더라카이. 그래서 내가 엠비씨(MBC) 저 취재팀

한테 전화를 걸으니까 이태준 회장님 전화번호를 가르쳐 주더라카이. 그래서 이때까지 연결했는 겁니다. 그래서 저는 그때부터 남한테 안 숨기고 떳떳하게 신고했고.

최승호 : 2001년도 3월달에 처음으로 아버지가 돌아가신 이유를 제대로 알았다?

나정태 : 예. 그날 아침에 뉴스를 봤을 때, 그 고사를 지낼 때는 저런 일도 있었구나 하고 이래 생각했는데 11시 돼가지고 라디오 방송을 들으니까 보도연맹 카는 이야기가 나오더라 카이끼네요. 국민보도연맹. 그래서 어릴 때 저는 우리 집안들한테 귀에 따까리가 앉을 정도로 들은 이야기라카이. 보도연맹.

최승호 : 그때 당시에 그 보도연맹원들 뭐 때문에 보도연맹이 됐죠?

나정태 : 우리 아버지 같은 경우에는 노조 활동 했다카이.

최승호 : 그리고 10·1사건 연루됐다?

나정태 : 예. 10·1사건 연루됐다.

최승호 : 혹시 주변에 보도연맹 가입하신 분들 있었습니까?

나정태 : 그건 어린 나이로서 잘 모르지.

최승호 : 근데 보도연맹 그분들이 죽을 죄를 졌습니까? 아니면 그때 당시에 어째서 이렇게?

나정태 : 그러이 제가 생각할 때는 보도연맹하고는 우리 일반 시민들하고 아무 관계 없는 거를 정부에서 자기들하고 생각이 조금 다르다 해가지고 한 집단으로 맨들어가지고 그것도 사람을 거의 이용하다시피 해가지고 살려준다 캐가지고. 그러이 제가 알기로는 보호하고 도와준다 카는 게 보도연

맹인데 결국은 전부 다 나중엔 전부 다 학살밖에 더 했습
니까?

최승호 : 아버지가 보도연맹하고 하는 것 때문에 부모형제들도 피
해를 입은 게 있습니까?

나정태 : 우리만 입었지. 우리 큰집에 3형제 그중에선 아무도 입은
적이 없지. 우리 아버지는 아예 접근을 못 하도록 했으니
까. 우리 아버지 찾으로 밤 12신지도 모르고 군홧발 신고
큰집에 문 열고 들어가는 그걸 자기들이 고통을 좀 받았
다 거기지예.

최승호 : 가족들은 별로 안 좋아했겠네요?

나정태 : 예. 안 좋아하지. 지금까지도 우리 집안에서 조끔 뭐 이
래 예를 들어가 장교시험을 친다던지 이런 일이 있으면
자기들 실력이 없어가 떨어졌는지는 모르지만은 꼭 우리
아버지를 물고 늘어져….

최승호 : 지금도?

나정태 : 예.

최승호 : 혹시 그런 일이 큰집에 있었습니까?

나정태 : 남산동에 고 바로 우리 증언 안 해줄라 카는 그 여동생
아들이 무슨 사무사에 시험을 쳤는데 시험이 떨어졌어요.
그래서 집안 잔치나 무슨 일이 있으면 꼭 내 얼굴만 거기
보이면 자 저그 아버지 때문에 아무것도 안 된다.

최승호 : 실지로 그게 아버지 때문인지 실력이 없어 떨어진 지 모
르지만 일단은 전부 다 아버지를 원망한다?

나정태 : 원래 남의 말은 하기 좋고….

최승호 : 아버지한테 다 미뤄버리네요?

나정태 : 예.

최승호 : 근데 아버지가 보도연맹에 49년도 정도에 가입했을 것 같은데 가입하고 나서 뭐 경찰서라든지 이런 데 불려가거나 소집돼 가거나 이런 얘기는 들어보셨습니까?

나정태 : 그러이까 가입하고 나서는 아버지가 수감되기 전에는 어린 생각에 보면은 제가 그 마당에 우리 집터가 좀 너리거든요. 거의 경찰들, 꼭 일본 경찰들 맨치로, 우리 보통 옛날집 거트마 방문 열면 요만한 마루 있잖아예.

최승호 : 툇마루?

나정태 : 사람 하나 앉을 수 있는, 거의 내가 밖에서 여동생하고 놀다가 들어오면은 거의 그 앉아 있는 상태라. 저런 사람들이 왜 자꾸 우리 집에 오는지 우리 아버지 얼굴이라 카는 건 저는 얼굴도 모르거든요. 우리 아버지 이름 나윤상 카는 거 그 이름 석 자만 알지.

최승호 : 그만큼 열심히 활동하셨으니까?

나정태 : 그래서 집에 안 들어왔지 싶어. 우리 애들 저하고 여동생이 오면은 또 쉬쉬 카미 가뿌고 가뿌고 했는데 그때는 왜 저 사람들 우리 집에 많이 오노 싶어도 몰랐는데 지금 이까지 와가지고 이런 단계에서 보니까 결국 그 사람들 우리 아버지 찾으러 왔다카이.

최승호 : 혹시 그때 당시에 그 아버지하고 같이 활동해서 집에 왔는 사람이 있습니까?

나정태 : 그런 사람은 없지예. 같이 근무한 사람은 아까도 얘기했듯이 보도연맹에 가입을 안 했기 때문에.

최승호 : 그분 성함은?

나정태 : 김만달.

최승호 : 나이는?

나정태 : 거의 아버지하고 두 살 적다 카면 아버지가 팔십 다섯이니까 팔십 한 서이쯤 됐지예.

최승호 : 그분은 철도에서 활동은 같이 하셨는데 보도연맹 가입은 안 했기 때문에 살아남았고?

나정태 : 예.

최승호 : 중간중간에 소집돼가 갔던 거는 기억이 안 나신다?

나정태 : 예. 아버지는 늘 집에 없었으니까.

최승호 : 그러면 아버지는 집에 와도 사실은 집에 온 게 거의 기억에 없으니까 얼굴을 잘 모르네요?

나정태 : 예.

최승호 : 근데 그때 당시에 코발트광산으로 갔다는 얘기를 듣고 나서 코발트광산에 한 번 가볼 생각이나 이런 건 없었습니까?

나정태 : 그때 그 이야기 듣고 바로 2001년도에 그 바로 신청을 했지예. 그전에는 코발트 이야기가 늘 알아 있어도 어데 가 가지고 아버지 직업이라든지 아버지에 대한 이야기가 나오면 아예 고마 거의 피하던지. 그리고 아버지가 안 좋았다 카는 거는 늘 어릴 때부터 알고는 있었지예. 알고 있어도 지금에 와서 생각해 보니까 그 시대로서는 안 좋았는 게 아니죠.

최승호 : 그때 열심히 하셨으니까?

나정태 : 열심히 하셨지예. 꼭 말로써 인정을 그리 시키고 주위에 환기를 그래 시키기 때문에 그기 나쁘다 이래 하는 거지.

지금도 역시 노조 하는 거 똑같잖아예.

최승호 : 그렇죠. 그때도 지금도 노조 활동하는 사람 있고….

나정태 : 예. 지금도 노조 활동한다 캐가 옛날맨치로 그래 다 학살 시킨다 카마 대한민국에 살아남겠습니까. 우리 집에 크게 뭐 아버지 이익을 보는 것도 아니고.

최승호 : 그때 당시에 보도연맹 가입한 사람들을 왜 한꺼번에 죽였다고 생각합니까?

나정태 : 그러니까 정부에서는 제가 판단할 때는 정부에서는 거의 뭐 불리하다. 일종의 독재정권 아입니까. 독재정권에서 자기보다 반대파는, 차라리 반대파를 설득을 시켜가지고 국민화합을 만들어야지. 반대파라 해가지고 무조건 없애 뿐다 카는 거, 그 신념 하나밖에 더 있습니까. 지금까지 도 국민화합 국민화합 하면서도 아직까지도….

최승호 : 아버지 지금 호적은 어떻게 돼있습니까?

나정태 : 북구 침산동으로 돼 있고….

최승호 : 사망 일자는 어떻게?

나정태 : 사망 일자는 우리 큰어머니가 행방불명으로 계속 놔둬 봐야 안 되겠다 싶어가지고 그때만 해도 대구 법원이 삼 북동 형무소 뒤에 고 있었더랍니다. 그때 그 법원에 식당 일을 하러 다니니까 판검사들이 그 식당에 식사를 많이 하러 오신다카이. 그래 오셔가지고 그분들한테 이야기를 해가지고 병으로 병사로….

최승호 : 몇 년도에 돌아가신 걸로 돼 있습니까?

나정태 : 60 몇 년도라카이. 지금 고건 있거든예. 주민등본.

최승호 : 실제로는 50년도에 돌아가셨는데 한 십 년 후에?

나정태 : 예. 돌아가시기는 68년도지 싶다. 내가 결혼은 71년돈데 하도 어처구니가 없어. 호적등본을 띠보고 나서 어처구니가 없더라카이끼네. 4년 전까지 아버지 살았다카이. 살았는 걸로 돼 있어. 참 기도 안 차는 일이라.

최승호 : 인제 진상규명 되고 하면은 이런 것부터가 제일 먼저 바루어야 하지 안 되겠습니까?

나정태 : 예. 제일 먼저 바라야지.

최승호 : 혹시 아버지 돌아가시고 나서 엄마가 재가하고 큰집에서 특별히 힘이 들었거나 어려운 거 있었습니까?

나정태 : 그거는 인자 제가 철이 들고부터는 제가 아버지 역할을 다 하지예. 제가 큰집에서 우리 아버지한테 하는 그런 한 대를 생각했다 카면은 제가 안 가면은 우리 애가 육촌이 없어지잖아예. 그래서 제가 많이 길흉사라든지 그래 다녔기 때문에 그래 인자 다닌 거는 오히려 협조해준 택이지예.

최승호 : 지금 그러면 사촌들 간에 사이는 좋네요?

나정태 : 예. 사이는 다 좋아졌어예. 그래도 요번에 보증서 안 서줄라 카는 바람에 둘째 누나하고 큰누나들 하고는 좀 안 좋지예.

최승호 : 그분들도 아버지가 밉지 자식들이 미운 건 아니잖아예. 조카들이 미운 건 아닐 거지요?

나정태 : 그렇지예. 그분들도 우리 아버지가 삼촌인데 안 해줄라 카는 거는, 더 참 한심스러운 일은 아버지가 잘했다, 못 해가지고 안 해줄라 카는 게 아니고 한나라당이기 때문에 못 해 준다. 그런 어처구니없는 이 사회 실정 아입니까. 그거를 안 당해본 사람은 몰라도 난중에 안 해준다 캐도,

그 좀 이야기 좀 캐주소 카는데 자기 삼촌의 명예 회복을 위해서 하는 데도 몬 해준다 칼 때 저는 큰아버지가 어릴 때 나라에 큰 죄를 지은 줄 알았다 카이끼네. 알았는데 한나라당 당원이기 때문에, 이거는 열린우리당에서 진상규명 하기 때문에 이거는 몬 해준다 이거부터가 바라야 국민화합이 되지. 그래가 한나라당사에 전화를 했습니다.

최승호 : 그러면 큰집이나 고모님들은 한나라당 활동하시고?

나정태 : 예.

최승호 : 본인은 지금 지지하는 정당 있습니까?

나정태 : 지지하는 정당 없습니다. 그저 고마운 거는 그래도 저 참여정부라도 있으니까 진상규명을 해주셔가지고 저는 지금 저 우리 집안 족보에, 지금 십 년마다 한 번씩 바꾸는 족보에 이 경산코발트에 대한 내용을 다 넣었습니다. 아버지가 어떻게 해서 돌아가셨다는 것을 자식으로서 해명을 해드려야 될 꺼 아입니꺼. 그래서 1950년도 대구역에 근무하면서 노조위원장하면서 경산코발트광산에서 학살 당하셨고 그거를 지금 현 참여정부가 진상규명 중이라꼬 그래 해놨심다. 족보가 곧 12월달에 나오거든요. 그래 해 놓으면 정부는 5년이면 넘어가지마는 이 족보는 삼십 년 사십 년이 가도 이 참여정부가 우리한테 해주는 고마움을 알고 가자.

최승호 : 현재 정부에 대해 고마움을 많이 가지고 계시네요?

나정태 : 예, 고맙죠. 마 금전적인 거는 둘째 문제고 우리 아버지에 대한 말을 할 수 있다 카는 그 자체만 해도 이 압박에서 해방을 시켰잖아예.

최승호 : 그전에는 아버지가 보도연맹 활동했는 것 때문에 사회적
으로 위축이 되고 했는데?

나정태 : 알고 나서는 당당해졌어예.

최승호 : 지금은 뭐 아버지로 인해 내가 사회생활 하는데 직장생활
하는데 어려움은 없습니까?

나정태 : 오히려 제가 더 당당하고 제가 더 공부를 하니까.

최승호 : 주변 사람들은 반응은 어떻습디까?

나정태 : 거의 지금 하루하루가 달라지는 것 같아요. 티브이에도
나가고 언론도 나가고 이래 하니까 심지어 내 주위의 분
들은 이거 보고 나서는 마 좀 옛날 맨치로 그런 반응이 없
고 좀 안됐다.

최승호 : 사실 지금 제일 중요한 거는 그때 당시 돌아가셨던 분들
이 정말로 우리 사회를 위해서 뭔가 열심히 일했던 사람
들인데 그분들을 복권시키는 게 제일 중요하거든요.

나정태 : 그렇지. 명예를 회복해야지.

최승호 : 그런데 아직까지 심지어 우리 유족들 중에서 보면 우리
아버지는 진짜 일자무식했다, 아무것도 몰랐다, 그런 얘
기만 계속할 때는 아직까지도 이 보도연맹이 우리 유족들
뇌리 속에 나쁜 걸로 인식돼 있구나. 이런 생각이 들거든
요.

나정태 : 제일 답답은 일 아입니까. 그때하고 지금하고 현실을 비
교해 보면은 지금도 맨 생활 활동에, 전선에 뛰어들면 서
로가 경쟁시댄데 그때도 경쟁시대 아입니까. 그런 사람들
이 어데 댕기매 사람을 죽이고 나라를 뭐 잘못되기를 바
라는 사람도 아이라 이기라. 오히려 나쁜 거를 고치자꼬

앞장서다 보니까. 그런 모임 아입니까. 저는 지금까지도 아버지가 떳떳하다고 생각합니다.

최승호 : 아버지 돌아가신 걸로 인해서 정치의식이 많이 진보적으로 바뀌셨네요?

나정태 : 예.

최승호 : 그전에는 정치에 좀 관심이 있었습니까?

나정태 : 그전에는 없었죠.

최승호 : 아버지 사건 알고 나서 정치에 관심을 더 가지게 되고 또 좀 진보적인 의식을 가지게 됐다 그죠. 그러면 혹시나 주변에 관변단체나 한나라당이나 특정 정당 이런 데에서 유족회 활동하는 거에 대해서 손가락질하거나 반대하거나 이런 거는 못 느꼈습니까?

나정태 : 그런 현재까지는 없는데 보증인을 서달라고 했을 때 참 섭섭한 그 소리를 들어가지고. 내가 한나라당 중앙 당사에다가 전화까지 내가지고, 과거사위원회를 국민화합을 위해서 진실규명을 하기 위해서 과거사법을 통과를 시켜놓고 당원들한테 보증 서 주지 마라 그런 교육을 시키면은 도대체 이 나라가 어떻게 돌아갑니까. 차라리 국회에서 도장을 찍지를 말던지. 이게 뭐 하자는 겁니까. 물론 그 통화기록이 안 남아있겠습니까.

최승호 : 그러니까 뭐라고 합디까?

나정태 : 절대 자기들은 그런 일이 없고, 그 개개인의 몇몇 사람이 충성심으로….

최승호 : 진실규명 신청은 하셨지요? 언제 했습니까?

나정태 : 2006년도 11월달에.

최승호 : 어떻게 진실규명이 잘 진행될 것 같습니까?

나정태 : 제가 생각할 때는 아직까지도 어차피 국민화합을 위해가지고 진실규명을 하자고 했을 때는 과거사위원한테만 맡겨 놓으면은 이거는 세월이 가도 해결이 안 날 것 같습니다. 안 나고 아예 고마 정부가 대국민 사과 한 번 하고, 명단을 내놓고 가해자도 있고 피해자도 있으니까 진실규명 하는 자체도 우리한테는 소중한 거지만 나라 자체도 거기 귀중하다 아입니까. 그런데 아직까지도 명단을 안 내놓고 과거사위원한테만 맡겨나 놓으면 한편 생각하면은 좀 이해 못 할 부분은, 그저 우는 애들 사탕 하나 이거를 법으로 하나 맨들어 줬으니까 저 사람들이 좀 조용하이 안 있겠나. 그카다 저카다 세월이 흘러가다 보면은 시시부리하이 되겠지. 근데 이거는 시시부리하이 될 법이 아이지 않습니까. 우리 세대에서 못 하면은 우리 밑에 세대들이, 머리를 똑바로 가지고 있는데 자기 할아버지가 그랬다 카면 가만 있겠습니까. 그때는 정부에서 막지도 못 합니다. 지금 처리해 주는 게 낫지. 이 젊은 세대들이 이 세계화 물을 먹고 나면은 이 해결은 더 안 어렵겠습니까.

최승호 : 혹시 발굴을 지금 하고 있는데 발굴해서 명백하게 국가의 잘못이라는 게 인정되면 국가에서 사과하고 안 하겠습니까. 발굴에 대해서 좀 기대가….

나정태 : 발굴을 해가지고 사과하는 것보다 발굴하기 전에, 제일 지금 우리 유족들이 유해 발굴도 좋고 위령탑도 좋고 위령사업도 좋은데 내 아버지가 언제 돌아가셨고 왜 학살

시켰나 카는 그게 진상규명이 더 큰 거지. 자꾸 그 전시 행정을 해가지고 우선 뭐 하나 등거리이 맨들어 가지고 그쪽으로 여론몰이해놔 놓고는 나중에 그분들 돌아가시고 나면 아무 의미 없는 것 아입니까. 그래도 살아 있을 때 사과 한 마디 받고 언제 돌아가셨다 카는 그 날짜라도, 제사라도 자식으로서 부모 제사라도 제 날짜에 한 번 지내드리고 그 뒤에 위령사업에 적극적 협조해가지고 참 길이길이 이 뜻을 기린다 카는 거지. 지금은 사실은 유해 발굴도 좋고 다 좋지만은 정부가 해야 될 일은 명단을 내놔야 돼.

최승호 : 명단을 가지고 있다고 생각합니까?

나정태 : 저는 절대 가지고 있다고 생각합니다. 그 명단이 없었으면 연좌제를 못 하죠. 명단이 있기 땜에 누구 자식이라 해서 연좌제를 시켰지. 만약에 명단이 없으면 누구를 붙들고 연좌제를 했겠습니까.

최승호 : 그 연좌제가 언제까지였다고 생각합니까?

나정태 : 전두환 대통령 들어서고부터는 그때는 연좌제가 폐지됐다 카지마는 한번은 1983년도에 이산가족 찾기를 안 했습니까. 내가 대구에서 두 번째 상봉가족입니다.

최승호 : 그때 동생 만났습니까?

나정태 : 예. 그래서 동사무소 이산가족 찾기 해가지고 티브이 화면에 나와가지고 나서는 동네 이장, 반장 우리 집에 수시로 드나들었거든요. 그래서 지금 각 동사무소에 보면은 이산가족 책자가 비치가 돼 있습니다. 대구에서 내가 두 번째로 내 이름이 올라가 있습니다. 그러이 그만큼 내 가

족 찾는다는 것도 조사대상이 돼야 된다. 혹시 내 동생이 이북에서 왔는가 싶어가지고 그래 그거까지 이해를 한다 카이끼네. 왜, 학살을 안 했으니까 그래도 학살을 안 했으니까 동생이 찾을 수 있지. 부모를 학살을 했는데 왜 학살했는지 그거 속 시원한 이야기를 하고, 잘못됐다면 우리가 죄를 받아도 되잖아요. 그럼 우리가 죄를 안 받을 정도 같으면 정부에서 진상규명을 시켜 줘야지. 저는 우리 아버지에 대해가지고는 절대로 두려운 일도 없고 떳떳하게 좋은 일 하셨다고 생각합니다.

최승호 : 지금 늦었지만은 그분들 명예회복 시켜야 된다. 그리고 가족들이 당한 피해는 어떻게?

나정태 : 거의 뭐 이쪽은 전부 다 입을 꾹 다물고 살았으니까. 요새 인자 과거사법 나오고부터는 진실규명법 나오고부터는 우리 집안들 연말 때 이래 모이고 하면은 아버지 일은 좀 잘 돼가나? 그래도 겉치레 체면상 이야기는 다 한마디씩 합니다.

최승호 : 제사 때 명절 때 모이면? 그런 것도 인제 많이 힘이 되겠네예. 살아가시는 데?

나정태 : 힘이 되예.

최승호 : 그전에는 큰집에서도 모른 척했잖아요?

나정태 : 예.

최승호 : 혹시 진실규명하고 발굴하는데 그 지방자치단체 경산시나 아니면 시민단체 이런 데 하시고 싶은 말씀 있으십니까?

나정태 : 뭐 다른 거 이야기할 게 있겠습니까. 그만큼 잘해 주시고

또 진행도 잘 되고 하니까. 어차피 해주시는 거 우리 유족들 마음 흡족하게, 그렇다고 해서 유족들이 아무 뭐 어데 그거를 바래는 것도 아니잖습니까. 그저 언제 돌아가셨다 카는 그거 시원하게 감추지 말고 또 우리 유족들 두 번 죽이는 일은 제발 좀 삼가줬으면….

최승호 : 그거는 인제 정부 차원에서 하고 우리 경산시 차원에서는 어떤 거 해줬으면 좋겠다. 이런 거 있습니까?

나정태 : 경산시 차원에서 제 바램은 제가 대구서 살고 있어서 그런지 몰라도 앞으로 우리 위령탑 지을 때 좀 여론몰이 하지 말아달라 카는 거.

최승호 : 병원 있고 골프장 있고, 사유지에 들어있고 해서 보존하는 데 상당히 어려움이 있는데 그런 부분에 대해서는 시에 부탁하고 싶은 것은 없습니까?

나정태 : 그러이 그런 일을 민간인이 우리 유족들이 자꾸 열 번 스무 번 나서는 것보다 마 정부 차원에서 경제적 첫째는 경제적 아입니까. 그기라도 좀 협조를 해주시가지고 그래가 유족들이 술 한 잔이라도 칠 수 있도록, 그 자리 하나라도 정부에서 해주는 기 안 맞겠습니까.

최승호 : 과거사위원회에 대해서 한 말씀 해주시겠습니까? 앞으로 활동이 3년 안 남았습니까? 3년 조금 더 남았는데 그동안의 활동에 대해서 말씀 좀 해주십시오.

나정태 : 활동은, 제 바래는 것은 물론 그분들 애는 자시죠. 제가 간접적으로 봐도 그렇지만 일종의 제 욕심으로 봐서는 인원이 모지랜다 카면서도 물론 지금 접수하는 게 얼매나 많습니까. 자꾸 이 보도연맹에 대한 것들은 뒤로 처지는

것 같더라 카이끼네.

최승호 : 인원수가 원체 많으니까.

나정태 : 예. 신고 건수가 많으니까 한 명 신고됐는 것도 수십 명 연구원들이 거기에 붙어야 되고, 몇몇 조사위원들이 그 붙어야 되는데 그래 그런 거를 자꾸 볼 때 뭐 다른 일은 세월이 흘러가도 진실이 나오지만 이 일만큼은 우리 유가족들 살아있을 때 그저 한 풀어 준다고 생각하시고 어차피 하시는 거 좀 더 확실하게 해주셨으면 고맙겠습니다.

최승호 : 혹시 집에 아버지 사진이라든지 옛날 사건과 관련된 자료나 이런 거 혹시 가지고 있는 거 있습니까?

나정태 : 안 그래도 그것 때문에 제가 항상 마음이 안 편한 게, 제가 결혼하기 전에는 아버지 철도 근무하면서 철도 제복을 입고 찍은 사진이 절에다가 9월 9일날로 제사를 모시났는 바람에 그때 사진이 있긴 있었는데 제가 결혼하고 나서는 제가 제사를 모셔오는 바람에 그 사진이 분실이 됐습니다. 그러이 지금이라도 우리 집안들한테 꼭 옛날에 아버지 거기 있는가 싶어가지고 제가 많이 알아도 봤거든요. 그게 있으면 나는 떳떳하게 우리 아버지 초상 하나 그리고 싶다카이끼네.

최승호 : 큰집이나 이런데 큰아버지들과 같이 찍은 사진이라도 있을 건데.

나정태 : 없어예. 그러이 그기 하나라도 있으면 참 저한테는 큰 그기 되는데 지금은 그 절도 폐간돼 버리고….

최승호 : 그 절이 없어졌습니까? 그러면 그 후에 60년도부터 유족회도 결성하고 위령제도 지내고 그랬었는데 그때는 전혀

모르셨네요?

나정태 : 그때까지는 전혀 몰랐심다.

최승호 : 아버지하고 관련되는지도 몰랐고?

나정태 : 예.

최승호 : 그러면 그때 당시에 신문이라든지 자료 이런 거는 갖고 계시는 게 없습니까?

나정태 : 예. 이런 일이 있고 나서 참 이 사람들이 전부 다 숨기는 기 너무 많구나 싶은 게, 한 번은 한 직장에서 7, 8년을 선후배로 살았는데 과거사법, 이 진실화해법 통과되고부터는 자기 아버지도 우리 아버지하고 똑같더라 카이끼네. 지금 경주의 그 유족, 요새는 더욱더 뜻이 전에보다도 더 뜻이 더 맞지예.

최승호 : 같은 회사에 같이 다녔다는?

나정태 : 예. 다녔어도 서로가 말을 안 하니까예. 그래가지고 우리 여 경산코발트 언론에 나오고 나니까 자기가 인자 내 나왔는 얼굴을 보고 내한테 면담을, 요새 아주 가깝게 지내거든예. 면담 후로 가깝게 지내는데….

최승호 : 아 그분 경주유족회?

나정태 : 예. 경주유족회. 전화 함 왔을 끼라예. 거기에 취재왔다고 고맙다꼬. 그래 그분들이 자기 집안들 다 모여가지고 절을 한 번 지내는 모양이데예. 그분이 신해복 씨라고, 그분도 형제가 4형젠데 제일 맏이가 옛날 유족회하고 하다가 반 죽다 살아났는 모양이라. 그래 그분이 아직도 살아 계시는데 동생이 신고를 한다 카이끼네 입도 띠지 말고 빵끗도 하지 말고 가만 있으라 카이….

최승호 : 아직까지?

나정태 : 예.

최승호 : 현재 유족회에서 뭘 맡고 있습니까?

나정태 : 사단법인 이사로.

최승호 : 이사로 있습니까? 아주 중추적인 역할을 맡고 계시네요?

나정태 : 열심히 해야지예.

최승호 : 지금 유족회에서 하는 사업은 어떤 게 있습니까?

나정태 : 첫째고 둘째고 명예회복이지.

최승호 : 명예 회복 사업을 하고 계시고, 유족회 회원들은 많이 있습니까?

나정태 : 한 160명 정도.

최승호 : 이사 활동하시고 유족들 마음은 지금 잘 합치가 잘 됩니까?

나정태 : 다른 거 뭐 협회보다도 아버지가 다 똑같으니까 친형제보다 더 가깝죠.

최승호 : 모임은 자주 하십니까?

나정태 : 두 달에 한 번.

최승호 : 두 달에 한 번 하시고. 개인적으로 유족회 활동을 통해 만난 사람들하고 친하게 지내는 일은 없습니까?

나정태 : 거의 다 친하죠.

최승호 : 개인적으로도 자주 만나십니까?

나정태 : 개인적으로도 뭐 자주 전화도 하고 그러이 암만 전화를 오래 해도 싫증이 안 나죠. 마음이 똑같으니까.

최승호 : 앞으로 유족회 활동을 하시면서 다짐을 마지막으로 해주십시오.

나정태 : 어쨌던 간에 마음 같이 모아가지고 정부에서 보상할 때까지, 보상이라면 돈을 떠나가라도 마 정부에서 사과 한 번 받고 싶고, 그라고 진상규명 해가지고 우리 아버지 언제 돌아가싰다 그때까지 뭉쳐야죠. 뭉쳐가지고, 뭐 달리 뭉치는 건 아이고 뜻을 모아야 길이 있는 거 아입니까. 그때까지 열심히 해야죠.

최승호 : 유족회 하시면서 힘든 점은 없습니까?

나정태 : 힘든 거 할라 카면은 다 여 아무도 못 나오죠. 열 일을 제쳐놓고 나와야 됩니다.

최승호 : 생업에는 지장이?

나정태 : 생업에는 많죠. 특히 제가 하는 일은 자리를 비우면 안 되니까. 그렇지만은 일단은 나도 아버지 제사 한 번 떳떳하게 지내고 싶고…. 그래서는 더 뛰야죠.

최승호 : 제일 큰 소망이 아버지 제삿날 바로잡는 것?

나정태 : 9월 9일날 안 지내고 나도 우리 아버지가 있다카는, 그 잘못되고 부모 모르는 사람들이 9월 9일 지내지. 자식이 엄연하이 여기 있는데 9월 9일 지낸다 카는 거는…. 옛날은 옛날이지마는 지금은 하루가 사실은 급합니다. 거짓말 날짜라도, 정부에서 거짓말이라도 가르쳐 주었음 싶은 게 날짜라. 그래마 되면 우리 자식까지 그 날짜가 아버지 날짜 안 되겠습니까.

최승호 : 지금 손자 두 분은 저 할아버지 사실을 제대로 다 알고 있습니까?

나정태 : 예. 인터넷에 들어가면 우리 애가 전부 그 댓글을 많이 올려가지고 홍보를 많이 하고 있습니다. 경산코발트에 대

해가지고.

최승호: 손자들도 할아버지 삶에 대해서 이해하고?

나정태: 예.

최승호: 최근에 증손자들 다섯 명 봤는데 할아버지가 그 증손자들 한테도 할아버지 활동을 알려주실 겁니까?

나정태: 알려야죠. 지금은 너무 어리니까. 우리 손녀들 여기 오면 첨에 집에서 데리고 올 때는 할아버지 산소에 간다 이카 는데 막상 굴 앞에서 우리 아들하고 내하고 절을 하면은 손녀들이 자기 아버지보고 아빠, 아빠 할아버지 산소는 왔는데 무덤은 없노 카고.

최승호: 빨리 발굴 작업이 완료되고, 위령탑을 세우고, 거기서 지 낼 수 있도록 해야겠다 그지요?

나정태: 아이고 그래야죠. 고생을 했고, 고생이라기보다도 고생 은 당연하지. 자식으로서 한데 마음의 소원이죠.

최승호: 혹시 제가 물어보지 못한 것 중에서 내가 꼭 이 얘기는 하 고 싶은 게 있습니까? 아버지 관련해서.

나정태: 뭐 거의 제가 하고 싶은 말은 다 했다고 생각합니다. 다 했다고 생각하는데 아무튼 다 같은 국민인데 그 50년대 그 일로 인해가지고 제발 좀 색다른 사람으로 주위에서 안 봐줬으면 좋겠다 카는 거. 그기 유족들 두 번 죽이는 것 아입니까.

최승호: 예. 아무튼 오늘 장시간 고생하셨습니다.

나정태: 예. 수고했심다.

최승호: 고생했습니다.

2. 박정자 구술증언

사건과의 관계 : 김인효(호)의 처
구술 당시 나이(생년월일) : 1928년 10월 20일
출생지 : 경산시 진량읍 양기리

최승호 : 지금부터 할머니의 구술증언을 시작하겠습니다. 성함이
　　　　어떻게 되시죠?

박정자 : 박정자.

최승호 : 한자는?

박정자 : 곧을 정 자. 아들 자.

최승호 : 생년월일이 어떻게 되시죠?

박정자 : 28년 10월 20일.

최승호 : 양력입니까?

박정자 : 양력.

최승호 : 음력은?

박정자 : 음력은 9월 초여드레.

최승호 : 태어나신 곳이 어딥니까?

박정자 : 진량면 양기동. 경산 진량면 양기동.

최승호 : 지금 사시는 데는?

박정자 : 여기 대명6동 582-20번지.

최승호 : 전화번호가 여기가 몇 번입니까.

박정자 : 656-****.

최승호 : 여기 집은 어떻게?

박정자 : 이 집은 구청집입니다.

최승호 : 구청 시니어타운?

박정자 : 예. 복지 차원에서 3명이 셋방 살고 있는데 저 방 살고 이
쪽 방 살고….

최승호 : 할머니 가족은 어떻게 됩니까?

박정자 : 가족?

최승호 : 자녀가?

박정자 : 자녀는 딸 하나.

최승호 : 따님 성함이?

박정자 : 김영숙.

최승호 : 몇 년생이십니까?

박정자 : 46년생.

최승호 : 돌아가신 분, 할아버지 가족은 몇 형제였습니까?

박정자 : 4형제. 8남매인데 남자는 4형제.

최승호 : 그러면 돌아가신 분이 몇째입니까?

박정자 : 셋째. 지금 다 돌아가시고 막내 고모 한 분만 살아계셔
요.

최승호 : 그때 돌아가신 분이 두 분이시죠?

박정자 : 아니지. 우리 영감 하나지.

최승호 : 돌아가신 분 성함이 어떻게 되시죠?

박정자 : 김인호. 호적에는 호인데 효로 되어. 한문으로 그렇게 되지.

최승호 : 셋째?

박정자 : 네. 8남매 중에 셋째. 8남매 중에는 셋째고 고모들 다하면 넷째가 모르겠어. 고모들이 위에 둘이 있었어. 그래서 다섯째지.

최승호 : 그럼 몇 년생이었습니까?

박정자 : 올해 81세입니다. 내보다 8살 더 먹었으니깐.

최승호 : 20년생이시네요?

박정자 : 88세입니다. 20년생이니까.

최승호 : 생일은 혹시 아십니까?

박정자 : 2월 스물아흐레. 그렇게 기억이 남습니다.

최승호 : 할머니 그러면 28년도에 양기리에서 태어나셔서 초등학교 어디 가셨습니까?

박정자 : 아니오. 그 진량초등학교.

최승호 : 진량초등학교?

박정자 : 예.

최승호 : 입학하셨습니까?

박정자 : 예.

최승호 : 몇 살 때?

박정자 : 아홉 살 때.

최승호 : 졸업하셨습니까?

박정자 : 졸업하고.

최승호 : 그다음 중학교도 가셨습니까?

박정자 : 아니오.

최승호 : 결혼은 언제 하셨습니까? 몇 살 때?

박정자 : 졸업하고 그다음 해인가? 열여섯 때 결혼했어요.

최승호 : 38년도에 결혼하셨네요?

박정자 : 정신대 때문에.

최승호 : 열여섯 살 때입니까?

박정자 : 예.

김영숙 : 그래서 나를 나이 열아홉에 낳았어요.

최승호 : 그러면 41년도에 낳으셨단 말이죠?

박정자 : 내가 42년도에 결혼하고 3년 만에.

최승호 : 결혼하고 3년 만에 낳았어요?

박정자 : 열여덟인가 열아홉 들어가.

최승호 : 결혼하고 몇 년 만에 낳으셨다구요?

박정자 : 결혼하고 1년 만에 낳았지. 아니지. 열여덟 살이니까, 열
아홉에 낳았으니까 4년 만에 낳은 택이지.

최승호 : 4년 만에?

박정자 : 예. 첫째.

최승호 : 그때 혹시 할아버지가 일본에 강제징용 가셨습니까?

박정자 : 아니오.

최승호 : 결혼할 당시에 뭐 하셨습니까?

박정자 : 그냥 평양 군수품 공장에 있었어. 들어갔다 그리 알고 있
어. 그 일 하다가 손을 다쳐가 왔어.

최승호 : 군수품 공장에 다니셨다? 결혼 당시에?

박정자 : 네.

최승호 : 내려와서 한 일은 뭐 하셨습니까?

박정자 : 와가지고는 장사를 쫌 크게 했어. 농사짓는 거는 어른들이 하시고 과일 같은 거. 이제 사과 같은 거 사가지고 갔다 팔고, 과일상 그런 것도 하고 그다음 통이 커가지고, 큰 거 그런 거 보고 그래 하다가 크게는 마이는 안 해도 장사해가 돈도 쫌 벌고 그랬는데 그 형이 매일 그렇게 사는 것 보고 많이 나무랬어요. 형이 뭐 한다고 저런 짓을 하고 돌아댕기나, 그러면서 나무래고 나보고는 맨날 그런 거 안 한다 그러면서도 어딘가 모르게 자꾸 마음이 끌리는 것 같아요. 형이 그러니까. 형이 그때는 박산, 저 진량 박산(금박산)에 굴 파두고 숨어서 있었어요.

최승호 : 형님 그때 좌익활동 하실 때?

박정자 : 그래 하는데 형이 와이카노하고 맨날 나무라며 그러면서도 어제나 오늘이나 술 잡수고 오면 허~ 우리 형님 참 대단하다카이, 그러더라구요.

최승호 : 형님 성함이 어떻게 되시죠?

박정자 : 김종석.

최승호 : 큰형님이십니까 그러면?

박정자 : 제일 큰형입니다. 둘째도 있고 셋째도 있고.

최승호 : 둘째는 성함을 혹시 아십니까?

박정자 : 둘째는 만주 있다가 해방돼서 와가지고. 종철. 김종철.

최승호 : 첫째 김종석 씨가 나중에 유족회 회장했던 분이지요?

박정자 : 회장은 김종철인가….

최승호 : 네.

박정자 : 회장했어예?

최승호 : 아들이 지금 대구에서 살 건데….

박정자 : 그건 막내. 거도 막내입니다. 거도 아들이 많아예.

최승호 : 그러면 여기 와서 사업하시다가 결혼하고 나서는?

박정자 : 결혼하고 쫌 있다가. 우째된 거냐 하면 평양 금속공장에서 일을 하다가 해방 조금 전에, 해방 조금 전에 왔어요. 해방 조금 전에 와가지고 조금 있으니께 해방되뿔데. 그래가지고 그래갔고 해방될 당시에 그 머 사과 같은 거 해가 화차에 실어가가 팔고 오고…. 그래 쫌 크게 했어요. 그래가지고 돈을 얼매나 가지고 와가지고 그래 시아버지 드리고 그랬거든. 그리고 내가 그때 돈에는 관심이 없고 시집살이 한다고….

최승호 : 결혼할 때는 뭐 하셨습니까?

박정자 : 결혼할 때는 그러니깐 그 공장에….

최승호 : 결혼하고 평양 사시다가 같이 내려오셨네요?

박정자 : 예.

최승호 : 오시자마자 해방되고?

박정자 : 예. 그때 이제 집에 와가지고 조금 있다가 장사를 한다고 한 1년쯤 장사하다가 머 할만한 게 없으니까 고만두고 그래.

최승호 : 그만두시고는 뭘?

박정자 : 그만두고는 농사하는 거 좀 도와주고 그래 있었는데 있는 동안에 아무 저거 없이…. 어디가 술자리에 앉으마 큰소리를 하고. 그라고 머 청년단장인가? 그것도 했어요.

최승호 : 청년단장?

박정자 : 단장. 그것도 하고 금속공장서 오면서 순사들보다 더 긴 칼을 가지고 와서 그거를 감당을 몬해가 버리라 카니까

감당을 몬해 가지고 그 진량에 지금도 못이 있는데 그 토산못이라고….

최승호: 토산지못?

박정자: 예. 그 못. 못이 굉장히 깊은데 거기다가 돌을 매가지고 그 칼을 갖다가 버리고. 그거를 집에 놔두니께 자꾸 찾고 이러다가 일본칼이데.

최승호: 일본도?

박정자: 예. 큰 거, 아주 컸어요. 키가 크니깐 자기 키에 맞춰가 아주 컸어요. 그래 이케 큰 말을 타가지고. 그래가 말을 타고 댕기고 그거를 차고 댕기니 해방돼 있는 기야. 그라니께 청년단장도 하고 쫌 이래 우륵부륵 했어예.

최승호: 청년단장이 진량청년단장입니까?

박정자: 그렇지예. 체육회 회장. 청년단장에 체육회 회장. 지금 말하면 체육회 회장. 그래가 얼매나 모두 따르고 인정도 있고 괄괄하이 사람이 갖춰놔노니 그래 붙잡아 가버렸어. 그냥 보통 사람들처럼 그냥 있었으면 농사짓고 머 이래 처박히 있었으면 그래 안 당했어요. 근데 가가도 일을 당해 가꼬마. 그런 바람에 뒷조사를 받아서. 저희 작은아버지부터 떳떳한 인물 다 좋은데 아버지는 달라요. 졸업한 삼촌도 교편 잡았어요. 우리 시동생은 두 살 아래. 교장 질까지 하고 교편 잡고 있고 괜찮았는데, 다 괜찮았는데 야들 아버지는 쫌 우락부락하이 이래. 머 남한테 참 잘하고 사람들이 마 일 좀 하자면 사람들이 확 다가오도록 그렇게….

최승호: 46년도 10·1사건 그때?

박정자 : 예. 10·1사건.

최승호 : 그때 할아버지는 뭐 하셨습니까?

박정자 : 그때 인제 청년단장인가 그거 하고, 그게 쫌 좋아가지고….

최승호 : 그때 만세도 부르고 하셨습니까?

박정자 : 아니. 만세 그런 건 아닌데 집이 요래 있는 것 같으면 한 집 두 집쯤 파출소가 있어. 집은 두 채쯤 있었고 사이에 공간 쫌 있고 떨어져가 있는데 그게 파출소. 그 인자 그 직원들하고, 파출소 직원 참, 순경도 친구하고 지냈는데 방을 하나 줘가지고 사이좋게 살고 형님 동생하고 뭐 서로 정겹게. 순경들이 술 물 데 없으면 우리 마루에 와가지고 술 먹고 그래 지냈지. 지냈는데 어느 날 보면 잡아가는 사람이 딴 사람이 잡아갔으니까.

최승호 : 잡아간 게 몇 년도쯤 입니까?

박정자 : 나는 날짜밖에 몰라요. 5월 16일날 갔는데 음력으로 6월 30일이라 카데. 그때 애가 하나 태어났어요. 요 밑에 동생.

최승호 : 5월 16일 같으면 전쟁 나던 해입니까? 아니면 전쟁 전해입니까?

박정자 : 전쟁 직후? 직전? 아, 직후에.

최승호 : 그러면 음력 6월 30일쯤 되겠네요. 50년도에 그죠?

박정자 : 음력으로 5월 16일.

최승호 : 그러니까 양력으로 6월 30일쯤?

박정자 : 그쯤 되겠네.

최승호 : 전쟁 직후에?

박정자 : 예. 6·25 난 후 바로 고마 잡아갔어.

최승호 : 그때는 누가 연행해갔습니까? 경찰?

박정자 : 연행해 갈 때 경찰 카는데 경찰복을 안 입고 군복을 입었습디다. 트럭 두 대 갖다 놓고. 트럭을 우리 집에서 보면, 우리 사는 집에서 보면 길이 앞에 있었어. 파출소는 저짝에 있고. 우리 집이 요기에 있는 것 같으면 줄 좀 삐딱하니 여기에 대져 있었어. 고 차를 두 대 대놨는데 사람이 꽉 차 있었어.

최승호 : 꽉 차 있었습니까?

박정자 : 흰옷을 입고 두 차가 꽉 차 있으니···. 저기 큰아들, 자 동생을 낳아가지고 아들을 낳아가지고 방에 그냥··· 밤에는 이제 내 때문에 못 자고 낮에 잤는데 낮에··· 오후 한 두시 쯤 돼가지고 사람이 와가지고 막 "인호야" 이래 막 부릅디다. 그렇게 부를 사람이 없는데 "인호야" 이래 부릅디다. 나도 잠 오니까 일하다 들어와서 그 거실에 일어나서 보니까, 앞에 보니까 그 차가 다 보여. 트럭을 거기다 딱 대놨는데 사람이 꽉 차서 막 나무짝대기 같은 걸로 막막아두고 줄을 쳐두고 그랬어요. 그때 그걸 느꼈어요. 그런데 그래가 앞차는 못 타고 뒷차를 타더만은. 뒷차로 타던데 나란히 안 가고 뒷차로 다 안 가고 있다가 야들 아버지가 타니까네 차가 출발을 하데요. 그래가지고 경산서에 가가 있다고, 경산서에 가 있다 캤는데 경산서도 아니고 어데 그 머 창고···.

최승호 : 수리창고?

박정자 : 창고에 있다고 이래 들었어요. 우리와 한집에 사는 윤 순

경이 가가지고 보고 형님 거기에 편안히 계시예. 그래. 양말하고 샴푸하고 수건하고 이런 거를 내가 거 오늘 경산 갑니데이 이카면 딱 고대로 사가지고 내가 주면 가가지고 옷을 받아가 오고. 그래가 15일 동안 있었어요. 그래 음력 5월 16일날 갔는데 6월 초까지 있었어요.

최승호 : 6월 1일까지 있었네요?

박정자 : 있다가 한 날은 갔다 오디만은 형님이 어디 가고 없습디다, 하고 옷을 다시 가져왔어요. 그라고 그때 내가 사식을 넣어줬어요. 시어머니가. 시어머니가 기다리고 사식을 넣어주고 이랬는데 나는 애기를 낳았응께.

최승호 : 못 움직이시고?

박정자 : 움직이지 못하고…. 못 움직이고 있었는데 시어머니가 사식을 넣어주고 그 바로 앞에 있었는데 그만 어느 날 없다 그래요. 그래서 큰 곳으로 갔다고 그래 알아들었어요. 큰 곳으로…. 그 이후로 나는 사실을 몰랐어요. 근데 시어른은 어른들은 지금은 다 돌아가셨지만은 돌아가셨는 거 어느 정도 알았는가 봐요. 그런데 나는 전혀 몰랐어요.

최승호 : 이야기도 안 해주던가요?

박정자 : 안 해주지요. 어른들이 안 해주지 머. 몰래. 어른들이 일절 이야기 안 해주지. 그래가 나는 이제 자를 데리고 금방 난 애기 데리고 맨날 오늘 온다고…. 한 3년 동안 밥 떠 놓고 만날 찬밥 먹고 이래 견디다 날 좋으면 밥도 안 떠 놓고…. 그때 옛날식으로 밥 떠 놓으면 어디 가가 안 굶는다고…. 그래가지고 만날 밥 떠 놓고 기다리지. 그

리고 여지껏 몰랐어요. 그래가 경산 저기 유족회로 연락해가 그때 인자 경산 그가 코발트광산에 갔는 줄 알았지. 코발트광산 간 줄 모르고 전혀 몰랐어. 소식이라고 몰라. 나는 맨날 생각에 아, 그때 도주를 해가지고 이북으로 가가 사는가. 이북에 저기 살았던 자리, 자기가 살았던 자리가 있으니까 이북에 가가 사는가? 살다가 해방되면 오겠지. 그렇게 기다리고 살았는데 몰랐지. 모르고 이제 아들 좀 먹여야 되고 그래야 되니 내가 얼매나 고생을 하며 장사를 했어. 장사를 해가지고….

최승호 : 장사하셨어요?

박정자 : 갈치장사부터 시작해가지고 그래가 내가 생활을 꾸려나가가지고 자도 대학도 몬 보냈어요. 고등학교까지.

최승호 : 그때 어디서 사셨습니까?

박정자 : 그 이후로 상림동 있다가 대구로 칠성동으로 이사 왔죠. 시어른이 칠성동에 집을 사가지고 이사를 왔는데 시어른 따라왔죠.

최승호 : 그때 몇 살 때 왔습니까? 따님은 그때 몇 살 때였습니까?

박정자 : 그러니까 내가 한 스물다섯 살쯤 돼가 대구로 들어왔어요. 스물다섯 살쯤 되가지고. 큰딸 다섯 살쯤 될 때….

최승호 : 칠성동으로 이사 와서는 뭐 하셨습니까?

박정자 : 칠성동으로 이사 와 가지고 내가 이렇게 살아서 안 되겠다 싶어서, 내 단독으로 어른들 아래서 일해선 안 되겠다 싶어가지고 하꼬방을 지었어요. 그때는 피난민들이 하꼬방을 지을 수가 있었어. 황토분지로…. 지금 싸릿거리 칠성동 다리 옆에 살았어요. 내가 거기 산 기억이 나.

최승호 : 기와집?

박정자 : 판자였지. 판잣집으로 지어가 방 하나 정지 하나 지어가 그래 자를 인자 놔두고 칠성 그 시장 가서 장사했지.

최승호 : 시장에서 장사를?

박정자 : 시장에서, 인자 바로 시장 앞이니까 채소 장사. 하긴 그때는 머 아무 주변 모르고 하는데도 장사는 그래 잘돼. 다른 사람들은 못 살아 먹겠다고 하고 그냥 있는데 나는 한 구루마도 팔아보고 두 구루마도 팔아보고. 그걸 다 팔아가지고 그다음에 물건도 없이 아래로 가서 그 인제 피난민들이 말하면 자전거에 싣고 오면 열 단씩 스무 단씩 이래 줘가지고 잘 팔리면 1전도 붙이고 2전도 붙이고, 이문도 별로 없으면서 그래 팔아가지고 마이 받아가도 숫자를 많이 파니깐 이문이 떨어지지. 근데 겨울철에는 장사를 못해. 무 그거를 갖다놓고 인자 남들은 한 가마니 놓고 파는데 나는 많이 두고. 그냥 놔두면 와서 달라고 그러면 그냥 막 줬지. 그래 팔았는데 그래도 돈이 떨어집디다. 머가 떨어져도 떨어지더라고. 그래서도 이래선 도저히 야 공부를 몬 시키겠어. 가만 생각하니까 하양이 고향인데, 진량이 고향이니까 하양 그 가면 다 알거든요. 그래 하양에 가서 머를 했는가 하면 쌀. 쌀 보리쌀을 가져오면 그때는 좋은 말을 알아요. 그래가지고 이제 말이 약한 것은 내가 안 사고 말이 좋은 거는 남으니까 돈 주고 사고. 그래서 그것도 돈이 없어서 돈이 있을 게 어딨습니까. 이북에서 피난 온 피난민한테 돈 빌려 가서 하고 옆집에 쫌 빌려서 하고 갖다주면 쫌 더 하고. 그 할아버지

63

가 딸이 하나 있는데 딸이 미군부대 살면서 미군 물건을 가져와가 소비시키면서 할아버지가 돈이 좀 있었어. 그래 가 나를 돈을 빌려줘. 그래가 인자 한 보름쯤 하면 밑천 나와요. 그래 갖다줘 보고….

최승호: 그러면 칠성동에서는 장사를 몇 년쯤 하셨습니까?

박정자: 칠성동에서만요? 오래됐어요.

최승호: 하양에 집은 거기 있고?

박정자: 하양으로 이사 와서 시어른 오는데 따라왔어요. 살림 주면서 논도 서 마지기 주고 이랬는데 그런 거는 다 어른들이 갖고, 하나도 못 받고 그냥 몸만 따라왔는 거지. 그래 어디도 없으니까 따라와가지고 그래 인자 내 혼자 장사를 해봐야겠다는 생각을 해가지고 그래 참 멸치 장사부터 쌀장사까지 오래 했어요. 그래도 조금씩 한 1년 하다가 그 다음에 3년쯤 되가지고는 서울로…. 쌀이 한 트럭이 되니까 서울로 보내고 그리 했는 지가 10년도 넘었어요. 그래 머 집 한 채 사고 판잣집 피난민 동네에 집을 하나 사 들어가서 거기서 한 2년쯤 있다가 강 건너 신천동으로 이사를 들어왔지.

김영숙: 거기서 내가 다 자랄 때까지 살았는데 거기서 또 큰 집을 사고 그래가 살았지. 그때는 인자 외조부모와 같이 살았기 땜에 외조부모가 많이 거들어. 외조부모가 나를 키워주고 그랬어요. 혼자 갈라 카니 자 때문에 그래 인제 친정어머니 아버지 그래 다 모시고. 어머니 아버지가 아들이 없어요. 그래 모시고 같이 살았지.

최승호: 양기리에 계시던?

박정자 : 같이 살았어요. 어릴 때 외갓집 것도 갖다 먹고 나중에는 엄마 벌어놓은 거 외갓집 가서 다 까먹고 머 이런 식으로 살았어요.

최승호 : 친정에도 형제가 없었구나?

박정자 : 없습니다. 그래가지고 같이 살았어. 같이 살다가 인자 친정에 여동생이 하나 있어요. 그거 키우고 이제 그래 양친 모시고 이제 자하고 식구가 없으니까. 그래가지고 할아버지하고 서울 갔다 도매하고 내려오면 상주 와가 차 가지고 서울 갔다 오고. 잘 팔렸어요. 그래가지고 그런 식으로 15년. 그때 자가 한 고 3 그쯤 됐어요. 그때 내가 쫌 자를 공부를 좀 더 시켜야 되는데 그거를 왜 안 그랬나 싶은 게….

최승호 : 딸 하나 있는데 고등학교밖에 못 보내서 서운하다?

박정자 : 예. 고등학교밖에 못 보냈어요.

최승호 : 어느 고등학교 다녔습니까?

박정자 : 공부도 안 할라 캤으니. 남산여고.

최승호 : 공부 잘하셨네요?

박정자 : 공부 안 하려고 그랬어요. 그때 공부할 생각도 없고 그래서 머….

최승호 : 몇 년도에 따님은 결혼하셨습니까?

박정자 : 69년도에 결혼했어요. 68년도에 결혼했나?

최승호 : 지금 자녀가 얼마나 되십니까?

김영숙 : 5남매. 딸 넷, 아들 하나. 69년도에 내가 첫애를 낳아.

최승호 : 그럼 졸업하고 바로 결혼하셨습니까?

김영숙 : 그렇지. 고등학교 졸업하고 고 이듬해에.

최승호 : 68년도에 졸업하시고?

김영숙 : 65년도에 내가 중학교 졸업을 했거든요. 65년도에 하고 68년도에 고등학교 졸업했어. 67년 12월인가 68년인가?

최승호 : 67년?

김영숙 : 12월에 그때 12월.

최승호 : 12월에 졸업해서 69년도에 딸 낳으셨네요.

박정자 : 그때는 머 자 결혼시킬 때까지 나는 마 장사한다고 막 돌아댕겼어. 쌀장사가 안 돼서 야채장사를 해가지고 번 거 다 망했어. 농협에서 이제 못 하게 하니까.

최승호 : 그때 통일벼 나오고 이럴 때였습니까?

박정자 : 그래. 이제 정부미가 나와가지고 못하고 야채장사를 했는데 쌀장사하다 손이 너무 커서…. 너무 크게 해가지고.

최승호 : 너무 많이 크게 했다 그죠?

박정자 : 예. 크게 해가지고.

최승호 : 그러면 칠성동 살다가, 신천동 살다가 다시 어디로 가셨습니까?

박정자 : 거서 살았죠. 신천동.

최승호 : 신천동 살 때 그러면 결혼하셨습니까?

박정자 : 예. 신암동 살 때 결혼했나? 신천동 살 때 결혼했나?

최승호 : 신천동에서 신암동으로 이사 가셨네요?

박정자 : 예. 그때 집도 다 팔아먹고….

최승호 : 그때가 25년 전쯤 되겠네요?

박정자 : 예. 머 너무.

최승호 : 혼자 되셔서 참 어렵게 키우셨네요?

김영숙 : 그래 인제 머 나는 그때 그냥 어릴 때는 모르고 컸고 학교

다닐 때는 그때는 엄마가 장사를 나갔으니 할머니는 집에서 쌀장사하고, 옛날에는 장사를 하고 그냥 편하게 잘 살았죠. 잘 컸고….

최승호 : 그때 할머니 큰아버지가 있고 작은아버지도 있고 많이 있었는데 큰집에서 하고는 사이가 안 좋았습니까?

박정자 : 안 만났죠.

최승호 : 아예 안 갔습니까?

박정자 : 너무 바빠서. 야는 다니고 나는 갈 일이 없어요. 머. 매일 이것도 팔아야 되고 저것도 팔아야 해서. 매일 사들여야 되고 그런 거 신경 쓰느라고 안 갔어요.

최승호 : 아, 바빠서 못 다니셨네요?

박정자 : 예예. 시간이 없어서.

최승호 : 따님은 한 번씩 가시고?

김영숙 : 나는 방학이고 매번 다니고 또 우리 외조부모님이 계시니까. 우리 친정이 함께 사니까 엄마랑 같이 사니까. 옛날에는 사람이 없으면 안 다녔잖아요. 그래 됐으니까 내가 매일 다니고 엄마는 어쩌다 한 번. 나는 명절이고 머고 외갓집서 많이 컸지. 방학 때마다 늘 할머니 할아버지 모시고 또 큰아버지 밥 챙겨드리고 많이 섞여서. 그때는 머 어쨌든 간에 대우는, 여기 외가에서 귀한 딸이고 친가에 가도 딸이 적어가지고 나는 굉장히 귀한 딸로 자랐어요. 그렇기 때문에 아무런 어려움 없이 자랐어.

최승호 : 그때 당시 박산에 그 굴 파 놓고 살았다던 큰형님 김종석?

박정자 : 김종석.

최승호 : 그분은 그때 당시 공부를 어떻게 하셨습니까?

박정자 : 공부는요. 난 시집가서 모르고 면 회계하고 시아버지는 면장직하고.

최승호 : 공무원 하셨네요?

박정자 : 예.

최승호 : 그러면 학교는 초등학교 중학교 다 졸업하셨겠네요?

박정자 : 중학교는 나왔는지 몰라요. 초등학교는 나왔지. 많이 알던데. 그걸 많이 알던데…. 한문을 굉장히 많이 알아.

최승호 : 아버지는 어디까지 나왔습니까?

박정자 : 아버지는 초등학교밖에 안 나왔지 싶어.

최승호 : 초등학교 졸업하시고?

박정자 : 물어보지도 못하고 기억이 잘 안 나요.

최승호 : 그때 당시 형님 김종석 할아버지는 연세가 얼마나 되셨습니까? 시집갈 때?

박정자 : 내가 시집 갈 적에는 면사무소 회계직하고 계셨고, 우리하고 두 살 차이니까 셋째인데 두 살 차입니다. 그대로 하면 두 살 차이지?

김영숙 : 두 살, 두 살 차이면 아버지하고 한 여덟 살 차이 나겠네. 큰고모 계시고. 8남매기 때문에 여섯 살이나 여덟 살이나 이쯤 차이 나겠네.

박정자 : 그 김종석. 그 시숙은 오래 살았어요. 내가 해방되고도. 우리 영감 가고도….

김영숙 : 예. 우리 큰아버지 돌아가신 거는 내가 결혼하고. 하여튼 김일인가 누가하고 일본 선수하고 권투 하는 것 보고 혈압이 올라가 그거 보다가 돌아가셨어요.

최승호 : 70년대 돌아가셨네요?

박정자 : 그쯤 됐지. 복싱하는 거 보고. 그 인제 일본놈한테 우리 한국 사람이 아마 좀 맞았겠지. 그걸 보고 혈압이 올라서 그해 돌아가셨어요.

최승호 : 이분이 그러면 박산에 계실 때는?

박정자 : 박산에 있을 적에는 해방됐어. 해방되고 나서 한참 아버지 찾고 잡혀가고 할 때 그때 숨어 있었지. 그러고는 나왔지. 그리고 형무소도 다 갔다 오고 그래가지고 아버지 가고 난 뒤에 형무소 갔는데. 딴 사람들은 형무소 가서 모두 죽었다 그러는데 그 양반은 안 죽었어.

최승호 : 다시 살아나왔습니까?

박정자 : 나왔다가 또 잡혀갔어. 이놈의 집안이 머 어디 가서도 죽을 사람이 아니라. 안 죽을 그런 형이에요. 그래서 딴 사람들은 다 죽어도. 코발트광산에서 죽고 머 그래도 그 사람은 살아서 나왔어요.

김영숙 : 그때는 아버지 잡으러 갈 때는 무조건 갔다가 미군들이 와가지고 무조건 죽이고 다 잡아갔지만은 큰아버지는 그때 숨어 있었고 이후에 이제 정부가 인제 좀 안정이 됐을 때 아마 감옥에 잡혀갔지 싶어. 그런 운동 같은 건 전혀 모르겠고 내가 어려서 그냥 형무소 들어갔다 나왔다 한 그거는 나중에 듣고 알았고 또 내가 또 다 성장했을 때도 형무소 왔다 가신 얘기도 했거든요.

최승호 : 근데 구체적으로 무슨 일을 해야 형무소에 잡혀가실 건데 어떤 것을 하신 것 같습니까?

박정자 : 그건 모르겠어요.

김영숙 : 그거는 모르는데 그 인제 엄마가 안 찾은 이유는 말하자면 인제 큰아버지 땜에 아버지가 잡혀갔다. 고생했다. 아버지가 안 온다. 그런 그게 돼가지고 큰아버지도 엄마를 못 보고 엄마 또한 친정 식구들을 안 본 셈이죠. 고모도 찾아와가지고 이제 사는 거는 어렵게 사니 그때도 농토도 다 빼앗기고. 굉장히 부자였는데 다 빼앗기고 그러니까 어렵게 사니까 언제 엄마 도와줄 여가도 없었죠. 엄마도 보니까 장사를 해가지고 사니까 도와줄 여가도 없고. 요즘 같은 경우는 어찌 사는가 전화도 하고 했겠지마는 그때는 아무것도 연락망이 없으니까 내가 가거나 거기서 오거나 아니면 볼 수가 없잖아요. 그때는 그랬으니까. 내가 방학만 하면 할머니 할아버지 그때 칠성동 계시다가 도로 진량 면소재지 거기서 사셨거든요. 그때는 우리 사촌 김종수 씨 제일 큰아들이 학교 선생을 했어요. 그래서 형제가 같이 살면서 큰아버지 큰엄마는 다른데 사시고. 인제 할머니 할아버지는 나 혼자하고 한집에 사셨어. 진량에서. 근데 늘 나는 방학하면 할머니 할아버지 인사 와가지고 그럼 사촌들이 와서 놀고 이랬거든요.

최승호 : 그러면 그 김종석 시숙이 10·1 사건 때는 뭐 하셨습니까?

박정자 : 10·1 사건 때 그때 참 내가 생각하기에 모두 찾아오고 사람들이. 집이 중문, 대문이 있고 쫌 컸어요. 그래서 마당에 꽉 차도록 사람이 찾아오고 그래가지고 음식도 막 해가지고 나눠먹고 내가 막 힘이 들도록 음식을 하니까 동서하고 상동서가 음식을 해가지고 점심을 나눠주고, 국수 넣어주고. 요사이는 삶아서 주지, 예전에는 밀어서 줬어

요. 그래서 밥도 보리쌀 많으니까 보리쌀 삶아서 밥해주고 그래 준 기억이 있어요.

최승호: 그때 당시에?

박정자: 10·1 사건 때 3형제가 다 있었어요. 그 며칠을 못 가서 꽈르르르 그러고 침공 일어납디. 그래서 과수원으로 가고. 나는 그런 거 구체적으로 안 가르쳐 주니까 밥 해달라 그러면 해주는 기고. 지금만큼만 똑똑해도 뭘 알고 해줬을 건데 그때는 시집살이 한다고 가만히 있으니까 그 점도 아무것도 모르고 넘어갔지.

최승호: 그러면 큰아버지하고 숨어서 살았고?

박정자: 그때 그러고 난 다음에 피하셔서.

최승호: 큰아버지는 피해버리고?

박정자: 큰아버지 피하셨지.

최승호: 어르신은 집에 계속 계셨고?

박정자: 자기 아버지는 피해 버려도 순경들하고 놀고 그래. 그 사람들하고 매일 좋다 그러고 다니고. 우리 집에 와서 라면 끓여서 마루에 앉아, 우리 살림집이 있어도 방에 같이 앉아서 술 먹고 그래 살았습니다.

최승호: 순경들하고 친하게 지냈다?

박정자: 예. 할아버지도 그랬고.

김영숙: 체육회 회장 하니까 거기에 물들어서.

박정자: 그렇지요. 그러니 말도 해방 직후에 사가지고 타고 다녔고, 내가 아무래도 어려워하니까 그거 팔면 돈은 아버지 갖다 드리라고 했어요. 그때 시아버지가 돈은 있으니까 그걸 팔아가 시아버지 갖다주라고. 내가 잡고 그러면서

바로 팔았어요. 몇 달 안 돼서.

김영숙 : 그러니까 나는 바로 우리 5촌 돌아가신 지 몇 해 안 됐는데. 그니까 아버지 사촌한테 들었는데 큰 말을 타고 아버지가 키가 크기 때문에 사촌이라도 우리 5촌 아재는 아주 땅바닥에 앉으면 아버지가 야 이러면 확 숨고 이럴 정도로 굉장히 아버지하고는 차이 나게 살았지요. 그만큼 아버지는 동네에서는 그때는 신망도 있고 내 주머니에 있는 거 다 꺼내서 돈 주고 이렇게 살았던 사람이에요. 그전에는 엄마한테도 듣지도 않았어요. 엄마는 늘 사는 게 바빴고 인제 5촌 아재라든지 내가 다 커서 그래 너희 아버지가 이랬다. 그러는 이야기 같은 걸 한 번씩 해주고 이젠 다 돌아가셨어요. 그렇게 이야기 해줘가 내가 알고 있지.

최승호 : 더 오래 사셔야지요.

김영숙 : 아버지 형제 중에는 큰어머니도 다 돌아가시고 제일 작은 숙모님, 그리고 우리 작은아버지, 지금 교수님 그분 한 분 계시고 엄마 있고. 그라고 제일 막내 고모 한 분 있고. 그리고 아무도 없어요.

최승호 : 그럼 할머니 1960년대에 4·19 나고 나서 김종석 씨가 경산유족회 회장을 했거든요. 그건 혹시 알고 계십니까?

박정자 : 그거는 몰라요.

김영숙 : 그때 내가 중학교 2학년인데 그때 4·19 이틀 후에 할아버지가 돌아가셨어요. 4·19 때 나는 학교를 가야 하는데 할아버지 돌아가셔가 나는 진량에 가 있었거든요. 그래서 할아버지 때 4·19가 났는데 4·19가 어머니도 먼지 그때 몰랐지. 중학교 2학년 때니까. 아무것도 모르고 할아버

지 돌아가셨는데 그때는 큰아버지하고 다 오고 아무도 피한 사람이 없고 그러니깐 나를 갖다가 아버지 대신으로, 원래 어린애는 아무것도 안 하는데 머리에 두건도 두르고 흰옷도 다 입혀주고 아버지 대신이라고 그래. 온 동네 사람 날 보고 울고….

최승호: 그때 경산유족회장 하면서 위령제도 지내고 했다는데 그건?

박정자: 그거는 김종석 씨가 혼자 때 했는 거고. 김종석 씨 혼자 나가가지고 위령제를 지내고 했는데, 애들한테 그랬습니다.

김영숙: 엄마는 엄마대로 그 나이 땜에 그래선 안 되고, 또 큰아버지는 동생을 못 봤기 때문에 엄마를 안 보고 이렇게 산지가.

최승호: 60년도 8월 제사 때도 못 가 보셨네. 그죠?

박정자: 그래 안 갔어. 몰랐어. 몰랐죠.

최승호: 부르지도 안하고?

박정자: 부르지도 안하고. 그때도 코발트에서 죽었는지도 몰랐고….

최승호: 그때도?

박정자: 그때 우리는 모르고 평생을 살았어. 정말 모르고 살았어. 찾을 생각도 안 하고.

최승호: 그때 김종석 씨가 자료들도 많이 갖고 있었다고 들었는데?

박정자: 그렇지요. 자료 가지고 있는 것을 우리 사위가 고모부가 그러니까 혹시 피해 갈까 싶어가지고 다 태웠지.

김영숙 : 우리 신랑이 왔을 때 하양에 계셨거든. 그때는 큰아버지가 하양에 갔을 때 뭐라고 이야기를 하니까 이래 와보게 해가지고 서류뭉치를 많이 가지고 가서 보면서 다 째버리데. 우리 다가가 보는데 마당에서 다 태워버려. 그래서 그게 뭐였냐면 남편이 잠깐 봤나 봐요. 그래서 이런 거다, 그런 것을 쪼금 느낌으로 겪어보고.

최승호 : 사위가 공무원?

박정자 : 그래 공무원이고 하니까. 그 서류를 태우는데 잠깐 봤나 봐. 잠깐 보는데 이런 거 태운다 이러면서 이런 거 없앤다 그렇게 이야기했어. 자기 장인이 그래가지고 돌아가셨제. 자기가 피해 입을까 봐 이렇게 내가 이런 거 다 없앤다 그러면서 마당에서 다 태웠어. 그거를 놔뒀으면 그게 자료가 다 되는데 몽땅 태워버리데요.

최승호 : 그때가 하양에 계실 때?

박정자 : 예. 하양에.

최승호 : 그러면 그 이후에 남편께서 공무원 하시면서 연좌제나 이런 거 때문에 피해 보신 거는?

박정자 : 아무 관계도 없었어요. 그때 태워버리고 김종석 씨는 어떻게 됐는가 하면 가서 자수했다 그래요. 그거 자료.

최승호 : 태우고 나서?

박정자 : 태우고 나서 자수했다 그래요. 왜냐하면 아버지와 연관 관계가 있기 때문에 내 들어가고 나면 바로 숨기고 내 있는 데서 절대 말을 안 했거든요.

최승호 : 혹시나 싶어서?

박정자 : 다들 말을 안 했고 태우는 것은 우리 사위가 봤고 우리

사우가 태우고 난 다음에 자수했다 그래요. 그런 증거를 없앤다고. 그러니깐 자꾸 신원조회도 하고 이러니깐 우리 사우한테 피해 갈까 봐. 동생 하나 죽었는데 질녀 하나 있는 것 또 그럴까 봐.

최승호 : 어떻게 하셨어요?

김영숙 : 왜 그랬냐면 내가 고등학교 졸업하고 취직할 때였거든요. 그래서 취직을 할라고 동아백화점 앞에 있는 곳에. 거기에 내가 이제 시험을 봤는데 신원조회 그거를 가져오라 그랬거든. 그걸 가져가니깐 넌 안 돼 그러고 안 넣어 주더라고요. 다 합격했는데. 그래 그 얘기가 아마 큰아버지께 들어갔나 봐요. 그러니까 더 조심을 했는 거죠. 우리는 조심을 했는지는 안 했는지는 모르겠는데 내가 신원조회 걸려서 취직을 못 했어요. 그래서 내가 취직하기 싫어져 버렸어요.

최승호 : 그 당시 고등학교 졸업하고?

김영숙 : 그렇지. 졸업하고 태백공사가 뭔지도 모르고 취직하려고 갔지.

최승호 : 65년도에?

김영숙 : 그렇지. 65년도에. 나는 신원조회에서 걸려서 안 되더라고요. 취직이 안 돼.

최승호 : 그러면 신원조회 때문에 걸리고 나서 직장을 아예 들어갈 생각을 못 하신 겁니까?

김영숙 : 아니오. 그러고는 인제 학교 서무실에 있다가 결혼했고 그러고는 개인사업을 했으니 아무것도 없어요.

최승호 : 태백공사는 안 됐고 학교에서는?

김영숙 : 예예. 그런 거는 아무 관계가 없으니까.

최승호 : 그것 때문에 많이 아버지 원망하고 하고 한 적은?

김영숙 : 나는 그런 거 그때도 잘 몰랐어요. 그래도 몰랐어.

최승호 : 아버지 때도 몰랐고?

김영숙 : 예. 그냥 신원조회 안 된다 그러니 그냥 그런 걸로 알았는
데 알고 보니까 그게 바로 이런 경우 땜에 안 됐던 것 같
아.

최승호 : 그 후에 알았네요?

김영숙 : 그 후에 알았지. 그때는 왜 안 되는고, 신원조회 왜 걸리
는고 그러니깐 엄마가 큰아버지 땜에 그런갑다. 이러고
말았지요. 아버지는 전혀 아니라고 생각했지.

최승호 : 아버지 돌아가신 것도 몰랐네요?

김영숙 : 모르죠. 전혀 모르죠.

최승호 : 어떻게 돌아가셨는지도?

박정자 : 예. 그러니깐 이제 겨우 경산 여기 코발트광산 오고 알았
다니까요. 그전에는 그때 이북 가서 산 줄 알았어요. 이
산가족 나올 때 혹시나 싶어갖고 얼마나 봤는지 몰라요.
내가 23살 때 갔는데 지금은 80세 정도. 그때는 그런 것
도 모르고 사진도 다 잊어버렸고 저거밖에 없어. 허허허.

최승호 : 지금 혹시 김종석 씨 지금 원망이 좀 드십니까?

박정자 : 우리야 원망이 오래가서 때가 늦고 나니까 이제 그런 생
각도 안 하고. 단, 어떻게 하거나 그 안에 뼛골 그거 다
생전에 살아서 묻어야지. 다 해가지고 완료하는 거 보고
죽으면 나는 한이 없어. 고마 그걸로 끝이라. 지금도 물
속에 묻혀서 그게 광산서 광산 그 물속에 아직 남아있는

가 싶어서, 그래서 맨날 그거 다 끄집어내면 내 속이 시원하겠어. 그래 그때가 한 보름 후니까 6·25 나고 한 보름 그랬는데 그리로 갔는 게 확실해. 윤 순경이 그때 그리로 갔다 그러기도 하고. 큰아버지가 알고 있었어예, 알고 보니까. 시아버지도 알아도 제사는 우리가 음력으로 6월 7일날 제사를 지내거든요.

김영숙 : 어머니가 내한테는 안 알려줘.

박정자 : 그때 돌아가셨다 치고 그렇게 지내거든요. 근데 이제 생각하니까 더 빨리 갔으면 거기 음력 6월 7일 그쯤 틀림없이 그렇게 갔는 것이 맞아요.

김영숙 : 아버지도 그때쯤 지내라고 그러시고 우리 외할아버지도 그러셨지. 그때 지내라고 6월 7일을 제삿날로 정해가지고 지내거든요. 그러는데 할아버지가 저기 큰아버지가 매일 말한 것, 자기 땜에 동생이 저렇게 됐다고 늘 마음을 아끼시며 나중에 돌아가시기 전에 아들들에게도, 내 사촌오빠들에게도 다 이야기하고, 항상 나를 갖다가 굉장히 머라 그럴까. 지킬라고 애를 쓰고 아깝고 이런 게 다른 큰아버지들보다 더 더했죠. 그래 이제 큰아버지 땜에 돌아가셨다, 이런 생각은 이제 와서 이야기하니까 나오는 거지 전혀 그런 생각 없어. 가면 큰아버지 좋다고 그래 왔다 갔다 하고 그랬지. 아무런 그런 감정 같은 거는 없죠. 피맺힌 감정은 없어요. 지금도 사촌오빠가 지금도 날 보면 미안해하고 그럽니다.

최승호 : 김종석 씨 자녀들은 김남하 씨가 막내고 몇 명입니까?

박정자 : 거기에 5남매거든요.

최승호 : 5남매?

박정자 : 아. 6남매입니다.

최승호 : 6남매 중에 김남하 씨가 막내죠?

김영숙 : 예. 김남하가 막내고 그다음에는 인자 오빠 둘이 더 있고 도하가 첫째고, 그 담에 둘째 주하가 있는데 그분은 인제 어디 사는지도 모르고, 그다음 일하가 지금 서울에 살고 있는데 이 오빠도 큰아버지하고 같이 형무소에 갔다 왔을 꺼에요. 학교 선생질하다가 이북 방송을 잘 못 들었던 모양이라. 붙잡혀가서 그때 정부에서 괜히 들춰내 가지고 그 오빠가 지금 막 그렇잖아. 지금이라도 뼈 찾으면 아버지, 자기 아버지 우리 큰아버지의 영원한 소원이니까 아버지 뼈를 빨리 우리 산에, 산 위에 아버지하고 순서대로 다 되어있습니다. 진량에 묘도 우리 산에 절반은 다 들어가는 그 정도 산이 있는데 아버지 뼈만 찾으면 거기 모시라고 지금도 나한테 그 얘기를 하더라고. 나는 그것보다 더 찾기만 찾으면 모시는 것이 문젭니까? 그런 생각도 있어요.

박정자 : 찾는다 그래봐야 뼈 큰 거 찾는다 그래봐야 다리뼈, 머리뼈 그거밖에는 없는데 발도 없는데 거기 안 갑니다. 내가 안 보냅니다. 함께 다 모아서….

최승호 : 예. 거기 있는 것 다 모아가지고?

박정자 : 함께 다 살려야 되지. 아무 그거 없어요. 내사 여태까지 살았는데 머. 완료하는 그걸 봐야 되지. 내가 얼른 완료하는 것 보고 싶어요. 그래 완료를 해버리면 다 묻어 버리고 내 마음 놓고.

김영숙 : 김종석 씨가 살아계실 때 아버지 돌아가신 것 때문에 아들이 없으니까 그 김종석 씨의 넷째를 아버지 앞으로 이름을 옮겨가지고 아버지 제사를 넷째가 모시게 했습니다. 양자로. 현재는 우리는 머 아무것도 도와줄 게 없고 그 사람 또한 우리한테 머 갖다줄 게 없으니까 서로 이래 따로 살고 있는데 아마 엄마 아버지 제사는 그 사람이 지내고 있습니다. 엄마는 아직 살아있으니까. 아버지 제사는 6월 7일 되면 거기서 모시거든요. 우리 집이 여기 경산 코발트 요거 오고부터 똑 제삿날 꼭 여서 제를 지내더라고요. 그래가 늘 제사를 인천까지 내가 갔었는데 안 가고 제를 여기서 지내니까 제에 참석하고 제사에 안 갔습니다. 날을 받는데 꼭 제삿날이 되더라고요. 한 삼 년이나 되고 거의 앞에 한 이틀 뒤에나 열흘 사이쯤. 그래가지고 코발트가 여기 있다는 소리를 듣고부터는 제사에 참여를 못 했습니다.

최승호 : 제사는 계속 인천에서 지내고요?

박정자 : 예. 인천에서 지내고 있어요.

최승호 : 셋째가 일하입니까?

박정자 : 넷째가 두하.

최승호 : 일하가 셋째고?

박정자 : 일하가 셋째고 남하가 막내고.

최승호 : 혹시 그때 보도연맹은 들어보셨습니까?

박정자 : 보도연맹이라카는 거는 모르고 10·1 사건 때 그게 쫌 머가 남았었어. 10·1 사건 때 그때는 모두 좋아서 식구가 모두가 며칠간….

최승호 : 온 식구가 다 그랬습니까?

박정자 : 얼마나 좋아했는지 몰라요. 그래 며칠을 손님을 치고 머 내가 그랬어요.

최승호 : 그것 때문에 돌아가신 것 같다?

박정자 : 그렇지 싶어. 내가 그래 생각이 나요.

최승호 : 그러고 나서 보도연맹에 가입하셨을 수도 있겠네요?

박정자 : 했는지 안 했는지 그거는 머 혼자서 알지. 내게 와서 상의하고 그런 게 아니고. 그런 건 몰랐어. 뭘 하는지 몰랐지. 밖에 나가가 하는 일은 집에 와가 이야기 안 하고.

최승호 : 혹시 아버지 돌아가신 것 때문에 사촌들이 연좌제로 피해 보신 분들이 있습니까?

박정자 : 아닙니다.

최승호 : 자손들은 없어요?

김영숙 : 아무도⋯. 할아버지, 아버지 때만 그렇지 우리 아버지 때문에 피해 본 건 아무도 없어요. 아무도 없고 내 자라면서도 아버지는 그냥 돌아가셨다고 알았지, 이렇게 돌아가신 것도 몰랐어요. 시집와 가지고 내가 온전히 그거 했을 때 어쩌다 한 마디씩 엄마가 내놨지. 이런 이야기 한 번 안 했거든요. 안 하고 또 시골에 가서 할아버지 밑에 가도 큰아버지 밑에 가도 절대 이야기는 안 했어요. 그냥 정으로만 그러했기 때문에 아무 얘기도 안 했어요.

박정자 : 얘기 안 하는 게 골수에 배일까 싶어서. 야를 보면 모두 불쌍하다며 울고 그랬지 그런 이야기는 안 했어요. 말없이 살았기 때문에 나는 가기 싫어 그만 일절 안 가고 시어머니가 들어오셔서⋯.

최승호 : 할머니 그동안 힘들고 어렵게 사셨는데 소원이 있으면 한 번 말씀해주세요.

박정자 : 내 소원은 딴 거 아무것도 없습니다. 아버지 뼈, 물에 있는 것 그거 건져가지고 불에 살기라도 하면 마음이 편안 하겠어. 그 물에 만날 내 꿈에 춥다, 그러고 코발트 공터에 앉아 있고 그래.

최승호 : 꿈속에서?

박정자 : 꿈속에서 못 옆에 앉아 있고 "아이고 추워라, 추워라" 한다고. 춥다 그러니 옷도 내 갈아주고 이랬어요. 춥다고 옷도 태워주고 이랬어.

최승호 : 할머니 혹시 돌아가시기 전에 이 말은 꼭 해놔야 되겠다. 내가 아는데 딸한테도 내가 이 얘기를 못 했는데 여기에 녹음을 꼭 뒤야 되겠다 하는 말씀 있으십니까?

박정자 : 없습니다. 그런 건 없고 단 그 뼈, 그 뼈를 다 찾으면 묻힌 게 나오겠지 싶은 그런 생각에. 어쨌든 DNA 검사를 해봤으면 좋겠습니다. 그래 아주 긴 뼈가 있으면 특히 긴 뼈가 있으면 다리뼈라도 검사해서. 키가 아주 컸어요. 7척 정도.

최승호 : 사진 한 번 들어보세요.

박정자 : 둘이?

최승호 : 예. 같이 한 번 들어보세요. 할머니 이거 한 번 보여주세요.

박정자 : 내가 오늘 사진을 찾아냈지. 그때도 이래 결혼식을 외갓집에서 했겠지.

최승호 : 결혼식 때 사진 옆에는 언제 적입니까?

박정자 : 아, 요거는 평소에 찍은 사진이 딴 데 가가 있어가지고 할머니한테 친정 가서 있어가지고 사진들이, 결혼사진 이 거만 흘려났데. 그래가지고 이거 줬어. 이 사람만 줬어. 증명사진 있었는데 아버지 증명사진. 머리 빡빡 깎고 안 경 쓰고 찍은 거 하나 있었는데 그거 머 하려고 내가 키 이거 키 보라고 결혼사진….

최승호 : 할머니 참 고맙습니다. 말씀하기 어려울 텐데….

박정자 : 머 어려울 것 있습니까. 나는 이래 와 주신 것만 해도 고 맙소.

최승호 : 예. 이제 마치겠습니다.

3. 이금순 구술증언(1차)

사건과의 관계 : 박희도(순응) 처
구술 당시 나이(생년월일) : 1929년 3월 13일
출생지 : 경산시 용성면 미산리 오산마을

최승호 : 할머니 성함이 어떻게 되십니까?

이금순 : 이금순.

최승호 : 한자는 어떻게 됩니까?

이금순 : 이제 금 자, 순할 순 자.

최승호 : 생년월일이 어떻게 되십니까?

이금순 : 29년 3월 13일.

최승호 : 어디서 태어나셨습니까?

이금순 : 자인 용성.

최승호 : 용성면 어디?

이금순 : 오산. 지금은 미산2리.

최승호 : 몇 번지?

이금순 : 몇 번진지 모르지.

최승호 : 여기 주소는 어떻게 되십니까?

이금순 : 여기 주소는 금천면 김전2리 476번지거든.

최승호 : 전화번호가 어떻게 됩니까?

이금순 : 372에 ****.

최승호 : 자택입니까?

이금순 : 예.

최승호 : 가족은 어떻게 됩니까?

이금순 : 가족은 딸 하나, 아들 하나.

최승호 : 딸은 올해 몇 살입니까?

이금순 : 61살.

최승호 : 아들은?

이금순 : 아들은 58살.

최승호 : 돌아가신 분 할아버지 성함이 어떻게 되시지예?

이금순 : 박희도. 여서 부르는 거는 박순응.

최승호 : 돌아가실 때 당시에 연세가 어떻게 되셨어요?

이금순 : 26살.

최승호 : 어르신 형제는 몇입니까?

이금순 : 저거 아버지? 외동. 그러니 내가 고생을 말도 몬 했지.

최승호 : 그때 당시에 돌아가실 때는 시어머니, 시아버지 다 계셨습니까?

이금순 : 계셨지요. 시아버지는 41살에 돌아가시고.

최승호 : 시아버지 성함은 아시겠습니까?

이금순 : 박남수인데. 호적에는 박시전.

최승호 : 시어머니 성함은?

이금순 : 음… 이름 모르겠다 고마.

최승호: 시어른 돌아가실 때 몇 년도인지 기억하시겠습니까?

이금순: 내가 37살에 돌아가셨거든.

최승호: 그러면 42년 전에 돌아가셨네요. 올해 2007년도니까 65년도에 돌아가셨네요.

이금순: 응.

최승호: 시어머니는 언제, 몇 년도에 돌아가셨습니까?

이금순: 안 시어른은 내가 대구 나와가 25년, 26년 있다가 돌아가셨어. 한 35년 됐겠다. 돌아가신 게.

최승호: 그때 연세가 얼마나?

이금순: 81살.

최승호: 시어른은?

이금순: 70살.

최승호: 1929년도 출생하셔서 초등학교는 언제?

이금순: 학교는 몬 나왔고 그때는 말하자면 딸아는 공부 안 하고, 그때는 그 학교도 무신.

최승호: 친정에는 형제간은 몇입니까?

이금순: 6남매인데 내가 6남매 막내인데….

최승호: 아버지 형제간은?

이금순: 아버지 형제간도 고모 둘이 5남매.

최승호: 그러면 거 결혼은 몇 년도에 하셨습니까?

이금순: 결혼은 뭐 16살에 했으니깐….

최승호: 해방 전에 하셨네요?

이금순: 일제시대 때.

최승호: 일제시대 해방 때 아닙니까?

이금순: 내 시집오고 해방됐다. 내가 15살 무가지고 국민학교 댕

깄거든. 댕기는데 16살 되는 정월달에 정신대 간다카이 머리만 올리뿌만 안 간다꼬. 정신대 안 갈라꼬 안 보낼라꼬.

최승호 : 결혼 잘하셨네요?

이금순 : 하하하.

최승호 : 큰애는 몇 년도에 낳았습니까?

이금순 : 딸은 19살에 낳았다.

최승호 : 48년도에 큰딸 출산하셨고, 아들은 그러면 3년 후니까?

이금순 : 3년 후에 아니지. 4살 터울이니까 23살에 낳았지.

최승호 : 3살 터울 아닙니까?

이금순 : 4살 터울이지.

최승호 : 딸은 61살?

이금순 : 61살.

최승호 : 아들은 58살?

이금순 : 58살 맞지.

최승호 : 51년도에 아들 출산하셨네요. 그 당시 여기 시집 45년도에 오니깐 이 마을에 당시에 좌익 활동하는 이런 사람들도 있고 했습니까?

이금순 : 예. 그때는 없었지.

최승호 : 혹시 그 할아버지가 일제에 끌려가셨다가 오셨어예? 강제동원은?

이금순 : 강제동원 아니고 저거 아부지도 육군 소령한다고 훈련받고 댕겼다.

최승호 : 훈련받으러 다녔다?

이금순 : 내 17살 묵었을 적에 저그 아부지 인자 훈련받으러 댕겼

거든. 훈련받으러 댕길 때 친정에 내가 가 있으니까 저거 아부지가 징용 간다꼬 왔더라꼬. 처가집에 와가지고 그질로 인자 자신은 일본 가이 빙시됐뿌데. 경산 압량 있었는데 그 가보자, 갔다 와보자 카이. 그때 차도 없고 걸어가 갔거든. 갔다가 하룻밤 자고 오는데 자인 오이끼네 마 만세하고 난리데….

최승호 : 그때 해방이 됐구나?

이금순 : 해방이 돼가 일본 안 갔다꼬. 그래 해방됐다.

최승호 : 그러면 다음 해에 해방?

이금순 : 어. 결혼한 다음 해 해방.

최승호 : 해방돼서 일본에 안 갔네예?

이금순 : 안 갔지.

최승호 : 해방되고 나서는 뭐 하고 지냈습니까?

이금순 : 농사 했지.

최승호 : 농사가 많았습니까?

이금순 : 농사 없었다. 내 시집오이 오두막집에 못 살아요. 내가 종손 집안에 막내이거든. 그래노이 할배가 날 얼매나 이뻐했다고. 그래나노이 시집가 몬 산다는 소리가 나와가 암소 한 마리를 사가 친정에서 나락 한판 실어가 보냈데. 그 나락 가지고 암소 한 마리 사고, 그 소가 새끼 빼고 그땐 그래 안 살았나. 다음 해 새끼 나가 보태이 논 한 마지기 사고, 그 이듬해에는 논 두 마지기를 샀다꼬. 인자 쪼끔씩 자꾸 늘어. 살림이 올 찍엔 아무꺼도 없었는데 이래 돼뿟다카이.

최승호 : 농사가 잘됐네요. 소를 키우니까.

이금순 : 그렇지. 그때는 송아지 한 마리 카믄 논 한 마지기 샀데 이. 송아지 한 마리 낳으만 또 그거 팔고 논 사고….

최승호 : 그러면 해방되고 나서 어르신이 그 마을에서 무슨 일을 했습니까? 농사짓는 거 말고, 청년회 활동이나.

이금순 : 그때는 청년회 활동 같은 것도 없었고 그냥 농사나 짓지 암껏도 안 했다.

최승호 : 그러면 어떻게 해서 잡혀갔습니까?

이금순 : 왜냐면 인자 그기지. 밤에 산에서 내려와가….

최승호 : 어느 산에?

이금순 : 모르지.

최승호 : 산 이름이 뭡니까?

이금순 : 우리 앞산이지. 그 양지에 까마구죽.

최승호 : 까마귀 집 같아서…, 거기 몇 명이나 있었습니까?

이금순 : 몇 명인지 그거는 확실히 모르고 밤에는 니리오만 동생 카고. 저그 아부지가 사무장도 하고 좀 똑똑으이끼네 저 그 아부지를 산에 데리고 올라 갈라꼬 그르지.

최승호 : 포섭할려고 내려왔구나?

이금순 : 포섭할라꼬도 오고, 또 밥 해도고, 떡 해도고 인자 오만 일을 시키제. 고때 우리 마당도 쪼맨해가 산에 나무로 사 립문을 해가 작대기를 받쳐가 났거든. 그래 놔 놓으면 어 둑해가 내려오면 집으로 찾아오제. 카든 말든 저그 아부 지는 방에 자고 나는 마당에 복판에 멍석 깔아 놓고 우리 딸아 들고 고서 자는 기라. 누워 있으만 사립문 미는 소 리가 나면 아 궁디를 막 안 째비나. 째비면은 아가 크게 울꺼 아니가. 그게 신호라 카이끼네. 아가 울만 저거 아

부지는 뒷문으로 나가가 뒷방으로 피신하는 기라. 그래 피하고, 낮에는 산에 사람 올라와가 어데 갔노? 뭐 줬노? 그카제. 내 그때 사는 게 사는 게 아니었다카이. 그래노 이 인자 저그 아부지가 그 사람들 와가 몬 견디겠다 싶어 나노이 경산 압량으로…. 우리 사촌 언니 집이 그때 부자 였다카이. 그 가가 3개월로 있었던 가봐.

최승호 : 할머니가 몇 살 땝니까?

이금순 : 내가 21살이고 저거 아부지가 25살 적에. 시어른이 인자 3대 독자 아들 하나 아들이 생전 안 돌아올까 봐. 요새맨치로 전화가 있어가 전화 연락을 하나 그르이 인자 더 그런 거라. 보도연맹 가입하만 인자 그기 없다꼬 하니 고마 시어른이 아들을 보도연맹에 가입을 시킷뿟는기라.

최승호 : 시아버지가 압량 있는 아들을 데리고 와서?

이금순 : 그렇지 그렇지. 델꼬 와가 가입을 시키나노이 인자 와 가 지고 둘이 모를 심군는데 보도연맹 가입을 한 사람들 데 리고 가가지고 이틀 훈련, 훈련받으라꼬 왔다카이.

최승호 : 그전에는 훈련받으러 안 갔습니까?

이금순 : 안 갔지.

최승호 : 그러면 첨 나가서?

이금순 : 첨 나가가 그랬다카이. 첨 나가가 창고에 가다놓고 그칼 때 우리 시어른이 시어머니 몰래 가가지고. 지금 목욕탕 이 있지 그땐 목욕탕이 없고 그르이끼네 그때는 얼마나 덥어노이 여름이 되니 인제 목욕하고 델꼬 가가 밥 사 먹 이고…. 시어른이 니 빼낼란다 카이 자기는 죄진 게 없다 이기라. 내가 아부지 뭘 죄짓습니까? 죄짓는 거 없으이 1

주일만 훈련 더 받으면 나갑니더. 나가니깐 아부지 걱정 마소이 카믄서 왔는 기라. 왔는데 근데 그 일기에 고생했으이 저기 월천댁 그 집 아들도 맨 저거 아부지와 같이 그래 잡히갔는데, 그래가 월천 아지매가 인자 그놈의 아들 면회를 가노이 그래 월천 아지매 내일 집에 담배사고 옷하고 좀 가꼬 오라고 캐주소, 카더란다 안 카나. 그때는 차도 없고 재 넘어 걸어갔다 걸어오는 기라. 길이 있나? 지금은 없어도 옛날에는 대로길이라.

최승호: 길 건너가 금천 말이지예?

이금순: 아니 저 산 너머. 우리 어무님 그때 연세가 40살밖에 안 됐는데도 몬 가신다 카이끼네. 나는 그냥 몬 간다 카그던. 나는 지금 같으면 까지껏 남편 좇아가 가지만 그때는 남편 만난다 카믄 요새만큼 말도 몬 하거든. 밤새도록 잠이 오나. 그래가 아침에 아침을 해가 평상에 있으이 아버님 어제 월천 아지매가 청도 면회 가나노이 담배 사고 옷하고 갖고 오이소, 이 어른이 안 가실라 칸다 카이. 시어른이 밥 잡숫다가, 야야 와 어제 카지 인자 카노 이카는 기라. 고질로 마 잡수고 가싰거든. 면회 가시이끼네 고날 아침에 전부 트럭에 싣고 나갔다 카이끼네.

최승호: 하루 전에만 갔으면 봤을 건데….

이금순: 그렇지. 하루 전날 갔으면 봤지. 봤을 낀데. 몬 찾아가지고….

최승호: 무슨 차에 실었답니까?

이금순: 트럭. 그래가 인자 시어른이 거서 어데로 나가더노 카이. 청도 쪽으로 나갔다 카거든. 차에 싣고 나갔다 카이 저

코발트광산에 가뿟는기라. 그거를 알아노이 코발트광산 갔다 이긴 기라.

최승호 : 그때 어르신 갇혀 있던 데가 어딥니까?

이금순 : 청도 곰티재 있는데 거기 집이 아흔아홉 챈가 기와집이 있었어. 그 집 창고에….

최승호 : 그게 관하에 있습니까?

이금순 : 청도 원정리.

최승호 : 원정이 어딥니까? 청도 읍내?

이금순 : 청도읍까지는 못 가고.

최승호 : 그러면 수리창고나 이런 데가 아니고 원정리?

이금순 : 집이라. 부자집에 집이 아흔아홉 채라카이.

최승호 : 아흔아홉 칸 집에?

이금순 : 그 집 창고라 카더라카이. 저거 아부지 같은 사람은 델꼬 나와가 밥도 주고 목욕도 시키고 이래 인자 자유로 하고 이랬는 기라.

최승호 : 거기 몇 명이나 있었는가요?

이금순 : 모르지. 거기 몇 명이나 있었는고. 내가 안 가보이.

최승호 : 어른은 말씀 혹시 안 하십디까? 많이 있더라 없더라.

이금순 : 카나 어데. 모르지.

최승호 : 그러면 그 잡혀가시던 날이 언젭니까?

이금순 : 내가 아나. 모 심구다가 갔으이끼네.

최승호 : 전쟁 난 햅니까? 나기 전햅니까?

이금순 : 나던 해가? 우리 조카들하고 색시들 몽땅 내려오고 할 직 그때라.

최승호 : 1950년 같으면 몇 월쯤 됩니까?

이금순: 6월 22일 하지 아이가. 그날이라.

최승호: 그러면 그 잡혀가셔서 창고에 얼마나 계시다가 나가셨습니까?

이금순: 그러이끼네 고 며칠 있다가 읍내 갔으이끼네. 갇히가 있는 게 한 15일 있었지 않나. 안 있었겠나.

최승호: 마지막으로 면회 가니까 어제 눈 가라가 나갔다?

이금순: 고날 아침에 전부 눈 끌러가 나갔다.

최승호: 나갔는 날 그날은 언제인지 모르고?

이금순: 모르지.

최승호: 그럼 지금 제사는 언제 지냅니까?

이금순: 제사는 뭐 나간 날로 지내다가….

최승호: 지금은 언제 지냅니까?

이금순: 지금 그러이끼네 음력 6월 13일날.

최승호: 6월 13일 같으면 거의 7월 말쯤 되네요?

이금순: 7월 20일. 저거 아버지가 삼대독자 외동이거든. 우리 딸아 낳아노이 천하 없는 아 아이가. 우리 딸아 스물아홉 살 될 때까지 아무것도 못 먹어. 아무것도 못 먹고 하이끼네 기운 없제. 아는 아무것도 못 먹고 이카제 그래가 점을 하니 저그 아버지가 덥힜다 카는 기라. 즈그 아버지가 칸다 카거든.

최승호: 돌아가신 분이 씌어서 그렇다?

이금순: 음. 그래가 점을 해나노이끼네 뭐 병 있다고, 수술해야 된다고. 병원에 준비 다 해가가 수술했는데 그런데도 사람이 아무것도 못 먹는 기라. 아무것도 못 묵고 살았지. 틀어져가 있으이끼네. 그때 야가 저그 아버지가 접히가 제

사로 6월 13일날이 맞다. 6월 13일날 지내라 캐가 그날

안 지내나.

최승호 : 제사 지내니까 괜찮습디까?

이금순 : 그라고 좀 낫는데 그래 지 동생도 하도 지 누나 그카이 지 금 안 카나. 누부야 그라지 말고 받아라 카이끼네. 내가 내 대에 끝나지, 만약에 내가 받아가 내가 들여노면은 나 중에 자식들꺼정 간다며 안 받는다 이기라.

최승호 : 지금 다른 손주 몇이 낳았습니까?

이금순 : 아들 둘 놔났다.

최승호 : 그러면 돌아가셨다는 얘기는 못 들었고, 붙잡혀 나갔다는 얘기는 들으셨다? 나중에 어디서 돌아가셨단 얘기는 들 었습니까?

이금순 : 못 들었지. 눈 처매가 어디로 가더노, 카이 청도읍으로 나 가더라. 거기로 나갔으마 저기 경산코발트광산에 갔다. 그기 추측이지.

최승호 : 그리고 나서 코발트광산에 한 번 가봤습니까?

이금순 : 몰라. 그때는 남자들카 말도 안 하고 여자들은 말을 잘 안 하이. 우리 시어른 안 찾아다닌 데 없다꼬. 우리 시어른 은 많이 찾아 댕깄지.

최승호 : 코발트광산도 한 번 가보셨다고 했습니까?

이금순 : 갔지예. 점도 수도 없이 하고. 시어른이 점이라 카는 건 모르는 어른이 저기 달성공원 앞에 있는 데 가가 점 하 고….

최승호 : 혹시나 살아 있을까 싶어서?

이금순 : 그렇지. 내한테 안 캐도 어른이 많이 돌아다녔어요. 그랬

는데 고마 홧병이 나가지고…. 병 나사가 삼 년 댕깄으이 그동안에 있는 거 다 팔아가지고. 그 전에 골패라 카던 가 뭐라카더노 화투도 아이고 그거로. 그것도 사랑에 데 리다가 그거 하는 거라. 하다가 세상에 밥 해대라 술 갖 다오너라 다 여뿌고. 술집에다 댕기미 다 팔아여뿌고. 황 송아지 사다가 키아가 황소 크마 또 팔거든. 팔고 송아지 를 산다 말이야. 아파가 걸어가시도 못하고 그러이끼네 그 당시에 어른은 차 타고 오고, 나는 소 몰고 인자 장에 가고. 가가꼬 팔아가 오마 또 소 판 돈 노름해가, 또 골패 해가지고 또 그 퍼다 여뿌고. 그러이 우리 아들 초등학교 밖에 공부 못 시킸다고. 딸도 국민학교 못 나오고. 내가 인지 참 부끄럽지. 저거를 공부를 시킸으마….

최승호 : 지금 아들은 뭐 하십니까?

이금순 : 지금은 사업….

최승호 : 아들 이름이 어떻게 됩니까?

이금순 : 박철규.

최승호 : 딸은?

이금순 : 딸은 박태화.

최승호 : 그러면 결국 시아버지가 아들 잃어버리고 나니까 그것 때 문에?

이금순 : 예. 홧병.

최승호 : 그것 때문에 노름도 하고 홧병도 나시고 했네요. 시어머 니는?

이금순 : 우리 시어른은? 안 시어른은?

최승호 : 안 시어른은?

이금순 : 구변은 뭐 청산유수라도 돈도 모르고. 내가 제일로 싫어
하구마. 제사가 일 년에 아홉 번인데 제사 장은 누가 가
노. 그러이끼네 내가 고때 새파랄 때 스물두 살 때 시장
을 댕깄거든.

최승호 : 장 어디로 보러 갔습니까. 어느 장?

이금순 : 그때는 동곡장하고 자인장하고 내가 장 보러 댕기고. 우
리 안 시어른이 돈을 알아야 뭐 댕긴던지 물건을 살 줄 알
제. 이러이 내가 댕기면서 장 봐다가 그카고 이랬는데….

최승호 : 그러면 아들 돌아가시고 나서 시어른 두 분 다 억울해서
홧병 때문에?

이금순 : 안 시어른은 뭐 그런 것도 저런 것도 모르니까 말씀 하
나 없이 가삣고, 시어른은 찾아댕기고 없고 하이 홧병으
로…. 계실 동안에는 오만 약 다 해믹이고….

최승호 : 병명은 모르고?

이금순 : 홧병이지.

최승호 : 병명도 모르고 돌아가셨네?

이금순 : 돌아가실 직에는 한 삼 년 낫아가지고 댕기시다가 돌아가
싰지. 우리 시어른이 일 년에 못 팔아도 염소를 몇 마리
를 묶는다카이. 못 묵고 살아도 당신 혼자 잡숫는 기라.
그날도 또 내한테 의논을 하시더라꼬. 그래가 아버님 감
기에는 보신해야 되니까 감기 낫거덜랑 해드리께요 이캤
거든. 그래가 좀 나사가지고 염소를 잡았지. 저녁에 야야
소금도 그래 치면 안 된다 카더니 고날 저녁에 고마. 고
날 저녁에 그때는 병원도 귀하고 여기 마을 올라오는데
신약 갖다 놓고 팔고 하는 데가 있었거든. 약방도 아이고

그냥 가정집에 갖다 놓고 있었는데, 우리 시어른은 컸다 카이. 내가 인자 이래 안고 앉아 있으이 약 지으러 시동 상 보내나노이, 시어른이 신약 묵겠나 그카이 내가 내일 날 새면 탕약 지가 묵지 이카이 날로 가라 카는 기라. 야 이 등시야, 그 약 못 치료한다꼬 가라 카더라꼬. 그래 물 으이끼네 앞전에 고게 있더라 카거든. 그래가 찾다가 새 벽까지 찾다가 아무래도 안 되겠다. 그때 인자 몸이 반듯 이 넘어가더라고. 그질로 가시는 길이라.

최승호 : 어르신 돌아가시면서 살림도 다 축내고?

이금순 : 다 축내뿌고….

최승호 : 그래서 애들은 어떻게 키웠습니까?

이금순 : 애들은 인자 내가 봄이면 고사리 뜯고 나물 뜯고 하고 가 을 되면 그때는 감밭이 없었다. 남에 감 사가 저 청도 이 고 가가 아침에 새복에 등불 들고 저 동곡 새만디 등불 놔 두고 올 때 그 등불 가지오고. 그리고 뽕밭에 인제 남자 하루 데려다 일 시키면 나는 이틀 일해 주고…. 그래그래 하다가 아들이 열다섯 살 묵고 열일곱 살 무이 여 안 살라 카데. 농사 지봐야 뭐 나올 것도 없고 그러이끼네 여 안 살라 카데. 그래가 저 기장에, 그 외가집에 가가 부산엔 지 댕긴다 카면서 추석에 올라와가지고 또 안 내려가데. 그래 집에 간다 카매 설 쉬고 가뿟는데 아가 또 안 가는 기라. 저녁쯤에 오가 있을 낀데 와 이래 안 오노. 좀 있으 이 오는데 대구 갔다 온다 카매 엄마 내 대구 갈란다. 거 가가 일자리 구해 놓고 나하고 같이 가자 캐가지고, 친구 가 그 사는데 그 가가 청도 안 살라 카는데 그래 일자리

어디 없겠나 카이끼네 그래 있어봐라 지녁에 함 나가보자 이카데. 그래가 나가이끼네 바늘 맨드는 공장에 자리가 있다 카데. 그래서 좋다 카이끼네 그래 와보이소. 그래가 와가지고 그 이튿날 그때는 돈이 없어. 그래 내가 밭에 콩 심갔는 거 정류장 가가 팔아봐야 돈 몇천 원밖에 안 되는 기라. 방이 그때는 젤 하가 팔천 원, 칠천 원 이랬어. 첨부터 못 장만했어.

최승호 : 열여섯 살 때 갔네요?

이금순 : 아이지. 아들 열여섯 살 때. 그래가 내가 대구 나오미 딸 네집에 드갔다카이. 방에 드가가지고 이래 보이 딸도 없고 사우도 없는 기라. 그날 경산장이니 장 갔다 오는 길인지 사우가 하얀 고무신이 하나 있으이끼네 바로 들어오는 기라. 그래가 아 엄마는 어디 갔는교 카이, 없십디꺼? 없더라 카이끼네 대추밭에 밭에 나갔는 같심더 이카데. 그새 밭에 가서 델꼬 오데. 그래가 내가 철규가 안 있을라 캐가 그래 내가 대구 살면 싶으다카이 그캐놓고 내려오이 사우는 모르지. 모르니까 딸이 우리 엄마가 방 얻을 돈도 없을 텐데 그랬던가 봐. 그캐놓이 사우가 자전거 타고 따라오는 기라. 그때 돈 구천 원을 갖다 주는 기라. 어무이 돈 요것밖에 없심더. 요거라도 가져 가이소. 구천 원 갖다주는데 구천 원이면 얼마나 큰데 그때 돈 구천 원이면. 그래가 인자 그 돈 가와가 대구서 방 얻어가 그래 그 이튿날 바늘공장 드가가 스물 스물서넛 요때 되이끼네….

최승호 : 대구 가고 한 십 년쯤 됐네요?

97

이금순 : 한 십 년 안 됐다. 스물한 살 요정도 될쯤이라. 공장 나와 우리 딸아가 서울에 삼성물산이지. 그때 삼성물산에 고등학교 안 나오면 못 드갔거든. 못 드갔는데 딸아가 말해가 들어갔지.

최승호 : 서울에 몇 살 때 갔습니까, 아들이?

이금순 : 서울에 갈 때 스물한 살인가 두 살인가 요때 갔어.

최승호 : 그때 누나는 결혼하고?

이금순 : 결혼했지. 결혼해가 내가 대구로 가나놓이….

최승호 : 딸도 같이 들어갔습니까?

이금순 : 같이 들어왔지. 내가 대구 들어와나놓이 딸도 대구 들어와가 우리 딸이 식당 할 땐데 삼성물산에 말해가였지.

최승호 : 딸은 대구 살고 아들은 서울에 삼성물산에 들어갔네요?

이금순 : 예.

최승호 : 딸은 그때 시집은 몇 살 때 갔습니까?

이금순 : 시작할 때니까 그래 삼성물산에 말해가 그래가 지금 거기 있다.

최승호 : 딸은 시집을 몇 살 때 갔지요?

이금순 : 22살. 22살 때 시집가는데 아가 너무 많이 우는 기라. 시집간다고 어쩌고저쩌고. 니는 그런 소리 하지 마라. 너거 엄마는 22살 때 막막했다.

최승호 : 아들은 21살 때 서울에 가서 지금까지 서울에서 살고 있습니까?

이금순 : 예. 박통 시해되고 나서 고마 거서 안 있을라 카데.

최승호 : 79년도에?

이금순 : 그때 박 대통령이 죽고 나이 그 길로 오만 고생 다했다.

오만 고생 다 하다가 그거(문구 도매) 해가 성공했지.

최승호: 나이 들어서 고향에는 안 내려 올려고 합니까?

이금순: 아 어마이가 안 내려올라 카지.

최승호: 며느리가?

이금순: 명절에는 오고⋯. 며느리 하는 일이 아들 하는데 경리로 있는데 지가 카데. 어머니 우리 희동이 대학 들어가마 어머니 모시고 살 테니까 그때까지 살림 살아돌라 카데. 그래가 인자 사십 돼가 대학교 졸업했다. 이제 아들도 방통대 졸업했다.

최승호: 그러면 손자 다 키워주고 고향에 언제 내려왔습니까?

이금순: 지금 내가 칠십아홉이니까 칠십둘에 내려왔다.

최승호: 칠십 두 살 때 귀향하신 거네요. 그때 아들은 같이 내려왔습니까, 혼자 내려왔습니까?

이금순: 내려오나. 내가 댕기러 봄에 한번 가보고 했는데 여기 돈을 주고 살라 캐도 집을 올케 못 사요. 집이 없다카이. 마침 이 집을 팔라 칸다 카는 기라. 그래가 대구 있는 딸한테 희재 아재가 집을 팔라 카더라 하니까, 엄마 마음은 어떤데 카는 기라. 마음이 어딨노. 내가 돈이 어딨노. 내가 돈이 어딨노 이카이 지 동상이 전화를 했든가 봐. 그래가 있으니 집을 구하라 카고, 지가 희재 아재한테 계약금도 없고 아무것도 없이 부쳐줬나 봐. 그러지 말고 내가 돈 부치고 내가 할란다 이카이, 엄마 파는 사람이 머가 답답아서 팔겠는교. 남도 아니고 돈이 궁해가 팔지⋯. 그런데 이 집 반틈밖에 안 넘어왔다.

최승호: 반밖에 안 넘어왔어요?

이금순 : 안 넘어 왔다카이. 왜 그렇냐 하면은 형제간에 싸움이 있어가지고 형제간에.

최승호 : 이 집을 새로 샀고 그러면 그전에 사는 집은 어딥니까?

이금순 : 그 전에 살던 집은 저 위에 오마 첫째 집이 내 시집오면서 처음에 살던 그 집이고…. 그 옆에 집에….

최승호 : 번지는?

이금순 : 494번지. 고서 돌아가시고 나도 거기서 들어왔고….

최승호 : 처음 시작했던 데지요?

이금순 : 내 첨에 시집왔을 때….

최승호 : 처음 살았던 게 494번지고 지금은 496번지에 사시는데 제일 힘들고 어려웠던 게 뭡니까? 할아버지 돌아가시고 나서?

이금순 : 내 대소간부터…. 이 마실이 박가들 마을인데 대소간들한테 업신여김 당한 게 제일 힘들었지. 그라고 아들 학교 가는 기 그기 힘들었지.

최승호 : 애들 클 때?

이금순 : 그렇지. 시어른 돌아가시고 나서. 도둑 들까 싶어서 나락 나면 깔고 자고 이랄 텐데. 시어른 돌아가시고 나이 초상을 치르고 나이 양식이 떨어지더라고. 6월달에 돌아가셨는데 양식이 떨어져가지고 그때는 동네 가고 시장 가도 곡식이 없었어요. 곡식이 없어서 못 팔아. 그래가 인자 시어른 돌아가시고 나니 돈 한 푼이 어딨노. 십 원짜리 하나 없지. 없는데 시어른 돌아가시고 나이 시어른 아시는 분이 아지매 돈은 하나도 없고 어쩔라 카노. 우리 시어른이 돈을 누구한테 빌렸다 카는 거를 그거는 내가

알았다카이. 이 밑에 김전초등학교에 이 선생이라는 카는 사람한테 돈을 빌리가 쓰고 갚을 때는 또 딴 데가 빌려갚고. 그 이유로 돈이 이 선생한테 있는 갑던데 이만저만하고 이 선생한테 돈을 좀 빌리 돌라 캐보이소. 누가 빌리주노 카는 기라. 그래서 거기 빌리다가 장 보러 가는 길에 영감들이 초상난 거를 알고 있더라고. 그때 우리 딸이 일곱 살 땐데 딸하고 저쪽에 살 적에 우리 동서 사는 방이 이래 맥히가 방이 추워. 그 방 고칠라고 저 웃질로 딸을 보냈붓다. 보내놓고 나니 시어른이 갑자기 돌아가시잖아. 돌아가시니까 집에 아무것도 없이 상주가 있나 누가 있노. 상주가 없자나. 없으니까 방에 모셔가지고 자리 펴놓고 손아랫동서하고 같이 있는데…. 그래도 잘 되긴 잘 됐어. 좋다카이. 그래가 개골에 묘지를 썼다카이. 썼는데 그게 모두 다 지금 터가 좋다 안 카나.

최승호 : 그때 이 김전에 몇 호쯤 살았습니까?

이금순 : 30호.

최승호 : 30호 중에 경찰에 연행돼 간 집이 몇 집 됩니까?

이금순 : 윤용웅이 하고 내하고 두 집. 다 똑똑은 사람들이라.

최승호 : 어르신 학교는 나오셨습니까?

이금순 : 초등학교.

최승호 : 초등학교 졸업하셨으면 글도 다 알고 하셨겠네요?

이금순 : 초등학교 나오고. 그 옛날에 요 옆에 서당이 있는데 그때는 한문 공부를 시킸다카이. 우리 시어른이 한문 공부를 안 하고 양 공부를 하면 안 된다 이기라. 한문 시킨다 이기라. 한문 공부 시키신다 하다가 돌아가시뿌이 머하노.

최승호 : 서당공부를 하시다가는?

이금순 : 한문 공부를 마이 하시다가 그때는 초등학교 나온 것도 힘들어요. 우리 때 초등학교… 초등학교도 이런 데 안 나오고 큰 학교 나왔거던. 그때 마을에 초등학교 나온 사람이 혼자였거든.

최승호 : 공부를 좀 했으니 빨치산들이 포섭할려고 하고…. 그러니 사람들이 그런 일을 했다고 한 거지요?

이금순 : 그때 마을에 이장이 오래 했거든요. 오래 하미 그때는 그냥 어둡어가 아를 낳아도 마마 이장한테 출생신고 해달라카고. 그런데 배운 사람이 있으이 이장이 지 맘대로 못하자나. 그래놓이 자꾸 물어대는 기라.

최승호 : 이장이?

이금순 : 이장이…. 산사람들이 동네 내려와가 뭐든지 해내라 카이 구장이 동네 사람들한테 다 나오너라 그래가 동네 사람이 모이가 밥해가 주고. 이래 놓고 인자 지서 불러가 닦달받은 기라. 그때 다른 집은 다 어른들이 계셨거던. 젊은 사람들은 가면 죽는 기지. 그래 잡히 가가 사흘을 자고 나오는 기지. 그때 방맹이로 궁디를 패가 궁디에 살이 다 헤지고 없었다.

최승호 : 맞아가지고?

이금순 : 맞아가지고 징그러븐 기라. 가나놓이 방망이로 죄 없는 놈들을 죄를 뒤집어씌워가지고 패가 그런 거겠지. 이장하고 저거 아부지하고 나이가 차이가 난다 카이끼네. 그때는 젊은 사람들이 드물었다카이. 요새 같으면 마 직이뿌지. 그래가 두르려 팼다 카이끼네. 아플 끄거든. 그전에

다 불었붓다 카이끼네. 그래가 그때는 병원에 갈지도 모르고 그래가 쑥을 막 쩌가 빻아가 그래가 깔아놓고 그기에 사람을 눕히나놓이 마 진물이 줄줄 나고…. 그래가 나았다카이.

최승호 : 그때 그분의 이름을 혹시 압니까?

이금순 : 허환.

최승호 : 이장이 외자입니까?

이금순 : 이장이 여자고 남자지. 아 이름이 외자란 말일시.

최승호 : 그분이 그때 나이가 얼마쯤 됐습니까?

이금순 : 그때 나이가 한 사십 넘었지.

최승호 : 평상시에 바른말 하고 이러니까 찔러줬구나?

이금순 : 없앨라고…. 이장이 찔러 가지고 잡히갔자나. 신고를 했던 모양이라….

최승호 : 이 사람이 빨갱이짓 했다고?

이금순 : 그렇지. 지서에다가.

최승호 : 보도연맹 한 건 아니고?

이금순 : 했지. 보도연맹 했지. 그거 때문에 찔러줬지. 이간질 할라꼬. 지 마음대로 할라고.

최승호 : 마을에서 두 분이 돌아가셨는데 박희윤 씨는 초등학교 졸업하시고 한학도 공부하셔서 많이 아시고, 윤덕출 어른은 그럼 어떻게?

이금순 : 일제 때 영천농민학교 졸업하셨는데….

최승호 : 당시에 돌아가실 때는 몇 살이고요?

이금순 : 서른여덟 살에.

최승호 : 그러면 이 두 분이 마을에서 신학문 공부도 하시고 글도

마이 아셨네요?

이금순 : 그렇지.

최승호 : 그러니까 그 허환이라고 하는 이장이 자기가 구장질 하는 데 걸림돌이 되니까 평상시에 어떻게 할까, 하다가 지서에 신고를 했다 이거지요. 신고하기 전에 특별하게 다투고 이런 일이 있었습니까?

이금순 : 그런 일은 없고.

최승호 : 그전에 빨치산이 마을에 내려와서 따로 마을에 싸움이 나고 이런 일도 없었고?

이금순 : 그런 것도 없었지. 마을 사람들이 전부 같이 해줬는데 다른 집에는 어른들이 가나놓이 내보내고 우리 집에서는 젊은 사람이 가나놓이 그래 뚜드리 패고 그랬다카이. 사흘 밤 자미 그때 죽었다카이. 그래가 마실에서 진정서가 들어가가 그 사람 그런 사람 아이다 이래 돼가지고 그때 나왔다카이.

최승호 : 전쟁 나기 전해입니까?

이금순 : 그렇지. 아니 그 전해지.

최승호 : 윤덕출 씨도 같이 갔습니까?

이금순 : 같이 안 갔지.

최승호 : 그때는 같이 안 가셨습니까?

이금순 : 쪼끔 뒤에 갔지.

최승호 : 쪼끔 뒤에 같이 가셨습니까?

이금순 : 영천 가가 집으로 댕기러 왔다 카이끼네. 저 밭에 고추 따가 마당에 널어놓는데 이내 와가 끌고 나갔는데 머. 마을에 순사가 왔다카이.

최승호 : 경찰이 어떻게 알고?

이금순 : 마을에 구장이 연락했다 카이끼네.

최승호 : 마을 구장이 연락해 줬기 때문에 왔다?

이금순 : 안 그라면 그게….

최승호 : 그때 당시에는 경찰이, 여기는 CIC가 직접 온 게 아니고 경찰이?

이금순 : 그러이 얼마나 억장이 아프노.

최승호 : 할머니 그러면 어르신 돌아가시고 나서 집안에 다른 사람이 어르신 돌아가신 것 때문에 연좌제로 피해받은 거 있습니까?

이금순 : 아이고, 서러움 받고 학대받은 거 말로 다 못 한다. 그래가 내 아까 안 카나. 시어른 돌아가시며 빚을 져가 장에 하나도 못 파는 기라. 시동상이 씨도둑질을 해가 아들을 하나 낳아가 저거 집에 데려다 놓고 만주 가고 없더라고. 만주서 인자 그거(태평양전쟁) 나고 해방되고 나왔는 기라. 우리 시동생이 17살 먹고 시어른이 돌아가셔붓다카이.

최승호 : 그럼 사망신고는?

이금순 : 그때는 4대 독자는 군대 안 가데. 안 가는데 이기 저거 삼촌으로 되가 있으니까네. 그때까지도 사람이 죽었는 거를 봐야 사망신고를 하제. 사망신고를 안 했다카이. 안 했는데 누가 할 때 가가 사망신고를 했더라. 사망신고하고 아버지는 죽고 남은 할매 모시고 산다.

최승호 : 사망신고를 몇 년도에 했습니까?

이금순 : 사망신고일이 내가 거 드가가 살고 있다가 했으이끼네 늦

게 했지. 몇 년도에 했는지 모르겠다. 아들 군에 안 보낼라고.

최승호: 그러면 인우보증 해서 했다 그지요?

이금순: 그렇지 인제 인우보증 해가. 참 그래가 양식이 떨어져가지고 장에 가가 몬 팔아서 오이 식구는 시숙하고 우리 시어른하고 아들하고 식구는 일곱 식구 아인교. 일곱 식구가 우예야 되노. 그래가 한 날은 저 고갯길에 양동 아지매가 있는 기라. 딸네라 카이. 그래 서로 장에 팔로 갔다가 거도 몬 팔고 오고 난도 몬 팔고 오고. 그래 둘이서 이야기를 하매 올라오는데 이 집에 살던 사람이 보리를 장기로 나왔다카이. 나락도 장기 놓고 사는데 소리길을 오르고 내리미 이 집 저 집 댕기면서 젊은 사람이 양식 떨어져가지고 양식 팔러 갔다 캤그덩. 이집 저집 댕기미 아무것도 모르고 카는 기라. 그래가 아지매가 날로 줄라고 어디 가는데 이카는데 장에 간다, 너거들은 어디 갔다가 오노? 이카는 기라. 예 어디 장에 갔심더. 그래가 아지매 보릿자리 남았는 거 있는교 카니까 없다 카는 기라. 나를 그만치 학대를 했다 카이끼네. 그때는 밤에도 잠을 안 자. 그래가 안 자고 있으이 오천댁 있는교 이카는 기라. 그래가 내가 나가 웬일인교 이카이끼네 오천댁 양식 떨어졌다매요. 와 그래 암말도 안 하는데 이카는 기라. 그래 그카미 나락 한 가마이 갖다 주께 그카데. 찧어 가이소 그카데. 그래가 그질로 방앗간에 내려 가가지고 찧어가 한 말씩 갈라 왔지. 그걸로 밥 해가 상추 뜯어 넣고 풀 뜯어가 먹고…. 그런데 보리를 찧어 오는 기라. 보리는 어

디서 가왔는교 이카니까 관하에서 보리를 가왔다 카그덩. 나는 어떻겠는교. 그래가지고 아들을 데리고 가가 참 안 그런교. 아무것도 없이 가가 장사 안 하고 사나?

최승호 : 할아버지가 돌아가셨다는 그것 때문에 그 서러움을 받았구만요?

이금순 : 그렇지. 몬 살고 저거 아버지 저래 돼 가뿌고 하이끼네 업신여겨 보고 그라는 기라.

최승호 : 일가친척인데도 그지요?

이금순 : 예. 그런데 대구 가가도 장사를 하미 계란을 구해다 팔고 란닝구 장사를 하고 이랬지. 그 사람들이 란닝구 이거를 좋다고 가오라 캐가 낮에 갔다가 저녁 답에 돌아온 적도 있지. 장에도 안 가고 길거리에 피 놓고 그거를 인자 한 장 사면 두 장 주고, 두 장 사면 세 장 주고 그카는데 그때 지나가면서 머라 카는 줄 아는교. 저걸 보이 재수 없을라 카네. 그래서 왜 나한테 그러노 그카그덩. 그라면 미안합니데이 카면서 싹 돌아가는 기라. 인사도 없고…. 그만큼 서러움을 받았다. 우리 아들 있는데 허허허 웃으미 엄마 또 무슨 소리 들었나? 허허 웃어버리고 이칸다. 내가 너거 아버지 살아계시면 이카겠나 캤그덩. 장에서 돌아와가 밥해 믹이가 재우고 그랬그덩. 아가 무슨 죄가 있노. 그래 재아놓고 누우면 와 그래 눈물이 나오노. 내가 이카이끼네 아이고 우리 엄마, 하고 달갠다.

최승호 : 아들이 큰 힘이 됐네요?

이금순 : 아들이 엄마 지발 웃어세이.

최승호 : 땅 주인 이름이 희대?

이금순 : 희대. 그래가 이기 집도 많고 땅도 많았는데 무슨 일이 있
어가 교편 잡고 있다가 밀려났붓다 아이가. 이기 욕심이
많아놓이 부도가 나니까 이 집을 팔았다 아이가.

최승호 : 그래서 두 필지로 되어 있구나?

이금순 : 두 필지가 아닌데도 도장을 안 찍어줬다카이. 동생은 내
한테 줄라 캤는데 원래 맏이가 있는데 잘 사는데 안 맞았
는 거야. 그러다가 다 망해뿐는 기라.

최승호 : 그분이 마음을 그렇게 썼으니 살림이 그렇게 됐네요?

이금순 : 참, 아들이 내 하는 일 모른다. 내 한번 그카이끼네 엄마
가 하도 학대받아 놓으니까네 또 당할까 싶어가. 지도 하
도 학대받고 이래나놓이. 아예 이 일 모른다.

최승호 : 혹시 집에 어른 사진 있습니까?

이금순 : 있는데….

최승호 : 할머니 그때 당시 연세가 얼마쯤 됐습니까?

이금순 : 26살에 갔는데…. 내 환갑 할 때 사우가 확대해가.

최승호 : 그럼 초등학교 졸업할 때 아니고 어느 사진입니까?

이금순 : 증명사진. 주민등록증 첨 할 때. 사우가 이거 확대해줬다
카이. 사진도 없었다.

최승호 : 그때 증명사진은 무슨 일로 찍었는가예?

이금순 : 그때 주민등록 첨 할 때, 46년도 주민등록 할 때.

최승호 : 그럼 몇 살 땝니까?

이금순 : 결혼하고 나서.

최승호 : 주민등록 사진이다. 그지요?

이금순 : 주민증, 민증.

최승호 : 그때 연세는 얼마쯤 됐습니까?

이금순 : 22살 때.

최승호 : 이 사진 하나만 남아있네요?

이금순 : 이것도 사우가 확대해놨는 기지.

최승호 : 다른 사진은 없고?

이금순 : 없다.

최승호 : 일본에는 안 가시고?

이금순 : 안 가고….

최승호 : 할머니 그러면 마지막으로 요즘 정부에서 뒤늦게나마 법도 만들고 발굴작업도 하고 합니다. 시간이 많이 지났지만은 정부에 대해서 하시고 싶은 말씀이 있을 것 같은데 한번 해보십시오.

이금순 : 내가 사는 거는 안 그런가 보소. 옛날에 없이 살 때 한이 맺히고…. 다른 사람은 장기 주고, 대소간에는 안 주고, 당신 없어 놓으니 아까 시동생 그것도 보소. 내가 어떻게 살았겠는교. 남편 벌어준 돈을 가지고 내가 다문 몇 년이라도 살고 죽었으면 한이 없지. 없지만은 내 명예회복이나 해주고 내 살 적에 거기라도 해주면 죽어도 눈을 감고 죽지. 인자 자꾸 몸도 정신도 자꾸 혼망해지제. 내 지금 이래가 그동안 살것나. 이제 이런 거 증인도 하기 싫고 인자 일도 하기 싫고. 옛날 같으면 농사짓고 살아도 이렇게 해놓고는 안 살았다.

최승호 : 그래도 건강하셔야 됩니다. 건강하셔야 되고.

이금순 : 인자 자꾸 아픈데 머.

최승호 : 건강체조도 하셔야죠.

이금순 : 예, 하지. 인제는 안 아프던 다리가 아파가….

최승호 : 조금만 더 있으면, 올해는 안 될 것 같고 내년쯤 되면 우리 경산 사건 이거는 진상규명이 끝날 겁니다. 끝나면 그 다음 정부에서 위령사업도 하고 할 겁니다. 그때까지 건강하셔야 됩니다.

이금순 : 어쨌든 내 살 동안에 끝이 나야…. 나는 바라는 것이 그것밖에 없다.

최승호 : 그리고 아드님하고 따님한테도 인제 세상이 그때하고는 다르고 하니까 아버지가 정말 억울하게 돌아가셨는데 자식 대에서는 보상을 받을 수 있도록 얘기를 해주십시오.

이금순 : 딸은 안다. 딸은 위령제 지낼 때에도 오고….

최승호 : 아드님은 아버지가 어떻게 돌아가셨는지는 아시는지?

이금순 : 그거야 알지.

최승호 : 알지만 이렇게 활동하고 하시는 거는 모른다?

이금순 : 모르지.

최승호 : 모르는데 이제는 말씀을 하이소.

이금순 : 아이고 엄마 쓸데없는 짓 하지 마라 칸다.

최승호 : 아직까지는 용서를 못 했구나?

이금순 : 아직까지는….

최승호 : 할머니 꼭 이 말만은 해야 되겠다 싶은 말씀 있으면 해주십시오.

이금순 : 우야든지, 카나 마나 한 얘기지만은 진실 밝히도록 해주만 그기 소원이지.

최승호 : 빨리 해결했으면 좋겠다, 돌아가시기 전에. 그 대신 건강하셔야 됩니다. 그래야 좋은 세상도 보고 돌아가시지요. 참 어르신 돌아가시고 묘소는 어떻게 가묘로 해놨습니

까?

이금순 : 안 해놨다. 시어른이 선산이 있는데 가묘를 세울라카이
　　　　　이미 돌아가셨고 우리 아는 내 죽으마 저거 아버지 묘로
　　　　　똑같이 하라 카데.

최승호 : 보통 그렇게 많이 합니다. 전장윤 씨도 어머니 돌아가
　　　　　시고 나서 아버지 묘 옆에 가묘를 하나 해놨는 모양이던
　　　　　데….

이금순 : 우리 아도 그칸다 카이. 다른 사람도 그칸다 카네.

최승호 : 예. 할머니 긴 시간 동안 말씀 고맙습니다. 마치겠습니
　　　　　다.

4. 이정우 구술증언

사건과의 관계 : 이종주의 자
구술 당시 나이(생년월일) : 1943년 10월 7일
출생지 : 경산시 압량면 신대리 220번지

최승호 : 성함이 어떻게 되십니까?

이정우 : 이정우입니다.

최승호 : 한자는?

이정우 : 오얏 리, 가운데는 잘 안 쓰는데 설 립 변에 푸를 청 자 비
우 자.

최승호 : 생년월일은?

이정우 : 43년 10월 7일.

최승호 : 음력입니까?

이정우 : 양력.

최승호 : 음력은?

이정우 : 음력은 그해 8월 15일.

최승호 : 출생지는?

이정우 : 경북 경산시 압량면 신대동(현 신대리) 220번지.

최승호 : 여기가 본적입니까?

이정우 : 예. 거기가 본적입니다.

최승호 : 현주소는?

이정우 : 경산시 백천동 월드메르디앙 107동 503호.

최승호 : 전화번호가?

이정우 : 801−**** 아니 ****.

최승호 : 휴대폰 번호는?

이정우 : 011−528−****.

최승호 : 자택이지요?

이정우 : 예.

최승호 : 가족은 어떻게 됩니까?

이정우 : 가족은 현재 집사람하고 아들 둘.

최승호 : 그러면 살아온 연보를 알아보겠습니다. 43년 10월 7일 출생하셨고 초등학교는?

이정우 : 압량초등학교 졸업했습니다.

최승호 : 학교는 몇 살 때 들어갔습니까?

이정우 : 7살에 들어가서 13살에 졸업했습니다.

최승호 : 50년 전쟁 당시는 그러면?

이정우 : 50년 전쟁 날 무렵에는 8살이었고 국민학교 2학년이었습니다.

최승호 : 당시에 전쟁 소식은 어떻게 들었습니까?

이정우 : 비행기가 저공비행 했고, 대포 소리가 아주 요란하게 들렸습니다. 그리고 미군들이 우리 초등학교를 점령을 해서 우리는 학교에서 수업 못 하고 밖에서 큰 가로수 나무 밑이나 저쪽에 용암동에 있는 과수밭 창고 같은 데서 공부

했습니다.

최승호 : 49년도에 들어갔으니까 55년도에 졸업하셨네요.

이정우 : 정확한 거는 모르겠는데 아마 그때가 맞을 겁니다.

최승호 : 그다음은?

이정우 : 제가 압량국민학교를 졸업하고 학교 문제 때문에 살기도 어렵고 해서 대구로 옮겨서 대구서 중학교를 다녔습니다.

최승호 : 중학교는 어디서?

이정우 : 대구 능인중학교를 다녔습니다.

최승호 : 몇 년이죠?

이정우 : 졸업하고 바로 갔으니까 햇수는 정확하게 모르겠지만 졸업하고 바로 갔으니까….

최승호 : 55년 정도 되겠네요. 졸업하시고 그러면 고등학교는?

이정우 : 고등학교는 대구공고 건축과 졸업한 것이 최종학력입니다.

최승호 : 58년도에 입학했으니까 61년도에 졸업하셨네요.

이정우 : 예. 61년도에 맞습니다.

최승호 : 대구공고 무슨 과?

이정우 : 건축과 졸업했습니다.

최승호 : 졸업하시고 그러면 군에는?

이정우 : 육군에 입대해서 50사단 나와서 다음에 육군공병학교에 갔다가 서울에 있는 1001대에서 만기 제대했습니다.

최승호 : 입대가 그러면?

이정우 : 64년도에 입대해서 67년도에 제대했습니다.

최승호 : 그 사이에 결혼하셨습니까?

이정우 : 아니 결혼은 상당히 늦게 했습니다.

최승호 : 그러면 67년도에 제대하고 나서는?

이정우 : 67년도에 제대해서 그해 5관구 사령부에 4급 공무원 공채시험에 응시해서 합격했습니다.

최승호 : 4급 공무원?

이정우 : 예. 4급 공무원으로 공병부에 근무했습니다.

최승호 : 그러면 몇 년까지 근무했습니까?

이정우 : 67년부터 70년까지 3년 정도 근무했습니다.

최승호 : 퇴직 후에는?

이정우 : 11월 1일부터는 그 당시 이름은 대성탄좌 문경광업소 공무부에 근무했습니다. 지금은 대성자원개발주식회사라고 합니다. 거기에 평사원으로 입사했습니다.

최승호 : 대선탄좌 문경광업소에는?

이정우 : 공무부에 근무했습니다.

최승호 : 그만두신 거는?

이정우 : 그만둔 거는 1987년 정확하게… 87년이 맞네. 아시안게임이 86년도에 했고…. 정확하게 87년 4월에 퇴직했습니다.

최승호 : 그만둘 때는 그러면?

이정우 : 공무부에 토건과장으로 있다가 나왔습니다.

최승호 : 문경광업소 나와서는?

이정우 : 문경광업소 나와가지고는 아, 내가 사실은 그 뭐랄까 대구공고 건축과 나왔기 때문에, 또 공병부에서 계속 근무했고 그래서 그 경력으로 해서 건설부에서 해야 하는 건축기사 시험에 응시했습니다. 그래가지고 지금은 상당한 보수지요. 건축기사 특급입니다. 그런 면허가 있었기 때

문에 취직하기는 상당히 수월했습니다. 그 당시에는 그런 기사 자격증이 있는 사람을 건설회사에서 많이 소요로 했기 때문에 조금 미안한 얘긴데 자격증을 대여해 놓고 나는 내대로 그런 일을 하고 있다가 랜드로바 하는 바람에 경산으로 오게 됐습니다.

최승호 : 랜드로바는 언제부터?

이정우 : 1994년 1월부터.

최승호 : 87년부터 94년까지 7년간 공백이 있는데 그때는?

이정우 : 그때는 면허 대여해 주고 대여료 받고 그러니까 시골에 정착할라고 농업에 딱 6년간 종사했습니다.

최승호 : 그러면 압량에?

이정우 : 아니 상주에서….

최승호 : 상주는 어떻게 고향도 아닌데?

이정우 : 그러니까 상주는 문경하고 인접돼 있고 거기에 사실은 잘 아는 친구의 밭이 있었는데 과수원을 인수해가지고 6년 간 있었습니다. 그때 부수입은 면허 대여해 놓고 월급 받을 만큼 받았습니다.

최승호 : 농사는 부업이었네요?

이정우 : 농사는 부업이라 해도 되고 주업이라 해도 됩니다. 하하.

최승호 : 결혼은 몇 년도?

이정우 : 결혼은 좀 늦게 했었어요.

최승호 : 언제했습니까?

이정우 : ….

최승호 : 그러면 결혼 몇 년째입니까?

이정우 : 31년째인데….

최승호 : 31년째면 76년도에 했네요?

이정우 : 우리 집 애가 서른이거든.

최승호 : 76년도쯤 되겠네요?

이정우 : 그쯤 될 겁니다.

최승호 : 76년도에 결혼하시고 첫애는 언제 낳았습니까?

이정우 : (이때 둘째 아들이 들어옴) 상원이 아니 상협이 형아 생일이 언제지. 니보다 두 살 많으니까…. (둘째가 78년도라고 말함) 78년도.

최승호 : 그러면 둘째는?

이정우 : (둘째가 81년도라고 함) 상원이 81년 맞다.

최승호 : 둘 다 출가 안 하셨죠?

이정우 : 예.

최승호 : 돌아가신 분 성함은?

이정우 : 이종주. 새북 종 자 기둥 주 자.

최승호 : 그러면 당시 연세는?

이정우 : 부친은 연세가 36살.

최승호 : 어머니는?

이정우 : 모친은 29살.

최승호 : 어머니 성함은?

이정우 : 김분선.

최승호 : 그때 당시 29살이고 어머니는 언제 돌아가셨습니까?

이정우 : 1994년 2월에….

최승호 : 아버지 당시 직업은?

이정우 : 농업.

최승호 : 당시에 그러면 결혼하시고 형제는?

이정우 : 큰아버지가 한 분 계셨고, 고모가 몇 분이고. 가만 있어보 자, 세 분.

최승호 : 그러면 아버지 형제가 2남 3녀시네요?

이정우 : 예. 2남 3녀.

최승호 : 아버지가 일제에 강제동원된 적이 있습니까?

이정우 : 그거는 안 된 걸로 알고 있습니다.

최승호 : 당시의 해방 직전이나 아니면 해방 시기에 마을의 분위기 는 어땠습니까?

이정우 : 어려서 분위기까지는 모르겠고 나중에 크면서 이야기를 들었는데 우리 마을에 정재수라는 사람이 있었는데 도요 다병원(당시 경산시내에 있던 자생병원)의 동생이었는데 바로 친동생이 마을에 살았는데 이 사람이 마을에 젊은 청년들을 유혹해서 좌익 쪽으로 유도했다고 봅니다.

최승호 : 정재수 씨 나이가 그때 당시 얼마나 됐습니까?

이정우 : 정확한 나이는 모르겠고, 6·25사변이 나고 관련자를 죽 이고 하니까 이 양반이 피해가지고 김종원이라는 사람이 당시 상당한 지위에 있지 않았습니까. 부산 무슨 경찰서 에서 교통계장 했답니다.

최승호 : 경찰에 투신했군요?

이정우 : 예. 경찰에 들어갔답니다. 김종원의 백으로….

최승호 : 이 사람이 당시 무슨 직책을 가졌습니까?

이정우 : 정확하게는 모르겠고 그런 걸로 추정이 됩니다.

최승호 : 이 사람 때문에 마을에 좌익활동을 한 사람이 있었습니 까?

이정우 : 당시 우리 마을에 50호 정도 됐는데 5명이 희생됐으니까

그 사람이 마을에 있었기 때문에….

최승호: 당시 마을에 소작쟁의를 한다든지 10·1 사건에 동원되거나 그런 사건이 있었습니까?

이정우: 아마 10·1사건에 조금 동원됐을 겁니다.

최승호: 그러면 정재수 씨 때문에?

이정우: 그렇죠.

최승호: 10·1 사건에 마을 사람들이 어떻게 참가했습니까?

이정우: 내가 이렇게 들었거든요. 압량초등학교에서 운동회 하는 날이었는데 그날 만세 부르고 했답니다.

최승호: 몇 명 정도?

이정우: 그 당시에 초등학교에서 운동회를 하면 상당히 많은 사람이 왔는데 정확한 인원은 모르겠고 나중에 윗사람들한테 들었습니다. 운동회 날 만세 불렀답니다.

최승호: 만세 부르고 바로 헤어졌습니까?

이정우: 연단에 올라가….

최승호: 그때 당시에 활동했던 사람들이 마을에도 좀 있었겠네요?

이정우: 마을에 5명이 희생됐으니까 그런 게 있었다고 느껴집니다.

최승호: 그날 경찰이 출동하고 했습니까?

이정우: 아 그런 이야기는 못 들었지만 그 정도면 출동이 안 됐겠습니까. 추측인데 그 정도 됐으면 경찰이 출동했을 겁니다.

최승호: 그게 해방 아니 전쟁 바로 직전이죠?

이정우: 네. 전쟁 직전이 되겠죠.

최승호 : 그러면 압량초등 운동회 때 만세 부른 것은 언제지요?

이정우 : 아니 내가 초등학교 다니기 전이니까 49년이나 48년도에 있지 않았나 싶네요.(실제로는 1946년) 50년대부터는 내가 대충 기억을 하니까.

최승호 : 해방이 됐는지 어떻게 아셨습니까?

이정우 : 나는 해방된 지는 전혀 몰랐어요. 3살, 4살쯤이었으니.

최승호 : 해방 직후 사회주의 활동가들이 마을에 있어서 그런 분위기가 있었겠네요?

이정우 : 네. 그런 분위기가 좀 있었다고 생각이 됩니다.

최승호 : 그때 당시에 주민들의 대부분 직업은 무엇이었습니까?

이정우 : 우리 마을에 한 50호 살았는데 정재수 외 다 농사일 했습니다.

최승호 : 정재수 씨가 마을에서 여론을 주도하거나 이런 거였습니까?

이정우 : 그렇게, 머 그렇게 되었다고 생각됩니다.

최승호 : 마을 리장이 따로 있었죠?

이정우 : 우리 아버지가 당시에 구장이었습니다. 그때는 구장했거든요.

최승호 : 그때 좌익과 우익이 대립하거나 경찰이 오거나 그런 적은 없고요?

이정우 : 그 당시 내가 지금 기억으로는 우리가 양계장을 했거든요. 우리 집에 와서 닭 잡아먹고 머 순경들이 바리바리 댕겼어요. 그래가지고 지서하고 상당이 친했습니다. 그 당시 순경들이 어디 가서 닭 잡아먹기는 상당히 어려웠거든요. 어려웠는데 우리는 양계를 좀 했기 때문에 닭이 좀

많잖아요. 계란부터 있고 그래가지고 순경들이 뛰어와가 우리 엄마가 여름철에 닭 잡고 이래 했습니다.

최승호 : 구장 했기 때문에?

이정우 : 그렇죠.

최승호 : 서북청년단이나 민청 같은 우익단체들이 그런 적은 있었습니까?

이정우 : 그런 적은 없었습니다.

최승호 : 혹시 그때 당시에 마을에 남로당이나 인민위원회 가입한 사람이 있었습니까?

이정우 : 전혀 없었습니다.

최승호 : 아버지가 보도연맹에 가입하신 적 있었습니까?

이정우 : 그 이후에 나이 든 후에 이야기를 들어서 보도연맹에 가입했다는 걸 알았고 내가 옛날에 직장에 제대하고 군대에 들어갔을 적에 거기서 나오게 된 가장 큰 동기는 내가 4급 원로공제회에 들어갔다가 4급 가게 됨으로써 내가 직책이 바뀌어지게 되었습니다. 바뀌어지면서 2급 비밀 취급을 하려고 하니 신원조회를 해야 된다 하더라고요. 신원조회를 하니까 좌익활동했다는 게 나오고 또 보도연맹에 가입했다, 이런 게 나옵디다. 그래가지고 비밀취급 인가를 득하지 못했습니다. 그 당시로 봐서는 이상합니다. 그래가지고 나는 이 공무원 이거 안 되겠구나 싶어서 그때 나오게 된 가장 큰 동기가 그것이었습니다.

최승호 : 연좌제로 나오시게 됐네요?

이정우 : 네. 연좌제 때문에 나오게 되었습니다. 혹시 허병태 씨라고 아시는지 모르겠네요.

최승호 : 허병태 씨?

이정우 : 경북대학교 나왔고, 고향이 어딘가 하면은 다사. 웬만하면 그분 다 알던데. 이 사람이 나한테 전화와 가지고 나한테 그런 이야길 하더라고. 이거 신원조회에 이상한 게 나와 가지고, 이거 있다 하면서 내한테 먼저 전화를 좀 해라고. 내가 왜 그러냐면 3년 동안 같이 근무했기 때문에 서로 알고 이런 사인데 그런 게 나오니까 자기가 내한테 미리 얘기해 주더라고.

최승호 : 신원조회서는 봤습니까?

이정우 : 보진 못하고 구두로 얘기하더라고.

최승호 : 신원조회는 보통 마을이나 동사무소나 면사무소에서 이런 데서 하는데 그때까지 자료가 남아있었다는 얘기네요?

이정우 : 자료가 남아있었다고 봐야 되죠.

최승호 : 그때 그러면 아버지가 보도연맹 가입하신 것 때문에?

이정우 : 나도 그것 때문에 보도연맹 가입한 줄 알았어요.

최승호 : 신원조회 때문에 보도연맹에 가입하신 줄 아셨구나. 당시에는 몰랐고?

이정우 : 몰랐지. 가입되어 있는지 몰랐지. 내 나이도 어리고….

최승호 : 그때 마을에 보도연맹에 가입한 사람이 많이 있었습니까?

이정우 : 현재 같으면 마을에서 돌아가신 분이 5명인데 5명 전부 다 보도연맹에 가입했고, 그 김종철 씨도 보도연맹에 가입했습니다.

최승호 : 생존했던 김종철 씨 말이죠?

이정우 : 네.

최승호 : 김종철 씨만 살아 나오고 나머지 분은 돌아가셨네요?

이정우 : 예.

최승호 : 그때 본인이 가입했을 때도 집안에서 반대하거나 하는 이런 얘기는 못 들었습니까?

이정우 : 제가 고마 나이가 어렸기 때문에 누가 반대하는 거까지는 모릅니다.

최승호 : 가입했던 다섯 분은 다 농사짓고?

이정우 : 나중에 그 얘기 해봐야 되고 이러니까 5명이 가입된 걸로 늦게 뒤늦게 알게 됐죠.

최승호 : 그때 당시에 어릴 때는 보도연맹이 뭔지도 몰랐고?

이정우 : 몰랐죠.

최승호 : 신원조회 이후에 보도연맹을?

이정우 : 네. 그때 이후로.

최승호 : 처음으로 신원조회 했을 때 아버지가 보도연맹에 가입했다 할 때 보도연맹이 뭐라고 생각하셨습니까?

이정우 : 그래 나는 보도연맹을 이래 생각했거든. 한마디로 좌익 그런 걸로 생각했거든.

최승호 : 좌익단체로 알았다?

이정우 : 네. 좌익단체인 줄 알았다. 유족회 나와가지고 보도연맹이 뭔가 그래 알았지 그전에는….

최승호 : 사실은 좌익단체가 아니고 정부가 만든 단체다 그죠?

이정우 : 그렇죠.

최승호 : 정부가 단체에 가입하라 해놓고 사람들을 이렇게….

이정우 : 음….

최승호 : 그러면 아버지가 보도연맹에 가입해 있는 줄 나중에 알았
지만, 혹시 평상시에 경찰에서 자꾸 소집 교육하고 이렇
게 했습니까?

이정우 : 경찰이 와서 우리 아버지한테 머 나쁘게 한 건 없고 오히
려 와서 막걸리 한 잔 마시고 갔고 닭 잡아먹고 갔고 머
그래만 했지. 그런 건 전혀 없었습니다.

최승호 : 한 번씩 소집이나 교육 이런 거 때문에 다른 데 간 적 있
습니까?

이정우 : 그런 적은 전혀… 거의 본 적 없고 교육받으러 갔는지는
전혀 모른다.

최승호 : 그러면 전쟁이 그사이에 일어나는데 전쟁은 아까 어떻게
났는지 알았다고 하셨습니까?

이정우 : 내가 그때 어렸으니까 피난 가야 된다 해가지고 미숫가
루만 싸가지고, 요거는 우리 누나네 줄 꺼라고 요거는 우
리 누나 꺼고 요거는 내 꺼고 해서 밑에 동생들은 어리니
까 못하고 누나하고 내하고 베게 속에 이렇게 넣을 수 있
도록 준비해가지고 옷 속에 딱 넣어놓고. 비행기 소리가
저공비행 했고 영천지역에서 막 대포 하는데 뻥뻥하는 게
들리고.

최승호 : 그때 초등학교?

이정우 : 2학년.

최승호 : 그때 당시에 학교에서 수업은 계속 했습니까?

이정우 : 수업은 정상수업은 못 하고 우리 학교는 미군이 와가 있
어가지고 수업은 못 했고 우리는 밖에서 학교가 아닌 다
른 지역에서 창고 같은 건물이나 과수원 안에 그 안에 큰

건물이나 안 그러면 산속에 큰 나무 밑에 그늘진 곳에서 공부했고….

최승호 : 그때 한 반에 몇 명씩 있었습니까?

이정우 : 한 반에 한 70명 있었습니다.

최승호 : 몇 반 정도 있었습니까?

이정우 : 두 반이 있었는데 졸업을 132명이 했습니다.

최승호 : 그때 당시 2학년이네요. 전쟁 났을 때?

이정우 : 네.

최승호 : 전쟁 터졌을 때가 초등학교?

이정우 : 2학년.

최승호 : 그런 수업을 몇 년간 했습니까?

이정우 : 한 1년간 하고….

최승호 : 그럼 3학년 때부터 교실에서 정상적으로 했습니까?

이정우 : 그때도 정상적으로 못 했지 싶은데요. 미군이 완전히 우리 학교를 전쟁 끝날 때까지….

최승호 : 몇 년이나 주둔했습니까?

이정우 : 그건 정확히 잘 모르겠습니다. 한 1, 2년? 2, 3년쯤 됐는가. 한 2년쯤 됐는가 그런 거 같습니다. 그럼 2년쯤 될 수 있겠네. 그리고 압량교 오목천 그 다리 있지 않습니까. 그 주변에 천막치고 주둔을 상당히 많이 했습니다.

최승호 : 영천까지 전선이 점점 내려오니까 대비를 하려면 군인들이….

이정우 : 예. 그렇죠. 미군들이 몰려올 적에 미군이 지나가면 껌 주고 먹을 거 주고 그랬거든요.

최승호 : 그러면 아버지가 집에서 나간 게 언제입니까?

이정우 : 그해 8월달. 8월 초쯤 될 겁니다. 여름방학하고 얼마 안
되고. 그리고 돌아가신 거는 한 8월 꼭 이맘때쯤 되겠네.
아버님 제사가 내일 바로 모레 월요일입니다. 월요일….

최승호 : 음력으로 언제지요?

이정우 : 음력 7월 15일입니다. 아버님 제사가.

최승호 : 그 당시에 아버지를 잡으러 온 사람은 누굽니까?

이정우 : 군인이었습니다. 군인 2명이었는데 군복을 입고 칼빈총
을 거꾸로 메고 이렇게 총구를 땅으로 해놓고 들어 왔더
라고. 군인 두 명이.

최승호 : CIC입니까?

이정우 : 예. CIC.

최승호 : 경찰은 아니고?

이정우 : 경찰은 우리 집에 그냥 뭐 술 먹으러 왔지 겁주려고 오진
않죠.

최승호 : 군인이 아버지를 잡아서?

이정우 : 낮에 누나하고 내하고 우리 친구들하고…. 그때 날씨가
더우니까 초가집인데 집 그늘 밑에서 빤돌을 받고 있는데
군인 둘이 들어오더라고요. 그때 우리가 좀 잘 살았어요.
잘 살았는데, 처마 밑이 그늘지고 거기가 좀 시원한데 거
든요. 거기 빤돌을 받고 있는데 군인이 딱 들어오더라고
요. 아버지 어디 갔노. 엄마 어디 갔노. 찾더라고요. 그래
가지고 부엌에 문 열어보고 도장에 문 열어보고 양계장에
가보고 이렇게 하더라고요. 자기 마음대로 하더라고. 들
어와가지고….

최승호 : 아버지는 그때 어디?

이정우 : 그때는 들에 갔는가. 어데 갔는가 있었어요. 하여튼 있었어예.

최승호 : 잡혀가진 않았고?

이정우 : 네. 그래가지고 그날 밤에 잡혀갔어요.

최승호 : 밤에 다시 왔습니까?

이정우 : 밤에 잡혀갔습니다.

최승호 : 밤에는 누가 왔습니까?

이정우 : 밤에 역시 군인이 왔습니다.

최승호 : 밤에 다시 와서 연행해갔네요. 어디로 끌고 갔습니까?

이정우 : 그리고 압량 CIC 사무실이라고 있었는데 거기가 사진관이라고 합디다. 사진관….

최승호 : 거기 갔어요?

이정우 : 거기서 그날 밤에 4시간 정도 있다가 새벽에 그러니까 어두워져가지고 동이 틀 무렵에 경산으로 옮겼다고 하더라고….

최승호 : 경산 어디로?

이정우 : 경산 그 농협. 아니 농협 아니고 수리조합. 수리조합 창고에 구금돼 있었다.

최승호 : 며칠이나 있었습니까?

이정우 : 약 한 20일 구금돼 있다가 아까 이야기한 대로 어머니가 사식을 들라줬는데… 여름에 덥고 하니까 옷도 들라주고 했는데 그때 어머니가 가니까 형님한테 빨리 가서 돈 가지고 빼내라고 다급하게 얘기했죠. 그래서 어머니가 우리 집에도 안 오고 바로 큰집에 가서 얘기했는데 큰아버지가 그거를 응하지 않고 차일피일 미뤘죠. 그래가지고 제일

답답은 사람이 엄마가 아니겠습니까. 그래가지고 엄마가 마을에 돈을 조금 빌려가지고 허겁지겁 수리조합에 갔었죠. 가니까 어젯밤에 눈 가리고 포대기에 실려 나갔다…. 눈 가리고 어젯밤에 싣고 나갔다….

최승호 : 그때 나와서 어디로 가셨는지 어머니가 아셨습니까?

이정우 : 그 후에 김종철 씨한테 들었는데 평산동에 CIC 사무실 있다 아입니까. 거기 갔다 캅디다. 거기서 김종철 씨한테 얘기를 들었거든요. 같이 있었는데 거기서 고문을 했다카이. 그 안에서 전기고문도 하고 비행기 태우기 고문도 하고… 비행기 태우기 고문은 어떻게 했는고 하면 손을 뒤로 묶어가 이 홈에다가 팔에다가 방망이를 대가 이 방망이에 끈을 달아가 옆에서 땡기는 기야. 웃통은 다 벗기고 하의만 입힌다이끼네. 완전히 피멍 들었다 카데. 완전히 색깔이 시커멓답니다. 등허리 많이 맞아가지고 어쨌든 안 맞을라고 전부 다 했다라고 캤겠지.

최승호 : 허위자백 하셨네요?

이정우 : 음… 허위자백 다 하고 안 하면 맞아 죽는다는데….

최승호 : 그러면 평산동에서는 며칠이나 계셨어요?

이정우 : 평산동은 1, 2일 정도….

최승호 : 하루 이틀 정도?

이정우 : 하루 이틀 정도.

최승호 : 그러면 인제 자백하니깐 바로?

이정우 : 평산동에까지는 같이 김종철씨 하고.

최승호 : 그러면 평산동 거기 있을 때는 면회를 못 갔습니까?

이정우 : 못 갔죠. 못 가고 김종철 씨 이야기가 거기서 고문도 하

고.

최승호 : 수리창고에 있을 때는 매일 면회가 됐습니까?

이정우 : 근데 매일 바쁘니까 못 가고 격일제로 갔을 낍니다. 하루
가고 또 하루 가고 집에 일도 바쁘고 하니까 그 갔다 오면
일이 안 되잖아요.

최승호 : 그때 당시에 거기서 돌아가실 것이다, 라는 생각은?

이정우 : 처음에는 돌아가신다는 생각 못 하고 아버지가 다급하게
카이 그때 아차 이래선 안 되겠구나 하는 걸 느꼈죠. 내
친구 국민학교 나하고 동창생인데 김병태라고 있습니다.
김병태 그 친구 아버지도 맨 우리하고 똑같은 상황이었는
데 그 할아버지가 살아 계셨거든. 그러니까 할아버지가
자인장에 가서 아침에 소 몰고 가가 소 팔아가지고 아버
지하고 소 판 돈하고 맞교환 했는 기라. 그 사람이 지금
저 자인 부근에 살고 있거든요.

최승호 : 그러면 나머지 그 네 분도 아버지하고 같이?

이정우 : 일단은 잡혀간 거는 거의 시기가 하루 이틀 정도는 차이
가 있고 돌아가신 거는 날짜가 거의 같이….

최승호 : 수리창고에도 같이 계셨던가요?

이정우 : 다른 몰라도 김종철 씨하고 우리 아버지는 늘 같이 있었
고.

최승호 : 같이 붙들려 갔습니까? 같은 날?

이정우 : 하여튼 1, 2일 정도 차이였을 겁니다.

최승호 : 그럼 그때 고문당하고 나서 바로 코발트광산으로 끌려갔
습니까?

이정우 : 예. 예.

최승호 : 마을 분들도 같은 시기에?

이정우 : 마을 분들도 거의 하루 이틀 상간에 전부 끌려갔어예.

최승호 : 그런데 김종철 씨는 어떻게 해서 살아 나왔습니까?

이정우 : 김종철 씨는 과거에 자기가 그러니까 코발트광산에 근무를 했는가 봐요, 사무실에. 그 인제 나이가 어리면서도 똑똑하고 하니까 사무실에서 심부름하고 그러고 있었고…. 그도 돈을 쳐가지고 나왔다고 이래 생각되는 거죠.

최승호 : 그럼 아버지하고 김종철 씨하고 관계가 어떻게 되죠?

이정우 : 우리 고모부죠.

최승호 : 아버지하고 처남간?

이정우 : 아버지하고 처남간이제.

최승호 : 김종철 씨는 나이가 어렸습니까?

이정우 : 스무 살 정도. 김종철 씨가 그 당시에는 우리 마을에서 완전히 엘리트였습니다. 말도 잘 하고….

최승호 : 그래서 보도연맹에?

이정우 : ….

최승호 : 이분이 얼마 전에 돌아가셨지 않습니까?

이정우 : 그렇죠. 돌아가신 지 3, 4년쯤 된 것 같습니다.

최승호 : 그때 생전에 김종철 씨한테 들은 거 있습니까? 코발트광산에 대해서 어떻게 광산이 생겼고….

이정우 : 같이 가보긴 했는데 하도 오래 돼버리고, 나무가 이렇게 커 버렸기 때문에 대충 알긴 알아도 그거 말고는 잘 모르고 있는 것 같습디다.

최승호 : 아버지가 돌아가신 그 장소는 알고 계십디까?

이정우 : 아뇨 그건 모르죠. 종철 씨도 모르죠.

최승호 : 자기도 안 가봤으니까?

이정우 : 예.

최승호 : 자기도 그러면 평산동 CIC 사무실에서 나왔네요?

이정우 : 네.

최승호 : 코발트광산까지는 안 끌려가고?

이정우 : 네 그렇죠. 그런데 그 당시 김종철에게 들으면 그 당시 파견대장이 육군 소위였답니다. 육군 소위.

최승호 : 그때 평산동 CIC 사무실에 사람들이 많이 있었습니까?

이정우 : 한 30, 40명이 늘 거기서 대기하고 있었답니다. 30, 40명이 항상 대기하고 있으면 자기가 판별해서 올려보내고 했답니다.

최승호 : 그걸 육군 소위가?

이정우 : 지휘했답니다.

최승호 : 거기 사람들 말고 외지에서 차로 끌려오는 사람들을 목격하셨다는 얘기 못 들으셨습니까?

이정우 : 그 당시 차가 한 10여 대씩 매일 오고 가고 했답니다.

최승호 : 총소리도 들었습니까?

이정우 : 총소리도 우리는 못 들었지만 그 주위 사람들이 들었다고 얘길 하는 사람들이 많이 안 있습디까.

최승호 : 그러면 어머니가 돌아가신 건 언제 아셨습니까?

이정우 : 돌아가셨다고 추정되는 것은 면회를 갔을 적에 어젯밤에 눈 가리고 실로 나갔다. 그게 뭐냐면 마지막이었으니까. 그 일자가 음력으로 7월 15일 날이었습니다. 7월 15일 날 저희들이 제사지내는….

최승호 : 아니 그때는 수리창고에 가 계셨다고 했잖아요?

이정우 : 아 그렇죠. 창고에 있다가….

최승호 : CIC 사무실 갔다가 1, 2일 후에 돌아가신 거 아닌가?

이정우 : 우리는 김종철이 얘기하는 그거하고 이거하고 따지면 하루나 이틀 정도 차이가 있는데 눈 가리고 나갔던 그날 마우리는 돌아가셨다고 들었어.

최승호 : 집에서는 수리창고에서 바로 돌아가신 걸로 그렇게 생각하고 있고, 김종철 씨 얘기로는 CIC 사무실에서 하의만 입혀가 고문당하다가 돌아가셨다?

이정우 : 예.

최승호 : 돌아가시고 나서 현장에 가서 유해를 확인하거나 이런 일은 어땠습니까?

이정우 : 그 당시로 봐서는 확인을 바로 하는 여건은 못 됐습니다. 그리고 광산에 출입을 할 수가 없었고 그래서 확인을 못 했죠.

최승호 : 출입금지?

이정우 : 예. 출입금지고, 그 군인이 와가지고 엄격히 통제했기 때문에 민간인이 접근할 수가 없었죠.

최승호 : 그때 계속 학교생활 중이었으니까?

이정우 : 생활 중이었으니까.

최승호 : 끝나고 나서 모두가 가본다거나 그런 말씀 없으셨습니까?

이정우 : 그런 얘기는 못 들었어….

최승호 : 돌아가시고 나서는 거의 40, 50년간 코발트광산은 가보지 못했겠네요?

이정우 : 네 그렇죠.

최승호 : 학살이 일어나고 나서 2000년 유족회 처음으로 만들고 그때까지는 그 지역은 출입금지 지역이네요, 그렇죠?

이정우 : 네 그렇죠.

최승호 : 한 번도 가보실 생각도 못 하고?

이정우 : 아니, 내가 압량국민학교 댕길 적에 한 번 가봤습니다. 내가 개별적으로는 못 가고 화단에 환경미화작업을 하기 위해가지고 벽돌을 주우러 반 전체가. 빨간 벽돌 안 있습니까. 고거 한 사람당 네 개씩 주워오너라 했던가. 하여튼 두 개씩 주워 와서 화단에 예쁘게 이렇게 경계석을 주워와가지고 화단 만들었어.

최승호 : 그때가 몇 학년 때입니까?

이정우 : 그때가 한 5학년쯤 됐을 겁니다.

최승호 : 그때 가니까 현장에 사람이 죽었다는 그런 거 못 느꼈습니까?

이정우 : 아, 그런 거 느꼈죠. 그런 거 느꼈는데 우리가 위에는 못 보고.

최승호 : 그때 당시에는 통제는 안 했습니까?

이정우 : 매년 그랬으니까 통제를 안 했었죠. 안 했고, 선생님이 인솔했으니까.

최승호 : 굴 입구까지는 못 가보시고?

이정우 : 그땐 못 가보고 여 밑에 옛날에 굴뚝이 있죠? 그 부근까지 가가지고 벽돌 주워 왔지.

최승호 : 그 후로 거기에 유해, 사람뼈가 있다는 얘기는 못 들으셨어요?

이정우 : 유해가 많이 나돌아다닌다는 얘기는 많이 들었습니다. 그

렇지만 확인은 못 했습니다.

최승호 : 그리고 못 가봤다. 그죠?

이정우 : 말로만 들었지. 확인은 못 했습니다.

최승호 : 아버지가 거기서 돌아가셨다는 생각은 하셨단 말입니까?

이정우 : 그런 생각은 했지만은 현장에 가보지는 못했습니다.

최승호 : 그때 당시에 얼마나 거기서 돌아가셨다고 들었습니까?

이정우 : 머, 헤아릴 수 없는 많은 사람이 죽었다, 이래 나는 알았지. 그 이상은 몰랐습니다. 알 수가 없었고.

최승호 : 마을에 총 6명이 끌려가서 1명은 살아남고 5명은 돌아가셨네요. 아버지 말고 돌아가신 분 성함 아십니까?

이정우 : 네, 5명 압니다. 홍화식 씨, 오영태 씨, 최순영 씨, 이영숙 씨. 이렇게 네 분.

최승호 : 그분들 지금 유족회 가입을 다 하셨습니까?

이정우 : 그렇죠. 지금 그중에 네 사람은 가입돼 있고 한 사람은 최근에 8월달에 최병순 씨라고 신문 보고 찾아와가지고 인제 한 사람 더 차게 되었습니다.

최승호 : 그러면 왜 군인들이 보도연맹들을 죽였다고 생각합니까?

이정우 : 글쎄, 먼저 그 보도연맹에 가입했다고 해가지고 무고한 사람을 좌익으로 몰아세워 가지고 저거들이 학살했다고 생각합니다.

최승호 : 무슨 죄목인지도 모르고 돌아가셨다 그죠?

이정우 : 그렇죠. 돌아가신 거는 무슨 명문인지도 모르고 단순히 보도연맹에 가입했다는 그것이 죄가 돼가지고 그렇게 끌고 가서 대단히 잘못됐다고 생각이 됩니다.

최승호 : 돌아가시고 나서 마을에 위령제라든지 이런 거는 없었습

니까?

이정우 : 그런 건 없었고 1960년도에 그때 인제 돌아가신 분들 신고하라 해가지고 신고하긴 했습니다.

최승호 : 그땐 누가 신고하셨습니까?

이정우 : 그때는 모친이 신고….

최승호 : 나머지 네 분들 그분들 집은 지금 어떻게?

이정우 : 아 지금 그러니까 경산지역에 살고 계시는 분이 오영태 씨가 고향에 계시고, 또 이영숙 씨가 시지 살고 계시고. 홍화식 씨가 반야월 쪽에 살고 계시고, 최근에 경산에 와 살고 있고 또 아래 사업하는 그 유족….

최승호 : 생활들은 다 어떻습니까?

이정우 : 다들 어렵습니다. 왜냐하면은 아버지를 잃었으니까 그 후 손들이 참 먹고살기가 참 빠듯했고, 또 배우지도 못하고 또 먹지도 못하고 그렇게 살아온 겁니다.

최승호 : 아버지 돌아가시고 나서 어머니는 어떻게? 그 당시에 형제는 몇 명입니까?

이정우 : 형제가 4남매였고 4남매를 어머니가 생계를 꾸려나갈라고 어머니가 정말 고생 많이 하셨습니다.

최승호 : 그때 당시 어머니는 어떻게 농사?

이정우 : 네, 농사짓고 또 바느질하고 이래 했거든요.

최승호 : 네 명을 다 출가시키시고?

이정우 : 네, 그렇죠. 다 출가시키고 94년도에 아파가 돌아가셨습니다.

최승호 : 살아생전에 정부라든지 이런 데 대해 어머니가 하시고 싶은 얘기가 있었을 건데 들어본 적 없습니까?

이정우 : 억울하게 돌아가셨다는 말을 많이 했었고, 또 내가 그 직장에서 연좌제로 나오니까 또 손자들이 군에 가면 또 그런 문제가 있겠느냐 하면서 그런 걱정을 했습니다.

최승호 : 지금까지 살아오면서 아버지가 없어서 제일 힘들었던 때가 언제였습니까?

이정우 : 그러니까 내가 국민학교를 졸업하고… 군에 갈 때였습니다.

최승호 : 동생들은 학교는 어떻게?

이정우 : 우리 누님 학벌은 압량초등학교 들어간 게 그게 인제 최종학력이고. 내 동생은 중등, 또 제일 막내 동생 유복자는 고졸. 학력 정도가 그 정도입니다.

최승호 : 당시에 아버지만 살아 계셨으면 양계장도 하고 했기 때문에 정상적으로 공부도 다 하고 하셨을 건데 그죠?

이정우 : 그렇죠. 아버지가 살아 계셨더라면 내가 머 대학까지도 안 다녔겠습니까.

최승호 : 지금 아버지 호적은 어떻게 되어 있습니까?

이정우 : 그 당시에 마을에 이장이 사망신고를 하라고 권유했기 때문에 권유를 받아가지고 신고를 했죠.

최승호 : 그러면 사망신고는 어떻게 되어 있습니까?

이정우 : 한 10년은 훌쩍 넘겨서 사망신고를 했을 겁니다.

최승호 : 그러면 이 사건이 제대로 알려지게 되면 바로잡아야겠다 그죠?

이정우 : 예.

최승호 : 아까 연좌제 피해를 말씀하셨는데 구두로만 얘기를 듣고 포기했다는데 그때 당시 주변에도 연좌제로 피해 입은 동

료라든지 이런 분들이 있었습니까?

이정우 : 아니, 있어도 자기가 그거를 주위 사람들에게 그것을 발설하지 않습니다. 왜냐하면은 다른 사람이 이상하게 보기 때문에 그런 게 있어도 얘길 잘 안 합니다. 자기만 알고 있지 누구한테 얘길 안 합니다. 저도 이런 얘기를 최근에 와서 얘기했지, 그전에는 얘기를 아무한테도 얘기를 안 했습니다. 아마 다른 분들도 이런 얘기 내처럼 자기 주변 사람들한테 이런 이야길 아마 못 하고 예, 없었는 걸로 그래 압니다. 아무도 그래 안 합니다.

최승호 : 2000년도 유족회 활동하시기 전까지는 내 주변에 누가 어떻게 억울하게 죽었는지 유족인지 몰랐다 그죠?

이정우 : 네. 그거는 사실 모르죠.

최승호 : 친한 친구도?

이정우 : 네, 내 친한 친구도 2000년 내가 그때 방송 몇 번 나오고 그러니 다른 친구들이 보고 우리 아버지가 그런 줄 알지, 그전에는 아무도 가까이 있는 친구도 몰랐지. 사촌 동생은 알아도 동무들은 그 사실을 모릅니다.

최승호 : 혹시 사촌들, 아버지 형제가 아까 2남 3녀라 그러시던데 그분들도 아버지가 돌아가신 것 때문에 혹시 피해를 입은 분들이 있습니까?

이정우 : 있는데요, 내 5촌 조카가 지금 건국대학교 교수를 하고 있습니다. 이 친구가 해외여행 할 적에 신원조회를 하니까 아버지의 할아버지 문제가 나와서 상당히 어려웠다. 그런 얘길 들었습니다.

최승호 : 그게 몇 년도입니까?

이정우 : 그 친구가 지금 40대쯤 되니까 한 10여 년쯤 됐지 싶은데….

최승호 : 그럼 90년 중반까지만 해도 연좌제가 있었다?

이정우 : 예, 그리고 그 당시 이 친구도 압량국민학교 나왔거든요. 친구가 아니고 조카죠. 조칸데 그 당시에 국민학교 동창생이 내 부서에 근무를 했었거든요. 그 친구가 인제 별거 아니다. 이래가지고 인제 일본 가고 미국 가고 그래 했지.

최승호 : 혹시 그런 것 때문에 사촌들이나 조카들한테 안 좋은 소릴 듣거나 혹시 피하거나 이런 거는 없었습니까?

이정우 : 그런 건 없었는데 지금 사촌들하고의 관계가 사실 솔직하게 좀 안 좋습니다. 거리감이 좀 있습니다.

최승호 : 1년에 한 번씩은 모이십니까?

이정우 : 네, 제사 때 하고 모입니다마는….

최승호 : 할아버지 제사 때는?

이정우 : 네, 그때는 많이 모입니다.

최승호 : 요즘은 예전하고 달라진 게 있습니까?

이정우 : 달라진 건 없습니다.

최승호 : 자녀들한테는 삼촌인데 그죠? 삼촌이 돌아가신 것 때문에?

이정우 : 더 자세히 얘기하자면 삼촌 제사에 와야 되는데 안 옵니다.

최승호 : 작은아버지 제사 때 안 오신다? 할아버지 제사 때는 오고?

이정우 : 할아버지 제사 때 보면 안 온 친구들도 있고 오고 싶으면

오고…. 그 이후에는 안 옵니다.

최승호 : 돌아가시면서 가족 관계도 좀 소원해지셨네요?

이정우 : 네, 가족 관계도 그래 됐습니다.

최승호 : 빨리 진상규명이 돼서 억울하게 돌아가셨다는 게 밝혀져야 그런 문제들도 해결되겠다 그죠?

이정우 : 예, 그렇게 생각하고 있습니다.

최승호 : 그전에는 보도연맹에 대해 잘 몰랐고, 신원조회 이후 보도연맹 때문에 상당히 생활이 어렵구나. 이걸 밝히면 안 되겠구나… 이런 생각 하셨죠?

이정우 : 예, 그래갖고 공무원을 몬 한다고 생각했죠.

최승호 : 사회생활에서 그게 큰 영향을 미치네요. 직업을 제대로 선택하기 어렵다….

이정우 : 예.

최승호 : 2000년 이후에 보도연맹이 어떻다 하는 거 알았고?

이정우 : 뒤늦게 보도연맹 내용을 뒤늦게 제가 알게 되었죠.

최승호 : 알게 되고 나서는?

이정우 : 마음이 좀 가벼워진 거죠.

최승호 : 아버지가 결코 죽을 죄를 지어서 돌아가신 건 아니다 그죠?

이정우 : 예, 정재수 아까 얘기했다시피 그 사람 때문에 그렇게 됐거든요.

최승호 : 혹시 보도연맹에 대해 알고 나서 정치적인 생각이 바뀐 게 있습니까? 한나라당을 선택하다가 지금은 여당을 선택한다든지, 아니면 야당을 하다가 여당을 한다든지 이런 변화가 있습니까?

이정우 : 나는 머 한나라당은 보수세력이고 해서 별로 관심이 없었습니다.

최승호 : 앞으로 이 문제가 어떻게 해결되는 게 제일 좋겠습니까?

이정우 : 지금 그 유족들 나이가 상당히 고령입니다. 고령인데… 정부가 이 문제를 심도 있게 해야 되겠지만 시간도 좀 단축해가지고 이 문제를 해결해 줬으면은 좋겠다….

최승호 : 최근에 코발트 광산에 발굴이 진행되고 있는데 현장에 한 번 가보셨습니까?

이정우 : 예, 자주는 못 가봐도 1주일에 한 번 정도는 제가 가보는 편입니다.

최승호 : 발굴에 대해서는 어떻게 생각하십니까?

이정우 : 발굴도 역시 좀 더 시간을 단축해가지고, 정부 예산을 좀 더 많이 지원해줘가지고 빠른 시간 내에 좀 고걸 끝내주시고, 또 위령탑이라든가 위령공원 이런 것도 좀 시간을 단축해 주었으면 좋겠습니다.

최승호 : 나중에 발굴 다 하고 나서 발굴 현장을 어떻게 했으면 좋겠습니까?

이정우 : 그것이 우리에게 상당히 희망사항인데요 그곳이 일제시대 수탈지역이고 또 거기다가 학살지역이기 때문에 그 현장을 오랫동안 보존해가지고 일반사람들한테 역사적인 장소로 남겨두었으면 좋겠습니다.

최승호 : 그러면 발굴이나 위령탑은 국가 차원에서 진행할 일이고 경산시나 우리 주변에 있는 시민사회단체, 이런 쪽에 요구하고 싶은 게 있을 것 같은데 그런 건 없습니까?

이정우 : 유족사업에 여러모로, 정신적으로 위로를 많이 받고 있습

니다. 받고 있는데 앞으로도 변치 말고 유족들을 도와주
셨으면 고맙겠습니다.

최승호 : 마지막으로 혹시 아버지 사진이라든지, 옛날 자료를 갖고
있습니까?

이정우 : 사진은 남아 있습니다.

최승호 : 그때 당시 보도연맹과 관련된 신문이나 잡지 같은 자료는
가지고 있습니까?

이정우 : 자료는 현재는 없습니다. 제가 본 이후로는 우리 아버지
가 초등학교 때 이승만이한테 받은 임명장하고 위촉장 이
런 게 있더라고요. 있었는데 어머니가 치워버렸더라구
요.

최승호 : 아버지와 관련된 자료는 사진 하나밖에 없네요. 그죠?

이정우 : 예.

최승호 : 나중에 그러면 제가 그 사진을 사진으로 찍을 수 있겠습
니까?

이정우 : 예, 지금도 찍을 수 있습니다. 지금 거기 위에 바로 사진
있으니까. 허허허….

최승호 : 사진 좀 보여주십시오.

이정우 : 예, 그리고 지난번에 장 교수 대경대 장진호 교수가 썼는
데 우리 애들이 좋아하고 있더라고요.

최승호 : 좀 들고 계십시오.

이정우 : 예.

최승호 : 그러면 그때 연극할 때 그 사진?

이정우 : 예.

최승호 : 기억나십니까? 사진 보시면?

이정우 : 예, 기억나죠. 겨우겨우 기억나죠. 그때 당시 초등학교 2 학년 때니까.

최승호 : 가물가물하시겠다. 그죠?

이정우 : 예.

최승호 : 오랫동안 보존하시고 정말 정부 차원에서 진상조사하고 특히 또 경산지역은 발굴하고 하니까 다른 지역보다 빨리 사건이 종결되지 않겠나 싶습니다. 마지막으로 정부나 여러 국민들이나 가족. 이런 분들에게 하고 싶은 말씀 있으십니까?

이정우 : 예, 저희가 드리고 싶은 얘기는 이제까지 두서없이 얘기를 했습니다. 예.

최승호 : 정리를 한 번 해주시죠.

이정우 : 정부가 그 억울하게 돌아가신 유가족들한테 대한 후속 조치가 반드시 있기를 저는 간곡히 희망합니다.

최승호 : 예 감사합니다. 고생하셨습니다.

이정우 : 예.

최승호 : 고맙습니다.

5. 이태준 구술증언

사건과의 관계 : 이무식의 4촌 동생
구술 당시 나이(생년월일) : 1938년 8월 10일
출생지 : 경산시 용성면 외촌리 1148번지

최승호 : 지금부터 구술 내용을 정리하겠습니다. 성함이 어떻게 되
십니까?

이태준 : 이태준.

최승호 : 생년월일은?

이태준 : 1938년 8월 10일생.

최승호 : 음력입니까?

이태준 : 예 음력입니다.

최승호 : 출생지는 어딥니까?

이태준 : 경북 경산시 용성면 외촌리 1148번지.

최승호 : 현재 사시는 곳은 어딥니까?

이태준 : 경산시 점촌동 208번지.

최승호 : 전화번호가 어떻게 되시죠?

이태준 : 018-516-****.

최승호 : 지금 사시는 집은 자가십니까 아니면은 전세?

이태준 : 전세가 아니고 그냥 셋방.

최승호 : 가족은 지금 어떻게 되십니까?

이태준 : 혼자.

최승호 : 돌아가신 분은?

이태준 : 이무식.

최승호 : 형님이시죠?

이태준 : 사촌 형님.

최승호 : 원래 고향이 용성면 외촌입니까?

이태준 : 그렇습니다.

최승호 : 고향을 떠나서 다른 데로 이주한 적이 있습니까?

이태준 : 예 있습니다.

최승호 : 어디로 가셨습니까?

이태준 : 이주한 거는 고등학교 때부터 이주했는데.

최승호 : 고등학교 때는 어디서 사셨습니까?

이태준 : 경산에서 쭉 다니다가 다시 고향 쪽으로 가서 자인중학교
를 나왔습니다.

최승호 : 나오실 때 나이가 얼마였지요?

이태준 : 처음에 경산고등학교를 나올 적에는 16세 17세 됐지.

최승호 : 나와서 성장할 때 얘기를 한번 쭉 해주시죠.

이태준 : 경산고등학교를 처음 나와가지고 다니다가 안 돼가지고
다시 고향 쪽으로 가서 자인농고를 1958년도 1회 졸업생
으로 나왔습니다.

최승호 : 그때 나이가 스무 살이네요?

이태준 : 그렇지.

최승호 : 초등학교는 그러면 언제?

이태준 : 초등학교는 확실하게 기억을 못 하겠어.

최승호 : 초등학교는 여러 군데 다녔습니까?

이태준 : 여러 번 댕겼지.

최승호 : 처음에 들어간 게 언젭니까?

이태준 : 일제시절 때 44년도. 45년 해방되면서 또 그만두고, 그래 가 또 6·25 사변 나가 또 그만두고 이런 식으로 많이 다 녔지.

최승호 : 어릴 때 장래 희망 꿈이 뭐였습니까?

이태준 : 어릴 때 꿈은 내가 선생님을 좀 했으면 좋겠다, 그런 생각 을 많이 했지.

최승호 : 선생? 어떤 선생님?

이태준 : 그 당시 어릴 때 심정으로서는 가리키는 기라던가 교육자 라 카는 기 별이가 상당히 좋더라고. 그래서 선생을 꿈을 꿨는데 그걸 제대로 마치질 못했지.

최승호 : 그때 당시에 특별하게 어떤 선생님을 보고 이렇게 내가 선생님이 돼야 되겠다. 기억에 남는 선생님이 있습니까?

이태준 : 국어를 좀 좋아했지. 학교 댕길 때.

최승호 : 국어 선생님이 성함이 기억나십니까?

이태준 : 기억이 안 납니다. 경산고등학교를 다닐 적에 큰 상을, 공 부를 해가지고 그 당시에 내가 상을 받은 게 있어. 그래 가지고 단상에 올라가지고 그 선생님이 칭찬해줬지. 57 년돈가 6년도에.

최승호 : 그 가족은 어떻게 됩니까?

이태준 : 배우자는 인제 작고하고….

최승호 : 언제 돌아가셨습니까?

이태준 : 2005년도 11월 말에.

최승호 : 부모님은 언제?

이태준 : 상당히 오래됐지. 69년도 하고 70년도.

최승호 : 그때 부모님 직업은 뭐였습니까?

이태준 : 농업이지.

최승호 : 그 당시에 농사는 많이 지으시고?

이태준 : ….

최승호 : 그러면 그 당시 외촌리에는 형제 친척들도 많이 사셨습니까?

이태준 : 친척들이 많이 있었는데 다 외지로 가버리고 어릴 때는 친척들이 몇이 있었지. 큰집 작은집 현재 우리 집하고는 담으로 경계해서 사립문 옆에….

최승호 : 그러면 돌아가신 형님은 바로 옆집에?

이태준 : 그렇지. 사립문을 경계할 정도로. 그리고 큰집 형님들 군에 다 가뿌고 큰집에 일 년간 살았지.

최승호 : 큰집은 몇 남 몇 녀입니까?

이태준 : 3남 5녀였었는데 다 죽어버리고 지금 현재는 삼촌하고 세 분. 우리는 그러니까 3남 2년가. 그런데 6·25 전쟁 때 가가지고 소식 없는 형제분이 있고 군대 갔다 와가 돌아가시고….

최승호 : 그러면 그때 당시에 큰집이나 작은 작은집에 농사?

이태준 : 음….

최승호 : 농사는 어떤 거 지었지요?

이태준 : 나락농사 벼농사.

최승호 : 어릴 때 네다섯 살, 일곱 살, 요럴 때 마을 서당에서 공부를 하거나 이런 기억이 있습니까?

이태준 : 내가 일곱 살 되던 해지. 그러니까 만으로는 여섯 살, 그 때 초등학교를, 지금 초등학교지 그때 일제 학교를 다니다가 집에서 서당에도 약간… 서당에는 초등학교를 졸업하고 난 뒤 중간에 한문 하는 선생들한테 조금 다녔지.

최승호 : 학교 다니면서는 뭐 특별하게 가정에서 어른들한테 예절이라든지, 이건 꼭 지켜야 된다, 이런 건 배운 게 없고?

이태준 : 예의 지켜야 되고 열심히 일해야 된다 카는 거. 항상 남한테 눈에 띄는 짓을 하지 않게끔 부지런해야 된다는 거는 농촌에 하나의 전통이니까.

최승호 : 58년도에 자인농고 1회 졸업하고 나서 그다음은 하신 게?

이태준 : 그다음 인제 서울에 올라가가지고….

최승호 : 그때가 몇 년돕니까?

이태준 : 59년도쯤 될끼라. 졸업하자마자 서울에 올라가가지고 서울 중구청에 중구청에 임시직으로 있다가….

최승호 : 몇 개월쯤 했습니까?

이태준 : 한 일 년 정도 있다가 군대 가야 되니까….

최승호 : 그러면 군에 가기 전에?

이태준 : 그렇지.

최승호 : 군에 입대는?

이태준 : 61년도 4월에.

최승호 : 입대는 어디로 했습니까?

이태준 : 논산훈련소.

최승호 : 그때는 어떻게?

이태준 : 사병으로 입대해서 장기복무를 했지.

최승호 : 그러면 장기복무는 언제부터 시작했습니까?

이태준 : 63년돈가 63, 4년도 될끼라.

최승호 : 63, 4년에 장기복무로 전환했다 그죠?

이태준 : 그렇지.

최승호 : 그러면 결혼은 언제?

이태준 : 결혼은 61년도에 했나 내가?

최승호 : 결혼은 군에 가기 전에?

이태준 : 전에. 60년쯤 되나. 아무튼 마 그 당시 될 끼라.

최승호 : 입대 전에?

이태준 : 입대 전에.

최승호 : 입대 전에 결혼하고… 중매했습니까, 연애했습니까?

이태준 : 그야 뭐….

최승호 : 연애 반 중매 반? 어떻게 누가 소개시켜 주셨습니까?

이태준 : 어릴 때 뭐.

최승호 : 그리고 나서 자식은 몇 남 몇 녑니까?

이태준 : 1남.

최승호 : 1남만?

이태준 : 그렇지.

최승호 : 아주 희귀하네예. 그때 당시에는 많이 낳을 땐데.

이태준 : 음….

최승호 : 61년도 입대해서, 63년도부터 장기복무 시작해서 그동안 근무를 상당히 많이 하셨네요.

이태준 : 처음 5관구서 근무를 하다가 그다음에 66년도 임관을 했지. 그때는 현지 임관이 있었거든. 하사관에서 장교 시험을 두 번 쳤는데 연좌제 걸려가지고…. 왜 그러냐 하면 그때는 경산시 내에 그기 있었다고. 그 뭐야 보안대 CIC. 그 사람들이 이야기해 줘가지고 그렇지. 원래가 장교 시험을 합격해야 CIC에서 신원조회가 온다꼬. 그라고 70년도에 군에 임관했지. 임관할 적에도 연좌제에 대한 이야기가 나왔어. 철책선 근무라던가 전방 근무를 안 하니까 철책선 근무를 안 하니까. 그 당시에는 내가 사령관 표창도 많았고 근무 성적이 아무튼 어느 정도까지 양호했다카이.

최승호 : 그럼 형제들은 주로 어떤 일을 하셨지예?

이태준 : 전에….

최승호 : 전에 다 돌아가셨고, 그럼 임관 후에는?

이태준 : 전방에 저 철책선 밑에서 1군 지사 평화부대 선박담당….

최승호 : 그게 몇 년돕니까?

이태준 : 70년도 임관해가지고 처음에는 참 7사단이지. 7사단 들어가 있다가 7사단에서 1군지사가 생기는 바람에….

최승호 : 7사단에 직책이 뭐였습니까?

이태준 : 선박 파견 대장을 했지.

최승호 : 선박 파견 대장은 뭐 하는 겁니까?

이태준 : 내륙수로에 전방에 가면은 바다에 같으면 해군 함장 뭐 그런 거지. 내륙수로 담당하는 북한강 화천댐 일대 담당하는….

최승호 : 그다음은?

이태준 : 71년도에 소양강댐에서…. 소속은 보면 매 1군지사 소속이야. 소양강댐에서 정비 및 보급 장교 했지.

최승호 : 그다음은?

이태준 : 82년도 12월에 후방 2군 사령부로 내려왔지. 사령부로 와가지고 2수송교육대 거서 전역했지.

최승호 : 전역은 언제 하셨습니까?

이태준 : 88년도 말에 했지.

최승호 : 88년 정년 하시고 나서는 뭐?

이태준 : 그동안 직업소개소 했지.

최승호 : 그동안에 학교도 다니셨다고 들었는데.

이태준 : 학교는 86년도 한국방송통신대학 농학과 입학했지. 농고를 나왔으니까.

최승호 : 졸업은?

이태준 : 졸업은 94년돈가.

최승호 : 그러면 농고를 58년도에 졸업하시고 나서 거의 40년 가까이 36년 만에?

이태준 : 그렇지.

최승호 : 대단하십니다.

이태준 : 하하하.

최승호 : 그러면 인제 구체적으로 그 형님이나 그때와 관련해서….

이태준 : 음….

최승호 : 당시에 해방 후에 마을 상황이 어땠습니까?

이태준 : 경산에서 용성이 오지고, 오지 중에서도 외촌이 더 오지라. 아주 오지였지. 그때 내가 11살 그쯤 됐나 모르겠어. 열 한 살쯤 됐을 끼라. 그때 국민학교 3, 4학년쯤 됐으니

까. 빨갱이가 밤만 되면 와가 밥해내라 짐 날라라. 낮에
는 안 나오고 밤에만. 가족들이 밤만 되면 벌벌 떨고….
세월이 흘러가고 좀 지내가니깐 한 살 두 살 먹고 12, 13
살 정도 먹을 적에 6·25 전쟁이 났는데 6·25 나기 전에
보니깐 밤 되면 전부 다 빨갱이라. 왜 그렇나 하면 그 당
시에는 그 빨갱이들이 와가지고 밥 달라, 밥해내라, 옷
달라, 짐 날라라. 뭐 이런 거 해가지고 말 안 들으면 죽이
니까 하는 수 없이 부역이지 부역. 그라고 나면은 그 이
튿날 순사들이 와가 마을 사람들 모아놓고…. 그 당시에
보면 지금 후에 생각이 드는데 그 당시에 낮에는 민주주
의, 밤에는 공산주의 이런 식으로 밤마다 바꿔 가면서 아
주 어려움을, 탄압을 많이 받았지.

최승호 : 마을에 그때 호수와 사람들은 몇 명?

이태준 : 40호, 30에서 50호. 여하튼 용성면에서는 오지마을 외촌
리라. 지금은 안 그렇지.

최승호 : 그 가운데 빨치산 활동을 한 사람은 몇 명이나 됩니까?
몇 가구나 됩니까?

이태준 : 내가 알기로 그 당시에 빨갱이짓 한 사람은 한 사람 있는
것 같애.

최승호 : 마을에 한 사람?

이태준 : 마을에 한 사람 있는 것 같애.

최승호 : 그러면 마을에 와서 활동한 사람들은 외지 사람들입니
까?

이태준 : 외지지. 전부 다 외지지. 마을 사람 하나 있으니까 그런가
모르지만도 그 사람이 결국 처형을 어떻게 당했나 하면

은, 확실한 기억은 안 나, 잘 모르겠고. 그 마을에 처녀가 하나 있어. 지금 살았으면 그 누나가 74살쯤 돼. 그런데 그 마을 총각이 그 당시는 빨갱이라기보다도 좀 생각을 달리한 사람이지. 결론적으로 결국 빨갱이라 했지만도 생각을 달리했다는 그런 형이지. 좌익이지. 그러니까 좌익 활동을 좀 한다고 그랬는데 근데 그 누나를 상당히 좋아해서 그 누나하고 결혼을 할라 캤는데 그 누나가 경찰에 시집을 갔다고. 그래서 그 누나를 어떻게 됐든 간에 찾을라고. 옛날에는 결혼해가지고 한 해 정도 처가살이하는 그런 전통이 있었기 때문에 그동안에 찾을라고…. 그날 마침 마을에서 구걸하는 난쟁이가 하나 들어왔어. 난쟁이가 그 스파이쯤 되는 같애. 그 누나가 있나 없나 보러. 그래가지고 그 난쟁이가 들어온 그날 저녁에 고향 가마골이라는 못에 끌고 가서 가슴이고 뭐고 전부 다 낫으로 오려 가지고 못에 다 넣었다고 그래. 그래서 그 짓이 누구였느냐 알고 보니까 그 마을에서 김영식이라. 집에 이름은 동환인데 김영식이라 하더라고. 지금 있었으면 83살인가쯤 돼. 그놈 참 완전히 좌익 했다, 빨갱이다 했지. 그래 그 형아는 나중에 붙들려가지고, 목이 잘려가지고 용성지서 앞에다가 전봇대를 연결시켜가지고 모가지를 걸어가지고 덜렁덜렁 이렇게. 초등학교 댕길 때 잡혔지. 그래 그 순경이 재가를 갔지. 그 누나가 참 아주 너무나 억울하게…. 그 집에는 아들도 없고 딸만 있었는데 그렇게 고향 떠나가 딴 데로 갔거든. 부모들도 못 살고….

최승호 : 빨치산 활동한 사람은 한 사람, 그 우익 활동한 사람은?

청년단이라던지?

이태준 : 그런 건 모르겠고, 우익단체라 하는 건 모르겠고. 아이튼 뭐 빨갱이라는 좌익 한 사람들이 김영식이하고 한 사람 더 있었던 것 같은데. 그 사람들은 일본서 왔다가 또 그냥 일본으로 가버렸는지 확실하게 기억은 못 해.

최승호 : 그때 돌아가신 형님은 일제에 강제 징용됐습니까?

이태준 : 안 됐지. 그 형님은 낫 놓고 기역 자도 모르고 오직 나무지게 지고 일만 참 불쌍하다카이. 진짜 기역 자도 모른다카이.

최승호 : 그때 당시에 돌아가셨던 형님 나이가 얼마나 되셨지예?

이태준 : 그 형님이 27살쯤 된 것 같은데 막 결혼해가지고 신혼 중이라. 안 그랬으면 그 형님도 군대 갔다카이. 군대 갈라카는데 신혼생활에 그냥 군대를 안 갔다고. 그때 군대 갔던 형님은 우리 고향에서 잘 살아.

최승호 : 그러면 그 죽은 형님은 결혼한 지 얼마나 됐습니까?

이태준 : 질녀를 낳았거든. 1년 만에 죽었다.

최승호 : 그 형수는 재가?

이태준 : 재가해 가뿌꼬. 언제 갔는지 간다 소리도 안 하고 가뿌더라고.

최승호 : 그 당시에 마을 사람들 전부 다 농사짓고?

이태준 : 다 농사지었지. 너무나 모르고 있었기 때문에 불쌍하다카이. 천지에 낫 놓고 기역 자도 모르고 카막눈이라 카이.

최승호 : 그 당시에 마을에 빨치산 활동하러 들어온 거는?

이태준 : 그렇지. 한 48년도부터 내가 한 10살, 11살쯤부터 와가 밥해내라 짐 날라라 했기 때문에….

최승호 : 그때 당시에 모습은?

이태준 : 무명옷 입고 목총 총도 있었지.

최승호 : 보통 한 번 오면 몇 사람이나?

이태준 : 그때 많이 올 적에는 동네 동산에 보초 서고 할 적에는 그 때 수십 명 왔지. 그래가 마을을 완전히 에워싸고, 그래 가 꼼짝 못 하게 하고 가도 오도 못 하게 만들었다카이.

최승호 : 며칠에 한 번씩 그 사람들이?

이태준 : 며칠이 아니고 내가 알기로는 그 시절에 한 번 정도는 그 렇게 많이 왔어. 많이 와가지고 그 동산에다 보초도 섰다 카이끼네. 목총 들고 옷 허연 거 입고 무명 바지저고리 입고 마을 동산에서 순경이나 누가 올라오는가 싶어가지 고. 그때 연락은 다 됐어요. 무슨 수단을 쓰든 연락은 되 는 것 같더라고. 내가 봤을 직에. 어떻게든 연락이 됐는 데 연락을 했는데도 순경들 지 죽을까 싶어서 안 오더라 고. 그라고 난 뒤에, 가고 난 뒤에 동네 사람들 집합시켜 놓고 족치지. 그 바람에 골병 들어가 허리 다치고 병든 사람 많았지.

최승호 : 마을에 남로당하고 좌익단체 가입한 사람은 없죠?

이태준 : 그건 모르겠어. 그거는 뭐 확실하이.

최승호 : 그때 당시에 찬탁운동 반탁운동 같은 건 마을에 없었습니 까?

이태준 : 그건 내가 잘은 모르지만도 그렇게 무슨 집단에 들고 이 런 건 없어. 내가 알기로는.

최승호 : 보도연맹이라는 건 알았습니까?

이태준 : 알았지 보도연맹은. 그때는 마을에 다 들어라, 보도연

맹을 하라 카이까. 그때 49년 같으면 맞어. 내가 알기론 그래. 여하튼 뭐 듣고 알았지. 보도연맹에 막 들어라 카고. 당시 도장이 전부 다 구장(현재 이장)한테 맡겨 놨으니….

최승호 : 보도연맹 가입하면은?

이태준 : 그 당시에 죄를 다 지워 준다 카더라고. 사해준다 카는 이야기를 자꾸 하더라고….

최승호 : 사면해준다?

이태준 : 몰라 사해준다 하는 이야기를 들었지. 죄를 다 사해준단다. 촌사람들 뭐 아나. 사해준다 카는 기 뭔지도 모르겠고.

최승호 : 그때 보도연맹 가입하라면서 선전하러 들어오고 이런 활동은 없었고?

이태준 : 활동보담도 그때 전부 다 마을에서….

최승호 : 누가 보도연맹에 가입하라고 하고 다녔습니까?

이태준 : 그때 아무래도 구장이 캤지 싶어.

최승호 : 구장이?

이태준 : 구장이지 싶어. 마을 사람들이 구장이 캤는 것 같애. 내 확실하게 모르고 여하튼 그 마을에서 안 들면 붙들린단다 캐사꼬. 들면 다 사해준다 카더라고.

최승호 : 형님이 보도연맹 가입했는 거는 언젭니까?

이태준 : 내가 알기로는 그 형님도 49년도. 왜 그러냐면 한집 같이 살았으니까.

최승호 : 그때 형님 나이가?

이태준 : 갓 결혼했지. 내보다 형님이 11살 많으니까. 그때 내 13

살이니까 몇 살이야.

최승호: 24살쯤 됐네요?

이태준: 24살은 안 됐지 싶어. 23살쯤 됐지 싶은데….

최승호: 10살 많습니까?

이태준: 내보다 10살인가 많지. 23살쯤 됐지 싶어.

최승호: 스물세 살쯤 됐다.

이태준: 그쯤 됐지 싶어.

최승호: 근데 그 당시에 왜 보도연맹 가입했습니까?

이태준: 심부름….

최승호: 심부름은 많이 했습니까?

이태준: 많이는 아니고 한 번 딱 걸렸다 카더라꼬. 한 번 딱 심부름.

최승호: 어떤 심부름?

이태준: 삐라 했는 것 같은데 그렇지 딱 한 번.

최승호: 삐라는 어디에 뿌렸습니까?

이태준: 그때 우리 마을하고 내촌하고 딱 한 번. 심부름 안 할라면 죽이뿌니까.

최승호: 그래서 집에서도 보도연맹 가입하라고?

이태준: 전부 다 보도연맹 가입하면 그거를 없애준다 하니까.

최승호: 큰 죄가 아닌데?

이태준: 워낙 모르고 무식하고 했으니까. 솔직한 말로 뭐도 없기 때문에.

최승호: 그때 당시에 보도연맹원들끼리 같이 가입한 사람들끼리 마을에서 같이 활동하거나 이런 거는 없는가요?

이태준: 없어.

최승호 : 그러면 보도연맹 가입하라고 한 사람은 구장이고?

이태준 : 구장이나 여하튼 지서에서 캤기나 면에서 캤기나 그 누가 카는 거 딱 보지를 못했지. 여하튼 마 보도연맹에 가입만 하면 된다 카이 마을 사람들이….

최승호 : 그때 당시에 그 마을 보도연맹원 중에 혹시 아는 사람이 있습니까?

이태준 : 다 죽었뿟지.

최승호 : 이름 기억나는 사람이 있습니까?

이태준 : 전대한 씨, 그다음 최팔암… 내가 그거를 신고를 해야 되는데 이분하고 같이 왔거든. 우리 형님하고 세 사람.

최승호 : 이분들은 신고했습니까?

이태준 : 이 사람들이 다 죽었뿟는데 신고를 어떻게….

최승호 : 자식들 없습니까?

이태준 : 보도연맹에 들었다고 그 갔다카이끼네. 같이 경산농수리 조합 창고에 갇혀 있었다카이.

최승호 : 형님하고 세 분이 갇혀 있었습니까?

이태준 : 아니지. 최기호 아버지 최병희 씨 그다음에 김….

최승호 : 사람이 많았다 그지예?

이태준 : 억울한 사람들이지.

최승호 : 다 기억할 수는 없고?

이태준 : 그렇지 김일복 씨 김용수 아버지, 그다음에 이무식 있고, 같이 다섯 명이 갇혔지.

최승호 : 그때 이분들 전대한 최팔암 최병희 김일복 이무식 이 사람들 마을에서 평은 어땠습니까?

이태준 : 최병희 씨는 구장 하셨고, 여는 소장사 했고, 최팔암 씨는

농사짓고, 김일복 씨 거도 농사짓고, 여도 농사지었고….

최승호 : 평은 어땠습니까?

이태준 : 괜찮았지.

최승호 : 다 젊고?

이태준 : 그렇지. 요는 나이 들었고, 요도 좀 들었고, 요도 좀 들었고, 요는 좀 덜 들었고. 나이가 다 많았지.

최승호 : 이분들 중에서 간부는 따로 없죠?

이태준 : 그렇지.

최승호 : 그러면 보도연맹에 가입한 사람들이 그 지서나 경찰서 이런 데서 불러서 간 적이 있습니까? 소집 교육 이런 거?

이태준 : 그거는 잘 모르겠어. 갔는지 안 갔는지. 결국에는 왔다 갔다는 했겠지. 내가 봤을 적에 평상시에는….

최승호 : 평상시에 수시로 한 것으로 아는데.

이태준 : 그렇지 그랬을 거야. 그렇지만도 콕 찍어 가는 거를 못 봤지.

최승호 : 가는 거는 한 번도 못 봤고?

이태준 : 그렇지. 교육이 있다 카는 거는 틀림없이 맞어. 왜 그러냐면은 그 당시에 교육을 받았으니까 전향시켰으니까.

최승호 : 전향 교육은 있었을 것이다?

이태준 : 그렇지.

최승호 : 교육 갔는 거는 한 번도 못 봤다?

이태준 : 못 봤지.

최승호 : 전쟁은 어떻게 터졌다는 것을 알았습니까?

이태준 : 사변이 났다, 당장은 몰랐었지만도…. 라디오도 없었고 처음에는 전쟁이 났다 카는 걸 나중에 알았지.

최승호 : 며칠 후에 알았습니까?

이태준 : 그때 초등학교 댕길 때니까. 전쟁 났다 할 때 학교 댕겼기 때문에 여하튼 며칠 사이에 알았지.

최승호 : 학교 가서 알았겠네요?

이태준 : 그렇지. 초등학교 댕길 적에 전쟁 났다 카고 그리고 얼마 안 있다가, 한 일주일도 안 됐지 싶은데 군에 가고 영장 받은 사람도 있지만도 그냥 막 간 사람도 있어. 내가 알 기론. 처음에는 영장 그런 것도 별로 없었을 텐데….

최승호 : 당시 전쟁 나고 나서 보도연맹원들이 전쟁 때문에 숨거나 이런 사람들도 있습니까?

이태준 : 그래 있었으면 도망가뿌고 다 했뿟지.

최승호 : 그러면은 보도연맹 소집은 언제 했습니까?

이태준 : 우리 마을에는 그러니까 전쟁 나고 7월달에 보도연맹 들 은 사람들도 군대 가고 그랬다고.

최승호 : 보도연맹 가입한 사람도?

이태준 : 그렇지. 다 군대 가뿌고 그랬는데….

최승호 : 남은 사람들은?

이태준 : 남은 사람들은 우리 마을에 CIC가 와가 붙들리거나… 우 리 마을 사람들은 내가 알기로는 최태암 씨가 구장을 했 지만도 전부 다 오라 카이끼네. 오라 카면 오고 가라 카 면 가는 시절이니까 전부 다 자진 출두를 했는 거지.

최승호 : 그때 칠월쯤 되네요?

이태준 : 그냥 오라 하니까. 붙들려 간기 아니고. 그땐 무슨 죄가 있나 그랬지. 보도연맹 들었고 했으니까 전부 다 자진 출 두….

최승호 : 갈 때는 집에 식구들한테 얘기 남긴 거는 없고?

이태준 : 그때 남긴 건 없고 그냥 지서 오라 카이끼네 간다.

최승호 : 그때 지서 가고 나서는 살아 안 돌아왔는데 면회는 한 번 가봤습니까?

이태준 : 면회는 갔지. 지서 소방창고에서 자고 1박이나 2일 자고 경산경찰서로 넘어갔다 카더라꼬. 그래서 경산경찰서서 또 며칠 있다가 그래가 농수리조합창고에… 농수리조합 창고는 오래 있었어.

최승호 : 농수리조합창고가 어디 있었습니까?

이태준 : 경산 오거리 요기서 공단 사이 요 어디쯤 되지 싶어.

최승호 : 지금 교육청 부근에?

이태준 : 거 옆에 한전 부근에.

최승호 : 오거리 한전 옆에?

이태준 : 한전 옆에 그거는 내가 고등학교 댕길 때 보이 있더라꼬. 농수리조합창고는 요짝 어디 있었어.

최승호 : 면회는 어디 소방창고로 갔습니까?

이태준 : 창고에….

최승호 : 그러면 잡혀가고 한 3, 4일 지났네요?

이태준 : 3, 4일이 뭐고? 제법 됐지.

최승호 : 1주일?

이태준 : 그쯤 됐지. 사람들 면회를 많이 갔어. 그러니까 소 한 마리만 팔면 된다꼬. 그래가지고 우리도 그때 까만 황소를 자인장 가서 팔았다카이. 팔아가 안 갔던가베. 그 소를 팔아가지고 그런데 전달이 잘못됐어. 전달이 잘못돼가지고 결론적으로 못 나왔지. 최태암 씨 말로는 우리 소방대

장이 어떤 사람을 아느냐고 하니까 우리 형님은 워낙 낫 놓고 기역 자도 모를 정도니까 아예 사람이 누군지 모르는 거야. 최태암 씨는 묻는 걸 자기가 의용소방대장이 아니냐 하길래 압니다 했지. 그때부터 사람 생사가 갈렸다 하더라. 우리 형님은 소방대장이 아냐? 모른다. 돈은 하여튼 전달을 했는데도 모른다.

최승호 : 그때 당시에 돈이 얼마나?

이태준 : 그건 모르지.

최승호 : 소 한 마리 값이니까.

이태준 : 몰라.

최승호 : 면회 가니까 결박되어 있었습니까? 아니면 자유롭게 있었습니까?

이태준 : 면회 당시에는 묶여 있었지.

최승호 : 몇 번이나 갔습니까?

이태준 : ….

최승호 : 그러면 계속 거기 오래 있었단 이야기네요?

이태준 : 내가 알기로는 그래. 왜 그러냐면 거기서 오래 있는 동안에 동서남북 서로 갔다 남으로 갔다 별의별 이야기가 다 나왔지.

최승호 : 농수리조합창고 있다가 갑자기 어디로?

이태준 : 수리창고에 있었는데….

최승호 : 어느 날 가니까 없어?

이태준 : 그렇지, 없어졌지.

최승호 : 그때가 언제?

이태준 : 하여튼 7월이라. 7월에 소집돼서 하여튼 한 달 안일 거

라. 내가 생각할 직에 그러니까 어디로 갔는지 모르지.

최승호 : 물어보지도 안 했고?

이태준 : 물어보긴 물어봤지만도 그 당시에 어디 갔다 카는 그런 이야기는 안 하더라고. 금마들이 나갔다 이런 이야기는 들었지. 왜냐 하면은 최태암 씨 이야기를 들어 보면은 그 때….

최승호 : 최태암 씨는 그러면 수리창고까지 있다가 살아 나왔습니까?

이태준 : 있다가 나왔지 싶어. 1, 2주 있었지. 왜 그렇냐 하면은 그 사람들이 다 이렇게 끌고 가더란다. 자기가 이야기하기로는 끌고 가고 난 뒤에 자기는 집에 가는구나. 이무식 최병희 김일복 씨 요 사람들은 먼저 나갔으니까. 내가 생각하기로는 어릴 때 생각인데 어릴 때 생각이니까.

최승호 : 바로 풀어주지는 않았고?

이태준 : 안 했지. 이 사람들은 1, 2개월 있었지.

최승호 : 형님하고는 그러면?

이태준 : 그때 이름을 불러가지고 몇 명은 모아서 나가더란다.

최승호 : 나갈 때는 어떻게?

이태준 : 그냥 그렇지. 나갈 직에는 같이 나갔어도 밖에 나가서는 모르지.

최승호 : 그때 당시에 한 창고 안에 몇 명이 있었다고 합니까?

이태준 : 뭐 많이 있었다 카더라고. 그때는 마 수십 명….

최승호 : 그때 그러면 끌려가서 사라지고 나서 코발트 광산에서 돌아가셨다는 얘기는 언제 들었습니까?

이태준 : 아주 후에 들었지. 광산에 모조리 다 갖다 처넣었다. 그때

말은 총살시켰다는 이야기도 못 들었고 광산에 얼마나 처여놨는지도….

최승호 : 사건 일어나고 나서 몇 년 몇 달이 지났습니까?

이태준 : ….

최승호 : 몇 년이 지났습니까?

이태준 : 수개월 지났지.

최승호 : 그러면 그해 들었겠네, 그죠. 7월달쯤 돌아가셨으면 한 겨울쯤?

이태준 : 더 지났지. 왜 그러냐면 그땐 말을 못 한 시절이니깐. 해가 바꿔서 들었지. 여하튼 군대 간 군인들이 휴가 오고 53년도 됐나. 여하튼 그전에는 입을 못 띠이끼네. 내가 알기로는 그 어데 죽어도 입을 못 띠이끼네. 그러이 몇 년 후에 광산에 갖다 모조리 처였다 칸다. 지금 살았으면 팔십여덟인데 평산 거 마 모조리 끌어넣어 버렸다 그러더라고.

최승호 : 왜 그 광산에 사람을 많이 죽였습니까?

이태준 : 그건 모르지.

최승호 : 그때 광산에서 죽었다는 거?

이태준 : 아무도 몰랐지.

최승호 : 그때 총 쐈는 사람은 누구라 합디까?

이태준 : 그것까지도 모르지. 그 다음날 우리 촌사람이 듣기로는, 누가 총을 쐈다 이런 거보다도 모조리 끌어였단다, 그 애기만 많이 들었지.

최승호 : 그라고 나서 현장에는 한 2000년 돼서 가봤네요?

이태준 : 그렇지.

최승호 : 그때까지는 한 번도 못 가보셨고?

이태준 : 내가 초등학교 때 함 갔지.

최승호 : 초등학교 때.

이태준 : 원족 갔지. 그때는 가니까….

최승호 : 사건 일어나기 전이죠?

이태준 : 아니지, 후에지. 완전히 후에지. 초등학교 5학년 됐겠네. 학교를 그만두고도 기억이 말똥말똥해.

최승호 : 그때 유해를 봤습니까?

이태준 : 쪼가리가 있더라꼬. 그래도 그때는 그게 뭔지도 몰랐지. 어리니까.

최승호 : 그게 굴이었습니까?

이태준 : 굴 아니지.

최승호 : 그러면?

이태준 : 그냥 뭐 지금 생각하면은 거게 있었다꼬. 인터불고 지금 차 대놓는 데 있잖아.

최승호 : 주차장?

이태준 : 지금 주차장 하는 데. 그때 위에 보면 뭐시 있더라꼬.

최승호 : 탑 같은 거?

이태준 : 그렇지 그기 있더라꼬. 탑을 밑에 내려오면 그 밑에 보면 거기는 물이 막 있더라꼬. 그런데 물가에 발이 하나, 하나가 아니라 몇 개 있더라꼬.

최승호 : 그때는 봐도 그게 학살 희생자들 것인지 모르고?

이태준 : 그렇지. 몰랐었지.

최승호 : 형님인지 아닌지도?

이태준 : 그렇지 누군지 모르지.

최승호 : 무슨 일이 있었는지도 모르고?

이태준 : 그렇지. 그리고 그때는 뭐 말도 못 했던 시절이니까….

최승호 : 그때 마을에 몇 명 정도가 거기서 죽었습니까?

이태준 : 3명 죽었지. 최병희 씨, 김일복 씨, 이무식 씨 3명 죽었지.

최승호 : 최태암 씨는 살아 나왔고?

이태준 : 그렇지.

최승호 : 전대한 씨는?

이태준 : 전대한 씨도 살아 나왔고…. 세 사람만…. 그때 무신 그 당시에 친척이 누가 뭐 하나 있더라 카더라꼬. 최태암 씨 는. 그래 그때는 순사나 지서 사환, 면사무소에 무신 사 환이라던가. 소치까이 일본말로 소치까이. 내가 알기론 그래.

최승호 : 당시 보도연맹원들을 왜 죽였을까요?

이태준 : 그 당시는 모르겠지만 지금 가만 들어보면 그때 대구 근 교에 낙동강 전투 그다음에 저 칠곡 다부동 전투, 영천 전투, 그다음에 저 경주 안강 전투, 막 이래 내려오니깐. 지금 생각해 보이소. 그 당시에는 뭐 확실하이 모르겠지 만 인민군들이 내려오니깐 이 사람들도 인자 하나의 단체 다 이 말이야. 보도연맹원 단체 아이가. 그래 이 사람들 같이 뭐시 협조할까 봐 동조하까 싶어 그랬지 않나 싶 어.

최승호 : 그런데 보도연맹은 정부에서 만들었데?

이태준 : 그렇지 만들었지. 권장했지만도 그래도 하나의 단체니까 하나의 단체잖아. 그래서 동조한다 그대로 놔두면 그 행

사를, 그러니까 부역 같은 거 하지 않겠느냐. 결론적으로 밥해 주고 이런 것도 마 부역은 부역이잖아. 그런 식으로 생각을 했지 않겠느냐.

최승호 : 혹시나 또 인민군한테 부역을 할까 싶어서?

이태준 : 그런 식으로 그렇게.

최승호 : 인민군들이 이 마을에는 이 지역에는 안 내려왔지 않습니까?

이태준 : 영천까지 왔지. 그리고 우리 49년돈가 그때는 우리 마을에 빨갱이하고 전쟁이 붙었지. 빨갱이하고 군인하고, 49년도쯤 될 끼라. 마을에서 붙었지. 완전 전투했지. 거창하고 영천서 넘어왔거든. 내가 그때 4학년쯤 49년도지 싶으다. 여하튼 붙어가 빨갱이 그때 열 몇 명 죽었다고. 저쪽은 목총도 있고… 우리 군인 같으면 전부 다 총 하나씩 가지고 있잖아. 그런데 그때 경찰들도 동원됐고 합동 작전이었지.

최승호 : 군경은 몇 명이나 죽었습니까?

이태준 : 그때 군경들도 몇 명 죽었어. 내가 알기론. 몇 명 다쳤다 카고 그랬어. 보진 안 했지만도 빨갱이 죽었는 건 우리가 봤지. 그때 겁이 나가 빨갱이 죽었다카이 봤지.

최승호 : 시신들을?

이태준 : 그렇지 그 시신들을….

최승호 : 시신들은 어떻게 했습니까?

이태준 : 그 당시에 시신들은 묻고 했는데 그 뒤에 우리가 나무하러도 가고 그 골째기도 갔는데 그때까지도 그 시신이 있었지. 그렇지 다 죽어뿟지.

최승호 : 이 마을 사람들은 아니지요?

이태준 : 아니지.

최승호 : 마을 사람이었으면 시신을 찾아갔겠지요?

이태준 : 그럼. 우리 마을 사람 아니지.

최승호 : 마을에서 죽은 사람들 없었고?

이태준 : 없었지. 한쪽 귀로 들었는 게 아니고 사리마당 골째기하고 원동골 골째기, 그 탑골 골째기 카는 데.

최승호 : 탑골.

이태준 : 어 탑골 골째기…. 내가 알기로는 열하나라 카던가 열둘이라 카던가. 여하튼 그때 경찰들도 많이 다치고…. 그라고 나서 전쟁이 좀 있다 터졌다.

최승호 : 그 때문에 마을에서는 보도연맹원들이 죽고, 그거 때문에 영향이 없었는가예?

이태준 : 그런 건 없었지.

최승호 : 전쟁 끝나고 나서는?

이태준 : 그런데 그 우리 고향에는 잔존 무리들이 있다꼬.

최승호 : 예?

이태준 : 그렇지. 51년도까지 빨갱이들 잔당들이 내가 알기로는….

최승호 : 마을에?

이태준 : 마을에가 아니고. 그놈들 원부대는 다 가고…. 그때 우리 형님이 단기병으로 일찍 군에 갔다카이끼네. 일찍 미군부대에 가서 51년도 제대를 해 왔다카이끼네. 그때 그 형님이 하고 우리 자형하고 섣달 초사흗날이지 싶다. 초사흗날인데 그때 우리 큰집에 있었지. 그때 형님 한 사람은

갔뿟제. 또 형님 한 분 있었는데 군대 갔뿟제. 그러이 내가 인자 큰집에 살림을 살았다카이. 그런데 51년돈가 됐지 싶다. 그 형님 제대 나와가 얼마 안 됐는데 오월달에 제대했거든. 51년도 5월엔가 제대를 해서 그 이듬해이기 때문에 정월 초사흗날 됐지 싶다. 집에 모이가 식구들이 흥청망청 이야기도 하고 이래 있는데 잔존 뺄갱이더라꼬. 이야기를 하고 있는데 권총을…. 지금 생각에 육혈포라 육혈포. 고걸 탁 문 앞에 쏘더라꼬. 꼼짝 마 하면서. 그때 우리 식구들이 설이니까 이야기하고 있었는데 달달달 떨고 있었지. 그때 우리 형님이 군대에서 아파가꼬 제대했지만 군인 정신이 남아 있었는지 신고하러 갔다고. 신고하러 간 사이에 우리 큰집에서 전부 다 모이가 앉아 있으니 방문 열어보고 겁 함 주고 물러 나갔어. 그래가 전체 다 살아났다카이. 사람들 다 있으이끼네. 그기 한 51년돈가 53년돈가 52년도쯤 될끼라.

최승호 : 52년까지 빨치산이?

이태준 : 빨치산 활동 잔당들이 가지고 있었어. 손바닥만 한 육혈포라 나중에 알고 보니. 여섯 발 나가는데 소련제라 카더라꼬. 쪼맨터라꼬.

최승호 : 보도연맹원들 7월달에 끌려가 죽고 나서는 마을에 더이상 희생자는 없었네요?

이태준 : 없었지. 그 이후론 없었지.

최승호 : 돌아가신 형님 호적정리는 어떻게?

이태준 : 호적정리가 집에서 아프다꼬 병사했는 걸로 됐지.

최승호 : 연도는?

이태준 : 잘 모르겠다.

최승호 : 돌아가신 날짜 그대로 했습니까, 못 했을 거 아입니까?

이태준 : 아주 후에지. 그렇지 그럴 줄 알았으면 적어놨지.

최승호 : 혹시 형님 돌아가시고 나서 큰아버지나 큰엄마가 이렇게 화병에 걸리거나 이런 건 없어요?

이태준 : 화병보담도 인자 큰아버지는 일찍 돌아가셨다카이. 그때 나이로 봐서는 모르겠지만도 내가 봤을 직에는 조금 늦게 돌아가싰지 않나. 아버진 팔십에 돌아가시고 큰아버지는 육십, 칠십 안 돼서 돌아가셨지. 옛날에 팔십 넘으면 장수라 카더라꼬. 그런데 우리 큰아버지는 일찍 돌아가시고 아버지는 팔십 가까이 사셨지.

최승호 : 큰형님 돌아가시고 나서 큰집 살림이 많이 안 좋아졌겠네요?

이태준 : 참 많이 안 좋아졌지. 그래서 내가 그 큰집에 살았다카이. 학교도 중단하고….

최승호 : 일 년 농사지어주시고, 큰엄마는?

이태준 : 큰어무이는 살아계셨지.

최승호 : 오래 살아 계셨습니까?

이태준 : 큰어무이는 진짜 오래 살았지. 큰어무이가 96살에 돌아 가셨지.

최승호 : 형님 돌아가시고 나서 집안에 피해입은 건 없습니까? 연 좌제로….

이태준 : 내밖에 없지.

최승호 : 군에서?

이태준 : 그렇지. 집안에 공무원이고 뭐고 아무것도 없으이끼네.

그라고 이 형님에게 조카, 여식애가 났는데 홍역으로 두 살 세 살쯤 돼가 죽고….

최승호 : 그것도 피해네요?

이태준 : 그렇지. 형수는 그때 마 점하러 댕기는 젊은 사람들 따라 갔지 싶어. 일본서 공부를 했거든, 형수는. 우리 한국 글 보다는 일본어를 많이 했다카이. 시집을 일찍 왔어. 일 본서 그때 나올 직에 좀 어려웠다카이. 그 점쟁이들 따라 갔뿟는가 어떻게 됐는지 몰라. 마음이 아주 좋았어. 내가 그때 죽음의 병을 앓았다 카이끼네. 그때 형수가 나를 업 고 12살인가 됐지 싶다. 전쟁 났을 때 13살이니까. 그 당 시에 우리 형수가 날 업어서 많이 좋아진 기라. 이산가족 찾듯이 형수를 찾아놓기는 찾아났는데 내 일을 끝내기만 내면은 인자 내가 이야기할라 칸다. 어떻게 살았는지 몰 랐다. 내가 군대 있을 직에도 수소문해서 찾기는 부산에 사는데 찾았어.

최승호 : 딸은 놔두고 가셨습니까?

이태준 : 그래가 내가 그 형수를 못 잊어. 처음 찾기는 군대 있을 직에 찾았나. 스물아홉 때. 그러니까 몇 년 안 됐지. 형수 고향 가가지고 수소문 수소문 해가지고 찾으니 부산 있더 라꼬. 다시 시집을 어데 갔느냐 하면은 일본에서 공부했 으이끼네 일본 교포한테 갔데. 지금 77살이거든. 나보다 7살 많아. 우리 형이 73살. 그 가서도 자식이 없어. 오빠 는 육군 중위라 카더라고. 일본서 공부를 했기 때문에 군 대 중위로 예편해 그다음 잘 산다 카더라꼬. 그래 형수를 찾았는데 본인도 인제 당뇨라 카더만. 저거 사촌이 당리

살거든. 처음에는 가니 안 알키주더라꼬.

최승호 : 자기들끼리 연락이 됐는 모양이죠?

이태준 : 그래 연락이 됐는데 잘 안 돼. 잘 안 오니까. 왜 그러냐면
부모들 다 죽었뿟제. 오빠도 김해 갔뿟제. 그러이 없는
거야. 사촌이 있는데 처음에 가이 안 알키주더라꼬. 계속
가가 사정을 했지. 내가 군대 있을 때 가이끼네 안 가르
쳐주더만 그 뒤에 군복 벗고 가이 갈쳐주더만.

최승호 : 참 아까 연좌제 이야기하다가 말았는데….

이태준 : 66년도? 67년도 6월달 하사관 시험 치는데 아이 장교 현
지 특별임관 카는 기 있어. 특관, 현지 임관이라고 볼 수
있지. 하사관들 그렇게 임관을 많이 시켰거든.

최승호 : 임관시험은 두 번 다됐는데….

이태준 : 음음….

최승호 : 결국은 임관은 못 했네예?

이태준 : 그렇지 신원조회 때문에….

최승호 : 66년 67년 두 번?

이태준 : 그렇지.

최승호 : 그럼 70년도에는?

이태준 : 임관할 직에 연좌제에 걸렸다 카는 것도 그때 알았지. 그
전에 연좌젠지 뭔지 시험에 합격하니까 고향에 신원조회
왔단 말이야. 형님이 그러더라꼬. 돌아가신 형님이 보안
대에서 왔다. 군대 갔다 왔으니 다 알 거 아이가. 시험 쳐
놓고 시험 합격됐으니까 필기시험 돼야 인제 현지 임관해
나가거든. 형이 카더라꼬. 보안대 보안계장이 내 잘 알거
든. 거 형님이 내하고 5관구 있을 직에 형 동생하고 지냈

다 카이기네. 전두환하고 동기거든. 그런데 그 형님이 88 고속도로 처음 생겨가지고 첫 설날 자기 고향 합천에 갔다 오다 죽었는데, 그래 그 형님이 이야기 하더라꼬. 이런 기 있더라. 그래 옛날 생각이 탁 떠오르더만….

최승호: 사촌 형님이 좀 원망스러웠습니까?

이태준: 우리는 원망이고 그런 거 한 적 없다. 그 당시는 형편이 그렇잖아. 나를 직이는데 생명을 건지기 위해선 할 수 없잖아.

최승호: 그러면 그 보도연맹 사건이 나고 난 뒤에 사회생활 하는데 위축이 되거나 그런 건 없었습니까?

이태준: 없지.

최승호: 이걸로 인해 정치적인 성향이 좀 바뀌었습니까?

이태준: 많이 바뀌었지. 내가 난 완전히 180도로 바꼈다꼬. 아무래도 내가 사회를 모르고 군대 안에서만 살았기 때문에 정치라 카는 건 모르고, 정말 쿠데타 카는 뭐다 카는 이런 것도 모르고 그대로 따라만 움직였지. 근데 나와 보이 그게 아이라. 마이 바뀌었지.

최승호: 처음 이 사건을 제대로 알게 된 게 몇 년돕니까?

이태준: ….

최승호: 2000년도?

이태준: 그렇지 그쯤 됐지.

최승호: 제일 먼저 알게 된 게 신문을 보고?

이태준: 그렇지. 매일신문하고 우리 경산신문하고.

최승호: 그때부터 유족회 활동해왔던 거 간단하게 한 번 설명해 주십시오.

이태준 : 처음에는 유족회 들어갈 직에는 60년대였는데 그때는 군에 가 있었으니까. 2000년도 매일신문을 봤나? 그럴 직에 기호하고 내하고 참 지랑 나랑은 내가 전방 있을 직에 두 달 만에 한 번 아니면 한 달에 한 번 만나가 옛날이야기도 하고 했기 때문에 사건이 나고 나면서, 70년도 임관할 직에 그런 이야기를 들었기 때문에 머리에 살아 있었다. 언젠가는 보도연맹 카는 그걸 알아봐야 되겠다. 그라고 그때는 사돈에 팔촌까지 다 연좌제에 걸린다 카는 알고 있었으니까. 하지만도 그때 99년도 신문에 진짜 많이 나이끼네, 정신없이 마이 났다꼬. 그래서 기호한테 전화를 했지. 기호도 그때 한마을에 살았고…. 그라고 윤암이 안 있던가베. 윤암이한테 연결을 시켜가지고 윤암이도 자형하고 둘이 온다데. 그래가지고 나는 2000년도 들어와가지고 나는 솔직한 말로 친구들 다 해라. 서울 사람들 기호, 윤암이 와서 앞에서 움직여라. 나는 그때 사무실에 하고 있었기 때문에. 그 뒤로부터 누구 말마따나 열심히 했지. 상임대표도 하고… 내가 만일에 연금이라도 안 받고 이런 거 같으면 유족회 모임 못했다꼬. 솔직한 말 아이가? 안 그렇나. 자식들한테 손 벌려가며는…. 솔직한 말로 밝혀야 되겠다 카는 거는 틀림없이 마음속에 있었는데 틀림없이. 우리 집안에도 이게 억울하다 솔직해져야 되는데 이거 정말 내가 살아온 길이 절대 이 길은 아이다 카더라고. 내가 그래도 뭐 군대 있으면서 표창장 쪼맨한 거 타고 했는데 이런 길은 아이다.

최승호 : 2000년 3월 15일날 유족회를 결성했고, 그다음 뭐 했습

니까?

이태준 : 유족회 결성하고 나서 계속 유족 활동을 하고 조사하러 댕기고 뭐 이랬잖아. 그라고 위령제 지냈지. 우리 7월달에 1회 위령제 지냈지. 2001년 3월달에 1차 발굴했고….

최승호 : 그리고 그해 5월달에 뉴욕 전범재판하고?

최승호 : 6월이지 6월.

최승호 : 6월입니까?

이태준 : 그렇지. 6월 21일부터 아이가. 6·25 때 전범재판 했잖아.

최승호 : 전범재판했고 그리고?

이태준 : 그라고도 많이 했지. 여게 저게 마이 갔잖아. 우리가 특별법 제정하는 데 뭐 마이 안 갔나. 공청회 청문회 많이 갔지. 그라고 또 와 2003년도 4월 13일날 동굴 발굴도 안 해 봤나.

최승호 : 그리고 2005년 작년입니까?

이태준 : 그렇지. 2005년도 8월 3일부터 기초 작업을 했지. 다 할라카면 많지.

최승호 : 혹시 유해 발굴하는 데 있어서 진실위원회에 하고 싶은 말이 있습니까? 발굴 관련해서….

이태준 : 발굴 관련해서는 지금 열심히 잘하고 있는데 내가 봤을 직에 정부가 유해 발굴지를 넓혀가지고 했으면 좋겠더구만. 유해 추정지를 보면은 153군데 카는데 이거는 하나의 빙산의 일각이고 정상적으로 들어가면 몇백 군데가 더 있는지도 몰라. 정상적으로 우리가 발굴 들어갔을 때 보면은 한 군데 겉으면 다섯 군데가 더 나오더라꼬. 그러니까 아무튼 더 넓혔으면 좋겠다. 유골 발굴 인원이라던가.

과연 몇십 년 걸려가지고 몇십 년 뭐야. 지금 네 군데 하는데도 우리 겉은 데는 삼 년 걸리잖아. 그렇게 하면은 몇백 군데 이것만 해도 얼마나 걸리겠노? 이거 보통 문제 아이라. 진실위원회에 알았으면 좋겠다 이거지.

최승호 : 경산 코발트광산 관련해서는?

이태준 : 코발트광산 지금 발굴하고 있는데 여기에서는 우리의 제일 목적이 그 국유지 땅을 매입해가지고, 그다음에 사유지지만 파티마 재활병원 땅도 매입해가 거기다가 위령탑 만들고, 참배단도 맨들고 평화공원도 맨들고…. 진실규명 이런 것도 정말 하고 정상적인 위령사업이 돼야 돼. 그 뒤에 제일 중요한 첫 과제가 문화 유적지 등록….

최승호 : 문화유산 등록을 하고?

이태준 : 등록을 해가지고 확실한 위령사업을 해야 된다.

최승호 : 우리 미망인들 연세도 많고 한두 사람 돌아가시고 이러한데 이분들에 대해서는 지금 시급하게 요구되고 이런 거는 없습니까?

이태준 : 안 그래도 미망인들, 생활보호대상자가 돼 있는 사람들 이야기를 들어보면은 먹고 사는 데는 지장이 없다. 왜? 한 달에 몇십만 원씩 나오고…. 복지 참 잘해놨더만도. 자기는 120만 원 130만 원 정도 혜택을 본대. 딴 사람들도 보면 그러니까 한 달에 기초생활보호대상자는 한 30만 원 정도 나온다 그러더라고. 그러나 그걸 떠나서 미망인들을 위해서 우리가 노력을 할 수 있는 한까지는 해드려야 돼.

최승호 : 우리 그 정부 차원에서 진실을 규명하고 조치를 취하겠지

만 요즘 경산시나 자치단체에서 할 이런 거는 없습니까?

이태준 : 더 좋지. 자치단체에서도 예를 들어서 경산노인요양병원 카는 거 들어봤제. 경산시에서 하는 거 아이겠나. 그런 식으로라도 이게 되면은 거 참 좋은 일이지. 오늘내일 돌아갈 수 있는 나이지. 어제 아래 돌아가신 윤**(잘 안 들림) 씨 모친은 올 설에 세배를 가니까 짱짱하시던데 팔십 아홉? 그런 분들은 특별히 예외고 안 그래도 지금 뭐 편찮애 있는 사람들도 저 윤술남 씨 같은 사람들은 내가 봤을 직에 양자 봐서 (잘 안 들림) 지원을 받고 있는 같더라꼬. 박태순 씨 같은 미망인들에 대해서는 우리가 신경을 많이 쓴다카이끼네. 지자체에서 원칙을 모르면은 빨리 진실규명위원회에서, 안 그러면 정부, 그 국회 차원에서 시행령을 좀 고치든가 해더라도 국회법을 개정하면 어렵지만 시행령은 수월찮아. 지자체에다 어느 정도까지 이런 걸 지원하라, 서울에서. 왜 그런고 하면은 십 년을 가든지 오 년을 가든지 그러나 지자체에서 시행령을 좀 내려오면 지정해서 그 사람들 어느 정도까지 도와주라 이래야지. 30만 원 20만 원 더 뿌라스 하면 50만 원 안 돼나. 50만 원만 정도마 돼도 살지. 묵고 사는 데는 형편이 괜찮다꼬. 그러면 요양원도 진짜 갈 수 있고, 안 그러면 저 병원이라도 뭐 한 70, 80만 원 주면 좋거든. 그런데 그기 아이기 때문에….

최승호 : 그런 요양원처럼 공동으로 생활할 수 있는 시설이 있으면 좋겠네예?

이태준 : 그렇지.

최승호 : 혹시 돌아가신 형님 사진이 있습니까?

이태준 : 그기 언젠데….

최승호 : 옛날 60년이나 50년대 당시에 형님 사건과 관련해서 자료를 가지고 있거나 신문이나 이런 거는?

이태준 : 60년대? 없지….

최승호 : 하여튼 장시간 대답해주셔서 고맙습니다. 특별하게 뭐 마지막으로 진실위원회에 하고 싶은 말 있으면 한마디 해주십시오. 정부도 괜찮고….

이태준 : 정부에서도 국가에서도 공권력을 동원해가 그 했다 하기 전에 빨리, 같이, 경쟁만 일삼지 말고 전부 다 정치인들도 동참해가지고, 누구의 잘잘못을 떠나가지고 하루빨리 모든 것을 합심해서 다 같이 동참하는 게 내가 봤을 직에 중요하지 않느냐. 그러한 후에 정말이지 서로가 합심한 가운데 마음이 합쳐져야 서로가 좋은 대통령도 뽑고 의원들도 뽑고 그래가지고 나라가 굳건하게 이루어져야 하지 않겠나. 우리 국민의 한 사람으로서, 유족의 한 사람으로서….

최승호 : 예 고맙습니다. 감사합니다.

이태준 : 감사합니다.

6. 전장윤 구술증언

사건과의 관계 : 전경희의 자
구술 당시 나이(생년월일) : 1942년 3월 18일
출생지 : 경산시 용성면 용산리 372번지

최승호 : 시작하겠습니다. 제가 몇 가지 질문을 드리겠습니다.

전장윤 : 묻는 거만 대답하는 거지요?

최승호 : 예. 성함이 어떻게 되십니까?

전장윤 : 전장윤입니다.

최승호 : 한자는 어떻게 됩니까?

전장윤 : 임금 정자에 긴 장 자, 검을 윤 자.

최승호 : 생년월일은?

전장윤 : 42년 3월 18일.

최승호 : 양력입니까?

전장윤 : 예. 양력.

최승호 : 음력은 어떻게?

전장윤 : 음력은 1월 30일.

최승호 : 태어나신 곳은 어디십니까?

전장윤 : 웃마을 안용산 웃용산이라고 용성면에서 태어났습니다.

최승호 : 용성면?

전장윤 : 용산리 윗용산.

최승호 : 몇 번지입니까?

전장윤 : 본적은 내가 372번지랬는데.

최승호 : 지금 현재 사시는 곳은?

전장윤 : 용산리 아랫용산.

최승호 : 지금 여기는 몇 번지?

전장윤 : 34-2번지.

최승호 : 전화번호는?

전장윤 : 852에 ****번.

최승호 : 여기는 자택이시죠?

전장윤 : 자택.

최승호 : 가족사항은 어떻게 됩니까?

전장윤 : 집사람하고, 아들.

최승호 : 몇 남 몇 녀입니까?

전장윤 : 형제.

최승호 : 2남?

전장윤 : 예.

최승호 : 초등학교는 언제 다니셨습니까?

전장윤 : 49년도에 입학했어.

최승호 : 49년도?

전장윤 : 49년 3월 25일.

최승호 : 지금 용성초등학교 입학하시고?

전장윤 : 내가 한 해 앞에 갔다니까. 이유 없다고 인자 49년 일자

로 갔으니까네.

최승호 : 그러면 전쟁은 그다음 해 2학년 때 났네요?

전장윤 : 전쟁은 2학년 때 났지. 50년에 일어났으니까.

최승호 : 졸업은 언제 하셨습니까?

전장윤 : 55년.

최승호 : 55년도에 졸업하시고 중학교는?

전장윤 : 형편이 안 되가 초등학교 졸업만 했지 머.

최승호 : 졸업하고 바로 뭐 하셨습니까?

전장윤 : 졸업하고 집에 있다가 집에 농사일을 돕고….

최승호 : 농사지으시고?

전장윤 : 네. 농사고 머시고, 농사는 했었다만은 열여섯 살 전에 내 하도 사는 게 힘들어가 조부님하고 어머님하고 어린 동생 데리고 대구로 이사를 나갔어. 먹고 살 길이 없으니까. 그때 비산동 거기 허허벌판이던데 거 무슨 허름한 방에 가데기 달아가 살았지. 내가 그때 열다섯 살에 갔는데 가가도 공장에 드갔지. 요새 말하면 직장인데 대구성냥이라고 성냥공장이라. 거기 다니고 그해 가을에 집에 어머님은 도저히 방이 하나밖에 없으니까 고향으로 들어왔어. 시아버지하고 하고 한방에서 살았거든. 방 하나 얻어가지고 살았으니까. 그때 어머님이 25살인가 25살도 안 됐다. 정확하게는 모리겠는데 그래가 어머님 혼자 바로 나왔다카이. 할아버지하고 나는 공장에 다니고…, 동생들은 어렸다니까. 우리가 3남맨데 남동생, 여동생….

최승호 : 할머니는 귀향하시고 계속 공장에 다니셨네요?

전장윤 : 나도 계속 못 하니까. 계속 집에 오고 싶고 어린 마음에

그래가 나도 나왔뿟다카이.

최승호 : 그러면 몇 살 때 들어왔습니까?

전장윤 : 열여섯 살 때. 한 해 있다가 들어왔지 머. 그런데 집에 농
사지을 것도 없고, 요즘 같으마 직장인데 멀리도 안 가고
이웃에 남의집살이. 할아버지가 그 집하고 왔다 갔다 하
더니만 나를 그 집에 보내데. 그 당시에 나가 열여섯인데
1년에 나락 서른다섯 말 받고….

최승호 : 그걸 한 해 했습니까?

전장윤 : 한 해 하고는 안 갔어요. 굶어 죽어도 같이 살자고 집에
어무이가 멀리 떨어진 것도 아니고 곁에서 보니까 못 보
는 기라. 세상에 어린 기 저거 아버지 저래 가고 자식이
라 카는 기 어려가지고 아직 어린양 할 아가 남의 집에 보
내가 지게 지고 일하는 거 보이 안됐지. 죽었으면 죽었지
안 보낸다 카더라고.

최승호 : 그때부터 내 농사지으셨네요?

전장윤 : 예. 머 농사라 캐도, 내 농사라기보다 소작도 하고….

최승호 : 군에는 언제 가셨습니까?

전장윤 : 군에? 요즘 같으면 군에 안 가도 되는데 그때 내가 신체
도 짜리지만은 3급을 받았다니까. 64년도 1월 14일날 입
대를 해가지고 신체검사에 그때만 해도 내가 양쪽에 충치
가 걸려가지고 치과 가가지고 치료하고 그래가지고 3월
25일날 훈련소에 입대했어. 군대 가도 집에 나 많은 할아
버지하고 집에 어머니하고 면회도 없었고, 지 갈 데로 갔
는 기 저 춘천 103보 가가지고 11사단 13연대 걸려가지
고 저 강원도 그 향로봉 밑에 군사분계선 밑에 민정경찰

다음에 GOP 거서 오래 근무했어. 하다가 제대는 홍천 내려와서 했어.

최승호: 3년 만에 제대하셨습니까?

전장윤: 36개월 만에 제대했지. 66년도 10월 20일 돼서 나왔는데 월남전쟁 터져 버려가지고 특명 받아났다가 20일 더 해가지고 머 32개월 했지.

최승호: 제대하시고 집에 오셨네요?

전장윤: 제대해가 집에 오니까 살림살이는 내 갈 때나 마찬가지로 똑같애. 내 갈 때 남의 소를 빌려서 새끼 낳으면 키워주고, 다시 키워서 논 사고, 그래 해서 농사 늘려나갔지.

최승호: 그러고는?

전장윤: 동생이 내 제대 안 하고 군에 갔거든. 그때 월남도 맹호부대 헌병대에 갔는데 그 당시에 돈을 월급 만 몇천 원인가 보내줘서 썼지. 형편이 좀 나아졌는데 그때 월남 가면 거진 다 죽었거든. 목숨 걸고 벌은 돈을 그래가 그냥 다 쓰면 안 되겠다 싶어 조금씩 모다가 그걸로 400평 땅을 사가고 지 앞으로 등기를 해줬지.

최승호: 결혼은 언제 하셨습니까?

전장윤: 결혼은 64년도 12월 18일.

최승호: 사모님 성함은 어떻게 되시죠?

전장윤: 정옥분.

최승호: 그때 당시 나이가 얼마 됩니까?

전장윤: 당시에 24살인가.

최승호: 연애 결혼하셨습니까?

전장윤: 골짝에 있으니까 돈도 없고, 할아버지 있제. 조건이 안 좋

아. 그래가 혼사가 잘 안 되더라고. 그렇다고 키가 크나 아가 잘났나 인물도 못나. 선보러 온다 카고는 와가 보고 안 되더라고. 인연이 될라 카이 청도 지금 수몰지구 됐는데….

최승호 : 대천?

전장윤 : 아이고 저 위에 청도 지촌.

최승호 : 멀리서 오셨네요. 첫 아이는 몇 년도에 낳으셨습니까?

전장윤 : 그 사이가 두어 번 유산이 되더라고. 큰아는 70년생입니다.

최승호 : 둘째는요?

전장윤 : 둘째는 2년 차.

최승호 : 둘째 태어났고, 할아버지는 언제 돌아가셨습니까?

전장윤 : 할아버지가 돌아가신 거는 73세에 별세했는데 요즘 같으면 오래 사신 거는 아니지. 그때 73세면 오래 사신 거는 맞는데 이 노인이 바람 중풍이라. 바람이 와가지고 몇 년을 똥오줌을 받아내고 집에 어무이가 참 효자고 그랬어. 할아버지 병 낫아 볼라고 교통편도 좋도 않은데 생문어 삶아 먹으면 좋다고 해서 대구 감삼시장까지 가서 생문어 사와가 삶아드리고 했지. 그래가 좋아지셨어. 효과를 많이 봤어. 약이 될라 그러는지 효성인지 그래가도 출입을 완전히 하지는 못하고 그랬어. 그래가 1년 뒤에 내가 결혼하고 한 해 있다가 돌아가셨어.

최승호 : 그다음에 그럼 결혼하시고?

전장윤 : 예, 결혼해가지고 고부간에 같이.

최승호 : 69년도에 할아버지 돌아가셨네요?

전장윤 : 그렇죠.

최승호 : 할아버지 한자는 어떻게 되십니까?

전장윤 : 곧을 정 자 큰 대 자. 당시 73세. 집에 어머님도….

최승호 : 어머니는?

전장윤 : 어머니는 64세에 별세를 했는데 50살 안 돼가 첫애 낳을 땐데 그때 예비군 훈련 갔다 오니까 쓰러져 있더라고. 시장 갔다 와가지고 맏손자 업어주고 있다가 넘어져가지고 바람이 와가지고 대구 파티마병원에 갔는데 뇌에 이상이 있다고 하면서 목을 따더라고. 그때 동생이 월남 갔다 제대해가지고 대구에 있었는데 수술비용이 300만 원 든다 카는 기라. 돈도 없고, 그때 주변에 다른 보호자들이 그런 같으면 집에 가소, 수술하지 마고. 그래가 영천에 중풍 약을 잘 쓰는 데 있다 캐가 많이도 안 하고 3첩만 써 보고 한다 하고 왔는데 한 20일 뒤에 깨나가 대변도 보고 그랬다카이. 그라고 목 땄는 데는 아물대. 흉터는 지고 그라고 한 3년 있다가 외갓집 잔치에 갔다가 또 쓰러졌어. 외숙모라 카는 사람이 빨리 데려가라고 연락이 와가, 자기 집에서 죽으마 안 되니까. 둘이 가니까 택시를 대절해가 동생이 그때 대명동에 살았는데 우선 거 갔다가 병원 갔는데 재발했다 카이 안 된다 카더라고. 그런데도 또 살 깨어나더라카이. 그러다가 3번째로 다시 쓰러졌다카이.

최승호 : 86년도쯤 됩니까?

전장윤 : 88년도 초하루. 초하룻날 그래 누워가지고 한 1주일간 그래가지고 마 아무것도 자시도 안 하고 눈만 꾹 감아 있

다가 돌아가셨지. 제사가 정월보름, 열여섯 날 그래.

최승호 : 그때 어머니 돌아가셨을 때가?

전장윤 : 88년도.

최승호 : 연세가 얼마나 되셨습니까?

전장윤 : 64살. 갑자생인데 지금 살아계시면 70, 80세 넘어서.

최승호 : 장남 장가는 언제 갔습니까?

전장윤 : 장가 늦게 갔습니다. (옆에 있던 아내에게 물어보고) 33세인가 34세에 했을 거예요.

최승호 : 5년 전이니까 2002년도에 했네요?

전장윤 : 그쯤 안 되겠나.

최승호 : 둘째는?

전장윤 : 둘째는 아직 결혼식은 안 올리고 동거생활하고 있습니다.

최승호 : 첫 손자는 지금 몇 살입니까?

전장윤 : 두 명 다 손년데 5살, 3살.

최승호 : 그러면 후에 2003년에?

전장윤 : 그 2004년도.

최승호 : 혹시 당시에 아버지가 돌아가시기 전에 마을에 좌익이나 우익끼리 싸우거나 이런 일은 없었는지?

전장윤 : 그 당시에는 이 마을에 안 용산, 아랫용산 사람 합하면 24호일 때 우리가 아래서 살고, 여가 17호, 한 16호. 전부 한 마을 같이 사니까. 그 놀러 왔다가 이제 12시나 되면 가고 그렇기 때문에 마을이 화합하고 참 좋았어. 그런 동네가 떨어져 행정구역은 되어 있어서 세월도 그렇고 하니까 큰 마을에 구장, 이제 요새 통장이지만 있고 한데 여기는 동네 9반이라고, 제일 끝 반에 배급 같은 것 갈라

주고 이랬는데 어른이 늘 반장님을 맡았어.

최승호 : 아랫용산 아래 반장하셨네요?

전장윤 : 그렇지. 밤만 되면은 빨갱이들이 내려와서 반장을 찾는 거라. 마을의 대표를 찾아가지고 밥을 해달라. 신을 돌라. 옷을 돌라. 이러는 거야. 그래 인제 바로 이웃에 빨갱이가 있었어. 성까지 이야기할 필요는 없고, 부부간에 공작이 있었어. 빨갱이가 이웃에 있으니깐 그놈들이 누구 집에 살림살이도 괜찮고 다 이야기를 하는 거라. 그 사람들은 사살이 다 됐지만⋯. 그래서 그놈들이 더 설친 거 같아. 나는 이제 초등학교 입학을 해가지고 아버지와 여기 내려와가지고 있다가 12월 중순경인가 불려 나갔는데⋯.

최승호 : 49년도 12월달에?

전장윤 : 그때 12월 초 되면은 못에 얼음이 약간 얼 정도 안 되겠나. 새벽에 날 다 샜어. 겨울인데. 나도 알겠더라고. 반장, 반장, 하면서 불러요. 경찰이 와서. 그래서 나는 나가지도 않고 아버지는 부르니깐 나가가지고⋯. 그때 혼자가 아니고 세 사람이 같이 거의 같이.

최승호 : 세 명이?

전장윤 : 그래 내려가면서 앞에 못이 용산못인데 저기 중간에 오리를 쏘고는 건져내 오라고 하고. 그 사람은 아버지 아니고 딴 사람이 못에 수영 잘하는 사람이 살얼음을 깨고 들어가 살 찢어지고 그런 사람을 용성지서에 데리고 갔는 거라. 거기 간 그 사람들은 그는 다 형제들 없고, 아버지는 형제가 4형제가 있긴 있어도 워낙 준비도 없고 살림살이

가 안 좋고 되는대로 들어갔지. 그 사람들은 다 돈을 써 가지고 사람들 나오고.

최승호 : 다른 사람은 먼저 나오고 아버지는 그러면?

전장윤 : 아버지는 인제 그 뭐냐. 대구형무소로 갔는 거야.

최승호 : 다시 대구형무소로?

전장윤 : 대구형무소 가서 미결수로 있었지. 죄도 없고 그런데. 그 래 지금 할아버지가 아들이 그러니까 면회를 한 번씩 가 고 사식도 넣어주고…. 그래가지고 뒤에 종조부 할아버지 가 할아버지 동생에게 그 조카가 면회 와서 삼촌 어떻게 하든지 빼내 달라고 말해서 그 소리를 듣고 소를 한 마리 팔아서 집에 할아버지한테 맡겼지. 그런데 그 돈을 잘못 썼는지 다시 가지고 왔어.

최승호 : 전달을 못 했구나?

전장윤 : 아까워서 그랬는지 다시 작은집에 줬지. 그래서 마지막 면회를 8월 초에 갔지. 가니깐 죄수가 없어. 교도관들에 게 물으니깐 7월 30일부로 마지막으로 실어 갔다는 말을 들었지. 아마 광산으로 갔을 거라는 말만 듣고 왔데. 그 런 일 이후로는 머 죽었는지 살았는지 그 말만 듣고 있다 신문 보고 알았지.

최승호 : 2000년도에 신문 보고 아셨겠네요?

전장윤 : 그래서 제사도 안 지냈어요. 어머니는 설마 살아오겠지 하고 제사하는 날 울고 할아버지는 죽었다 생각하고 밥이 라도 떠 놓자 그러시고. 나는 어려서 이런저런 소리도 못 할 나이고 그래서 그냥 해가지고 5월 29일. 음력 5월 29 일날 제사하고 그랬어.

최승호 : 잡혀간 시점 해서?

전장윤 : 그거는 형무소에서 마지막 나간 날 해서 하는데 그때 신문 보고 연락해가지고 보니 음력 6월 16일이더라고.

최승호 : 6월 16일?

전장윤 : 그래. 6월 16일 날 가가지고 15일로 제사 지내는데….

최승호 : 아버지 사망신고는?

전장윤 : 아버지는 호적에는 올라가 보지도 못했어. 할아버지 사망하고 나니까 호적 상속이 안 돼. 사망신고도 병사로 했지.

최승호 : 몇 년도에?

전장윤 : 94년도에 5월 30일로 사망신고 했지. 마을 사람이 보증해서.

최승호 : 그때 당시 전쟁 난 거는 어떻게 알았습니까?

전장윤 : 전쟁 난 거는 피난민이 이곳에 꽉 차가지고 전쟁 뚫고 지나온 사람들이라. 용성초등학교는 다 피난민이야. 그때. 내가 2학년, 3학년 그 당시 제실로 다녔거든.

최승호 : 여기 용산에도 피난민들이 들어왔습니까?

전장윤 : 많이 왔죠. 여기 용산에 피난민들 용성 하천에 전부 피난민이었지.

최승호 : 그래가지고 전쟁이 일어난 줄 알았어요?

전장윤 : 피난민 와 있을 때는 나무 같은 거 막 하러 댕기고 그랬지. 호박이고 고추고 다 따 먹고 그랬지.

최승호 : 몇 달간 있다가 갔습니까?

전장윤 : 그래. 상륙작전으로 넘어가고 한 뒤에 가더라. 그 이후로 6·25 이후로 사람들이 다녀가고 그랬지.

최승호 : 나중에 찾아가서 잘 살고 갔다고?

전장윤 : 그렇지. 찾아봬야 되지.

최승호 : 아버지 반장 하실 때 49년도에 마을 분위기는 어땠습니까? 경찰이 낮에 들어오고 나면 빨치산이 저녁에 오고 이런 상황이었습니까?

전장윤 : 경찰도 한번 다녀가고 하니까 군인들이….

최승호 : 군인들이?

전장윤 : 군인들이 이 골짝 저 골짝 지나다니고, 여기 사람들을 밀양 쪽으로 내보내고….

최승호 : 그때 당시 보도연맹이라고 들어보셨습니까?

전장윤 : 나는 그 당시엔 몰랐어요. 보도연맹 그러는 거 유족회 결성되고 알았지.

최승호 : 아버지가 경찰에 연행돼 간 이유가?

전장윤 : 우리 마을에 반장 하면서 다른 사람들한테 밥도 해주고 하라고 독려했다고, 동조했다고 잡아갔는데 그 당시에는 안 했다 해도 인정 안 해주지. 그 당시 어느 장사가 안 해줬겠습니까? 총부리 겨누는데….

최승호 : 밥도 해주고 옷도 주고 이렇게 한 겁니까?

전장윤 : 그거는 머 빨갱이 밥해줬다 그러는 거라던데 해줬는가 안 해줬는가 그거는 머 모르겠고….

최승호 : 그때 당시에 윗마을에는 일곱 세대가 살았다 그랬죠?

전장윤 : 예. 일곱 세대.

최승호 : 그 일곱 세대 중에는 혹시 좌익활동을 한 사람이 있습니까?

전장윤 : 그 두 사람. 두 사람 다 사살됐지.

최승호 : 경찰에 사살했습니까?

전장윤 : 경찰서에서.

최승호 : 이게 전쟁이 나기 전입니까?

전장윤 : 전쟁 나고 나서. 아버지 돌아가시고 나서.

최승호 : 돌아가시고 나서 그러면 50년 전쟁 중이겠네요?

전장윤 : 그렇죠.

최승호 : 혹시 성함은 아십니까?

전장윤 : 이름 밝히기는 그렇고. 명단에 다 나와 있던데….

최승호 : 경찰이 사살했다 그지요?

전장윤 : 경찰이 그래.

최승호 : 아랫마을에는 그런 좌익활동 하신 분은 없었고요?

전장윤 : 있었지. 여기도 있다.

최승호 : 여기는 얼마나 있습니까?

전장윤 : 여기는 두 형제가 있었어.

최승호 : 주로 그때 당시에 좌익활동한 사람은 어디서 넘어왔습니까? 운문사 쪽에서 왔습니까?

전장윤 : 멀리 안 가고 근처 골짜기에 살았어. 자기들끼리 숙소가 있더라고. 굴 파두고.

최승호 : 남곡 쪽에?

전장윤 : 남곡 쪽에 말고 남쪽으로 굴 파두고 그 골짜기에 있어서 저녁으로 밥을 갖다주고 다녔지.

최승호 : 그때 몇 명쯤 있었습니까?

전장윤 : 그건 모르지. 뒤에도 부부 말고 형제는 오래 해 먹었어. 집에 아버지하고는 친구라. 아버지도 가고 없는데 쌀도 퍼가고 그랬다고. 그놈들이 살아서 휴전 후에도 고향이라

고 걸음 하더라고. 천용식이라고 하는 놈인데.

최승호 : 천용식 씨는 원래 이 마을 사람입니까?

전장윤 : 원래 이 마을 살았어요. 용식이 용범이 형제.

최승호 : 원래 이 마을 사람들인가 보죠? 딴 데서 넘어온 건 아니고?

전장윤 : 모르지. 그 앞전에 어른들은 어디 살았는지 모르지.

최승호 : 이 사람들은 어떻게 안 잡혀갔습니까?

전장윤 : 그때 유명한 놈들은 다 살았어. 죄 있는 사람들은 아예 도망 다녔고. 다른 사람들은 경찰서 오라 그러면 가고 그랬으니깐. 어떻게 됐는지….

최승호 : 그때 용성면에 사람들이 얼마나 많이 죽었는지?

전장윤 : 용성면에 부제하고… 곡란에 안 면장 집하고 불을 다 질렀지. 마을 하나를 빨갱이들이 불 다 질렀지. 용성 송림하고 입구하고는 빨갱이 두목들이 있었지. 그때 방만수 지서장이 서류를 태워서 그렇지, 아니면 용성사람 다 죽었을 거야.

최승호 : 방만수 씨가 언제 여기 지서장으로 오셨습니까? 전쟁 전입니까?

전장윤 : 전쟁 전후였을 거라. 그때 와서 용성파출소장으로 있으면서 서류를 다 소각시켜서 많이 살았지. 그래서 국회의원도 하고 그랬지.

최승호 : 남산하고 용성 시민들이 도시락 싸 들고 다니면서 선거운동 했다고 그러던데?

전장윤 : 그러고말고. 전부 그 은공이라.

최승호 : 혹시 아버지가 마을에 세 명하고 같이 경찰서에 끌려가실

때 집에서 면회는 가 보셨습니까?

전장윤 : 안 갔지. 그때 집에 할아버지하고 어머니도 안 갔어. 오래 안 있고 바로 서로 넘어가서 형무소로 갔을 거 같아.

최승호 : 단순히 그 일만 가지고 사람을 잡아갈 정도는 아닌데도?

전장윤 : 목적은 그것뿐이라. 아버지는 그런 행동할 사람도 아니고.

최승호 : 마을에 두 사람 풀려나온 사람은 용성지서에서 풀려났습니까?

전장윤 : 아니 그 사람들은 경산서에서.

최승호 : 가족도 같이 갔습니까?

전장윤 : 예. 그 후일날.

최승호 : 경찰서에서 그분들은 풀려났다? 돈을 써가지고?

전장윤 : 돈 썼지 머.

최승호 : 돈을 써갖고 풀려날 것 같으면 큰 문제는 아니네요?

전장윤 : 그 사람들도 다 죄 없는 사람이야. 또 들어가서 또 풀려나고.

최승호 : 그다음 또?

전장윤 : 예. 그때는 요즘 송아지 한 마리 값이면 다 빼서 안 나오나. 우리는 뒤늦게 돈 써서 안 됐지 싶어. 그래서 다시 가져온 거겠지.

최승호 : 그리고 나서 아버지가 돌아가신 것 때문에 어르신이 피해를 입거나 이런 거는 있습니까?

전장윤 : 그런 건 없어. 근데 마을에 다른 사람들은 군대에서 GOP도 못 들어가고 그러데. 나는 GOP 있었는데.

최승호 : 손자들은? 손자들은 학교 다니고 머 공부하면서 그런 일

없었습니까?

전장윤 : 사촌 누나들은 없었지.

최승호 : 아니 아들?

전장윤 : 아들들도 군대에 갔어.

최승호 : 자식들 군에 가고?

전장윤 : 그렇지. 군에 들어가서 큰 놈은 특공대 가서 강원도 있었고, 작은 놈도 그런 건 없었어.

최승호 : 군대 시절을 겪을 때도 전혀 그런 게 없었다?

전장윤 : 예. 그때는.

최승호 : 보도연맹이라는 건 언제 처음으로 들었습니까?

전장윤 : 보도연맹은 유족회 결성되고 알았지.

최승호 : 그러면 아버지가 보도연맹에 가입해서 끌려가셔서 돌아가신 걸로 지금 알고 있어요?

전장윤 : 아니 보도연맹에 가입했는 거는 모르고, 반장 해서 동조했다는 그것뿐이라.

최승호 : 억울하게 돌아가셨는데 지금 정부에서 법도 만들고 발굴도 하고 있는데 국가에 대해서 얘기하고 싶은 건 있습니까?

전장윤 : 첫째로 죄 없는 사람들 재판도 없이 학살시킨 것하고, 가족들 이제껏 고생한 것도 당연히 피해보상도 해줘야죠. 16살 먹어서 골병이 들어 키도 더 못 컸어요. 당장 피해보상해 줘야지.

최승호 : 혹시 아버지 사진이라든지 그런 거 있습니까?

전장윤 : 사진 있지. 주민등록 아버지 사진 간직하고 있어. 아버지 23살 때 일본 가서 찍은 사진도 가지고 있고.

최승호 : 아버지 연세가 23살 때 사진입니까?

전장윤 : 23살 이전에 21살.

최승호 : 아버지가 그러면 강제징용은 몇 년도에 갔습니까? 몇 년에 갔다 몇 년에 오셨죠?

전장윤 : 오래 있지는 않은 것 같아.

최승호 : 그때 시절에 혼자 갔습니까?

전장윤 : 우리 집에는 하나뿐인데.

최승호 : 일본 어디 가셨다고 하던가요?

전장윤 : 모르겠어요. 강제징용 갔는지 돈 벌로 갔는지.

최승호 : 혹시 그때 일본에서 보내온 편지나 이런 건 없습니까?

전장윤 : 없어요.

최승호 : 어머니는 그때 당시에 연세가 얼마나 되셨습니까?

전장윤 : 환갑 지나고 찍은 거지. 영정사진으로 찍은 거니까.

최승호 : 아버지 사진 다시 한 번 들어주시겠습니까?

전장윤 : 예.

최승호 : 같이 한 번 들어주십시오. 같이.

전장윤 : 예.

최승호 : 오른쪽 밑에 내려주시고요.

전장윤 : 예.

최승호 : 아버지가 그러면 일본에 강제징용 당해서 갔다 오시고도 살아남았는데 다시 강제로 부역했는 그 죄 때문에 돌아가신 거네요. 억울하시죠?

전장윤 : 일본에 왔다 갔다 했는 것 그것만 알고 그 후로 결혼하셨지. 자인으로 장가를 갔는데 그 당시 어머니는 16살 때지. 아니다. 아버지가 장가를 21살에 가고 일본에 갔네.

최승호 : 21살에 결혼하셨다고요?

전장윤 : 결혼하고 일본 갔지. 어머니하고는 얼마 살지도 못했지.

최승호 : 아버지 돌아가실 때는?

전장윤 : 31세.

최승호 : 그러면 일본에 간 거는 언제지요?

전장윤 : 결혼하고 집에 어머니도 있고 그래서 23세에 일본 갔지.

최승호 : 그럼 42년도에 일본 가셨네요?

전장윤 : 일본 가도 오래 있진 않았어. 몇 년 그래 있진 않은 모양 이더라고.

최승호 : 반장은 그러면 몇 년도부터 하셨는데요? 일본 갔다 오신 후에?

전장윤 : 반장은 계속했던 거 같아.

최승호 : 일본 갔다 와서?

전장윤 : 인수인계했다는 소리는 못 들었고 첨부터 한 것 같아.

최승호 : 40년대 21살 때 결혼하셔서 42년도 23살 때 일본에 강제 로 징용 끌려가셨고, 돌아오셔서 반장 하다가 50년도에 돌아가셨네요?

전장윤 : 예. 그래.

최승호 : 이때까지 제사는?

전장윤 : 후에 아버지 무덤도 없고 그래서 우리는 이제 어머니 돌 아가시고 난 뒤 관이라도 하나 놓을려고 자인 돌공장에 가서 6·25 때 행불됐다고 그러니 초혼장을 치룬다 해서 어머니 옆에 똑같이 석곽을 지우고 뒤에 어머니를 하관했 지. 석판에는 5월 30일로 적혀 있지.

최승호 : 할아버지 면회 가니까 마지막 나갔다. 광산으로 안 갔겠

나 소리 들었다 그죠?

전장윤 : 그래.

최승호 : 그리고 나서 광산에 아버지나 어머니가 한 번 가신 적이
있습니까?

전장윤 : 가본 적도 없어요.

최승호 : 못 가신 겁니까?

전장윤 : 가기 싫어서 그런 건지 찾아갈 용기가 안 난 건지 모르지.

최승호 : 그럼 유족회 만들어지고 그때까지는 아무도 집안에서는
못 가보셨다?

전장윤 : 못 가봤지. 7월 30일부로 간수들이 다 실려 나갔다고 하
니까 그 길로 죽은 줄 알았지. 그래서 몇 해 제사만 지냈
지. 무덤도 없이 있다가 초혼장 해서 봉분 모았지.

최승호 : 나중에 우리 유해 발굴 다 되고 화장도 하게 되면 그중 일
부를 가져와서 매장하시려고?

전장윤 : 그래 하면 되겠지.

최승호 : 혹시 살아생전에 정말 꼭 이런 얘기는 해야 되겠다는 말
씀 있으면 한번 말씀해 주십시오.

전장윤 : 정부에 대해서?

최승호 : 정부도 괜찮고 우리 가족들도 괜찮고, 우리 사회. 우리 국
민들한테도 괜찮고, 말씀해 주세요.

전장윤 : 지금은 세월도 달라지고 이런 일은 없겠지만 정말 없어야
할 일이고 뒤 후손들에게는 역사적 교훈으로 남아야지.

최승호 : 예. 다시는 이런 전쟁이 없어야 되겠다?

전장윤 : 전쟁이 있다 하더라도 사람 죽이는 것도 죄목이 있어도
재판은 받고 해야 하는데 미결수로 있던 사람들을 그래

죽여서는 안 되지.

최승호 : 미결수는 아직 죄가 확정 안 된 사람인데?

전장윤 : 그렇죠. 재판받아보기도 전에 그런 억울한 거 말로 다 못 하죠.

최승호 : 예. 고맙습니다. 오늘 장시간 말씀해 주셔서 고맙습니다.

전장윤 : 예.

7. 정영호 구술증언

사건과의 관계 : 정용우, 정삼우의 동생
구술 당시 나이(생년월일) : 1933년 8월 1일
출생지 : 경산시 남방동 289번지

최승호 : 할아버지 성함이 어떻게 되시죠?

정영호 : 정영호.

최승호 : 영 자는 무슨 영이세요?

정영호 : 길 영.

최승호 : 호 자는?

정영호 : 삼수변에 열 십 밑에 입 구 하고, 달 월 자. 호수 호.

최승호 : 태어나신 게 언제입니까?

정영호 : 33년 8월 1일.

최승호 : 음력입니까?

정영호 : 양력.

최승호 : 그럼 양력은 언제입니까?

정영호 : 8월 27일.

최승호 : 태어나신 곳, 출생지는?

정영호 : 경산시 태어난 데는 남방동.

최승호 : 번지는 아십니까?

정영호 : 289번지.

최승호 : 현재 사시는 이곳은 주소가?

정영호 : 영천시 금호읍 구암리 428번지.

최승호 : 전화번호가 어떻게 됩니까?

정영호 : 054-337-****.

최승호 : 집이 전세라고 해야 됩니까?

정영호 : 임대지.

최승호 : 가족은 어떻게 되십니까?

정영호 : 부인하고….

최승호 : 부인 한 분 계시고, 자녀는?

정영호 : 8남매.

최승호 : 많이 낳으셨네요?

정영호 : ….

최승호 : 그럼 33년도에 태어나셨고, 초등학교는 어떻게?

정영호 : 자인.

최승호 : 몇 년도지요?

정영호 : 해방 3기, 졸업할 때가 해방 3회야.

최승호 : 해방 3기. 그러면 48년도에 졸업하셨네요?

정영호 : 모르겠어. 48년인지 58년인지 그런 거 뭐.

최승호 : 중학교는?

정영호 : ….

최승호 : 중학교는 어디 나오셨어요?

정영호 : 안 갔지? 중학교는 안 나왔지. 그때는 뭐 초등학교만 졸업하고….

최승호 : 그럼 초등학교 졸업하시고는 뭐하셨습니까?

정영호 : 초등학교 졸업하고?

최승호 : 예.

정영호 : 뭐 그때 그리고 6·25 났잖어.

최승호 : 2년 후에 6·25 났죠.

정영호 : 그때 헌병 가가지고….

최승호 : 자원입대하셨어요?

정영호 : 자원입대는 아니고 붙들려 갔지 뭐.

최승호 : 입대하셔서 그럼 몇 년도에 제대하셨어요?

정영호 : 55년도였어. 음 55면쯤. 4년 4개월 했어.

최승호 : 그럼 결혼은 언제 하셨습니까?

정영호 : 스물일곱에.

최승호 : 스물일곱에 하셨으면 60년이네요?

정영호 : 몰라 60년인지는.

최승호 : 첫아이는 언제 낳으셨습니까?

정영호 : 60년대에…. 아 이것도 골치 아프네.

최승호 : 그럼 마지막 애는 언제 낳으셨습니까? 8남매 막내는 몇 년도 몇 년생입니까?

정영호 : 잘 모르겠네.

최승호 : 나이가 서른 몇입니까?

정영호 : 서른넷.

최승호 : 막내가 서른넷이죠. 그럼 저희가 기본적으로 조금 알고 시작을 해야 되니까 그렇습니다.

정영호 : ….

최승호 : 전쟁 난 거는 어떻게 알았습니까?

정영호 : 6·25전쟁 난 거?

최승호 : 라디오로 알았습니까? 주변에서 들었습니까?

정영호 : 그때는 라디오도 귀했고, 전쟁 난 지 3일 만에 쾅쾅하는 거라. 뭐 나오너라. 그래 가꼬 잡아가고, 사람들 죽이고….

최승호 : 돌아가신 분은 형님이시지예?

정영호 : 응.

최승호 : 형님 몇 분이시죠?

정영호 : 둘.

최승호 : 두 분 다 돌아가셨습니까?

정영호 : 응.

최승호 : 형님 돌아가실 때 당시 나이가 얼마였지요?

정영호 : 내가 만 열여덟 살 때니까. 만 스물일곱.

최승호 : 큰 형이?

정영호 : 응.

최승호 : 작은 형은?

정영호 : 작은 형은 스물네 살 때니까.

최승호 : 스물네 살 큰 형은 성함이 어떻게 되십니까?

정영호 : 정영욱.

최승호 : 작은 형은?

정영호 : 정상욱.

최승호 : 두 형은 일제시대 때 강제징용 다녀오셨습니까?

정영호 : 응.

최승호 : 두 분 다?

정영호 : 응.

최승호 : 어디로 갔다 오셨습니까?

정영호 : 큰형은 해군소속으로 그 뭐냐. 가마카와 요쿠스카 해군기
지에 있었고. 내 잘은 몰라.

최승호 : 작은형은?

정영호 : 작은형은 그냥 하이빠.

최승호 : 그럼 언제 돌아오셨습니까?

정영호 : 해방되고….

최승호 : 그럼 아주 어릴 때 잡혀가셨네요?

정영호 : 큰형은 스물일곱.

최승호 : 돌아가실 때가 스물일곱이었고, 해방 전에 강제징용되어
가셨지 않습니까?

정영호 : 응. 해방 전에 강제로 갔지.

최승호 : 큰 형님이 몇 살 때 갔습니까?

정영호 : 내가 초등학교 1학년 때 갔으니….

최승호 : 그럼 10살 더 많으시니까, 7살보다 10살 많으면 17살 때
가셨네요?

정영호 : 아니지. 그때 초등학교 10살 때 갔으니까.

최승호 : 스무 살 때 가셨고, 작은형은 17살 때 가셨겠네요?

정영호 : 아니, 작은형은 그 갔으니까 잘은 모르겠는데 19살 때 갔
을 거야.

최승호 : 그럼 징용에 갔다 와서는 무슨 일을?

정영호 : 농사지었지.

최승호 : 남방동에 사셨지요?

정영호 : 응.

최승호 : 남방동에 그 당시 소작쟁의란 게 있었습니까?

정영호 : 그때 다 뭐 신흥공사(동양척식회사) 땅이지. 개인 땅은 한 덩어리도 없었어.

최승호 : 주인한테 땅을 돌려 달라 이런 쟁의 같은 것 없었습니까?

정영호 : 땅을 돌려 달라기보다도 자기가 지으면 자기 땅이 되는 거지.

최승호 : 형님은 농사 많이 지으셨습니까? 얼마나 지으셨습니까?

정영호 : 열 마지기 지었으니까 많이 지었다기보다 보통은 넘지.

최승호 : 그때 농사지으면서 인민위원회라든지 당시 좌익활동했던 사람이 마을에 있었습니까?

정영호 : 갑제라는 데에 외사촌 황태식이란 분이 있었어.

최승호 : 좌익 쪽에?

정영호 : 애민 놈이 왔다 갔다 하니까.

최승호 : 외사촌이니까 자주 오셨겠네요?

정영호 : 밤에는 인민공화국, 낮에는 대한민국….

최승호 : 그 평산지소가 습격당한 게 언제입니까? 전쟁 전에?

정영호 : 전쟁 나고.

최승호 : 황태식 씨가 남방동에 자주 왔었습니까?

정영호 : 자주는 아니고, 그러니까 오지 말라고 했어요.

최승호 : 외사촌이니까 또 오고 했겠네요?

정영호 : 제복 입고. 이렇게….

최승호 : 거물급하고 친했겠네요?

정영호 : ….

최승호 : 그때 당시 마을주민들 대부분 다 농사짓고?

정영호 : 그렇지. 그때는 농사지.

최승호 : 몇 호 정도 됐습니까?

정영호 : 40호.

최승호 : 그때 인민위원회 활동한 사람이 마을에는 한 분도 없었고?

정영호 : 마을에는 없었지.

최승호 : 갑제 동네에 한 분 계셨고?

정영호 : 그렇지. 그리고 보도연맹에 열댓 명 가입해서 어디 가고 해가꼬 다 나왔고….

최승호 : 그분들이 보도연맹 가입한 이유는 뭐지요?

정영호 : ….

최승호 : 열 명 정도 가입하셨었네요. 그때 마을주민 중에 남로당에 가입하거나 그런 분은 있었습니까?

정영호 : 없었어요.

최승호 : 그럼 마을에 경찰이나 우익단체 쪽은 없었습니까?

정영호 : 그때 우익이야. 다 우익이지 뭐.

최승호 : 활동한 사람 있었어요?

정영호 : 그때는 뭐 대개 다 우익 편으로….

최승호 : 혹시 가족 중에 남로당에 가입하거나 그런 분 있었는지? 참, 혹시 10·1 사건에 연루된 사람은 없었습니까?

정영호 : 없지. 10·1 사건. 나도 대구에서 그래서 얘기 들어 알지.

최승호 : 전쟁 전에?

정영호 : 노래는 알아요. 뭐 뭐 이렇게.

최승호 : 그건 어떻게 들으셨습니까?

정영호 : 그때 뭐 공공연하게 했잖아요.

최승호 : 마을에도 들려왔습니까?

정영호 : 전파돼가 왔지.

최승호 : 그 당시 그 노래를 알던 사람이 많았습니까?

정영호 : 그때 뭐 간 큰 놈들이야 알지 머.

최승호 : 그때 보도연맹 가입하신 분들은 가입하고 또 농사짓고?

정영호 : 농사지었죠. 내 보도연맹 가입한 사람 확실히는 모르는 데, 한번 가이 청년들 여러 명씩 모여가 왔다 갔다 하더라고. 뭐 가입 안 했으니 드가 봐라 카고.

최승호 : 보도연맹 가입한 사람들은 어떤 사람이었습니까?

정영호 : 지나 내나 농사짓는 사람이지. 그때 마을에 공무원도 없고 뭐 학생들도….

최승호 : 학생들도 없었습니까?

정영호 : 뭐 초등학교만 있고 그땐 초등학교가 다고.

최승호 : 그때 어르신들은 보도연맹 가입하는 사람보고 아무 말씀 없었습니까? 왜 가입하노, 라던지?

정영호 : 모르지. 뭐.

최승호 : 남방에 친척들은 같이 사셨습니까?

정영호 : 없습니다. 아버지가 외동인 셈이라.

최승호 : 아버지가 외동이십니까?

정영호 : 외동은 아닌데 독신으로….

최승호 : 할배도 독신으로 계셨구요?

정영호 : 경산 백천동 3구. 알려나?

최승호 : 그때 보도연맹 가입하려고 주동한 사람은 누굽니까?

정영호 : 글쎄. 누가 한지는 모르겠는데.

최승호 : 그 당시 형님 나이가 중간쯤 됩니까? 아니면 많은 쪽입니

까?

정영호 : 거의 뭐 스물 몇 그랬지.

최승호 : 스물일고여덟?

정영호 : 응.

최승호 : 그럼 형님들이 보도연맹 가입하고 나서 한 번씩 경찰이나 지서 이런 데서 한 번씩 불러서 가고 그랬습니까?

정영호 : 많이 갔지예.

최승호 : 생각나는 건 몇 번쯤?

정영호 : 생각나는 기 그거 다 못 세는데.

최승호 : 자주 가셨습니까?

정영호 : 부르만 가고, 사고 있으마 또 불러가 가고. 그러다가 남천으로 갔어요.

최승호 : 남천으로?

정영호 : 다시 말하믄 귀양 갔지. 남천면 구일리에 조철구 씨라고 있어요.

최승호 : 혹시 오라는데 안 가면 어떻게 됩니까?

정영호 : 오라 카는데 안 가믄요? 맨날 들볶지 뭐. 아버지한테 가가 찾아내라 괴롭히고….

최승호 : 형님 오라 카믄 순순히 따라갔습니까? 아니면?

정영호 : 따라갔지 뭐. 안 가믄 제일 답답을 긴데.

최승호 : 가면 보통 며칠쯤 있다 나왔습니까?

정영호 : 보통 가마 줄서가 있다가 실컷 뒤에 와가 있다가 저녁때쯤.

최승호 : 보통 그래서 나왔네요?

정영호 : 예.

최승호 : 오래 있다가 오기도 했습니까?

정영호 : 오래?

최승호 : 며칠쯤 잡혀 있다가 오기도 했습니까?

정영호 : ….

최승호 : 그때 형님도 가라 했습니까?

정영호 : 가라 했지.

최승호 : 그럼 전쟁 나고 몇 달 뒤에?

정영호 : 그럼 전쟁 나기 전인가?

최승호 : 그러니까 갔다 오셨지요?

정영호 : 전쟁 나기 전인갑다. 그래가 평산지소 앞에….

최승호 : 사람 못 들어오도록?

정영호 : 전기로 해가 돌리고….

최승호 : 청방에 가입한 거는 언제입니까? 전쟁 일어나기 전입니까?

정영호 : 전쟁 일어나고지. 그때는.

최승호 : 6월 25일 이후에?

정영호 : 7월 20일경 그때 갔을 거야. 거기서 형을 봤지.

최승호 : 그러면 같이 잡혀 왔습니까?

정영호 : 예.

최승호 : 그럼 두 분이 같이 구일에 계셨습니까?

정영호 : 한 분은 아니고.

최승호 : 한 분은 딴 데 계셨고?

정영호 : 형들하고 대화를 못 해봤기 때문에 언제 잡혀 왔는지 잘 몰라. 내가 봤는 기 그날이라 보믄 되지 머.

최승호 : 7월 20일쯤 보초 서 있으니까 형님 두 분이 잡혀 오셨다?

정영호 : 예.

최승호 : 그때 평산지소에 몇 명이 가 있었습니까?

정영호 : 순경이?

최승호 : 순경은 몇 명입니까?

정영호 : 4, 5명.

최승호 : 지서장 있고?

정영호 : 지소장 있고.

최승호 : 그때 당시 잡혀 온 사람이 몇 명이나 됐습니까?

정영호 : 30명.

최승호 : 그면 전쟁이 나고부터 그 사람들이 그대로 있었습니까? 아니면 매일매일 사람들이 들어왔습니까?

정영호 : 신고 왔는데 비품창고라 30명 수용이 힘들어요. 차가 더 오니까 보내 버리더라카이.

최승호 : 어디로?

정영호 : 부속 건물이 있었어. 보초 서고 있는데 형이 담배를 달라고 하는 기라. 그때 내가 잘못한 기라. 몰래 풀어줘도 되는데….

최승호 : 그때 청방에 마을 사람들 대부분이 가입했었습니까?

정영호 : 거의 다 뭐.

최승호 : 의무적으로.

정영호 : 응.

최승호 : 남방동에 천청방에 가입한 사람이 몇 명 정도 있었습니까?

정영호 : 딱 둘이 있었지. 나하고 김용걸이라는 사람하고.

최승호 : 낮에는 가서 보초 서고?

정영호 : 아니 내가 서는 게 아니고. 경찰하고 청방하고 분리되어 가 했지. 보초는 교대로 돌아가면서 하고. 김용걸이라는 사람이 나보다 나이가 5살이 많아. 만 17세인데 집에 좀 보내주이소 하니까, 야 이놈아 인민군은 소대장 한다. 그러면서 김동수라 카는 사람은 내가 만 17세니까, 그 사람 23세쯤 되니 그 사람은 정식반이고 나는 예비반인 기라. 니 몇 살이야? 그러면 만 17세입니다. 그러니까 지들도 어린 줄 알고….

최승호 : 그때 형님들하고 얘기를 못 해봤습니까?

정영호 : 못 했지.

최승호 : 7월 20일날 봤는데, 형들은 그전에 와 있었습니까?

정영호 : 모르지. 언제 왔는지는…. 창고에 냄새가 코를 찌르고, 거적때기 갖다 깔아주고 문 닫아버려. 그니까는 나는 형하고 대화도 몬해.

최승호 : 그리고 뭐 했습니까? 취조도 하고 했습니까?

정영호 : 했지. 수시로.

최승호 : 경찰서로 수시로?

정영호 : 아니 경찰서 안 가고 지하실로 불러가 지하 사무실 가가. 요즘처럼 환한 데도 아니고….

최승호 : 어두운 데서?

정영호 : 어두운 데서 하는데 가암을 지르고 하더라카이.

최승호 : 고문도 하고 구타도 하고?

정영호 : 응. 고문도 하고. 전기고문하고. 가암을 지르고 하니까 아는 게지.

최승호 : 형님이 그럼 며칠간 있었습니까? 나간 게 언제입니까?

정영호 : 내가 한 달쯤 있다가.

최승호 : 8월 중순쯤 됐겠네요?

정영호 : 8월 중순쯤 넘었겠네. 그래 있다가 내 가는지 안 가는지 알았습니까? 아침 8시 가야 되는데 아무 일 없으마 5시에 오고, 다른 특별한 거 있으면 못 오는 기라. 오토바이도 없었지. 포승줄에 묶여서 왔지.

최승호 : 그러면 형님이 나가신 건 언제?

정영호 : ….

최승호 : 청방에서 부역하면서 묻기도 했습니까?

정영호 : 묻기도 하고 굳은일 우리가 하지.

최승호 : 그 앞에 광산으로는 언제부터 사람이 묶여 왔습니까?

정영호 : 그게 한 7월 10일쯤.

최승호 : 하루에 몇 대쯤?

정영호 : 하루에 9대, 무조건 한 시간에 한 대.

최승호 : 한 차에 몇 명 정도 탔습니까?

정영호 : 보통 한 차에 25명에서 30명.

최승호 : 얼마 기간 동안이었습니까?

정영호 : 실어왔는 기?

최승호 : 예.

정영호 : 한 한 달쯤….

최승호 : 그럼 3천 500명이 넘네요?

정영호 : 3천 500명은 글쎄 그게 누가 계산했는지 몰라.

최승호 : 7월 10일부터 8월 보름, 8월 말까지는 계속됐네요. 매일 그렇게 왔다 그죠?

정영호 : 예. 매일 왔습니다.

최승호 : 어디서 오는지는 얘기 안 합니까?

정영호 : 물어볼 필요도 없고. 묻지도 않았고….

최승호 : 그러면 묶여 왔습니까?

정영호 : 호루를 덮어 왔는데 묶여 있었지. 네 귀퉁이에 군인들이 서가 머리 들면 내리치고….

최승호 : 그때 평산 사람들은 집에 있었습니까? 아니면 남성초등학교에 소개시켰다는 얘기가 있던데.

정영호 : 남성초등학교면 거 뭐냐?

최승호 : 미래대학 뒤에.

정영호 : 길라못 있지예.

최승호 : 길라못?

정영호 : 길라못 맞은편으로 올라가가 우측에가 남성국민학교지. 또 남성국민학교 넘어가가 거기 운동장이 좁아가 더 크게 했다카이….

최승호 : 주민들이 그때 많이 봤습니까?

정영호 : 못 보지 뭐.

최승호 : 남방동에 일제시대 탄광촌 있었잖습니까? 그땐 사람이 없었습니까?

정영호 : 많이 살았지.

최승호 : 그 사람들도 다 봤겠네요. 사람들 죽고 하는 것을?

정영호 : 죽고 하는 거야 알지. 그 사는 사람들은 왜 모릅니까.

최승호 : 총살당하고 하면은 마을에 핏물도 내려오고 했을 텐데….

정영호 : 그거는 뒤에 들은 말인데 3년인가 4년 뒤에 동네에서 핏물이 나왔다 이기라.

최승호 : 언제까지 거기 보초를 섰습니까?

정영호 : 9월 20일에 군에 가버렸으니까.

최승호 : 두 달 동안 거기 보초 서고 하셨는데, 거기 파견대에는 30명 밖에 없었습니까? 아니면 더 있었습니까?

정영호 : 한 30명밖에 없었어. 더 수용을 할 수가 없는데….

최승호 : 나가면 새로 들어오지는 않고요?

정영호 : 그렇지. 새로 들어오지도 않고.

최승호 : 그럼 파견대 사람들은 평산(?) 쪽 사람들이겠네요?

정영호 : 그것도 잘 모르겠고….

최승호 : 아는 사람들 좀 있었습니까?

정영호 : 아는 사람은 한 20명 정도밖에 안 되고….

최승호 : 형님 빼고?

정영호 : 그렇지, 형님 빼고 20명밖에 안 되고….

최승호 : 그분들한테 면회 오시는 분은 안 계십니까?

정영호 : 면회는 당연히 오지. 밥 갖다 주러 오지.

최승호 : 식사를 그러면?

정영호 : 하나씩 갖다 주는 거지. 그럼 문 열어놓고 큰방에서 검사하고 들여 보내줘서 먹는다카이.

최승호 : 혹시 뭐 있나 보고, 검사해 보고?

정영호 : 검사도 우리가 다 한다카이.

최승호 : 밥은 하루에 몇 끼?

정영호 : 세 끼 다 먹지.

최승호 : 그럼 매일매일 그렇게 합니까?

정영호 : 그렇지, 식구들이 매일 밥을 갖다 주는 기지.

최승호 : 밥을 못 먹는 사람들도 있었습니까?

정영호 : 그거는 못 먹는지는 모르지. 방 안에 들어가서 그 안에서

먹으니까,

최승호 : 면회 안 오는 사람들도 있었습니까?

정영호 : 아니 그런 사람은 없었지.

최승호 : 그러면 어디서 붙잡혀 왔는지 식구들이 다 알고 있다는 얘기네요?

정영호 : 그러니까 내 말이 모른다 카는 거 아이가.

최승호 : 유족회 이정우 사무국장도 자기 어머니가 밥을 갖다 줬다고 하던데요?

정영호 : 어디에?

최승호 : 거기 평산지서에….

정영호 : 그래.

최승호 : 생각하기에 총 몇 명이나 죽었다고 생각하십니까?

정영호 : 한 만 명 죽었지. 한 차에 25명씩 하루에 9대씩 와서 한 달 동안 왔다고 해봐.

최승호 : 한 7천 500명 되겠네요?

정영호 : 그 정도 되지.

최승호 : 근데 혹시 여자는 못 봤습니까?

정영호 : 없었고.

최승호 : 그럼 학생들은?

정영호 : 학생인지는 모르지.

최승호 : 옷은 어떤 걸?

정영호 : 다 사복 입었었지. 전부 다 사복이라, 내가 볼 때는. 교도소에 죄수복 빼곤 전부 사복이라.

최승호 : 마을 사람들이 거기 가서 직접 죽이는 장면, 이런 거 보는 거 못 봤습니까?

정영호 : 함 봤거든요. 나하고 김동화하고 둘이서 봤습니다.

최승호 : 어떻게?

정영호 : 그 앞에는 광산 사택이 몰려 있었지여. 열대여섯 살 때 데려가 사택을 따라서 개울이 있고, 그 개울을 건너가는 길에 잠복하는 기라요. 어떻게 하다 보니 그래 됐어요. 거기서 죽이는 거는 아직 못 봤다.

최승호 : 2003년도에 발굴했는데 거기는 어디입니까?

정영호 : 다 같이 보고 있지. 거기가 거기지 뭐.

최승호 : 그러면 한 군데가 아니라 여러 군데네요?

정영호 : 한 군데서 직일라 카면 처치가 곤란하잖아요.

최승호 : 그래서 군데군데에?

정영호 : 그렇게는 모 하고, 지금 거 보면 밑에, 그 밑에 촘촘히….

최승호 : 그 형님 두 분의 호적은 어떻게 되어있습니까?

정영호 : 사망 돼 있지.

최승호 : 몇 년도에 사망?

정영호 : 아 그건 모르겠는데 죽었다고….

최승호 : 그때 당시에 돌아가신 건 아니고 병사로?

정영호 : 병사는 아니고, 제가 형님한테 갔어요. 이건 정정할 도리가 없다고 하는 거예요.

최승호 : 그때 당시에 형님들은 결혼하셨습니까?

정영호 : 했지요. 한 분은 했고 한 분은 안 했고.

최승호 : 형님 가족은 어떻게 됩니까?

정영호 : 형님은 그렇고 형수는 재가해가 병들어 죽어버리고. 아가 하나 있었는데, 도둑놈보다 더 나쁜 놈이 아버지 찾아가자 하니 '한번 물어보구요'하고 말하더라카이.

최승호 : 그리고 나서 형님 두 분 돌아가시고 나서 피해 입거나 이런 건 없고?

정영호 : 어렸거든. 어려가지고 연좌제나 이런 것 때문에 그때 내가 굉장히 겁을 먹은 게 뭐냐면 경찰서에서 아는 누구 있냐 카이 내가 애들한테 그 이야기를 다 못했단 말입니다.

최승호 : 그때는 몇 년도입니까? 애들한테 들어간 게?

정영호 : 40년 지났었지요.

최승호 : 그때 그래서 형님들 때문에 연좌제로 고생하고 그런 건 없었고?

정영호 : 그때는 어렸기 때문에.

최승호 : 육촌들이 피해 보고 그런 거는?

정영호 : 없었지.

최승호 : 형님들이 돌아가시고 나서 다니고 싶은 직장도 못 다니고, 피해의식 느끼고 그런 건 없었습니까?

정영호 : 뭐 그런 거는 있겠습니까. 내가 뭐 못 배웠다고 죽으라고 노가다 한다고.

최승호 : 군에 오래 계셨는데 군 생활하면서는 없었구요?

정영호 : 없었어. 군대야 머 고참 시키는 대로. 도둑질하지도 않았고….

최승호 : 제대해서는 뭐 특별하게 하신 거 없고?

정영호 : 제대하고 맨 농사지었지.

최승호 : 제대하고 바로 남방으로 가셨습니까?

정영호 : 예.

최승호 : 농사짓다가 청송으로는 언제 가셨습니까?

정영호 : 10년 정도 됐나?

최승호 : 그러면 거의 남방에 계셨네요?

정영호 : 예.

최승호 : 남방에 있으면서 형님 둘이 다 돌아가셨다고, 빨갱이 했다 이런 얘기 듣고 그러진 않으셨고?

정영호 : 내 귀에는 안 캐도 지기들끼리는 했다 아닙니까.

최승호 : 자기들끼리는?

정영호 : 내 귀에 들리면 죽으면 죽었지 한바탕하지 머.

최승호 : 남방에 그렇게 돌아가신 분이 몇 분 계십니까?

정영호 : 남방에 돌아간 사람이 한 사람 더 있어요.

최승호 : 한 사람 더하면 총 3명이네요?

정영호 : 전태근이라고 있는데….

최승호 : 혹시 형님들 두 분 돌아가셨는데 제일 기억에 남는 거는 뭐 있습니까. 큰형님 살아계실 때?

정영호 : 내가 1학년 때 형님이 잡혀가셨을 거야. 내가 국민학교 2학년인데 내 편지를 썼거든요. 아버지도 무식했제. 어머니도 그랬고. 그때 형님이 일제 학용품을 사서 우편으로 보내 왔는데 학교로. 그때 참 좋았지.

최승호 : 유족회 활동은 언제부터 하셨습니까?

정영호 : 2000년부터.

최승호 : 형님 돌아가시고 60년도에 유족회 만들고 했었는데 그때는 몰랐습니까?

정영호 : 몰랐지. 한번 MBC 방송에 뉴스에 나오데. 언젠가는 대한민국에 이런 일이 있을 끼다. 남북통일되기 전에 이렇게 생각하고 있었는데 방송 나오데. 그래서 전화하니 유족회 전화번호라. 그래가 전화하니까 아가씨가 받더라고. 통

화했지.

최승호 : 60년대에는 찾으려고 그때는 노력을 못 했네요?

정영호 : 언제?

최승호 : 4·19 때?

정영호 : 그때는 찾으려다가는 내 모가지가 도망갔지.

최승호 : 요새는 겁이 안 나십니까?

정영호 : 이제는 할 말도 하고, 내가 그랬지. 죽으면 이승만이하고 김일성이하고 죽어가 뭐 하고 있는고 물어볼 거라고.

최승호 : 두 분이 살아계셨으면 지금 어떻게 생활하시겠습니까?

정영호 : 좋죠. 큰형님이 학교 잘 못 다녔어도 한문 보면 잘 알고….

최승호 : 그런 분이 살아 계셨으면 집안에 큰일도 하셨겠네요?

정영호 : 그렇지.

최승호 : 참 자녀는?

정영호 : 8남매 낳았지.

최승호 : 많이 낳으셨네요. 몇 남 몇 녀입니까?

정영호 : 3남 5녀.

최승호 : 다 출가는 하셨습니까?

정영호 : 다 잘살고 있지.

최승호 : 어디 있습니까? 가까이 있습니까?

정영호 : 대구도 있고, 울산도 있고… 조카는 와촌 있고. 신랑은 의용소방대장 한다 카던데….

최승호 : 아, 그 조카분 압니다. 초등학교 앞에 그 수퍼 하시면서 애들 신호등 없을 때 학생들 건너다주고 하지요. 키도 크고….

정영호 : 키는 크진 않고.

최승호 : 제가 잘 아는 분입니다.

정영호 : ….

최승호 : 요즘 유해발굴하고 있는데 가보셨습니까? 혹시나 저 형님이 있을지도 모르는데….

정영호 : 과학적으로 뭐.

최승호 : 과학적으로 가능은 한데 유족들이 다 있으면 되지만 유족이 또 다 없어서 형님 찾기는 어려울 것 같은데….

정영호 : ….

최승호 : 하나만 있으면 괜찮은데 많으니까. 어느 게 내 가족인지 알기는 좀….

정영호 : 과학적으로 해가 A다 B다, 해놨을 거 아닙니까.

최승호 : 그렇지만 비용도 많이 들고, 옛날에 저희가 한번 해보려고 하니까 한 구에 400만 원 들더라구요.

정영호 : 400만 원 들어도 맞춰지면 되는데…. 6·25 때 집단폭격 당하지 않습니까. 집단폭격 당해도 나중에 시신을 맞추는데….

최승호 : 진실규명 활동을 하고 있는데 바라고 계신 점, 하고 싶은 말씀 있으십니까?

정영호 : 있지요.

최승호 : 어떤 거요?

정영호 : 국가에서 해줘야죠. 그동안 고통받은 거를 생각하면 유족들에게 해줘야지.

최승호 : 어떤 식으로?

정영호 : 죽은 사람을 찾는 거는 힘들 거고….

최승호 : 남은 사람들이 힘들게 살았는데?

정영호 : 그 사람들한테는 보상을 해야지.

최승호 : 우리 현장 거기는 어떻게 하면 좋겠습니까? 그대로 뭐 발굴하고 나서 그대로 둡니까? 어떻게?

정영호 : 개별 무덤을 다 하긴 그렇고. 섞여 있으니까. 합동묘지를 하면 안 되겠어? 아니면 위령탑에다….

최승호 : 위령탑이나 이런 거요.

정영호 : 예.

최승호 : 진실규명 이런 건 국가에서 하는 거고. 혹시 경산시에 바라고 싶은 건 없습니까?

정영호 : 시에서 할 수 있는 권한이 어디까지 할 수 있는 모르겠는데….

최승호 : 혹시 형님 두 분 사진이 있습니까?

정영호 : 없어. 저 남방동에 살 때 있었는데 자주 이사 다니면서 없어졌어.

최승호 : 내가 꼭 이 얘기는 하고 싶다 하시는 말씀은?

정영호 : 다 했잖아.

최승호 : 장시간 해주셔서 고맙습니다.

정영호 : 멀리 와가지고, 성이 뭐라구?

최승호 : 최가입니다. 경주 최가. 집은 남천입니다.

정영호 : 응.

2차 구술

2020년 11월~12월

이필용
이선이
박성운
박귀분
이금순
윤용웅
손계홍
이영기
이대우
정옥이
정시종
김장수

8. 이필용 구술증언

사건과의 관계 : 배병석의 처
구술 당시 나이(생년월일) : 1932년
출생지 : 고산면 욱수동

최승호 : 한국전쟁 70주년을 기념하는 기록화사업 그 세 번째로
경산코발트광산 미망인이신 한 분을 만나보겠습니다. 성
함이 어떻게 되시지예?

이필용 : 이필용이라 합니더.

최승호 : 이필용 할머니. 띠는 무슨 띱니까?

이필용 : 잔내비띠.

최승호 : 잔내비띠. 몇 년생이시예?

이필용 : 32년생이지.

최승호 : 태어난 동네는 어디십니까?

이필용 : 경산, 전에는 경산이라고 했는데 지금은 대구직할시가 돼
가주고 고산 욱수동이라 카는 데.

최승호 : 아, 욱수동에서 태어나셨어예?

이필용 : 예, 신매동 우에 욱수동이라고 있는데 거서 태어났습니더.

최승호 : 그때 그 욱수동이 큰 마을이었습니까?

이필용 : 좀 컷지예.

최승호 : 몇 호나 살았는지 아십니까?

이필용 : 한 100호가 넘지 싶습니더.

최승호 : 욱수마을에는 어떤 성씨들이 살았습니까?

이필용 : 거는 모두 각 종들이 마이 살았지요.

최승호 : 이필용 할머니 본가는 어디십니까?

이필용 : 본가가예. 욱수동에서 태어났고.

최승호 : 그럼 경줍니까 어딥니까?

이필용 : 경주 이갑니다.

최승호 : 경주 이씨는 그 동네 몇 가구나 살았습니까?

이필용 : 그 동네에 경주 이씨가 마이 안 살았는 거 같아예. 그래서 내가 18살에 내가 인자 그 자인으로 시집을 갔어요. 49년도 4월 30일날 자인으로 시집을 왔는데 내가 시집간 다음에 우리 아버지가 영남대 앞에 부적동에 이사를 갔었어예. 거 우리 큰아버지도 계시고 작은아버지도 계시고 해서 형지간 있는 데로 그리 이사를 가고. 저는 자인으로 시집을 가고 그랬습니다.

최승호 : 혹시 어릴 때 욱수마을에 아주 유명한 사람이 있었습니까?

이필용 : 그건 모리겠습니다.

최승호 : 열일곱, 열여덟까지 사셨으면 조금은 아셨을 건데.

이필용 : 유명한 사람은 모리겠어요.

최승호 : 그럼 할아버지는 어떤 분이셨어예?

이필용 : 할아버지도 다 돌아가셨지예. 할머니도 돌아가셨고.

최승호 : 할아버지는 농사지으셨습니까?

이필용 : 농사지었지. 아부지도 농사지었고.

최승호 : 아버지 형제가 몇 형제셨지예?

이필용 : 아버지 형제가 삼형제였는데.

최승호 : 그럼 아버지가 몇째시고예?

이필용 : 아버지가 막내시고예. 또 그중에 고모가 계셨고. 고모가 계셨는데. 압량동 여기 살으신 큰아버지 계셨고, 중간에 작은 큰아버지고 그다음이 우리 아버지고 고모님이 제일 막내셨나 봐요. 우리 고모님이 인자 나를 중매를 해서 자인으로, 고모가 거기 계셨거든요.

최승호 : 고모가 거기 시집가 있었습니까?

이필용 : 예, 먼저 시집가가 거 계셔가지고 그리 시집을 가게 됐습니다.

최승호 : 그때 혹시 마을에 일제 강점기 때 32년생이니까 해방되기 전에 동네에 소작쟁의를 한다든지 그런 일이 있었습니까? 마을에 큰 소요가 있었다든지.

이필용 : 마을에 그런 건 잘 모르겠고예. 제가 막내이로 태어나가고 어릴 때라가 아무것도 모르고 밥도 몬 해 묵고 그래 시집을 갔는데 그리고 내가 좀 어리숙해요. 똑똑하지 못했고. 그 당시에는 우리 언니들이 시집간 거만 알지, 다른 건 모리고. 우리 엄마가 제 열다섯 살에 돌아가셨어요. 친정엄마가. 그래서 머 좀 그런 거는 잘 모르고. 또 고산 국민학교 다녔거든예.

최승호 : 초등학교 졸업하셨어예?

이필용 : 예, 그 다녔고.

최승호 : 아버지는 학교를 어디까지 다니셨습니까?

이필용 : 아버지는 모르지예.

최승호 : 열여덟 살에 자인으로 시집가셨는데 어느 동입니까?

이필용 : 자인면 읍천동예.

최승호 : 읍천에 가셨는데 남편분은 성씨가 어떻게 되십니까?

이필용 : 배.

최승호 : 성함은?

이필용 : 배병석.

최승호 : 어디 배씨입니까?

이필용 : 달성 배씨.

최승호 : 거 읍천마을에는 달성 배씨가 많이 살았습니까?

이필용 : 예, 그때 한 오십 가구는 됐던 것 같습니다.

최승호 : 아, 큰 동네네요. 달성 배씨 집성촌입니까?

이필용 : 예, 타가는 두서너 집밖에 없었고 전부 배씨들만 살았습니다.

최승호 : 시아버지, 시어머니가 계셨습니까?

이필용 : 시아버지는 안 계셨고 시어머니는 계셨고. 아들하고 두 모자가 살았는데 그때는 너무 모두 없고 가난하니까 우리 고모가 그 집에는 모자가 사니 따뜻하고 배는 안 곯고 하이까네 시집을 그 중매를 했는가봐예.

최승호 : 가니까 농사는 많이 있습디까?

이필용 : 예, 농사도 많고 뭐 지금 자꾸 땅도 사는 판이더라고. 내가 열여덟에 시집가가주고 49년에, 그 50년도에 우리 아

들이 4월 10일 음력으로 4월 10일날 태어났어요. 그해 7월달에 7월 중순 됐는가. 그때 잡혀갔어예.

최승호 : 남편은 학교는 어디까지 다녔습니까?

이필용 : 초등학교는 했는지 모르겠어예. 우리 시댁에도 백부가 계시고 삼촌이 계시고 우리 시아버지는 둘째고 그랬어요.

최승호 : 백부하고 그런 분들은 거기서 뭐 하고 사셨어요?

이필용 : 백부는 사과 농사짓고.

최승호 : 혹시 집안에 공부를 좀, 일본에 가서 유학을 하거나 집안에 마을 면의원이나 하거나 그런 분들이 계셨어요? 시집 갔을 때 배씨들 중에서?

이필용 : 배명국 씨라 했나. 그분이 그때 국회의원을 나와서 대구서 나왔는데. 우리 배씨에서 나왔다고 추럭 타고 저 청도로 댕기미 그거 하러 댕기고 그런 기억은 나는데.

최승호 : 시집가서 아들 낳고 나서예?

이필용 : 아들 놓기 전이지.

최승호 : 그러면 48년 아닙니까? 국회의원에 출마하셨다고요? 성함이? 배….

이필용 : 성함은 잘 모르겠고.

최승호 : 성함은 모르시고, 대구에서 출마했다 그지요?

이필용 : 예, 그래도 배씨 가문이 좀.

최승호 : 마을에 뒤에 산이 높거나 숲이 있었습니까?

이필용 : 뒷산이 안 높았어예.

최승호 : 그럼 남편 배병석 씨는 결혼하고 나서 마을에서 농사 말고 어떤 일 하셨어요?

이필용 : 반장 했어요.

최승호 : 또래 친구들이 많이 있었습니까?

이필용 : 몇이 있었지예.

최승호 : 그분들이 밤에 모여서 회의도 하고 있었습니까?

이필용 : 그거는 모르겠습니더. 밤에는 안 나가는 거 같던데예.

최승호 : 그때 전쟁 터진 거는 어떻게 알았으예?

이필용 : 그때 아들이 50년도에 태어났다 아이가. 맞지요? 똑 1년 3개월 살았어요 신랑하고. 그 당시에 전쟁 날 때 우리가 아들이, 인자 잡혀갔어요. 면사무소로. 초등학교 창고로.

최승호 : 전쟁 터지고 나서?

이필용 : 전쟁이 났지요. 그때 피란민들이 우리 집에 마이 들이닥 쳤어요. 영천까지 쳐들어왔다 캤거든 그때. 그래노이끄 네 피난민들이 마이 와가꼬 그 여름에 마당에 솥 걸어놓 고 밥해묵는다 캐싸코 우리 집이 돼지를 믹있는데 돼지 새끼를 7마리, 8마리 낳아놓이 온 마당에 쫓아댕기고 신 랑은 잽히가고 없고. 그래 인제 아들 보러 간다고 우리 시어무이는 아 요런 거를 업고 아 보이주러 간다고. 아바 이 보이주러 간다고.

최승호 : 그때 몇 개월?

이필용 : 3개월 됐죠. 백일 된 거 업고 그래가 아바이 보이주러 간 다고 업고 댕기고 그래 했는데.

최승호 : 자인면사무소에 갇혀 있었습니까?

이필용 : 자인국민학교 창고에. 한 열흘 보름 있었나. 있는 동안에 다른 사람들은 모두 돈을 써서 빼나왔어요. 우리는 그거 를 몰라서 모르고 있었는데 늦게 알고 아들한테 가서 소 저거 팔아가 니 빼내꾸마 카니까 하지 마라 카데요. 내가

죄 없으이 나갈끼 께네 하지 마라 캐요. 그래서 그담에 또 가가 하이고 다른 사람 나왔는데 니도 나와야 된다. 돈 쓰마 나온단다. 그래도 하지 마라 캐가 안 했어요.

최승호: 두 번이나?

이필용: 예, 그래서 소는 밭에다 매 놓고 아들한테 쫓아댕긴다고 댕기지. 나는 집에 농사일하고 있으이 그때 피란민들도 한가득하고 저녁때 늦도록 소 몰로 못 가이께네 누가 몰고 가뿌고 없어.

최승호: 소도 일가뿌고.

이필용: 예. 피란민들이 몰고 갔는지 그 당시에 노름꾼들도 많이 있었어. 자인에. 그래 거서 잡아갔는지.

최승호: 그런데 남편은 7월에 나갈 때 옷은 뭘 입고 있었습니까? 마지막 얼굴은 봤습니까?

이필용: 얼굴을 봤지요. 방아 찧가지고 리어카에 실고 이래 들왔다고. 들오는데 뒤따라 들와가지고.

최승호: 누가?

이필용: 씨아이씨라꼬.

최승호: CIC.

이필용: 예, 씨아이씨라 카더라고. 그 사람이 잡아갔는데.

최승호: 뭐라 카고 잡아갑디까?

이필용: 뭐라 카지도 않고 그냥 끌고 가더라고예. 나는 무슨 영문도 몰랐지예.

최승호: CIC가 그때 군복을 입었습디까? 사복을 입었습디까?

이필용: 군복을 입었는가 옷도 안 봤지요. 와가지고 리아까를 나두고 화장실에 드갔는데. 화장실이 집 뒤에 있으이까네

화장실에 갔는데 그 따라가가 마 끌고 가뿟으이 옷을 뭘 입었는지.

최승호: 신랑 잡혀가는데 시어머니하고 가만히 있었습니까?

이필용: 그래 인자 잡히가고 시어머니는 따라갔지. 나는 갈 수가 없으이 집에 있었지.

최승호: 애기가 있으니까?

이필용: 그랬는데 그 당시에 자인에 천순경이라고 있었는데 말은 그 사람이 앞잡이가 돼가지고 그래 사람을 다 잡아갔다고 그카드라고예. 그래 그 사람이 결국은 자기 방앗간에 모 다에 걸리가주고 죽었어예.

최승호: 천순경이라 캅디까? 이양수라고 안 캅디까? 아주 자인에 유명한 사람 이양수라 카던데.

이필용: 이양수?

최승호: 그 사람이 방아 동태에 팔이 걸리가꼬 죽었다 카데요.

이필용: 맞아예. 이양수가? 나는 천순경인줄 알았어. 이양수가 맞 는갑다. 그래 들었습니꺼?

최승호: 저는 조사하면서 이양수라 카는 아주 일제 때 순산데 고 등계 순산데 그 해방되고도 순경을 했다 카더라고예.

이필용: 그라마 이양순가, 나는 천순경이라고 들었는데.

최승호: 그럼 남편이 그때 당시에 인민위원회나 뭐 그런 활동을 하셨습니까? 왜 붙잡혀 갔지예? 뭐 때문에 잡혀갔다고 생각하시예?

이필용: 뭐 때문에 잡히갔는지 나는 모르지예. 그냥 빨갱이 사상 으로 잡히갔다 이랬지예. 그래 들었지요. 밤에 나가지도 안 하고 삐라를 돌린 것도 없고예.

최승호 : 그라마 혹시 밤손님이 내리와서.

이필용 : 아니 그런 것도 전혀 모리고예. 그랬는데 그때 말 듣기는 대구 사는데 그 사람이 빨갱이 원 대가리라 카고 그런 소리가 함 듣기더라고. 대구 그 사람도 배간데.

최승호 : 아 집안에 활동하는 사람이 있었구나.

이필용 : 그래놓이 그 건으로 마이 잡아간 거 같애.

최승호 : 대구에 살았다 캅디까?

이필용 : 예.

최승호 : 이름은?

이필용 : 이름도 모르지요 나는. 그 사람 거 자주 오지도 않고 저거 사촌인가 뭐 살고 읍천에.

최승호 : 배병석 씨 남편하고는 촌수가 어떻게 됩니까?

이필용 : 촌수는 멀지요.

최승호 : 결혼하고 읍천에 그 사람이 온 적 있습니까?

이필용 : 하이고 못 봤습니다. 얼굴도 못 봤어. 이름만.

최승호 : 이름만 들었다. 그 사람이 빨개이 원 대가리다 이 얘기만 들었어예?

이필용 : 예, 그라이까네 내말 사람들이 마이 잡히간 거 같애.

최승호 : 그 일로 인해서. 반장 하고 있었는데?

이필용 : 반장하고 동장은 그때 다 잡히갔어예. 동장하고는 다 나왔어요. 돈 써가. 우리는 그걸 몰라가주고.

최승호 : 남편이 잡혀갔을 때 나이가 얼마였습니까?

이필용 : 그때 나이가 수물일곱이었나.

최승호 : 그라마 할머니는 열아홉. 몇 살 차이지예?

이필용 : 일곱 살 차이.

최승호 : 그라마 스물여섯 살이시네예.

이필용 : 아이 아이야. 아홉 살 차이. 아홉 살 차인갑다. 내가 열여
덟에 시집가고 남편이 스물일곱이고. 아홉 살 차이.

최승호 : 자인초등학교 창고에 있는데 시어머니가 두 번.

이필용 : 매일 갔지예. 매일.

최승호 : 혹시 거기서 옷을 갖다 달라든지 쌀을 갖다 달라든지.

이필용 : 그런 건 없고예. 가기는 매일 갔지. 애를 업고 갔는데 한
번은 비좁는데 그 뒤에는 보이주도 모했지. 면회를 안 시
키조가지고. 몇 분 갔지요. 몇 분 갔는데 요러고 작은 거
를 업고 댕길 수도 없고 하이꺼네 한 번 보이주로 간다고
업고 갔다고 못 보이주고 여 와서 그래 통곡을 하고 우시
더라.

최승호 : 아버지가 아들 얼굴을 한 번 봤을까예?

이필용 : 안 봤겠어예.

최승호 : 백일 전에 한 번은 봤겠다 그지예.

이필용 : 그다음에 자인에 한 보름 있었나. 그래 있다가 어느 날 가
이까네 경산으로 넘어갔다 카드라고. 경산에 담배창고 수
리조합에 두 군덴데 어느 곳인동 학실히 몰라가주고 경산
에 여 와가주고는 한 번도 몬 만났어예.

최승호 : 찾아가기도 하셨어요?

이필용 : 몇 분을 찾아갔지예. 몇 분 가도 한 번도 못 만내고 그랬
는데 뒤에 한 번 오이까네 그래 고마 큰 트럭에 몇 차가
나가드라고 그카드라. 그 소리 듣고 와가 얼매나 울었지
요. 울고 그랬는데 그 말로 표현을 모하지요.

최승호 : 그때 큰 차 타고 갔다 소리 들으니까 죽었구나 생각했습

231

니까? 아니면 딴 데 갔구나.

이필용 : 코바레이트로 갔다 그 소리 하드라고.

최승호 : 코발트로 갔다.

이필용 : 예. 그 소리 듣고는 우얄 도리가 없지요. 아무 한탄할 데
도 없고, 그때는 그런 소리 마음 놓고 어데 가 할 수도 없
고.

최승호 : 잡히갔다 소리도 못 하고.

이필용 : 예, 챙피하기도 하고 너무 억울하기도 하고. 그래가주고
두 고부가 빨간 거로 데리고 농사짓고 하민서 우리 시어
머니가 그래가 화병으로 돌아가셨어요.

최승호 : 몇 년 후에 몇 년 더 사시다가?

이필용 : 우리 아들이 초등학교 5학년 때 그때 돌아가셨어요.

최승호 : 10년 동안 화병으로 고생하시다가 돌아가셨네요. 그런데
코발트로 갔다 소리 듣고 나서 코발트 한 번 찾아가 보셨
나요?

이필용 : 가보지도 못했어요.

최승호 : 코발트가 어디 있는지는 알았지요?

이필용 : 예, 평산에. 평산에 우리 언니가 살았거든요. 언니 집에
가이끄네 언니가 카드라고예. 도랑에 그 핏물이 흐르드라
고. 그래도 뭐 누가 아는 사람도 없고 말할 데도 없고 하
니까 고스란히 당했지요.

최승호 : 남편이 죽었으면 시신이라도 찾아야겠다는 생각은 안 하
셨어요?

이필용 : 생각할 여유가 있습니꺼. 그 굴에 갔다 카는데.

최승호 : 아, 찾지도 못한다. 남편 말고 마을에 다른 사람들도 코발

트 갔다 그런 소리 들은 적은 있습니까?

이필용 : 마을 사람들이 캐서 알았지. 경산에도 오이 카고. 마을 사
람들도 다 모르지. 그때 면에 다니는 사람이 하나 있었거
든. 먼 시동생뻘 되는 사람이 그 사람들이 캐서 알았지예.

최승호 : 돌아가셨다고 생각했네요.

이필용 : 그렇지.

최승호 : 다른 사람들 얘기 들어보니까 혹시 코발트 갔다는 얘기
들어도 살아오지 싶어서 밥도 떠놓고 했다 카던데 그러지
는 않았습니까?

이필용 : (고개 저음)

최승호 : 그러면 돌아가셨다고 완전 포기를 했네 그지예.

이필용 : 그래서 인자 우리 시어머니가 내가 마 아 나두고 시집이
나 가까 싶어서. 우리 시어머니가 교회 가시더라고예 시
집오니까. 날로 마 일찍부터 교회로 델고 가시가주고 인
자 애기 업고 장 교회 갔지요. 나도 좀 순진한 편이지. 그
때 어무이 시키는 대로 교회 따라가가주고 일찍이 고마
나를 집사를 시키더라고. 우리 어무이는 집에 인제 일하
시고 날 교회 가가 일하라 카고. 어무이는 집에서 일하매
동새가 군에 가가주고 신랑이 죽고 지도 아들 하나 있는
그런 동서가 있어어요. 그 사람 집을 건너가 밭에 가는데
참 밭에 가마 그 집에 가가주고 대성통곡하고 운대요. 울
고, 밭에 조금 높으구만 뒤에 오르막이 있는데 거 올라가
가 지게를 지고 가가주고 밭에 가가 뭐 하로 가면서 아이
고 오늘도 지동아지매 와가 실컷 울고 가셨다 장 그래쌌
어요.

최승호 : 지동아지매.

이필용 : 그때 택호로 인제 지동에서 시집갔다 캐가주고 지동띠기라 카드라고예. 타성이라 카는 거는 우리 시외가가 있었고 동네 화소임이 있었고. 그 외에는 딴사람이 없었지요. 그래놓이 농사를 그래 지도 하, 천평이 넘도록 농사를 짓는데 인자 외사촌 시동생 있고 고종사촌 시동생이 있고 그래놓이 농사라도 지었지요. 그래 엄썼으면 농사도 몬 짓지요. 일꾼을 몬 구해가. 그 당시는 일꾼을 구해기가 힘들었어요. 모도 군에 가가 죽고 머 도 사람이 전사당한 사람도 많고 해서 사람들이 마이 없었어. 그럭저럭 농사를 짓다가 할 수 없어 못해가주고 결국은 아들 처음에 강원도로 그리 인자 저거 당숙들이 거 있으이가네 취직을 시키주가지고 거 따라갔다. 따라가이 그때는 뭐 너무 농사짓기가 힘들어가 그래 갔두마는 지금은 참 손해를 마이 봤지요. 그때는 논도 돈도 아이고.

최승호 : 땅을 다 팔고 그래 강원도로 가신 거예요?

이필용 : 예. 근 팔고 가가지고. 지금 거트마 땅값이 그때는 똥값이지. 평당에 만 뭐 팔백 원 받았나. 그래 받고 팔았지.

최승호 : 남편 제사는 언제부터 지냈습니까?

이필용 : 제사 안 지냅니다. 날짜도 모리고 7월 2일날 한 거 같은데.

최승호 : 코발트 간 게.

이필용 : 코발레트 간 게 아이고 처음 잡히갔는 날이 그랬는데.

최승호 : 그때 보름 있다가 7월 한 20일쯤.

이필용 : 그래 됐지 싶음니더. 확실하게는 내가 잘 모르겠는데 그

쯤 됐지 싶어. 그래 그동안에 인제 모두 빼낼 사람 빼내고 그래 했는 거 보이 그쯤 돼가 그래 됐지 싶고. 아들이 인자 그래 되고 나이끄네 우리 어무이가 내가 교회를 자꾸 다니고 나를 시집이나 가까 싶어가지고 그래 교회를 불러 모아가주고.

최승호 : 그때 마을에 읍천에서 몇 사람이나 잡혀갔습니까?

이필용 : 네 사람.

최승호 : 네 명이 가서 그러면.

이필용 : 아이 열 명도 더 갔지. 여남은 명 갔는데 다 나오고 네 명이 갔다고.

최승호 : 네 명이 돌아가셨어예?

이필용 : 예. 네 명이.

최승호 : 아 남편하고 합쳐서 네 명이 돌아가셨다. 여남 명 간 사람은 다 풀려나오고.

이필용 : 예, 예.

최승호 : 60년도에 당시에 국회에서 피학살자 그러니까 죽은 사람 행방불명된 사람 신고를 받았는데 그때 혹시 신고를 하셨습니까? 10년 후에, 남편 돌아가시고 나서.

이필용 : 10년 후가 아니고요. 이거 아 우리 인제 아들 학교 보낼 때 그때 인제 사망신고를 했지요. 그래가 군에 안 가고.

최승호 : 사망신고를 늦게 하셨네예 그지예.

이필용 : 예, 혹시나 또 그런 마음.

최승호 : 그때 사망신고 할 때 사망원인 왜 죽었다 이렇게 신고해야 하는데 뭐라고 적었습니까?

이필용 : 그때.

최승호 : 병사?

이필용 : 병사로 안 하고 그냥 불명.

최승호 : 행방불명?

이필용 : 그냥 행방불명으로 그래 했능강.

최승호 : 신고는 누가 하셨습니까, 시어머니가 하셨어예?

이필용 : 예, 시어머니가 했습니다.

최승호 : 그러면 강원도로 간 거는 몇 살 때 강원도로 가셨습니까?

이필용 : 77년도.

최승호 : 77년도. 아 그러면 한참 있다가 가셨네예 그지예?

이필용 : 예.

최승호 : 아들 성함은 어떻게 되십니까?

배성묵(*배병석의 아들) : 배성묵.

최승호 : 그라마 올해 인제 칠십이네예 그지예?

배성묵 : 칠십하나.

최승호 : 칠십하나 그지예? 학교는 그럼 어디까지 졸업하셨습니까?

배성묵 : 학교는 고등학교 중퇴했습니다.

최승호 : 공부하는 과정에서 뭐 어려운 점 있었을 것 같은데.

배성묵 : 학교를 그때는 성장할 때 아부지도 없고 이러니까 학교도 공부도 안 하고 지대로 농띠 치고 국민학교도 3학년, 4학년 때까지는 공부 좀 했는데 그 후로는 머. 아부지 학교 선생님이 물으면 어디 갔노 카면 군에 가가 죽었다. 이래 듣기도 하고. 내주 첨엔 그래 하는데 쫌 성장해가 커가꼬 얘기 들어보이 마 빨개이다 소리 들으니까 어디 가가 죽었다 소리 몬 하고 그때부터는.

최승호 : 그런 걸로 놀림을 받거나 그런 적은 없습니까?

배성묵 : 제가 얘기를 안 했습니다 머. 몰랐죠. 초등학교 때는 군에 가서 죽었다 카니까 그래 유가족인 친구들은 그래 알고 있고.

최승호 : 자인초등학교 졸업하시고 자인중학교.

배성묵 : 아니 영신중학교.

최승호 : 대구로 나가셨습니까?

배성묵 : 예. 고모가 대구에 두 분 계시가꼬 고모 집에서 핵교를 다니다가 고등학교는 그때 대성 거게 고등학교가 있었는데 거 좀 다니다가. 아 참 거 다인 게 아니라 고등학교는 또 자인농고를 들어갔어요.

최승호 : 고모한테 있다가 다시 집으로 엄마한테 오신 거네예.

배성묵 : 예. 자인농고를 2년 다이다가 또.

최승호 : 중퇴를 하셨어예?

배성묵 : 대구로 또 옮깄십니다. 농고에서는 내 뭐 낫질하고 보리비러 다니고 뭐 그래서. 집에 농사일도 많은데 학교 가서도 내 농사짓고 하이까 싫다 캐가지고 집에 가서 놀다보이까 또 학교 가고 싶어 가꼬 대구로 도로 가가 결과적으로는 졸업도 못 하고 빈둥빈둥 놀다가 강원도 오촌 당숙집이 있어가지고 거 놀러가가꼬.

최승호 : 그럼 고등학교 중퇴하고 강원도 가신 거네예.

배성묵 : 아니 그때 집에 있었심니다. 집에 있다가 강원도로 인자.

최승호 : 77년도에.

배성묵 : 예.

최승호 : 완전히 집에 살림을 다 정리하고 엄마 모시고 가신 겁니

까?

배성묵 : 아니요. 그때는 혼자 75년돈가 6년돈가 올라가가 있다가 동해공장 상용양회 거 입사해가꼬.

최승호 : 상용양회 입사할 때는 신원조회 이런 거 없었습니까? 큰 기업인데.

배성묵 : 신원조회는 묻도 안 하고. 제가 그때는 다 숨겼으니까.

최승호 : 특별히 묻는 사람도 없었고, 그럼 아부지 얘기는 못 했네요.

배성묵 : 예. 돌아가신 걸로만 그래 하고.

최승호 : 그럼 거기서 강원도에서 언제까지 사시다가?

배성묵 : 77년도에 입사해가꼬 83년도에 창원으로 내리왔습니다.

최승호 : 83년에 창원. 지금까지 창원에 사시네예.

배성묵 : 예.

최승호 : 주변에서 창원에 사시거나 강원도에 사시는 분들은 아버지가 어떻게 돌아가셨는지는 아무도 모르네 그죠. 말할 이유도 없었고.

배성묵 : 직장생활 하면서 그런 얘기는 안 하고 돌아가셨다 이래만.

최승호 : 유족회가 있다는 건 언제 들었습니까?

배성묵 : 유족회 있다 카는 거는 엄마한테 듣기로는 꽤 오래 됐어요. 그때만 해도 내 엄마만 참석하고.

최승호 : 어머니는?

이필용 : 그때 2000년돈데 첨에 여게 할 때 내가 처음에는 한 2, 3회 있다가 들었지 싶어예.

최승호 : 누구한테 유족회 있다는 걸 들었어예?

이필용 : 그때 누구한테 들었는도 모르겠어예.

최승호 : 혼자 찾아오시지는 않았을 거 아입니까?

이필용 : 누한테 연락이 왔지 싶어예.

최승호 : 마을에 혹시?

이필용 : 마을 사람은 아이고예. 누구한테 들었는공. 내도 그게 대해서 너무 궁금해서 알라고 애는 썼지 싶습니더. 애를 써 가지고 알아본즉, 그렇게 해가.

최승호 : 경산에 가면 유족회가 있다.

이필용 : 예. 경산에 유족회 있다 캐서 처음에 왔을 적에 이회장, 이태준 회장님이 하셨는데 그때 올 때는 한 30명 그쯤밖에 안 됐어예.

최승호 : 초창기 2001년, 2년쯤 됐겠다 그지예.

이필용 : 서류를 다 해오라 캐서 동네 사람한테 증인 받고, 갔다 카는 거 확인을 동네 사람들한테 다 받아가지고.

최승호 : 읍천에 돌아가신 네 분도 지금 유족회에 나오십니까?

이필용 : 다 타지고 가뿌고 없습니더. 서울 가고 지금 사는 사람은 아무도 없어예.

최승호 : 우리 유족회에는.

이필용 : 유족회는 나 혼자밖에 안 옵니다. 다 서울 가고 나는 저 강원도로 가고.

최승호 : 네 분이나 돌아가셨는데 나머지 세 분은 유족회 활동도 안 하시고 어떻게 사시는지도 모르시네예.

이필용 : 서울 가서 모자가 죽었지 싶어예. 아들도 죽고 엄마도 죽었지 싶어예. 또 한 사람은 죽고 또 한 가정도 죽고, 또 한 가정은 손자가 동네 살고 있는데 내가 가서 귀띔도 했

거덩. 저거 오촌들도 있고 하는데 저거한테 해가 돌아올까 바 싶어 카는동 증인을 안 세아줄라 캐가주고.

최승호 : 아 신고도 못 하셨네?

이필용 : 예. 신고 못 했어예. 그래 저거 시어버지지. 시아버지로 할라꼬 카니까 증인을 안 시아조가 몬 했고. 알기는 알민서도.

최승호 : 거 … …로 하면 되는데.

이필용 : 돼요? 그때 내가 경산으로 코바레또 사무실로 찾아가 바라 캤는데. 나도 좀 그때 데리고 왔으마 됐는데 그 증인 안 하마 안 되는 줄 알았는데.

최승호 : 할머니가 증인 해주셔도 돼요. 그러니까 그 손자 성함이 어떻게 되시지예?

이필용 : 배기차이 하고.

배성묵 : 죽었다.

이필용 : 기차이 죽고. 그 집 아들도 다 죽었네.

최승호 : 거기도 달성 배씹니까? 그때 돌아가신 네 명이 다 달성 배씹니까 아니면 각성입니까?

이필용 : 다 배씨입니다.

최승호 : 영천에 화북이나 이런 데처럼 구좌에 황보 씨가 … 때문에 동네 터가 전멸했거든요. 그런 관련이 있을 것 같애. 그분 손자도 지금 제2특별법을 만들고 있어서 유족 신고를 받고 있거든요. 나중에 어머님 모시고 한 번 가서 손자를 유족회에 한 번 회의나 할 때 한 번 모시고 오시소.

이필용 : 희주가 지금 어데 가 있는지 모르제?

배성묵 : 옛날에 나올 때 내가 그 왜관으로 와가 있다는 얘기를 들

었는데.

최승호 : 연락이 되면 아마 혹시나 우리 남편분처럼 60년도에 양
민학살특위에 신고했을 수도 있어예. 신고해가 이름이 남
아 있으면 누가 인우보증을 안 해도 유족이 될 수 있습니
다.

이필용 : 근데 그 사람들도 아들이 다 객지로 나갔뿌리놓이 신고를
안 했지 싶다.

최승호 : 못 들었다 그지요.

이필용 : 큰아들이 있어도 마누리 놔두고 지 혼자 나가가주고 여자
얻어가 살거든. 그래놓이까네 그것도 안 했지 싶은데.
함 알아보지요. 자인 가기도 힘들어서 나중에 내 가면 한
번 알아보께요.

최승호 : 한 번 알아봐 주시소. 아드님은 결혼은 언제 하셨어예?

배성묵 : 78년도.

최승호 : 몇 살 땝니까 그라믄.

배성묵 : 29살 때.

최승호 : 아버지 돌아가신 것 때문에 결혼하는 데는 뭐 지장이 없
었습니까? 반대를 하거나 이렇지는 않았어예?

배성묵 : 예.

이필용 : 그냥 돌아가신 줄만 알고 뭐 안 계신다 카는 그거만 알았
지. 우에 죽었다 카는 그거는 모르잖아. 안 계신다 하고
그래 결혼을 했지.

배성묵 : 몇십 년 동안 모르고 있다가 코발트, 내가 직장 퇴직하고
인자 55세에 퇴직허고 넘어갖고 코발트 여게 한 분씩 내
가 모친하고 제사 지내고 할 때, 직장 따문에 자주 모 오

고 하다가 늦게사 올 때 그때 집사람보고 코발트 이야기 하고. 알은 지도 좀 늦게 알았심다.

최승호: 일부러 말씀은 안 하셨다 결혼할 때는. 자녀가 지금 몇이 지예?

배성묵: 서이.

최승호: 세 명. 삼 남맵니까? 자녀들이 공부할 때는 연좌제 때문에 그런 건.

배성묵: 없었습니다.

최승호: 그래도 바로 객지로 떠나고 해서 직접적인 그런 건 없었던 것 같네요.

이필용: 잘 몰랐지. 내도 잘 말을 안 해조나놓이까네 몰랐고 인제 늦게 코바레도 간다고 참석해 바라 캐가꼬 인자 몇 분 참석하고. 그 위령제 지낼 때는 꼭 참석하지요.

배성묵: 있다 카는 거는 알고 회비만 1년에 2월달 되면 제가.

이필용: 회비는 꼭꼭 내요.

배성묵: 그때부터 한 십 년을 내 회비만 내주고 참석은 안 했는데 근래 와가 한 몇 년 전부터 제가.

최승호: 코발트 현장에 갱도에 가보셨지예? 거기 아직까지 유해가 있거든예. 혹시나 아버지 유해일 수도 있고 한데 계속 거 두는 게 마음에 좀 안 걸리십니까?

이필용: 걸리지.

배성묵: 처음에는 좀 마이 떨리기도 하고.

최승호: 우짜면 좋겠습니까, 그대로 놔두면 안 되지 않겠습니까?

배성묵: 코발트 유족에 해당되는 사람들이 누구 없이 그냥저냥 안 살았겠나 싶은 생각도 들고, 사회생활 하면서 돈이나 마

이 벌고 이런 곁으면 저런 자리 땅이라도 사가 우예 그런 마음도 들고.

최승호 : 내 돈이라도 해가 마 하고 싶은데. 사실은 거기에 3500명이 돌아가신 걸로 우리가 추정하고 있는데 그만큼 돌아가신 공간에 비하면 사실 너무 초라하거든예. 현장에 가보면 아시겠지만 그지요. 위령탑 하나밖에 서 있지 않잖습니까.

이필용 : 그런데 그 유골이라도 다 지 생각에는 다 빼내서 찾아내서 한꺼번에 화장을 해갖고 같이 무덤을 해나놓고 그래 하마 마음이 좀 편할 거 같아요. 저래가 찾다가 말고 있잖아요 지금.

최승호 : 십 년째 지금 유해발굴 못 하고 방치돼가 있지예.

이필용 : 그때 가보이까네 밭에도 전부 빼가지가 빼가 복숭밭에도 빼가 널널하더라고. 그거로 보이 참말로 인생이 허무하다 싶으이 참. 제가요, 오래 안 살아서 신랑하고 정이 없어서 그렇지. 가마 생각하마 우리 어머니는 얼마나 빼가 아팠겠나 싶어요. 그걸 봤으면. 우리 어무이는 그걸 못 보셨다 아이가. 그거를 유골을 보이끄네 참 가슴이 아프던데. 그때는 신랑이 어떤고, 뭐 좋든동 안 좋든동 그것도 모리고 살았으이. 1년을 살았으이까네 뭐 요새 사람 곁이 이래 애정 있게 이렇게나 살았나요. 그저 뭐 각자 일하는 대로 그저 뭐 일만 하고 그래 살았으이까네. 신랑이 좋든동 안 좋든동 그것도 몰랐어요.

최승호 : 1년 석 달 동안 사시고 70년간 어떻게 재가도 안 하시고 사셨어예?

243

이필용 : 그래. 우리 어무이가 교회로 나를 데리고 가서 교회 거만 마 집중을 하고 댕기이 누가 옆에서 말도 몬 하고 뭐 니 시집가라 소리도 하는 사람도 없고. 사람이 마 굳은 마음이 감히 누가 말도 몬 했지요. 그라이까네 그냥 마 사는 긴갑다 싶어가꼬.

최승호 : 어머니는 내보다 더 마음이 아팠을 기다.

이필용 : 예. 자식을 그래 보내고 유골 그걸 봤으마 얼매나 가슴이 아프겠노 싶더라고요.

최승호 : 지금이라도 그 유해를 찾아내서 화장이라도 해가 무덤이라도 만들어줘야 되는데 아직까지 발굴 그 유해를 찾아낸 지 20년이 지났는데 아직 못 하고 있어예.

이필용 : 그라이끄네 그게 가능할까요?

최승호 : 살아생전에 해야지요. 좀 더 열심히 유족회 활동을 해서 저도 제일 먼저 해야 될 게 역사평화공원 만들고 이런 것도 중요하지만 제일 급선무는 유해를 빨리 발굴해서 안장하는 거 그게 제일 급한 일입니다. 정치꾼들이 어떻게 생각하고 있는지 몰라도 제2특별법 통과도 안 시키고 저렇게 싸우고 있으니까.

이필용 : 그런데 참 지난 세월이라서 그렇지. 그 당시에는 이루 말할 수가 없고 인자 근 70년이 넘었으이까네 마음이 좀 누그럽고 그렇게 됐지만. 그때는 참, 사는 게 사는 게 아이지요. 너무 고통시럽게 살았는데 이 말을 어데 가가 말을 할 데도 없고 원을 풀 데도 없고 말 못 하고 평생을 살았어요. 그나마 보상이라도, 보상이라 칼 것도 없지예. 그 젊은 나이에 가서 이적지 살았으면 우린 잘 살았을 거

예요. 남편도 여무고 그래 해가 그때도 그저 참 노상 그래 하고도 또 시어머님도 억척걸이 일을 하시고 그래 해서 내 시집가서도 논을 서 마지긴가 닷 마지긴가를 샀어요. 어머니가 갑자기 자다가 돌아가셨거든요. 새벽에 5시나 됐을 거다. 그런데 자는 소리에 아들 옆에 두고 시어머니, 나는 복판에 이렇게 자는데 머시 쿵 소리가 나더라고예. 그때는 전기나 있나. 호롱불을 켜가 보이까네 머리가 비개에서 이래 툭 떨어지더라고. 그래서 이래 받치가 눕히놓고 코를 빨고 입을 벌리가 호흡을 옇고 했어요. 심장 그거 하는 거는 그때는 그런 것도 몰랐고. 그래가 입에다 호흡을 옇고 했는데 그래 마 고마 이래가 살 돌아가시뿟다. 고마 살 눈 감아뿟다. 그래 내가 발로 가주고예 우리 아들로 깨아가 뒷집에 할머니한테 연락해라 캐나놓이, 삼촌이 바로 뒷집에 살았거든. 그래 저월 초여드렛날이 명절이라나놓이까네 기반들이 모두 젊은 사람들이 객지에 살다가 다 들어와가 논다고. 그때는 촌에 뭐 저월부터 보름까지 논다 아입니꺼. 놀고 하이꺼네 취객들도 마이 있고. 그래가 작은 아부지하고 숙모하고 오셔가지고 그래 했디. 그래 기반에 연락을 해나놓이 강원도 시동생들도 와있고 그래 와가 초상을 3일 만에 쳤는데 그 아랫방에 쌀가마이가 한 방 있었어요. 마당에도 큰 두지로 해가 해나놓고 그래 했는데 다 시어머니가 하고 나는 그저 따라가미 했는 거 뿐이 아무것도 모른다 아입니꺼. 시어머이 남편 거 이래 살았는데 갑자기 돌아가시고 나이 기가 멕히서. 동네 사람들이 다 와가 초상을 치고 나이 방에 쌀가마이 나락가마이가 다 없드라고. 볏가마이가. 촌에는 그거 아이마 돈이 있십니까. 그거 다 팔아가지고 장사 치르고 그래 했더라고요. 그때 열세 살 무가지고 손자가 뒤에 따라가는데 그때 칩기는 얼매니 치웠노. 그 치븐데 할매 뒤에 따라가는 그 모습을 보고 내가 기절을 했어요. 기절을 들와가지고 모두 부축을 해가 집에 들와가지고 모두 위안을 해주고 해서 마음을 놓고 지냈는데 그 당시에는 우예가 우예 됐는도 모리고. 그래서 다음엔 모두 동네 사람들이 위안도 해줬고. 강원도 시동생이 뒷집 작은 어매 아들이 오 형제였어요. 둘째 아들이 가원도 거서 오도바이센타하고 있고 큰아들은 거서 또 육숫간하고 셋째아들은 중국집하고 삼 형제가 그래 살았어요. 그래가야가 거 가서 좀 직장생활 했고 그래 했는데 나중에 시동생 1년 동안 우리 집에 일로 봐줬지요. 그래 한 다음에 그 뒤에는 내 친정 동생이 남동생이 와가주고 일을 마이 거들어주고 우리 외사촌 시동생 고종사촌 동생하고 그래 일을 봐조가 그나마 농사로 몇십 년, 삼십 년, 사십 년, 한 이십 년 짓나 그래요. 그래 짓다가 할 수 없어서 집 팔고 논도 좀 팔고 그래 아들딸로 갔어요.

최승호 : 남편 돌아가셨을 때보다 시어머니 돌아가셨을 때가 더.

이필용 : 더 했지요. 남편은 마 우애도 모르고 시어머니 돌아가시고는 하늘이 무너진 것 같애요.

최승호 : 시어머니만 의지하고 살았는데 그지예. 우리 아들은 할머니 돌아가셨을 때 기억나십니까?

배성묵 : 예.

이필용 : 그때 초등학교 5학년 때니까 잘 모리지. 돌아가신 줄은 알아도.

배성묵 : 상여 나가는 것도 따라가고 뭐.

이필용 : 그래 초등학교 졸업하고는 고모가 내가 델고 가가 중학교 시키준다고 대구 가가주고 영신중학교 댕깄고. 댕기다가 고등학교 가는 거는 지가 또 알아서.

최승호 : 자꾸 우시는데 이 말씀 하마 더 우시지 싶은데 신랑 살면서 한 번도, 원망 마이 했지예?

이필용 : 원망은 좀 세월이 가고 했지예. 그 당시는 원망하는 거 그런 거도 모리고 정이 없었으니까. 인제 세월이 가다보이까네 자꾸 원망시럽더라고. 내가 한번은 군에 가가주고 죽었으면 돈이나 타가주고 살았어예. 어문데 가가 죽어가 주고 넘한테 좋은 소리도 몬 듣고 기도 피도 몬 하고 살 그로 그래 해놓고 죽었나 싶어가 나중에는 좀 원망시럽고 밉었지요. 그랬지만 뭐 인제 가리늦게 나이가 다 들고나 이 인자 세월이 좋아졌고 하이 참 부부가 어떤공 카는 거를 알았지. 그때는 뭐 몰랐어예.

최승호 : 원망이 그래도 좀 수그러들었다 그지예.

이필용 : 신랑이 뭐 좋은동 신랑이 있시마 재미가 나는동 그런 것도 모르고 넘 내외간에 댕기는 거 봐도 여사로. 그러니까 살았지요. 등시겉이 살았지 교회만 알고.

최승호 : 지금 살아 있으면 뭐라고 한번 이야기하고 싶습니까. 이 앞에 나타나면.

이필용 : 지금 나타나면요. 왜 내 겉은 사람한테 왔나고 원망하겠지. 와 내한테 와가 나를 신세를 조졌나 그 소리 하겠지.

247

팔십 평생 기모를 들고 살은 내 청춘 돌리달라고 내가 원망하겠지요.

최승호 : 지금 알아보실 수는 있겠습니까. 못 알아보시겠지요.

이필용 : 모르지요, 모르겠지요. 모리는데 옛날에는 사진도 없고.

최승호 : 결혼사진은.

이필용 : 결혼사진도 안 찍고요. 그때는 사진 찍었다 카는 거는 일본 갔다 왔는 갑더라고요.

최승호 : 아 일본에. 징용 갔다 왔습디까?

이필용 : 징용 갔는지 우옜는지 일본 게양 치고 게양 치고.

최승호 : 아, 각반.

이필용 : 그 사진이 하나 있는데 그거 뭐.

최승호 : 지금 가지고 있습니까, 그 사진?

이필용 : 그 사진도 없어요.

배성묵 : 사진 한 번 본 것 같아요.

이필용 : 없앴뿟지 싶다.

최승호 : 아 그 사진이 있으면 좋은데. 일본에는 얼마나 있다가.

이필용 : 모르지요. 것도 물어보지도 안앴고예.

최승호 : 젊을 때 갔다 왔다 캅니까?

이필용 : 예.

최승호 : 갔다 와서 결혼하셨다 그지예?

이필용 : 예. 갔다 왔는데 얼마 있다가 왔능공 것도 모르겠고 또 우리 시동생이 있었다 카데예. 시동생이 있었는데 시동생도 일본에 갔다 왔능강. 일본 그릇이 쪼매 이래 예쁜 그릇이 있고 그렇더라고예. 사가접시 같은 요런 것도 있고 그랬는데. 우리 시숙모가 카시는데 한 20대 됐는데 고마 질병

으로 그래 죽었다고.

최승호 : 시동생이.

이필용 : 그래 돌아가셨지요. 시동생 죽었제. 아들 그래 죽었제. 또 우리 시누가 작은 시누가 우리 시어머니가 4남매를 낳았어. 딸 둘, 아들 둘, 그래 있는데 우리 작은 시누가 또 맹장이 들렸는데 대구 살민서 밤에 그래 아프면 우째 병원에도 안 갔던고. 그래 맹장이 아프다고 카는데 그기 아침에 병원에 가이 복막염이 돼가주고 그질로 마 돌아가셨거든요. 딸 죽었제, 아들 둘이 다 죽었제, 홧병이 안 나겠습니꺼. 우리 그 인자 자인에 우리 사촌이 내 사촌이 사촌 언니가 거 병원 했어요. 병원 했는데 내가 그 덕택으로 마이 유지를 하고 살았지예.

최승호 : 사촌 언니.

이필용 : 예. 형부하고 항상 위로해주고 그래 인자 참 보살펴 조가지고 그래 많이 힘이 됐지요. 사는 것도. 그래가 그 병원에 장날 되면 병원에 가시니까 가가, 아유 사형요, 겨울에도 가시면 얼음물 돌라 칸대요. 화가 치이가, 화가 치이가. 얼음물 돌라 카고 그란다고. 하이구 성묵이 할매가 오늘도 오시가주고 찬물 돌라고 찬물 잡숫고 갔다 이카고. 그래 병원에서 주사 한 대쏙 맞고 그래 오시고 그랬는갑더라 언니가 장 가마 그카고.

최승호 : 성묵이 할매가.

이필용 : 응. 성묵이 할매가 와가주고 찬물, 겨울에도 할매가 찬물 잡수고 가신다 카미 그라드라.

최승호 : 그 병원은 어디 있는 병원입니까?

이필용 : 자인중앙병원이라고 자인에 있었어요.

최승호 : 사촌형부 혹시 성함은 아십니까?

이필용 : 김재복이지 싶다.

최승호 : 그래도 혼자 아들 키우면서도 주변에 친인척들이 많이 계셔갖고 많이 의지가 됐네 그지예.

이필용 : 예, 예.

최승호 : 그러다가 시어머니 돌아가시고 나서는 이제 더 이상 이제 혼자 사시기 더 힘들었었네.

이필용 : 아들도 농사일하는 거로 안 좋아했지. 농사일하는 거로 싫어해서 아들도.

최승호 : 너무 고생하는 거 봐서.

이필용 : 그래서 고마 지 직장 가고 하이까네 내가 도저히 할 수 없어서.

최승호 : 내년이 돌아가신 지 딱 70년 되는 햅니다. 70년이 지나면 사실은 묵은 감정 이런 것도 다 사라졌지 싶은데 아직까지 마음속에 응어리가 있지예?

이필용 : 인제는 뭐 응어리 있으마 뭐 하겠습니까. 내가 이 소리 오늘 회장님한테 전화 왔길래 내 한풀이하도록 잘됐다 내가 이랬어요. 오늘이라도 와서 평생 이 소리 아무 데도 한 일이 없거든예. 이날까지 이 말 한마디 어데 누구한테 안 했고 내 우리 교회 이래 오래 댕기도 내 열여덟 살에 시집가주고 열아홉에 혼자 됐다 소리 안 했습니다, 이때까지. 안 하고 했는데 인자 나이 들어서는 이따금씩 친한 사람한테 그카지. 그 소리 챙피시러버가지고 말도 못 했십니다.

최승호 : 챙피시러버서.

이필용 : 예, 못 했는데. 그래도 마 굳건히 내가 좀 무디지요. 무딘 사람이지요. 그라이까네 누가 시집가라 소리도 안 하고 또 시집간다 카는 생각도 없었고. 내외간에 저래 댕기는 게 좋다 그런 마음이 한 번도 드는 기 없었어요. 그라이까네 시집갈 생각도 없었고 교회도 이래 나가고 하이 누가 감히 말도 못 했지. 우리 백부님이 그 소리는 한다 카더라고. 그때 뭐 군에 가고 혼자된 사람들이 많았거든요. 뭐 한 방 앉으마 전부 과부예요. 이 사건물에 간 사람, 군에 가 죽은 사람, 전부 아지매, 형님이고 동새고 이런 사람들이 한 방썩 앉았거든요. 명절 되며 모이고 또 쉴 참에도 모이가 놀고 이랬었거든요. 전부 한 배가들 이래가 살았으이까. 그랬는데 우리 옆에 형님도 참 신랑이 군에 가서 죽었거든. 죽어가 혼자 사는데 그래 카더라고. 하이고, 인동아재 우리 백부님이 인동아재라 캤거든. 인동 아재가 우리 집에 오셔가지고 한숨을 슬 쉬면서 하이고, 인제 마음 났다. 우리 질부가 이제 마음 놓고 살지 싶다고. 그때 아들이 한 스무 살 넘었고 그때 됐지 싶어요. 인제는 시집 안 가겠다고 그런 생각을 들었나 봐요. 그래서 하이고, 우리 질부가 인제 마음 놓고 살지 싶어서 안심을 했다 이카드라고. 그카드라고. 아이고 오늘 인동아재 오시가지고 그카더라 이 사람아.

최승호 : 그전에는 집안에 전부 다 아들 낳아놓고 시집가버릴까 봐 걱정을 많이 하셨는데 스무 살 되니까 인제.

이필용 : 스무 살 넘고. 뭐 근 스물일고여덟 살 됐지 이제. 그래 되

고 나이까네 그런 소리 하셨고. 또 그때는 뭐 많은 사람이 다 혼차 사이. 혼자 사는 사람이 많으이까네 우영우영 이렇게 살았지요.

최승호 : 아픈 사람들끼리 서로 인제 정 토닥이며 살았어예.

이필용 : 예, 그래 하고 그 뒤에는 모두 다 죽은 사람 다 죽고 우리 내 나오고 죽은 사람도 죽고 또 서울로 간 사람들도 다 죽고 뭐 그래 혼차 된 사람들 다 죽었어요.

최승호 : 최근에 고향 읍천마을에 한번 가본 적 있습니까?

이필용 : 자주 갔지요 그때는. 내가 2006년, 7년도, 8년 아이고 한 2004년, 5년, 6년까지는 근 뭐 자인에 살다시피 살았지요.

최승호 : 유족회 활동 하시고 할 때.

이필용 : 예. 그때 살았는 기 인자 거 가서 친구들하고 교회 친구들하고 뭐 농사짓는 집에 가 대추도 따주고 점심도 얻어묵고 오고 그래하고 또 친구들끼리 마이 교회 교인들끼리 그래 마이 해. 그때는 마이 갔는데 요주메 인자 몸도 좀 쇠약하고 당뇨가 있어가 몸도 좀 약하고 이라이꺼네 근 한 2, 3년 동안 몬 간 거 같으네요. 안 그래도 동서가 뒤에 동새가 자꾸 오라고 쌌는데 한번 댕기가이소, 댕기가이소 캐가 작년부터 간다 간다 카는 기 아직 못 갔습니다.

최승호 : 올해 아흔이신데 구십이다 그지요?

이필용 : 구십 아이고 팔십아홉.

최승호 : 내년에 한국전쟁 난 지가 70년이고 그런데 혹시나 국가나 경산시에 꼭 하고 싶은 말씀 있으십니까?

이필용 : 하고 싶은 말은 우예든지 저 우골들을 다 수거를 해서 한
군데 좀 뭐 화장이라도 해이지 그 뭐 분리할 순 없잖아
요. 한 사람 한 사람 분리할 수가 없으이까 그래 하는 그
거시 소망이고 또 내 평생에 너무 억울하게 살았으니 보
상이라도 더 받고 싶어요. 젊은 청춘에 죽은 사람, 내 청
춘에 평생을 살았는 거 보상이라도 내가 더 받고 잡아.

최승호 : 충분히 더 받고 싶다.

이필용 : 예. 그기 유족회나 잘 또 운영돼 잘 나가게 해주시마 좋겠
지요. 그 뭐 임원들이 마이 수고하시는데 처음부터 우리
고생 마이 하셨습니다. 처음에 내 유족회 올 때.

최승호 : 그때는 지금보다 훨씬 더 고왔고.

이필용 : 고왔지예. 그때는 한 칠십. 팔십까지도 내가 좋았어요.
팔십까지도 괜찮았어.

최승호 : 지금도 곱습니다.

이필용 : 팔십 넘고부터는 인제 당뇨가 있시께네 자꾸 몸이 이래
쇠약해지네.

최승호 : 우리 아들도 한 번도 아버지라고 못 불러봤지 싶은데 혹
시나 지금 아버지 다시 만난다면 아버지한테 어떤 말 해
보고 싶습니까?

배성묵 : 뭐 어릴 때부터 아버지라 카는 말은 내한테는 없는 긴가
카고 살아서. 이런 얘기를 듣고 이래저래 하니까 왜 그
당시에 동네에서 열몇 명이나 잡히가가 다 빠져나오기도
했는데 와 그래 네 사람은 그래 못 하고 우리 집에 아버지
는 못 살아 나왔나. 소까지 팔아가 하겠다는데. 그때 듣
기로는 지서 소사 아는 힘으로 해갖고는 나오고 이랬다는

데 그래 그기 좀 서운하기도 하고 우리 아부지지만 우예 등시매로 그걸 하나 몬 했노. 그래 또 원망시러운. 엄마 생각하고 그라니까. 물론 인자 아부지 살아계셨으면 형제들이 있었겠죠. 뭐 그때는 그런 게 좀 마이 서운하고.

최승호 : 형제도 없이 혼자 자랐던 거, 아버지 안 계신 거, 아부지 말도 한 번 못 해보고 사셨네 그지예. 우리 아드님도 국가나 정부에 경산시나 유족회에 하시고 싶은 말씀 마이 있지 싶은데 한 번 해주시죠.

배성묵 : 유족회에도 참석하고 뭐 회의할 때는 자주 몬 왔심다. 제사 지낼 때는 짬 나면 시간 있을 때는 오고 이랬는데 이제는 자주 참석해야 되겠다. 제사 지낼 때만큼은 와야 되겠다. 생각을 가졌거든요. 그라고 또 집에 모친은 교회마, 이제 이때꺼지 살아왔는 힘이 이제 교회는 열성하라고 이제 살아왔나 싶어예. 그런데 이제 제사 지낸다 카는 거는 하나에 우리 모친은 미신이라. 내가 가마 제사 지내는 거 하지 마라 캐요. 인제 우리 집에서는 제사를 안 지내니까 처갓집에 가가 제사 지내는 날 장인어른 제삿날 참석하고 집사람하고 가마 그런 데는 몬 가도록 하라 카고. 근데 이제 제사 지내는 방식이라든가 이런 건 내가 몰라예. 혼자 그런 거 배우는 거 없이 살았으니까 사회에 그런 데는 마이 좀 빠지는 편이라예, 어데 가마. 직장생활 오래 하다 보니까 상갓집은 가고 이래 해도.

최승호 : 관례나 풍속 이런 거는 잘 볼 기회가 없었으니까 모른다.

배성묵 : 예. 그런 거는 모르면서 지내왔는.

최승호 : 앞으로 유족회 행사라든지 위령제 때는 꼭 좀 오셔서…

배성묵 : 예. 꼭 참석해야겠다고.

최승호 : 주변에 혹시나 아직 신고도 못 하고 있는 분들도 마이 있는데 그런 분들도 찾아서 마을에 옥천에도 함 가보시고 있으면 신고하고 유족회 활동 같이 하자고 말씀하시소.

이필용 : 예. 그리해도 그 사람들이 올 사람이 없지 싶어예.

최승호 : 없지 싶어예?

이필용 : 예. 아들은 객지에 나가고 없고 손자가 있으까네 한번 말은 해보겠는데 엄마도 사람이 조금 한 1푸로 빠지는 사람이라 그래놓이 넘우 말은 잘 안 듣고 지만 뭐 이래 해서 남의 말 다 이해를 모 하고 그런 사람인데. 지금 아들이 있시 아들한테 가서 한번 일단 이야기를 해보지요.

최승호 : 오늘 길게 이야기하셨는데 오늘 혹시 내가 오늘 이 자리 아니면 평생 못 하십니다 그죠. 그러니까 내가 혹시 하고 싶은 얘기 못 했던 거 속에 이 말은 내가 꼭 해야겠다. 저기 카메라 보시면서 한번 해주시소. 우리 아드님하고. 어머님 먼저.

이필용 : 하아… 이 나라에 국민으로서예 말 못 할 사연으로 가서 너무 억울하고요. 또 내가 본인한테도 원망시럽고 이 나라에 정권도 조금 내가 불공평하지 싶어서 원망시러버요. 잘 알아보고 하지 어문 사람 잡아간 거 아인가 그기 원망시럽고요. 내가 하는 말과 같이 젊은 청춘에 그렇게 간 사람 이렇기 보상이라고는 할 수 없지마는 작은 기라도 받았지마는 그거로는 미흡하다 생각이 들고 그렇습니다. 그러이 이 나라에서도 우야든지 올바른 정권을 잘 잡아가기를 바랍니다.

최승호 : 우리 아드님도 한 말씀.

배성묵 : 유족회를 위해서 이렇게 인터뷰 해주시는 거 고맙습니다. 다시 한번 감사드립니다. 위령제 지내기 전에는 한 번씩 오면 체육관 같은 데 빌리갖고 지내고 했는데 지금은 인제 그나마 현지에서 옆에 지내고 있는 걸 몇 분 보니까 갈 때마다 흐뭇하고 이렇습니다. 근데 좀 늦게나마 정부에서 좀 더 사람들이 많이 가도록 거게 좀 새로 개발해가 그걸 하나 좀. 그 옆에 포도밭도 좀 사옇고 개인적으로는 좀 크게 밥 묵기도 불편하고 좀 요런 데가 있습디더. 그런 거를 좀 확장해가 해주시면 유족회로서는 뭐. 지금 봐서 70년 됐는데 어떻게 뭐 더 바라겠습니꺼. 그 당시에 정권, 정치 그런데 휘말리가 그래 됐는 걸 원망도 그나마 못 해줬는 거 서운하고 서러워도 현재 맞게끔만 해주면은 유족회를 다 마 안 반갑고 감사하게 생각할 따름입니다.

이필용 : 시에서도 좀 마이 협조를 해주싰는데 그 이번에 사무실을 구해지 못한다카이 사무실이라도 하나 차릴 수 있도록 봐주싰시마 좋겠네예.

최승호 : 그럼 마무리하겠습니다. 우리 한국전쟁70주년 기록화사업 유족회원 세 번째 이필용 할머니 편을 마치도록 하겠습니다. 이번 구술 증언사업에 도움을 주신 유족회하고 영남대 지역협력센터에 다시 한번 감사드립니다. 세 번째 구술 마치겠습니다.

이필용 : 감사합니다.

9. 이선이 구술증언

사건과의 관계 : 박정기의 처

구술 당시 나이(생년월일) : 92세

출생지 : 밀양시 초동면 범평리

최승호 : 한국전쟁70주년 민간인학살기록화사업 네 번째로 오늘
　　　　은 이선이 미망인을 만나보겠습니다. 이번 기록화사업은
　　　　영남대학교 지역협력센터와 경산코발트광산유족회, 그리
　　　　고 경산신문사가 함께합니다. 오늘 이선이 할머니 만나보
　　　　시겠습니다.

최승호 : 할머니, 성함이 어떻게 되시지예?

이선이 : 이선이.

최승호 : 이선희.

이선이 : 예, 선… 이.

최승호 : 이선이.

이선이 : 예.

최승호 : 올해 연세가 얼마나 되시지예?

이선이 : 본 나이가 구십둘입니다.

최승호 : 뱀띠예.

이선이 : 뱀띠. 예.

최승호 : 혹시 할머니 사시는 데가 어딥니까?

이선이 : 어. 요양원에 삽니다.

최승호 : 어디 사시다가 요양원에 들어갔습니까? 살던 데가.

이선이 : 거가 대명10동인강.

최승호 : 대구 대명10동.

이선이 : 아들 2층에 살다가, 아들 사는 집에 원룸에 3층에 살다
가.

최승호 : 지금은 요양원에 계신다고예? 요양원 이름이 무슨 요양
원입니까?

이선이 : 하이고 거 정확히 안 생각킨다.

최승호 : 아 생각 안 나시예? 그럼 혹시 할머니 태어난 동네 이름
은 아십니까?

이선이 : 태어난 동네를 몰라예.

최승호 : 어느 동넨지 몰라.

이선이 : 예. 내가 열네 살인가 살았는 거는 밀양 초동면 범평리.

최승호 : 열네 살까지 초동면에서 사셨습니까?

이선이 : 예. 거서 살다가 대구 왔습니다.

최승호 : 그럼 대구 몇 살 때 오신 겁니까?

이선이 : 열네 살 때가.

최승호 : 열네 살 때. 그럼 내가 태어난 동네를 전혀 모르십니까?

이선이 : 그건 몰라예. 그건 물어보도 안 하고 엄마한테 물어보도
안 하고 거는 몰라예. 모르는데 그래가 중간지게 거가 살

다가 대구로 대구 큰집으로.

최승호 : 음, 대구 큰집으로 이사를 왔습니까?

이선이 : 직조공장에 거게. 부산 갈라카이 벌써 그때 한창 아아들, 딸아들 모집했지 않습니까?

최승호 : 예, 정신대.

이선이 : 청로다이 대신따이 일본에 대신따이 캐사민서.

최승호 : 예, 대신따이 정신대.

이선이 : 그래가주고 이모부한테 캐가 나도 따라갈라카이 부친이 안 된다 캐예. 안 된다 캐서 못 가고 정 그래 가고 싶거들 랑 부산공장 간다캐다가라 부산공장 따라갈라고 애썼어 예. 쓰다가 안 돼서 그래 집에 좀 노다가 카니까 아부지 가 정 니 공장에 가고 싶거든 큰집에 가라 캐예.

최승호 : 큰집에 가라.

이선이 : 큰집에 거 6촌 오빠가 직조공장 크게 했어예.

최승호 : 대구에서예.

이선이 : 예. 옛날에 일제시대에 직조공장 일본에 가가 돈 벌어가 지고 직조공장 채리가지고. 일본 사람 밑에 살고 밑에 공 장에 있고 우리 오빠는 큰 우에 또 있는데 그래. 지금은 모르겠심다. 대화직물이라 캤는데 그때.

최승호 : 대화직물.

이선이 : 예. 거 있다. 거 있고. 우리 큰집은 도수공장이라 이캤어 예. 그래가 거 살다가. 하이고 우리 큰집 월캐가 열여덟 살에 시집을 보냈어예.

최승호 : 열여덟 살에.

이선이 : 예.

최승호 : 그럼 열네 살에 초동에서 대구로 와갖고 큰집 직조공장에 일하다가 열여덟 살에 결혼을 하셨어예?

이선이 : 예. 큰집은 오빠는 돌아가시고 올케 혼자 조카하고 둘이 있시미 도둑놈이 와싸서 직조공장을 몬 해예.

최승호 : 아, 공장에 도둑이 들어와싸.

이선이 : 예, 도둑이 들어와싸서 도둑이 아침, 밤 점도록 일해가놓마 비를 짜나놓마 싹 끊어 가뿌리고 싹 끊어 가뿌고 마. 그래가 도저히 혼자 할라카이 안 되고 감독들도 모 하고 서기도 안 되고 마. 그래가 다 내보내뿌리고 전라도 절에를 갔어예.

최승호 : 전라도로.

이선이 : 예. 가자 카는 거를 난 몬 간다 캤어예. 그래가 출가해뿌리고 내 출가해놓고 저거는 전라도로 가자 카는데 전라도 검싸서 절에 가자 카는데 내가 갈 수 있심니꺼. 그래가 신랑이 안 갈라 캐싸서 몬 갔어예.

최승호 : 결혼할 때 신랑은 당시에 어디 사람이었습니까?

이선이 : 신천동.

최승호 : 신천동. 신랑은 나이가 몇 살이었습니까?

이선이 : 두 살 더 뭇나, 한 살 더 뭇나 모르겠심다.

최승호 : 스무 살 정도 됐습니까?

이선이 : 예.

최승호 : 신랑 이름은 성함은 어떻게 되십니까?

이선이 : 박정기.

최승호 : 박정기. 그라면 그때가 열여덟 살이니까. 박정기 이분은 신천동에 오랫동안 살았는 사람입니까?

이선이 : 6·25사변 나가 잡히 안 갔십미까?

최승호 : 그러니까 스무 살인데 공부는 어디까지 했습니까?

이선이 : 공부는 머 어디꺼지 했는지 모르겠심다.

최승호 : 모르겠고. 어떻게 중매로 올케가 결혼하라 캐가꼬.

이선이 : 예. 그래 결혼해가주고. 가이 아무것도 없어예.

최승호 : 아, 살림이 없습디까?

이선이 : 처음에 인자 그래가주고 그냥 가는 것도 아이고 시집을 가는 것도 아이고 시아바시가 돌아가싰어예.

최승호 : 시어머니만 계셨는데.

이선이 : 예. 모상 당해가지고 그래가지고 감시로 가는데 큰집 올케가 쌀로 한 포대 여가지고 일꾼 시키서 보냅디더. 그래가 초상 칠 도안 그 쌀을 먹었는동 우옜는동 아무것도 없어, 가이까네.

최승호 : 시집을 가니까 신천동에.

이선이 : 처음에 1년, 2년, 3년까지는 신랑이 벌어가 묵고 살았지요.

최승호 : 신랑은 무슨 일을 했습니까?

이선이 : 철공소예.

최승호 : 철공소.

이선이 : 철도 댕깄어예.

최승호 : 아 철도예?

이선이 : 예. 그래가 신랑 좋다고 치아나놓이까네 뭐 가나놓이께 뭐 물 기 있어야지예. 어른 돌아가시고 나이까네. 그래가.

최승호 : 철도를 근무하셨다 신랑이.

이선이 : 그래가지고 그 뒤에는 잊아뿌리가 뭐 알겠나 자꾸.

최승호 : 철도 근무하시다가 딸은 언제 낳았습니까?

이선이 : 열아홉에 낳았어 내가.

최승호 : 열여덟에 가가 열아홉에 낳아서. 딸 하나.

이선이 : 예. 그거 니 살 무가 저거 아부지 나갔어예.

최승호 : 네 살 때.

이선이 : 예.

최승호 : 신랑이 스물두 살 때 그러면.

이선이 : 스물두 살인가 스물세 살인가 그때 나갔어예.

최승호 : 어디로 갔습니까, 신랑이.

이선이 : 철도서 나가가주고 철도 사찰계에 잡히서예.

최승호 : 사찰계에.

이선이 : 예. 철도 사찰계서 잡히가 철도 사찰계에서 뭐 어디로 델
꼬 갔는동 한 분은 내는 젊어가 몬 나가고 시어마시가 나
가드마는. 그래 차 타고 어데 가는데, 무슨 죄짔는교 내
가. 아, 갔다 오께요 캄시러.

최승호 : 아 엄마를 만났구나.

이선이 : 그래 인자 모친 시어마시가 있거든예. 그래 그카고 갔답
니다. 그라고는 7월 말일 됐나, 6월 말일 됐나 모리겠다.
하이튼 마 6·25사변 나고 나가고 소식이 없어예. 오는가
싶어 기다릿디마는 오지도 안 해예.

최승호 : 얼마나 기다렸습니까?

이선이 : 15년을 기다릿어예.

최승호 : 15년을.

이선이 : 예.

최승호 : 카마 밥도 떠놔놓고.

이선이 : 밥 뭐 젊은 사람 갔는데 뭐 밥 떠놀라고. 시아버시는 밥은 떠놔줬지예. 빈소도 채리나놓고 곡도 하고 마 밥해가지고 갔다 마라새라 아침마중 갖다 바치라 캐사가 시어마시 갖다 바치라 캐사가 갖다 바치고 뭐 그래가 살았어예.

최승호 : 15년을 그래 살았어예?

이선이 : 그래가 15년을 그래 살았는 기 시아바시는 밥은 그만치는 안 갖다 바쳤지요. 삼년상 나골랑 빈소 뜯어내뿌고 그래가 하 아이고 인제 말할라카이 중치가 멕힌다이.

최승호 : 마음에 있는 얘기 오늘 다 하시소. 그동안 못했던 얘기. 지금 얘기 안 하시면 이제 영원히 할매 마음속에 있는 얘기를 사람들이 알 수가 없어예. 카메라 보시고 얘기를 하시소.

이선이 : 얘기를 할라카이 잊어뿐 것도 많고 입이 바싹바싹 마린다.

최승호 : 그러면 신랑이 철도 다니면서 무슨 일을 했는가예?

이선이 : 철공소.

최승호 : 철도.

이선이 : 철공소. 철도 댕기민서 철공소 시카코 뭐 그런 거 했는갑디더.

최승호 : 아, 쇠. 그러면 노조활동을 하거나 이랬습니까. 왜 사찰계에 잡혀갔었다 캅디까?

이선이 : 그 활동을 쪼매 했기래 그랬지요.

최승호 : 활동을. 뭐 어떤 활동이라고 들었습니까? 나중에.

이선이 : 삐라 뿌리는 거.

최승호 : 삐라 뿌리는 거.

263

이선이 : 그 가왔는 거, 그 한 줌 가왔는 거 구석에서 다 마카 조여 가지고 살라뿌고 그랬거든예.

최승호 : 삐라를 바깥에서 집으로도 갖고 왔습니까?

이선이 : 가져왔는 거는 마.

최승호 : 불 때고.

이선이 : 내가 불 다 때뿌렸어예. 그래가 그 빨갱이 사건 가든 사람이 이웃에 있었어예. 이웃에 한 사람이 있었어예. 그래서 한 분 그거 따무네 그 사건 따무네 가막소도 한 번 갔지요. 가막소 한 분 갔다 와가주고 그래.

최승호 : 감옥소 간 건 그럼 결혼하고 몇 년, 결혼하고 다음 해 그랬습니까?

이선이 : 결혼하고 난 뒤에 갔지요. 가막소는.

최승호 : 아, 감옥에.

이선이 : 예. 미칠을.

최승호 : 며칠 있다 나왔습니까?

이선이 : 모리겠어예. 그때 미칠 됐는공.

최승호 : 며칠 만에 다시 나왔습니까.

이선이 : 예. 미칠 얼마 있다가 다시 나왔어예. 나왔는데….

최승호 : 그때도 맨 삐라 때문에 잡혀갔습니까?

이선이 : 그거 따무네 그랬지 싶어예. 빨개이다 이캤다미.

최승호 : 빨개이다 이캅디까?

이선이 : 빨개이다 노래이다 빨개이다 이캤다미. 한 분 잡히갔었어예. 그라고 뭐 6·25사변 나가고 빨갱이한테 잡히가 갔다가 그 뒤에는 마 차 타고 나가가 소식도 없어예. 이태껏 소식도 없어예.

최승호 : 사찰계에 체포될 때 몇 월 달이었습니까?

이선이 : 6·25사변 나고 난 뒤에.

최승호 : 전쟁 나고 난 뒤에. 그럼 한 7월달쯤 됐습니까?

이선이 : 7월달도 몬 됐지예. 7월 초나 그쯤 됐겠지예.

최승호 : 7월 초쯤에 체포돼가 갔다가 그럼 시어머니가 면회 간 장소는 어딘지 아십니까?

이선이 : 가다가 어데 질목에 있었는가 봐예.

최승호 : 삼덕동에 형무소라 안 캅디까?

이선이 : 어덴주는 모리겠심다.

최승호 : 시어머니가 가니까 차에 타고 있었습니까?

이선이 : 차에 타고 있어. 한 차 타고 마이 있더랍니다. 있어가주고 뭐 집에 드가이소, 내가 뭐 죄지었습니까 이캄시러. 죄진 거 없으이까 갔다가 오께요, 카민서 그질로 나가서는 소식 없어예.

최승호 : 혹시 그 차 타고 코발트로 갔다 캅니까, 가창골로 갔다 캅디까.

이선이 : 할마시도 어데로 간주 모르지예. 뒤에라도 어데 간주 모리고 나는 오도록 기다리고. 그래가 돈은 없고 벌이가 묵고 산다고 취직을 내가 했어예. 방직공장 취직을 해가주고 시험 쳐가 드가가지고 그거 큰집에서 직조공장 하는데 봤으니까네 그건 잘 알거든예. 또 일로 8년을 했어예. 하도 몸서리나서 나와버렸어예. 나오이 묵고 살 게 있십니까. 시어마시 돈 갖다 벌이주마는 한 20일 시고나마 돈 없다 카는 걸 내가 돈이 있어가 자꾸 줄 것도 몬 되고 월급 타가 다 뻴기는데 뭐가 있겠십니꺼. 그래가주고 나는

어리지예. 열여덟 살에 시집갔는데 한 3년밖에 더 됐십니꺼. 아이구 이 얘기 할라카이 뭐 다 나오겠나.

최승호 : 딸은 그럼 어떻게 계속 데리고 살았고.

이선이 : 그케 살았어예. 딸하고 시어마시하고 시누 하나 하고 나하고 니 식구가 내가 벌이가 멕이는데 쎄가 둘로 빠졌어예. 그래가주고 개인 집에 나와가지고 개인 공장에 일하고 있으이까네 그래 누가 한 사람 카는 기라. 어데 고마 실 가그라, 이카마 캐사서. 할마시는 집에 앉아서 나가라 캐샃체 나갈 데는 없제 우얍니꺼. 오두막집 그거 하나 있는 거 그거 자기 차지하고 싶어가 딸하고 살라꼬 날 나가라 카는 거. 그래가 이웃에 사람이 와가주고는 머라 카는 게 아이라, 옷을 농꺼정 다 들어내 놨거든예. 옷을 조 여주면서 이쯤하고 가거라, 가거라 캐사서 그래 누가 한 사람 중신을 해줬어예. 중신을 해조가주고 그래가 가다 보이까네 아덜이 많아예. 아덜이 득시글해예. 그래가주고 마 밥이나 해주마 안 되겠나 싶어가주고 얘기 듣고 고마 가가주고는 밥이나 해주고 살라고 생각을 했어예. 설마더러 저 아덜을 키아놓마 넘 놓는 새끼들보다 안 낫겠나 싶어서 그래 생각을 하고 키아났디마는 딸 키아놓고 시집을 떡 보내놓고 보이까네 그기 아입디더.

최승호 : 그기 아이라? 키운 정이 더 큰데 왜 낳은 정보다.

이선이 : 그기 아이라예. 그기 아이고 내가 낳은 딸은 박정기 집에 낳은 딸은 내 나갈 적에 고등학생 됐는가 이랬디마는 중학생이라 카네. 고모하고 할매 돌아가실 따라꺼지 고모하고 있다가 중간칙에 시집을 보냈어예. 시집보내는데 나도

그냥 있을 수가 없어가주고 가가 이불 끼멜 때 쪼매 거들어보고.

최승호 : 그럼 딸도 일찍 결혼했네 그지예.

이선이 : 그런가 봐예. 은제 딸은 그리 일찍 안 했지 싶습니다. 할매 있을 직에 보냈어예. 할매 있었고 나도 근처 있어가 내 왔다 갔다 하고 내가 늙은 사람 불쌍타고 밥도 해주고. 그 할마이 밥을 딸한테 못 얻어 무가주고 내가 밥해가 직조공장 가메 밥해놨다가 이거는 할매 무라 캐라 감시로 밥을 떠나놓고 가마 밥을 딱 묵고 없어예, 오마. 그 짓꺼지 다 했심더. 내가 했지요. 내가 공양을 했지요. 방 얻어가 앞에 방에 얻어 있음시로 딸하고 둘이 있음시로 그래가주고 그거를 공양을 했어예. 하다가 돈은 없고 방은 시간 다 돼가고 그래 할 수 없어가주고 신암동으로 방을 얻어가 갔어예. 신암동 방 얻어가 가이 시어마시는 떨어져삣지예. 그래 딸하고 둘이 아인교. 밥해가 묵고 뭐 살다가 그래 거 살다 보이꺼네 누가 중신하는 기라예. 그래서 인자 이노무 집에 가가주고 해조도 밥이나 벌이주는 거 밥이나 해주고 살자 싶어서 아덜 너이나 되는데 가가주고 내 자슥 카마 안 낫겠나 싶어 키아노이 그기 아이고예.

최승호 : 개가했던 그 집은 뭐를 했습니까? 장사를 했습니까, 아니면 직장 다녔습니까?

이선이 : 은지예. 전기공사 하는 사람이라예. 아가 다섯치랬어예. 머스마가 둘이 가스나가 서이. 그거 인자 제일 적은 기 가이까네 시 살 묵든가 뭐, 콧물 찔찔 흘리미 시 살 묵든가 그렇던걸. 설마더러 키아나노마 내 자슥 못잖을 끼라

잘 안 하겠나 싶어서 키아났디마는 그기 아이라예. 은혜
는 키나 지금까지 말도 안 하고 지내는데 뭘. 오지도 안
하고 지내는데 뭐예. 나도 전화를 한 분 걸어가주고 오라
카가주고 내 할 말이 있다 오라 캐가주고 얘기라도 할라
카이께네 전화도 안 받아예. 그래가 전화도 몬 하고 내삐
리 둡니더.

최승호 : 개가해서 살던 그 신랑은 언제 돌아가셨습니까?

이선이 : 서른 밑에 빙들어가주고예. 죽어뿟어예.

최승호 : 그 다섯 자식들은 그럼 시집 장가 다 보냈습니까, 할머니
가?

이선이 : 내가 보냈지요.

최승호 : 몇 년을 살은 겁니까 거기.

이선이 : 서른… 서른 및 살 때 낳았는지 모리겠다. 그기 지금 돈을
다 가주 가뿌리가주고. 날 싱기고 내가 같이 있었다고.

최승호 : 처음에 박정기 씨 할아버지 남편 이분은 호적은 어떻게
돼 있습니까?

이선이 : 호적을 내가 옮기지를 안 했지요. 내가 기양 나또뿌리고
갔지요. 가가주고 할라 카이까네 아덜 여럿 끼긴 더러븐
호적에 옮기마 머 하겠노 싶어가 기양 나두고 내가 갔지
요. 그래가 호적에 그양 있었어요.

최승호 : 남편 호적에 사망신고는 언제 했습니까?

이선이 : 나라에서 했지 내가 안 했어예. 나라에서 했는 기지. 그건
누가 해사라 캐가 핸 것도 아이고 자연적으로 지대로 돼
뿟데요. 나는 사망신고 안 했어예.

최승호 : 그럼 내가 낳은 딸은 호적에 어떻게 돼 있습니까?

이선이 : 호적에 나하고 둘이 엋히가 내하고 가하고 둘이 있었지
예. 나는 내대로 나와뿌리나노이 딴 데 또 갔다 카고 뭐
잠시 집에 왔다 캐사코 캐샀드라마는. 그 말도 없이 마
딸 지는 지대로 호적 해가주고 시집 가뿌리고 시집 가뿌
리고 내 혼자 안죽 그냥 거 엋히 있지 싶어예.

최승호 : 유족회는 언제 알게 됐습니까?

이선이 : 키 큰 회장 말고 그 먼저 회장 안 있었습니까?

최승호 : 이태준 회장.

이선이 : 그분 있을 직에 고모가 알아가주고 얘기를 하더마는. 그
런데 지는 빠지고 내가 가가주고 처음에는 인자 회비도
좀 내고 했디마는 내중에는 회비 몬 내그로 하데예. 그
회장님이.

최승호 : 미망인들은 회비를 안 내도 되도록 그렇게 했어요.

이선이 : 그래 회비를 내지 마라 그카드마는. 회비 안 내고 그양 댕
깄어예.

최승호 : 보상금은 어떻게 했어예?

이선이 : 보상금은 내가 받아가주고 그 집에 가가 딸로 둘 낳았거
든예. 첫째 낳았는 고기 나는 돈을 가 가마는 좀 줄지 알
았디마는, 고골 내가 와 그라노 카마 그기 내 바라지는
다 했거든요. 아프다꼬 아프마는 병원 델고 가고 입원시
키고 뭐 다 했거든예. 돈을 그리 맽기뿟디마는 돈 천만
원만 주고 안 주네요.

최승호 : 할머니 8천만 원 받았습니까? 4천만 원 받았어예?

이선이 : 내가 1억 8천만 원 받아가주고. 천만 원만 주고 2천만 원
줄라 카이끄네 천만 원만 주고 안 준다 카네예. 가가. 그

거를 내 바라지 다 했다고. 지는 그래 돈 안 준다 이카마 그래도 내 자석이라서 그래도 언니라 카데요. 언니 모가 지는 안 받았나 카미 안 줄라 카는 거라예. 그래 그것 따문에 이날 이때꺼지 시끄럽심더 내가.

최승호 : 그럼 박정기 씨 원래 남편 딸 거기는 돈을 한 푼도 안 줬습니까?

이선이 : 돈 천만 원밖에 몬 줬어예. 지 돈 뭐 천백만 원이라 카든가 나왔다 카데예. 그 돈 나왔다고 언니 지도 돈 나왔는데 말라고 돈 달라 카노 카민서 돈 천만 원만 주고 돈 안 주는 기라예. 그래 그거 따문에 안죽꺼정 걸 내가 몬 뺏아주고 있으이까네 사이가 안 좋아 둘이끼리요. 그것도 내 자슥이고 그것도 내 자슥인데 그래 애묵기는 그기 젤 애묵었는데. 지는 뭐 나 디꼬 가가주고 밥 한 끼 해주는 것도 없고 뭐 그기 제일 애믹있는데. 그래 조삣디만 지 안 준다꼬 막 올도 얘기하더라마는 안 준다고 그래 카는 걸 우야겠습니까.

최승호 : 지금 대명동에 살던 원룸 집은 누구 집입니까?

이선이 : 딸네 집이지.

최승호 : 개가해서 낳은 딸예? 모시고 온 딸이 아니고예?

이선이 : 예. 그건 안동 있시 대구는 오지도 안 하고예.

최승호 : 딸이 총 세 명입니까? 뒤에 가서 둘이 낳고.

이선이 : 예. 그것도 마 안 놀라카이 인동 맡에 우예 나와가 유산도 못 시키고 나났디마는.

최승호 : 올해 큰딸은 몇 살이지예?

이선이 : 칠십 몇인가 돼지끼라예.

최승호 : 둘째 딸은?

이선이 : 그건 토끼띠.

최승호 : 셋째는예.

이선이 : 양띠.

최승호 : 지금까지 제일 잘했는 게 둘째 딸이 제일 잘했습니까?

이선이 : 그기 제일 잘하지요.

최승호 : 할매 모시고 살았다 그지요?

이선이 : 예. 저거 집에도 살고 저거 집 사났는 데도 살고 뭐.

최승호 : 그래가 돈도 둘째 딸한테 다 줬구나.

이선이 : 그래가 안 준다고 또 빈호사한테 얘기해가주고 또 돌라 카까. 아이고 어느 거는 내 자석 아이가. 다 내 자석인데 마 있어봐라. 내가 할 만한 말 같은 거는 해가주고 우예 해주꾸마 했는데 하이고 모리겠십니더 그거는. 될동 안 될동.

최승호 : 첫째 딸하고 셋째 딸이 좀 섭섭하네, 그지예. 돈은 다 갈라야 되는데. 우리 위령제 때 늘 오시잖아예. 작년에도 오셨습니까, 평산동에 코발트.

이선이 : 나는 몬 갔어예. 보지도 몬 했어예. 작년에도 하마 몇 년 됩니더.

최승호 : 위령탑 세워놓은 거는 봤습니까?

이선이 : 봤지요.

최승호 : 거기 술 한 잔 치고 했습니까? 거기 남편 이름이 올라가 있습니까?

이선이 : 예, 한 날은 보이까네 이름도 없더라. 없어가주고 이름 없 다카이 끄티에 올리주데예.

최승호 : 박정기가 이름이 없었어예? 처음에?

이선이 : 처음에가 아이고 몇 번 지내다 보이까네 없어가지고예. 사람 이름이 없다 카이까네 이름 얹어가주고 뭐.

최승호 : 지금은 이름이 위령탑에 새겨져 있습니까?

이선이 : 모리겠심다. 뭐 새기지가 있는강.

최승호 : 새기 달라고 했어예? 유족회에, 나 회장한테.

이선이 : 딸래미가 댕기면서 얘기 다 했는갑데예.

최승호 : 딸 하나 낳고 일찍 돌아가셔갖고 알콩달콩 재미나게 살아 보지도 못했는데.

이선이 : 나도 어리가 부끄럽기도 부끄럽고예. 말도 올키 해보지도 모하고 마 디져뿟어예. 말도 지서 안 나온다.

최승호 : 찾을라고 노력도 안 해봤습니까?

이선이 : 노력해보이 뭐 소식이 없는데 우야는교. 형무소 같은 거는 가보지도 않했어예. 가마 앉아가 있었지. 신랑 준다고 비 겉은 거 이뿐 거 나오머 뭐 양복 해이지. 오마 양복 해 준다고 모다가 귀하게 여나놓고 그때 살 때였는데 뭐. 옷 해준다고 농 안에 여났디마 시어마시가 쫄쫄 째가주고 누굴 다 좆는공 하나도 없더라고예.

최승호 : 신랑이 안 보여도 돌아온다고 생각했구나, 그지예?

이선이 : 예, 돌아온다고 생각했어예.

최승호 : 나갈 때 신랑은 옷은 뭐 입고 나갔습니까, 집에서 나가는 거는 봤습니까?

이선이 : 철도복 까만 거 입었지예. 철도복 입고 나갔어예.

최승호 : 표정은, 얼굴은 한번 봤습니까?

이선이 : 일하로 간다고 가는 사람인데 아침에 나가는 거 봤지예.

그질로는 소식도 없는데 뭐예.

최승호 : 대구사람들 보면 삼덕동에 있는 대구 형무소에 있다가 가
창골에 끌리 갔다든지.

이선이 : 그건 아이고, 철도 사찰계 있다 갔어예. 사찰계에서 바로
붙들어가주고. 머 6·25사변 나고, 6월 25일날 안 났습니
꺼. 25일날 났는데 그라고 한 20일 됐는가 보름 됐는가
몰라예. 할마시 따라 나가가주고 아들 본다꼬 민 나두고
딸 나가드만 뭐 보도 모하고.

최승호 : 돈을 달라거나 뭐 이런 얘기는 안 하셨습니까?

이선이 : 누가예?

최승호 : 아들이.

이선이 : 돈 돌라 소리는 안 하고 어마이더러, 집 드가이소 내 갔다
오께예 카민서 가더라 카데예. 시어마시 그카데요. 그런
사람이 이날 이때껏 뭐 한 번도 없심다.

최승호 : 집에 드가이소 그 소리 그 얘기가 마지막.

이선이 : 예, 그 얘기가 마지막이라예.

최승호 : 한 3년 동안 신랑하고 같이 살았는데 금슬은 좋았습니
까?

이선이 : 아이고 부끄러버서로 머고 머고 알아야 말이지. 아무것도
모리지.

최승호 : 지금 신랑 만나면 무슨 얘기 해주고 싶어예?

이선이 : 지금 할 말도 없어예.

최승호 : 마지막으로 한 번 더 안 보고 싶습니까? 혹시 살았으면.

이선이 : 박정기나 한번 보고 싶지, 딴 사람은 안 보고 싶어예.

최승호 : 잘생겼습니까?

이선이 : 키가 크다란 사람. 코가 크다란 사람. 잘생겼어예.

최승호 : 딸은 한 번 업어주고 갔는가예?

이선이 : 그때는 업어주지도 몬하고 안아주지도 몬하고 뭐 젊은 사람 뭐 지 자식이라고 어데 뭐 업어주고 안아주고 할 수 있습니꺼. 기양 보는 거만 함 들바다보고 치아뿌릿지 머.

최승호 : 딸이 몇 개월 때 집을 나간 겁니까?

이선이 : 니 살 무가 갔어예. 아부지 얼굴 기억 몬 해요. 기억 모 하지 싶습니다.

최승호 : 혹시 박정기 씨 사진이나 이런 거 있습니까?

이선이 : 징밍사진 하나 있디마 그것도 안 보이데요. 쪼매난 게 하나 있시 철도 드가매 찍은 사진이 하나 있는데 안 비드라꼬예. 없어예.

최승호 : 철도 다녔으면 대구역에 그때 근무했습니까?

이선이 : 대구역에 근무했어예. 대구역에 기관실 아 있습니까. 기관실에서 일했어예.

최승호 : 매일 신천동에서 출퇴근했다 그지예. 걸어서 가고 또 걸어서 오고.

이선이 : 그렇지요. 그때 차가 있습니꺼 뭐가 있습니꺼. 그래 댕기야 되지.

최승호 : 혹시 대구역에서 박정기 씨가 노조활동을 하거나 아니면 거기서 무슨 높은 자리.

이선이 : 우리가 안 따가보이 그런 거는 몰라예. 했는공 아 했는공.

최승호 : 바깥에서 하는 일은 하나도 모르고. 사람들이 빨갱이 짓 했다 캅니까?

이선이 : 하마 머 사상 다르다 카는 거는 뭐 알데요.

최승호 : 그건 시어머니도 알았습니까?

이선이 : 모리겠심다. 시어마이 알았는강. 아 그거는 한 분 잡히갔으이께 알겠지 뭐예.

최승호 : 혹시 집안에도 박정기 씨처럼 이런 사상을 가진 사람들이 있었습니까?

이선이 : 저거 자형. 중간 자형이 그런 사상이 있었는 모양이래요. 이름은 몰라예. 중간 자형이 칠성동에 있었어예. 그 사람도 보마 나가가 소식이 없어서 시누가 카데요. 나가가 소식이 없다꼬. 그래 마 인제 죽은 줄 알고. 거는 아들 둘이라예.

최승호 : 중간 자형도 그럼 박정기 씨처럼 전쟁 나고 잡히가.

이선이 : 그전에 벌써 거는 하마 없어졌어예.

최승호 : 박정기 씨가 중간 자형 영향을 많이 받았네예.

이선이 : 거 영향은 없지요. 우리 마실에 있는 사람 영향 받았지.

최승호 : 마실에 어떤 사람인고 기억 나십니까?

이선이 : 항워이라 카는 사람이 뺄개이라예. 징역 살고 거는 나와 가주고 아이 지금 눈이 등잔겉이 살고 있어예. 하거이, 항으이.

최승호 : 이분은 아직까지 살아 있습니까?

이선이 : 아익 살았는가 죽었는가 몰라예. 그 사람 소속도 모르이까네 뭐.

최승호 : 이분이 칠성동 집 옆에 살았습니까?

이선이 : 아래우게 살았어예. 집에 질이 이런데 거는 올라가가 있고 우리는 밑에 있고. 그 사람도 나이 얼마 안 됐지요.

최승호 : 정기 씨하고 나이가 비슷했습니까?

이선이 : 많지. 그 사람은 아직 살았으마는 그 사람은 징역 살고 나와가주고 드갔다 나와가주고 내 살았어예. 살아가주고 돌아댕깄는데 인자는 몰라 죽었는동 몰라요.

최승호 : 이분은 살았으면 백 살이 넘겠네요 그러면.

이선이 : 백 살이 넘지는 안 할 끼라예.

최승호 : 마을에 이런 사람이 많이 있었습니까?

이선이 : 마 있었는동 없었는동 그 사람 사상 좀 다른 줄 알았어예.

최승호 : 이 사람 직업은 뭐였습니까?

이선이 : 모르겠지 직업이 뭔동.

최승호 : 이 황원 씨 집에 박정기 씨가 한 번씩 놀러 가고 그랬습니까?

이선이 : 안 갔어예. 이우제 있으면시로 그게 선전 아 했나 싶은 생각이 들어서 내가 하는 소리지. 그 집에 놀로 가고 그런 거는 없었어예.

최승호 : 이 사람 영향 때문이지 싶다 이렇게 짐작을 하시는 거네예.

이선이 : 예.

최승호 : 그때 당시에 중간 자형이나 황원 씨나 이런 사람 말고 또 혹시 박정기 씨가 집을 나가게 되는, 사찰계에 잡혀가게 되는 그런 일을 당하는데 연관이 있는 사람 혹시 기억나는 사람 있습니까? 생각나는 사람.

이선이 : 없어예.

최승호 : 없어. 요 두 사람이 조금 달랐다 그지예.

이선이 : 황어이는 지역 사는 거 내가 알았고 딴 사람은 몰라예. 시누부 양반은 머 징역을 살았든동 붙잡히 갔던동 것도 모

리고.

최승호 : 박정기 씨는 몇 남 몇 녑니까?

이선이 : 1남 3녀. 막내이. 아 딸 막내이 있고. 거게는 뭐 늙어도 유산은 못 시킸으이까네. 딸 막내이 하나 그때 나이 열여섯 살 뭇나. 동생이 하나 있었고 결혼한 누나들이 둘이고.

최승호 : 박정기 씨는 학교는 어디까지 나왔다 캅디까?

이선이 : 그거는 몰라예.

최승호 : 시아버지는 혹시 성함을 아십니까?

이선이 : 박주희인강. 주이 주이 준희.

최승호 : 시아버지는 직업이 뭐였습니까?

이선이 : 하이고 영감재이 가이까네 똥 퍼드라 똥 퍼. 똥 퍼는 그기 있드라예. 똥장군이 거 있드라. 촌에서 뭐 농사짓는다고 결혼할 직에는 농사짓는다고 가가주고는 촌에 간다 캐 샀드마는 고마 죽어뿌리노이 할마이하고 뭐 딸 하나 하고 뭐 눌어붙어 있지 뭐 우야는교.

최승호 : 촌에 농사지러 간다 카는 그 촌이 어딥니까? 대구 근첩니까?

이선이 : 거가 보자, 잘 모리겠심다. 농사도 없으민시로 농사지로 간다 캄시로 인자 거짓말하고 아들 결혼시킸는 거라요. 가마 둘이만 산다 생각하고 갔디마는 영감 죽어뿌리고나 이 마 초상이 왔는데 우야는교.

최승호 : 시아버지는 형제가 하나밖에 없었어예?

이선이 : 딴 사람 없데요.

최승호 : 집안에서 박정기 씨가 공부를 많이 하거나 이러지는 않았

네. 못 했겠네 그지예.

이선이 : 공부도 마이 모 했어예.

최승호 : 그래도 철도에는 어떻게 들어갔습니까? 철도 들어가는
게 어렵다 아닙니까?

이선이 : 전에 팔공주식회사에 있었거든예. 센방 기기 기술잔가 봐
예. 쇠 깎고 이러는 거예.

최승호 : 아 쇠 깎는 거, 선반.

이선이 : 예, 그긴가 봐예. 그래가주고 철도 시험쳐가주고 드갔지
요.

최승호 : 철도기관실에서 일하면서 노조활동도 하고 노조활동 적
은 삐라도 뿌리고.

이선이 : 잡히가 죽을라고 캤지예 머. 노조활동을 했는가 뭐 빨개
이짓을 했는가. 빨개이짓을 할라카다가 내한테 전신에 삐
라 가온 거 부석에 다 조여뿌고.

최승호 : 할머니 그때 막 말렸습니까? 못하게?

이선이 : 말리는 기 아이라 부석에 조여뿌데요 지가.

최승호 : 지금 혹시 박정기 씨한테 하고 싶은 말씀 해보이소.

이선이 : 하고 싶은 얘기도 없어예. 15년 동안 기다리도 뭐 내 복
이 없는 거를 우얍니꺼.

최승호 : 제사는 지내줍니까?

이선이 : 제사 누가 지냅니까. 아들도 없고 딸 누가 지 아바이 지사
지내줍니까. 요새 아들네들도 뭐 저 아바이 지사 안 지내
고 뭐 물도 안 떠놔 주는데 뭐 딸아 누가 지사 지내줍니
꺼. 안 지내줍디더.

최승호 : 딸 이름이 뭐지예? 안동에.

이선이 : 알면 말라꼬 자꾸 물어쌉니꺼. 두여이 박두여이.

최승호 : 박두연.

이선이 : 저거 할매가 즈거 아바이 두건 씨고 낳았다고 두여이랍니
다.

최승호 : 박두연 씨 고모는 지금 살아 있습니까?

이선이 : 아이 살았답니다. 내가 뭐 꼼짝도 몬 하고 몬 갑니더. 전
에 갈 쩍에는 들바다보고 했는데 요새는 뭐 꼼짝도 몬 합
니다.

최승호 : 고모는 어디 삽니까?

이선이 : 신천동 아파트에 안 삽니까.

최승호 : 박정기 씨 누납니까?

이선이 : 하이고 할마시 육십에 낳은 막내이 동생 아입니꺼.

최승호 : 이 막내동생을 할머니가 데리고 있었다는 거지요? 키웠
다고.

이선이 : 그때 막내동생하고 우리 딸하고 시어마시하고 나하고 니
식구 아인교. 거 벌이믹이는데 내가 쎄가 둘로 빠져서 15
년 동안예. 그거 고생했는 거는 넘한테 얘기 다 몬 합니
더.

최승호 : 고모는 결혼은 하셨어요?

이선이 : 이북사람하고 결혼했어예.

최승호 : 그래도 고모가 유족회 있다는 걸 가르쳐줘가지고 보상도
받고.

이선이 : 그래가 받아가주고는 안 빠지고 댕깄어예.

최승호 : 고모한테도 보상금을 좀 줬습니까?

이선이 : 고모 받았다 카데예. 고모도 받고 딸도 받고. 내기 젤 많

다 카나 머시라. 내노라고 딸내미 내노라고 캐샀는디 그
것도 내놀동 모리겠심더.

최승호 : 할매 마지막으로 나라에 국가에 하고 싶은 얘기 있습니
까?

이선이 : 하이고 나라에 사람 물리내라 그거 뺏에 없어예. 사람 보
이도록 함 물리 돌라고 그거 뺏에 없어예. 내는 뭐 무슨
소리 해야 됩니까. 세상에 요새 경산에 오는데도요, 및
년 동안을 내가 안 왔디마는 질이 얼매나 낯선지 모리겠
어예.

최승호 : 딸도 사실은 아버지 일찍 돌아가셔갖고 어렵게 살았는데
딸한테는 미안한 마음이 없습니까?

이선이 : 아, 지 내가 몬 키아준 게 미안하지 와예. 할매하고 고모
하고 사니라꼬 지도 쎄가 둘로 빠지고 뭐 아 봐주고 고모
아 봐주고 쎄가 빠졌지.

최승호 : 두연 씨는 결혼해가 안동에서 잘 살지예?

이선이 : 잘 삽니다. 요새 밥 몬 묵는 사람 있십니까. 다 잘 삽니
다. 아바이가 있었으면 낫지요. 뭐 복이 없어가주고 나도
신랑 잃어뿌리고 지도 아부지 잃어뿌리고 그렇지 뭐.

최승호 : 둘이 만나면 요새도 아부지 원망 많이 하시겠네예.

이선이 : 하이고 해보이 나옵니꺼, 뭐 우얍니꺼.

최승호 : 안 억울합니꺼?

이선이 : 억울해도 이제 뭐 다 털렸심더. 내가 죽을 때 됐는데 뭐
그거 뭐. 내 하마 죽을 시간이 넘었어예. 그러이 영감이
라 하 죽을 시가이 넘었는데도 안 죽고 요래가 살아 있으
이까네 뭐라도 하지요.

최승호 : 보고 싶지도 않고. 봐도 못 알아볼 끼고.

이선이 : 못 알아봅니더. 얼굴이 하마 및십 년 됐는데 우예 알아봅니꺼. 모 알아봅니더. 살았다 캐도 몰라예.

최승호 : 혹시나 시신도 못 봤기 때문에 살아 있을지도 모르잖아.

이선이 : 아이구 없어예.

최승호 : 인제 포기했어예?

이선이 : 예, 포기했심더. 내가 나이 이마치 많은데 뭐. 인지 생각해보이 뭐 합니꺼.

최승호 : 다시 그 시절 돌아오면 어떻게 사실 겁니까.

이선이 : 하이고 선새임, 돌아오길 기다립니까. 참 옛날얘기를 말하이께네 서그픕니더. 그 좀 안 부끄럽도록 요로토록 사다 좀 죽었으머 원통하지마는 한창 부끄럽고 넘사시럽고 말 한마디도 올케 뭐 물어보도 모라고 가야 되는데. 그럴 때는 어리숙애 빠져가주고 말 한마디도 몬 했어예. 살아도 말 한마디도 올케 몬 했어예. 요새 같으머 쾀도 좀 지르고 하지마는 그것도 없어예.

최승호 : 그때 못 말린 게 후회가 안 됩니까?

이선이 : 그때는 말리도 몬 하고 뭐. 말린 택이지 나도. 말리도 머 안 되는 거라예. 하고 싶어 했는 것도 아이고. 것도 뭐 몬 이기가 했는가 봐예.

최승호 : 그런 사람을 왜 잡아갑니까, 죄도 없는데.

이선이 : 빨개이라꼬 잡아가지요. 그카마 남자도 잡아가고 여자도 잡아가는데 뭐. 사상 다르다고 지기지 와 안 지기겠습니꺼.

최승호 : 사상이 다르다고 죽이면 안 된다고. 아무리 나라가 그렇

지만.

이선이 : 지금 민주주의하고 어느 주의하고 싸우는 거 보이소. 테
레비 보이 싸와싸테요. 싸와샀는 거 보이소. 글때는 뭐
이승만 시대가, 너무 오래 됐어예.

최승호 : 마지막으로 후손들이나 유족회에, 딸한테 남겨주고 싶은
말씀 있으면 하시소.

이선이 : 남기주고 싶은 말도 없심더.

최승호 : 가슴 속에 하고 싶었던 얘기, 못했던 얘기, 한마디만 해보
시소.

이선이 : 아이구 할 말이 많지마는 하둑채서 그건 고마 둘랍니더.
얘기 다 했심더. 그만하면 얘기 다 했심더.

최승호 : 고생하셨습니다. 멀리 오셔갖고. 이것으로 이선이 할머니
구술증언을 모두 마치겠습니다. 고생하셨습니다.

이선이 : 머 얘기도 두서도 없심더마는 앞에 할 거도 뒤에 하고 뒤
에 할 거도 앞에 하고 마 두서가 없심더.

최승호 : 네, 나중에 우리가 정리를 다 해놓겠습니다, 할머니 얘기
를.

이선이 : 인지 해노마 뭐 합니꺼?

최승호 : 뒤에 또 억울하게 죽은 사람들 왜 억울하게 죽었는지 또
연구하는 사람들도 있으니까 그분들 나중에 들어보도록
그렇게 할 겁니다. 할머니 고생하셨습니다. 가이시다 인
제.

이선이 : 예.

10. 박성운 구술증언

사건과의 관계 : 오영태의 처
구술 당시 나이(생년월일) : 93세
출생지 : 경산시 자인면 단북리

최승호 : 할머니 성함이 어떻게 되십니까?

박성운 : 박성운이요.

최승호 : 올해 연세가 얼마나 되셨지예?

박성운 : 구십서이.

최승호 : 띠가 무슨 띱니까?

박성운 : 용띠.

최승호 : 오 저도 용띤데 저하고 띠동갑이네예.

박성운 : 12년 차이네.

최승호 : 12년 아니고 24년 차이. 할머니 원래 태어나신 고향은 어
딥니꺼?

박성운 : 자인 단북도이라.

최승호 : 아 자인면 단북리에서 태어나셨어예?

박성운 : 예. 그가 친정예.

최승호 : 거기서 몇 살 때까지 사셨습니까?

박성운 : 거게서 열여섯 살 때까지 살았어예.

최승호 : 그럼 열여섯 살 때 결혼했습니까?

박성운 : 그때 결혼했는 게 아이고 왜정시대에 아가씨들 잡아간다 고 결혼 안 시키마 잡아간다카고 그래 우째나사가 나도 결혼으로 치았지. 만 열여섯 살에 시집왔습니다.

최승호 : 단북리 마을에는 어떤 사람들이 살았습니까, 성씨들이.

박성운 : 여러 성이.

최승호 : 할머니는 본이 어딥니까 밀양입니까?

박성운 : 밀양.

최승호 : 밀양 박씨들이 단북리에 몇 가구나 사셨어요?

박성운 : 한 네 가구 살았지예.

최승호 : 큰집도 있고 작은집도 있고 그랬습니까?

박성운 : 예, 지금은 없지마는 그땐 다 있었지예.

오재관 : 아 그거는 큰집이고 삼촌들이 사셨고.

박성운 : 마 지금은 죽고 헤이지고 자녀들은 어디로 가고 그래가 인자 마이 없어예. 박씨가 한 집 살아. 한 집인가 두 집 살아.

최승호 : 친정아버지는 장남이십니까?

박성운 : 예. 장남.

최승호 : 장남이고 작은집이 있었고 큰집이 인제. 할머니는 몇 남 몇 녀입니까?

박성운 : 친정으로? 아들 없고 딸만 너이 있어예.

최승호 : 몇째 딸입니까?

박성운 : 둘째.

최승호 : 열여섯 살에 정신대 끌리간다고 결혼을 하셨구나. 결혼은 어디로 했습니까?

박성운 : 거 압량. 신대라 카는 데.

오재관(*오영태의 아들) : 신대리 208번지로.

최승호 : 오늘 아드님 같이 나오셨는데 아드님 성함은 어떻게 되십니까?

오재관 : 오재관.

최승호 : 올해 나이가 어떻게 되십니까?

오재관 : 칠십서이.

최승호 : 남편 성함은 어떻게 되십니까?

박성운 : 오영태.

최승호 : 신대리는 오씨들이 많이 살았습니까?

박성운 : 신대에 오씨 마이 안 살았습데. 작은집으로 일본 가뿌고 일본 갔다가 왔고 두 집 살아. 큰집이 우리 집이고.

최승호 : 남편분은 몇 남 몇 녀 중에 몇짼니까?

오재관 : 2남 2녀 중에 장남이지예. 고모는 큰고모님이 계셨고 아들로서는 첫째고.

최승호 : 시아버지는 신대에서 어떤 일을 하셨습니까?

박성운 : 농사짓지예. 그때 뭐 다 농사지. 밭농사 논농사.

최승호 : 살림은 시집가니까 많이 있었습니까?

박성운 : 밥 묵고 살 만침 있었어예. 그렇게 몬 살지는 안하고 꾸로 안 가고 밥 묵고 살았심다.

최승호 : 남편은 당시에 학교는 어디까지 다녔습니까?

박성운 : 학교 뭐 국민학교밖에 안 갔겠지 그때 뭐.

최승호 : 남편은 결혼할 때 몇 살이었습니까?

박성운 : 수물한 살.

최승호 : 다섯 살 차이 나셨겠다. 열여섯에 스물한 살이니까.

박성운 : 그랬겠지요 뭐.

최승호 : 결혼해서 자녀는 자식은 몇이나 두셨습니까?

박성운 : 둘이요. 아들 둘. 딸도 없고.

최승호 : 큰아들입니까? 동생은 몇 살입니까?

오재관 : 칠십하나.

최승호 : 결혼하고 몇 년도에 태어나신 겁니까?

오재관 : 결혼하고 3년.

최승호 : 그럼 48년도에 태어나신 겁니까?

오재관 : 47년.

최승호 : 그럼 해방되고 결혼하셨네 그지예? 아 44년도에 했습니까 결혼을? 해방되기 전에 했지예?

박성운 : 해방되이께 그랬겠지. 해방되기 전이네예. 시집오이끄네 일본에 군인에 영장 나왔다고 … 사흘 만에 일본에 군인을 가더라 남편이예.

최승호 : 결혼하고 오니까?

박성운 : 그때 영장이 나와가주고 일본 군인이 태국기 크다란 거 세아나코 잔치한다고 캐사코. 그래가 3일 만엔가 가뿟어예. 가가주고 3년인가 2년인가 있다 제대해가 왔지. 안 죽고 살아왔드라고. 그래 와가주고 야를 낳았다고.

최승호 : 45년도에 가서서. 해방되기 전에 가셨다 그지예?

박성운 : 해방되기 전에 갔지예.

최승호 : 군에는 어디에 근무했다고.

박성운 : 그냥 마 일본에 가뿌리가주고 군에는 어디 갔는가 우리는 모리지예.

최승호 : 군대를 간 겁니까, 강제동원 돼서 일하로 가신 겁니까?

박성운 : 은제. 군대를 붙째끼 갔어예. 나가 수물한 살 고때 분명히 내 여게 수물한 살 때 군인이 돼가.

오재관 : 제가 알기로는 엄마가 연세가 드시가 잘… 기억력이 자꾸 그런데, 제가 듣기로는 어머니가 당시 우리나라에 국방 군이라는 정규 국방군이라는 군대가 있었는 걸로 제가 들었거든예. 그때 우리 정부에서 아마 소집이란가 그런 걸 통해서 국민방위군인가 거 가서 2년인가 3년인가 복무한 걸로 저는 어머니한테 그렇게 들었었는데. 아마 어머니는 그때 일제시대니까 일본군에 아마 징집돼 간 것이다. 그 건 확실히 잘 모르겠는데 제가 젊었을 때 어머니가 말씀 하시기를 국민방위군에서 2년간 근무하고 오셨다. 저는 기억하고 있는데 어머니가 자꾸 연세가 드니까 자꾸 그래 좀….

최승호 : 일본에 간다고 잔치도 하고 막 그랬습니까?

박성운 : 예. 그때 일본 가는 날 받아놓고 잔치하고 그라데예.

최승호 : 월급도 받아왔습디까?

박성운 : 으은지예. 월급도 가이게 안 받아오고. 일본 간다 카미 가 뿌고 한 3년 만에 살아왔드라.

최승호 : 남편이 잡혀간 건 언젭니까?

박성운 : 집에 와서 3년인가 그때.

최승호 : 3년쯤 있다가.

박성운 : 그렇지. 47년도에 갔으니까 50년도에.

최승호 : 전쟁 나고 난 후입니까, 전쟁 전입니까?

박성운 : 그 잘 모리겠네. 전쟁 전인 재호 난지겠지.

최승호 : 전쟁 난 거는 어떻게 아셨어예? 그때 피난민들이 집에 막 오고 그랬습니까?

박성운 : 아르세 소 마구에 피란민들이 서이 와있고 방아실에 마굿간으로 머 전신에 한 방 있었어예. 그때 그 전쟁. 창고에다 마굿간에다 마 치우고 밀고 들오이께네 머 거절할 수도 없고 살라꼬 카는데. 그래 그 피란해가주고 끝나고 서울로 올라가드라고.

최승호 : 피난민들이 집에 며칠이나 묵고 갔습니까?

박성운 : 한 2, 3일밖으 안 묵었어. 오래는 안 묵었어.

최승호 : 쌀도 주고 밥도 주고 했습니까?

박성운 : 준 것도 없고 자기들이 뭐로 우옛든동 돌라 소리도 없고 준 것도 없고.

최승호 : 피난민들이 가고 나서 남편이 잡혀갔습니까?

박성운 : 가고 나서도 한참 있었지예. 만날 지녁으로 놀로가가주고 오래 만날 놀고 오드라고예.

최승호 : 저녁에 어디로 놀러 갔습니까?

박성운 : 친구들 모지가 노는데 있어예. 그래 더러 놀다 오니라마.

최승호 : 마을에 친구들이 많이 있었습니까?

박성운 : 마을에 친구가 마이 있었지예. 연령 차이 있는 사람도 있고 없는 사람도 있고.

최승호 : 남편이 좀 젊은, 어린 편입니까 중간쯤 됩니까?

박성운 : 중간쯤.

최승호 : 누구 집에 모여가 논다 그럽디까?

박성운 : 으은지. 누 집에 모인 기 아이고 단체로 그리 모지는 기
　　　　아이고. 할매가 아들 하나 데리고 사는 집이 있는데 거
　　　　더러 모지가 노드라꼬예.

최승호 : 그 집이 집에서 많이 떨어졌습니까? 외딴집입니까?

박성운 : 한 넷 집 떨어져 있지러. 그 집에 모지가 지녁에 놀고.

최승호 : 놀고 몇 시에 집에 들어왔어예?

박성운 : 머 그런 거꺼지 니를 줄 알았시마 약속이나 하지마는. 멫
　　　　시에 들어왔는고는 모리고 어른 영이 무서버가지고 오래
　　　　도 몬 놀아예. 아부지가 영이 무서버가 오래 댕기마 막
　　　　머라캐싸 오래 몬 놀게 해.

최승호 : 거 모이가 무슨 얘기 했다 그럽디까?

박성운 : 머 농군이니까 농사짓는 얘기 머 그런 거 하지. 딴 얘기
　　　　비밀 이런 이애기는 안 해예. 일치를 몰랐지. 잡히가고
　　　　난 뒤에 알지 그전에는 몰랐지.

최승호 : 잡혀갈 때 계절이 어떤… 봄이었습니까, 여름이었습니
　　　　까? 모내기해놓고?

박성운 : 잘 모리겠네예.

최승호 : 그때 더울 땝니까, 옷을 뭘 입고 갔습니까?

박성운 : 쪼끔 덥었지예. 그꺼지는 모라겠는데.

최승호 : 잡혀갈 때 어떤 옷을 입고 갔는지는 기억나십니까?

박성운 : 우리는 그런 비밀로는 가일 줄을 모리고. 이종규라 카는
　　　　사람이 그 뭐고, 경산이가 그 사람 이름 머고?

오재관 : 아, 이정우.

박성운 : 이정우 아부집니더. 이종규라 카는 사람이 이정우 아부진
　　　　데. 그는 우리 집에 하고 연릉 차이가 좀 있었는데 낮에

어느 날 징침 모르는데 어느 날 이종규라 카는 사람을 잡
아가뿟어예. 몇몇치 와서 경찰에서 잡아갔는데.

최승호 : 경찰입니까, 군인입니까?

박성운 : 그냥 암것도 아이라. 잡히갔는 사람이예?

오재관 : 아니 잡아간 사람.

박성운 : 잡아간 사람은 어둡은데 밤이끄네 머 군인인지 경찰인지
머 알아야지 보이는동 여자이끄네. 남자 겉으머 또 모리
지마는. 집에 들앉아 있으머 내다보나 머. 우리는 잡히갔
는동 몰랐지. 밤에 지녁에 한참 오다가 잘 때 됐시까 하
는데. 그래가 나는 어떤 사람인뜨 모리는데 모든 사람이
봐야 알제 들어야 알제, 머 여사로 듣고 있는데…. 그래
가 있시 우리 남편 되는 사람이 자다가 큰방에 자다가 '형
님인게' 누가 부르는 소리가 나이께네 '형님인게' 카미 쫓
아 나가드라고. 이종주라 카는 사람이 아식 있을 때 긍캐
로 와 잡아갔어예. 잡아갔는데 그 친구를 붙찔라고 비밀
로 인자 보냈는 기라. 보내가 우리가 부리마 안 나오는데
친구기 따무네 오영태를 불리내도고. 경찰로 그 사람을
부틀고 와가주고 그 사람 붙잡고 와가주고 태아가, 니가
부리마 나오고 우리는 도망가고 안 나오니까 불러라. 그
사람을 먼저 델고와가주고 그래 경찰이 숨어있다가 다부
지녁때 와가주고 '오, 오' 카미 부르드라꼬예. '오군 오군'.
성이 오씨께네 '오군, 오군, 오군' 카메 부르드라고예. 우
리는 알라 데리고 아들 델고 방에 자니라고 모리는데 가
는 거 봤시마 그라지 머. 그래 친구들이 부르이께 친구
따르지. 그래가 '오군, 오군' 하이께네 낮에 붙찌끼 갔다

는 소리를 들은 모양이지. 그래 방가왔던 모양이제. 하이고 형님 왔는게 카메 쫓아 나가이까 답삭 붙들리 갔더라.

최승호 : 그때가 밤 몇 시쯤 됐는지는 기억나십니까?

박성운 : 초저녁에 10시쯤 됐을 기라예. 밤중이 아이끄네. 저녁 묵고 한참 됐으이께 한 10시쯤 됐지. 정확하게는 모리지 머.

최승호 : 오군 오군 하고 부른 사람은 누굽니까?

박성운 : 이정우 아부지가.

최승호 : 그때 신대리에 다섯 명인가 잡혀갔다던데 몇 명이 잡혀갔습니까?

박성운 : 그때 붙잡히 가기는 우리 동네 그때 간 사람이 내가 알기로는 한 너댓이 됐는데.

최승호 : 그중에서 살아온 사람도 있습니까?

박성운 : 없어예. 머 가고는 아 오지. 면회도 함 안 시키고.

최승호 : 어디로 붙잡혀 갔다 그럽디까?

박성운 : 경찰, 경찰서. 면회 안 시키조예. 그래가 경찰 경산서에 밥 갖다 주고 하는데 밥도 갖다 줬는데 고서 및 밤이나 잤는고 몰라예. 근데 그다음에 면횔로 가이까네 그 사람 없다 카드라고예. 어데 갔노 하이 광산에, 코발트광산에 강창경찰서로 가 있다 그카드라고.

최승호 : 광산 앞에 평산지서가 있었습니다.

오재관 : 예. 제가 한 번 면회 갔습니다. 고때 다섯 살 때 제 기억으로는 마을에 인제 할머님이 한 분 계셨는데. 참 가까이에 계신 이웃사촌처럼 가까이 지내신 할머님 한 분이 계시는데 그 할머니 손을 잡고 내가 평산경찰서에 지서에

가서 아버님이 안에 계신가 함 봤거든예. 기억으로만 남는 것이 뚜렷하게는 잘 모르겠는데 그 당시에 지서에 유치장이랄까 고런 것이 철제로 된 것이 아니고 나무로 인제 엮어가꼬 아마 해갖고 한 것인데. 그 당시 그 안에 몇 사람 있었는지 모르겠는데 제가 할머니하고 둘이 가서 면회 당시 혼자만 봤거든예. 그 당시 혼자 면회 왔으니까 혼자 보이줬는지 모르겠는데 내 기억으로는 그렇게 희미하게…. 계절적으로 봐서는 추운 계절이 아니고 여름인데 그 당시 전쟁이니까 미군들이 큰 탱크가 압량 야시로공장 지금 현재 신대부적지로 큰 도로가 지금 도로 난 그쪽으로 비포장도로 겉은 데서 탱크들이 지나가는 걸 그것이 내 지금 기억에 남거든예. 면회 갔다 옸는지 갔는지 우쨌든 그때 그 탱크들이 지나가는 모습이 희미하게 기억에 남아있어예.

최승호 : 그때 마을에 이종규 씨나 그런 분은 못 보셨다 그지예?

오재관 : 예, 저는 뭐 기억에 없고예.

최승호 : 할머니 경산경찰서에 밥을 해갖고 갔는데 며칠을 몇 번이나 밥 해갖고 갔습니까?

박성운 : 한 분도 안 갔어예. 가도 안 보이조예. … 안 보이조. 그래가 어느 날 내가 답답아가 어데 갔노 카이까네 그 사람 여 아이고 저 평산에 경찰서로 광산에 갔다캐. 야가 그때 너댓 살 뭇시 숙성했어. 마이 컸어예. 죽을동 살동 내 생각에 한참 됐시끄네 아들이라고 함 보이조야 되겠다 싶어 가주고 도시락에다 밥을 싸고 야는 성숙해가 마이 컸어예. 들고 갔다카이 걸어가. 차가 있나 신대에서 바늘상까

지 걸어가가. 거리가 멉니다, 한 4킬로.

오재관 : 십 리 정도.

박성운 : 한 시간 정도. 어리이까네. 아 이만치캄 함 비조야겠다 카미 딜고 가이 그래 거 가노이까네 없다 캐예.

최승호 : 아부지 보셨다는데.

오재관 : 저는 봤지예.

박성운 : 봤어. 나는 몬 봤다. 몬 봤어예.

오재관 : 저는 엄마만 같이 간 게 아이고예. 마을 할머니하고 손잡고 갔지예.

최승호 : 엄마하고 같이 간 기억은 없고.

오재관 : 예, 기억이 없고.

박성운 : 기억나, 기억나. 나캉 갔는데 그래 밥도 안 주고 그래가 없다 카드라. 면회 안 시키주고 그래 울민서 돌아왔지. 시상 식구들 그르케 모르고 그럴 수가 있었나.

최승호 : 지서에서 밥을 해오라든지 아니면 옷을 갖다 달라던지 돈을 갖고 오라던지 이런 얘기는.

박성운 : 그런 얘기는 전혀 없어예. 차라리 돈은 있었는데 소 한 마리 팔아가주고 그때 소가 비쌌거든예. 그게 씰라고 팔았는 기 아이고 팔아 간다고. 팔아가 돈이 주무이에 있었다 카이. 있었는데 돈 돌라 소리도 안 하고, 씨도 안 하고. 냉주 끝나고 냉주 어떤 사람은 돈 주가 살아나와삐더라. 그 사람 죽었어예. 나와가 칠심미에 죽었어예.

최승호 : 그 사람 빠져나온 사람은 마을 사람입니까?

박성운 : 마을에 살다가 외부로 이사 간 사람인데 어데 갔는지는 모르겠어예.

최승호: 그때 남편이 왜 잡혀갔다고 생각했습니까?

박성운: 몰라예. 짚이는 거도 없어. 이종규라는 넘이 와가, 하이고 형님 왔능게 카미 쫓아나간 거밖에 몰라예.

최승호: 이종규 이 사람은 마을에서 어떤 일을 했습니까?

박성운: 전에 동장을 했었는데 전에 동장 함 했지 싶읍니더. 몰라 내가 잘 모르겠는강. 동장 함 했지 싶으다. 학실히는 모르겠다.

최승호: 그때 당시에 마을에 젊은 사람이 많이 있었는데 인민위원회 활동을 하거나 이런 분들도 있었습니까?

박성운: 몰라 나는. 어른이 쫌 그거하고 해가 만날 부엌에만 앉아 가주고 집에 살림만 살았지 이우지 일은 몰라예. 바깥일은 몰랐지. 내우간이라도 참 괘씸터라고예. 요만치도 얘기도 안 해주고. 남겉이 살았으잉께 괘씸하잖아.

최승호: 속사정이라도 얘기했으면 말렸을 건데.

박성운: 그케. 말렸지. 목자소자 말렸을 긴데. 친구들 놀러오마 그냥 친구들 놀러 왔는가 싶었지. 요새 같으마 다 그런 거 알기다. 나는 어리숙어가지고 나 어리 시집와가 아무것도 모리고 어른 밑에서 살림 살미.

최승호: 지서 가니까 사람이 없었는데 그럼 살아올 거라고 생각하고 기다렸습니까?

박성운: 머 할 수 없지 머예. 속으로는 나는 법대로 하겠지 뭐. 죄가 없이 오겠지. 죄를 생전 죄라카는 거는 모르… 참 양심이 참 곱고 참 그르거든 정학하거든예. 나는 죄짓다 그런 거는 쪼매도 생각 안 했지. 죄가 없이 오겠지 뭐.

최승호: 얼마나 그래 돌아올 거라고 생각하고 기다렸습니까?

박성운 : 은제까지라도 돌아올 때까지. 쏠부살이 93년 살아도 안
　　　　　돌아오네. 하하하. 지금은 야속할 따름이지 뭐. 내 말 한
　　　　　마디 안 하고 혼차만 비밀 지키고 그래가 모르는 기 야속
　　　　　하지.

최승호 : 제사는 언제부터 지냈습니까?

박성운 : 제사 안 지냅니더. 우리는 교회 댕깁니더. 우리 아들은 장
　　　　　로고 교회 댕기기 땜에 제사 안 지냅니다.

최승호 : 지금도 그럼 어디 살아있을 거라고 생각하십니까?

박성운 : 몰라예. 살아있기는 뭐 살아있겠십니까. 살아있다고는 생
　　　　　각 아 하는데 내가 죽으마 영혼이라도 만나볼 수 있으까
　　　　　없을까 뭐 카는 긴데.

최승호 : 영혼 만나면 뭐라고 하고 싶습니까?

박성운 : 뭐 하고 싶겠어예.

최승호 : 그래도 하고 싶은 얘기 많이 있지 싶은데. 살아도 제대로
　　　　　재미있는 얘기도 못 하고 살았잖아.

박성운 : 몰라. 아무것도 몰라.

최승호 : 하고 싶은 얘기 함 해보이소. 지금 살아있다고 생각하고
　　　　　저 카메라에 있다고 생각하고.

박성운 : 하고 싶은 얘기 아무것도 없심더.

최승호 : 서운하잖아, 말도 한 번 안 해주고.

박성운 : 살아있다고 생각하마 하고 싶은 거 아무것도 없어. 말또
　　　　　안 하고 돌아설 거 겉애. 미워서 괘씸해서. 그러케 모르
　　　　　고 우예 그래 조서했는 게. 말또 한마디 안 하고 가고.

최승호 : 나갈 때도 한마디 못 하고 나갔네 그지요.

박성운 : 밖에 있다 붙찌기 갔으이 말또 한마디 못 했어. 보지도 몬

295

하고. 밤에 자고 아 오는데 자고 나가이까네 이웃 사람들이 느그 신랑 떼이 갔데이, 붙들리 갔데이. 그 무슨 소린교 어데 붙들리 갔는데 그카이끄네. 몰라 경찰에 붙들리 갔다캐. 위군사령분가 나는 그런 거 잘 몰라. 와 아 오는 공. 온 저녁도 친구 놀러 가가 자고 오는지, 재민는 기 있는가 와 아 오노 싶었지. 거 몰랐는데 이웃 사람들이 느그 신랑 붙찌기 갔데이. 붙찌기 가긴 어데 붙찌끼 갔는데 카이 경찰이 와가 붙찌기…. 경찰이 와 붙찌끼 가는데 아무것도 몰라 그랬디만 차차로 알아가이 그래 갔다 카대.

최승호 : 혹시 아드님은 아버지가 어떻게 해서 돌아가셨다는 얘기를 들은 적이 없습니까?

박성운 : 커가 들었는가 몰라. 어릴 때는 몰라예.

오재관 : 어머니께서 말씀해주신 것이 그날 저녁에 불러서 나갔는데 나가기 전에 마을에서 동장 되시는 분이 아버님 친구분하고 마을에 보면 농사짓고 하다 보니까 이래 가끔 저녁에 모여 이런 이야기 저런 얘기도 하고 하는데. 그 당시에 이거 뭐 도장이라는 걸 갖다가 익사람이매가 찍어달라 카는 그런 기 있었던 모양이죠. 그때 그 같은 류 친구분들이 같이 모이가 이야기하다 보니까 다 뭐 그 도장을 찍었다, 도장을 찍어줬다. 그런데 이제 경찰서에서는 그 명부에다 도장이 찍힌 사람 이름 있는 사람들 위주로 이제 무조건 어쨌든 뭐 그래서 잡아갔다. 뭐 그렇게 이야기 들었거든예.

최승호 : 아마 해방 후에 토지개혁이라든지 이런 거 때문에 인민위원회 중심으로 해서 토지를 무상 배급하겠다, 뭐 이런 게

있었는데 거기에 도장을 찍거나 아마 했었을 것 같네. 그
죠.

오재관 : 자세히는 모르겠고.

최승호 : 농사를 지었으니까 어쨌든가.

오재관 : 예, 예.

박성운 : 커가주고 넘한테 들은 이야기지. 저는 몰르지.

오재관 : 어머니한테 들은 기 기억에 남아 있는 기 인제.

최승호 : 그 마을에 젊은 사람들이 많아서 인제 그런 얘기들이 자
연스럽게 나왔겠네 그죠.

오재관 : 그 친구분들 인제 아까 이야기, 한 다섯 분 정도가 같은
친구들이니까.

최승호 : 잡혀간 사람이 다 친구.

오재관 : 예, 같은 그런 분이니까 인제 저녁마다 모여가 만날 이야
기도 하고 이런 이야기 저런 이야기 마이 했겠지예.

최승호 : 그렇다고 해서 죽을죄를 진 게 아닌데. 아드님은 아버님
잡혀가고 나서 학교는 어떻게, 학교 다니고 공부하고 자
라는데 어려움이 없었습니까?

오재관 : 뭐, 연좌제 카면서 그런 이야기는 옛날에 많이 떠들었거
든예. 그래서 제가 군대 갈 때도 혹시 그런 것이 적용됐
나 싶었는데 저는 공고는 일찍 나왔는데 특별히 그런 걸
조사한다던가 하는 그런 것들은…. 우리 뭐 많이 말은 떠
돌아 다녔거든예. 그런데 전혀 뭐 복무하는데 전혀 그런
거는 없었고.

최승호 : 학교 다닐 때는 뭐 혹시 주변에 친구들이나 아니면 주변
사람들한테 빨갱이 자식이라든지 그런 얘기는 들은 적 없

습니까?

오재관: 그런 얘기는 직접적으로는 들은 건 없고예.

최승호: 혹시 아버지 때문에 공부할 때나 클 성장할 때 힘들은 건 없었다 그죠?

오재관: 저는 그런 거는 없었습니다.

박성운: 그런 건 없데예, 우옛기나. 해나 군대 가마 또 저거 아부지 매이로 우예까 싶어가 염려는 했는데.

최승호: 군대는 입대는 몇 살에 하셨습니까?

오재관: 학교를 졸업하면서 고등학교를 졸업하면서 바로 시험을 쳤거든예. 그 당시 월남전 때문에 육군에 들어가마 혹시나 월남에 파병되까 싶어가꼬 공군을 지원을 했더니만 학교 졸업하면서 바로 지원을 했더니만 인자 합 그래갖고. 저 군대 생활 오래 했습니다. 13년을 했는데 장기복무 겸으마 특별히 조사가 심하고 연좌제 그런 거도 생각을 했는데 전혀 뭐 그런 것은 없었거든예. 불이익을 받지 않았습니다.

최승호: 두 살 아래 동생이 있는데 동생은 어땠습니까?

오재관: 동생은 유복자라 유복자였거든예. 그때 동생도 전혀 뭐 그런 건 없었습니다.

최승호: 다른 분들 얘기를 들어보면 학교 다니면서 옆에 친구들한테 같이 놀지 마라 뭐 이런 얘기도 듣고 했다던데.

오재관: 하하, 저는 없었습니더.

최승호: 마을 분위기도.

오재관: 예, 마을 분위기도 그러지 않았습니다.

최승호: 신대리는 어떻게 집성촌입니까?

오재관 : 예, 전씨들 집성촌이었는데 저희는 두 집 있거든예.

최승호 : 오씨는 두 집이었고. 혹시 마을에 전씨들 중에 당시에 마을에 터줏대감이라든지 벼슬을 하거나 고위직에 있었던 사람, 공부를 했던 사람 이런 사람도 있었습니까?

오재관 : 그 당시는 잘 모르겠는데 저희 집에 인제 조모님이 할아버지의 여동생 되시는 분이 신대 집성촌에 좀 유명하신 분 집에 출가를 했어예. 그래서러 집성촌에 전씨들하고 우리 집안하고 관계가 좀 그래 되니까 집성촌이 좀 옛날에는 뭐 그런…. 뭐 집성촌에 가면은 여러 가지 불이익을 당하는 그런 경우 있었는데 우리는 그런 관계였어서 그랬는지 전혀 전씨들 집성촌 살면서 뭐 별로 따돌림이라든가 그런 건 없었고. 관계는 원만하게….

최승호 : 혹시 전재수라고 들어본 적 있습니까?

오재관 : 전재수 씨가 부적 아마 사신 걸로 아는데.

최승호 : 이분이 인민위원장이었거든요, 경산군. 혹시 들은 적 있습니까?

오재관 : 아, 전재수 씨 동명이인인지 모르겠는데 제가 아는 전재수 씨는 나이가 그렇게 많지 아… 우리보다 조금 나이가 더 된 걸로 알고 있었는데. 그분이 옛날에 압량면에 면서기랄까 행정적인 일을 보는 그분인 것 같은데.

최승호 : 제가 듣기로는 당시에 신대부적 이쪽에 전재수라는 경상군 인민위원회 위원장이 살고 있어서 이분 영향 때문에 많은 희생자가 있었다 이런 얘기를 들은 적이 있거든요. 그래서 혹시 전씨 집성촌에 있는 전재수나 이런 분들이 마을에 와서 젊은 아버지 또래 젊은 사람들하고 같이 도

모하고 했던 거사를 도모하거나 그런 얘기를 들어본 적은 없습니까?

오재관 : 그런 얘긴 들어본 적 없고 아까 그 이종규 씹니까?

박성운 : 누가?

오재관 : 이종줍니까, 이종급니까?

박성운 : 몰라, 이종주라 카는 소리 들었는데, 종준동.

최승호 : 이종주, 이종주일 것 같네요. 이정우 씨 아버지.

박성운 : 이정우 아버님. 이종주 씨라. 그분도 같이 가가 죽었잖아.

오재관 : 꼭 그분이 도장을 받아갔는지는 모르겠는데 친구분들이 와서 도장을 찍어달라 해서 찍어조가꼬 그것 때문에 마….

최승호 : 아버님 친구분 돌아가신 분 성함 혹시 알고 계시는 분 있습니까?

오재관 : 저는 잘 모르겠는데.

박성운 : 누가?

오재관 : 아버지 친구분들, 붙들려 간.

최승호 : 이름 한 번 대 보시소. 누구누군지.

박성운 : 그 사람 잘 모르겠는데. 이정우 아부지 이종주라 카는 거 밖에 잘 모르겠는데예.

최승호 : 이종주 한 사람밖에 모르겠습니까? 나머지 세 사람은.

박성운 : 세 사람은 모르고. 큰집은 이씨라 카원두 우에는 부자라 잘 살았는데 거이는 신대 저 동장질 한 분 했지 시푸다. 했는가 아 했는가 학실히는 모르겠다. 나이 오래 됐는.

최승호 : 성씨는 우예 됩니까, 잡히간 사람들이.

오재관 : 성씨, 잡히가신 분들 성씨는 알아요?

박성운 : 모르겠는데 그거밖에 모리겠는데.

오재관 : 신대 전씨 있잖아. 전씨 한 분 계시다. 친구 있잖아.

박성운 : 신대 전씨 잽히간 사람 없어.

최승호 : 오씨 잡혀갔고 이씨 잡혀갔고, 또?

박성운 : 이씨라고 이씨라꼬 용서이 즈 오래비 아이가.

최승호 : 이용선 씨.

박성운 : 이용서이 오빠라.

오재관 : 오빠 거도 이씨잖아.

박성운 : 이씨. 그라고.

최승호 : 이용선 씨 오빠도 맞습니다. 신대다.

박성운 : 이용서이 오빠 갔고. 화씨라고 그랬나.

오재관 : 아, 정씨 있잖아. 화식이가 정씨잖아.

박성운 : 홍화식이라고.

최승호 : 홍화식 씨.

박성운 : 홍화식이 갔고.

오재관 : 신대 와 저 외따리 한 분 사시는 분 있잖아.

박성운 : 할매 사는데 거 이름을 모리겠네. 그 사람도 갔는데.

오재관 : 무생이 아버지 이름 뭔교, 무생이 아버지.

박성운 : 무새이. 거는 군대 가 죽었고.

오재관 : 아 그런교.

최승호 : 그때 당시에 그 외딴집에 할머니하고 두 분 사는 집에 놀러 갔다 그랬는데 그 집 아들은 어떻게 됐습니까?

박성운 : 그 집 아들 없어예.

최승호 : 아들 집에 아들이 친구라서 그 집에 자주 놀러 갔다 그랬

잖아, 밤에.

박성운: 누가 니가?

오재관: 아니 영규 아부지.

박성운: 아, 영주이, 영주이 아부지는 그리 잽히 안 가고 다리 아파가 그양 죽었다.

오재관: 아니 그런데 그분하고 같이 친구잖아.

최승호: 친구분은 안 잡혀갔습니까?

박성운: 누가예?

최승호: 남편이 자주 놀러 갔던 집.

오재관: 영규이 아부지는 안 잡혀갔지요? 거는 이래 다리를 이래 못 써가 쩔룩쩔룩….

박성운: 영주이 거 안 갔고. 억조, 억조라 카는 놈. 놀로 가는 할매 그 집 아들이 억조라 억조.

최승호: 억조는 어떻게 죽었습니까, 붙잡혀 갔습니까?

박성운: 그때 붙찌기 갔는가? 안 갔나? 그런 거 그질로 가고는 없더라.

오재관: 아, 소식이 없어요?

최승호: 억조, 거는 성씨가 우째 됩니까? 이억좁니까? 이씹니까 거도 전씹니까?

박성운: 몰라. 이씬가 이억조. 할마시 혼자 살다 죽고.

오재관: 할매 누가 정씹니까?

박성운: 몰라 나도 모리겠다. 나무 성씨를 우예 알겠노.

최승호: 마을에 그 당시에 돌아가신 분이 오재관(면담자가 오영태를 아들 오재관으로 잘못 부름) 씨하고 이종주 씨, 홍화식 씨, 이용선 씨 오빠 이렇게 네 명은 확실하고, 한두 명

정도 더 잡혀간, 더 있습니까? 잡히간 사람은? 모르겠어 예? 이분들이 전부 같이 도장을 찍어줘갖고 그렇게 갔다 그죠.

박성운 : 말로는 뭐 도장 찍어라 캐사 찍어준 거밖에 없고, 일 했는 거는 아무것도 없고. 도장만 찍어라 카이 친구들이 오이 사정 봐가 찍어줏는가 그랬는가.

최승호 : 혹시 10·1 사건이라고 들어보셨습니까?

박성운 : 10·1 사건이라꼬 얘기는 들었는데.

최승호 : 그때 10·1 사건 때 마지막 날 거기서 압량으로 도망 왔던 사람들이 마을에 들어온 적은 없습니까?

박성운 : 없는데. 우리 집에 피란 받았는 거밖에 없는데.

오재관 : 피난이 거 고때 다섯 살쯤 됐으니까 제 기억에도 인제 마을 사람들이 집에 와서 며칠 머물다가 간 고 기억은 조금….

최승호 : 그전에 10·1 사건은 그전이니까 모르시겠다 그지예. 그럼 남편 돌아가시고 나서 행방불명이 됐다, 신고는 언제 하셨습니까?

박성운 : 신고.

최승호 : 신고, 60년도에 국회에 신고하셨던데. 누가 하셨어예?

오재관 : 아, 그 사망신고가 할아버님께서 조부님께서 저는 확실히 모르는데 호적등본에 보니까 자 사망신고 부 해서 할아버지 이름이 적혀 있더라고예. 그래서 저도 알았고.

최승호 : 사망신고는 몇 년도에 했습디까?

오재관 : 사망신고가 고기 한 전쟁이 끝나고 확실치 않은데 모르겠는데 50년도 초반에 아마.

박성운 : 나는 사망신고 했는 줄도 모린다.

오재관 : 그냥 내 호적등본 때문에 여러 가지 일 때문에 떼보니까 고렇게 부 할아버지 신고 고래가 적혀 있더라고.

최승호 : 할아버지는 아버지가 잡혀가고 나서 돌아가셨다고 생각을 하셨네 그죠.

오재관 : 예, 그래서 마 거기서 이렇게 사망했다는 어떤 연락을 주셨는지 안 주셨는지 모르겠는데 아마 주셨기 때문에 할아버지께서 아마 사망신고를 아마 그렇게 하신 거 같은데….

최승호 : 그리고 10년 후에 그러니까 1960년도 국회에 남편이 돌아가셨다고 신고를 하신 것 같은데 그 신고는 누가 하셨는가요? 또 할아버지가 하셨나?

오재관 : 60년도예?

최승호 : 예, 국회에 양민학살특위에 신고하셨는데 거기에 오 자 재 자 관 자 명단이 있거든예.

오재관 : 그때 기억이 안 나, 잘 모르겠는데예.

박성운 : 마실에 고모부가 있는데 고모부가 인자 와가주고, 처남한테 와가 미 서 말 팔아가주고 영태 쓰마 나온다 쓰라. 돈 쓰라. 와이로 카는 사람 있으이까네 돈 쓰라. 이카이 돈 쓰가 빼내라 카이, 죄 없는데 마르고 지길까 바 카미 돈을 너무 아까브이께네 안 하고 나도꺼든. 낸주 죽었다 소리 듣고 돈 그거 따리가와 자슥이 문제지 돈이 문제가 캐 사미 원망스럽은 소리 들으이께네 우래뺑이 나가 돌아가셨다.

최승호 : 아, 시아버지가. 돈 썼으면 됐을 건데 돈 안 써가 죽었다

고 울화병이 났어예.

박성운 : 돈 그거 쓰라카이 소 사였는 거 돈 쓰라카이 안 쓰고 그 아까븐 아들 돈 주고 아들 사겠나 하믄서 친한 분들 그케 노이까네 마 우래뼁이 나가 그질로 마 돌아가싰다.

최승호 : 시아버지는 언제 돌아가셨습니까?

박성운 : 모르겠심다. 마 언제 돌아가… 지사도 안 지내고 교회 댕기노이 아무것도 안 지내예. 날짜도 기억 몬 하고.

최승호 : 유족회는 언제부터 활동하셨습니까?

오재관 : 유족회는 진상위원회가 되고부터 조사하면서.

최승호 : 신고는 어떻게 알고 신고하셨어요?

오재관 : 그 당시 신고는 이런 명단이 있었는지 각지에서.

최승호 : 유족회 초창기에 2000년도에 유족회 만들 때 처음부터 활동하셨잖아요, 이정우 씨하고 그지요?

오재관 : 예, 아마 그 당시 여기 관련된 사람들이 저한테하고 어머님한테하고 이런 기 있다고 알려조가꼬 그때 같이 예, 그렇게 알고 있는데예.

최승호 : 아드님 결혼할 때 혹시 뭐 아버지 때문에 저쪽에 뭐라고 얘기하는 사람들은 없었습니까?

오재관 : 내 결혼할 때? 전혀 뭐 이야기 없었는데.

최승호 : 압량 저쪽에서는 그래도 그런 일이 없었구나. 보통 그 집에 시집가면 안 된다 카는 그런 얘기 많이 들었다 카던데.

오재관 : 우리 지역에서는 아마 그 사건 이후로 사람들이 다 돌아가신 분들한테 너무나 억울하게 죄도 없이 너무 억울하다 이런 소문이 있었지. 그 사람에 대해 나쁘게 평가한다 그

런 일은 없었거든예. 대부분 다 그렇게만 이야기했지예, 안타까워했지예.

최승호 : 그럼 연좌제로 피해를 입거나 그런 것도 없었고, 자라면 서도 그런 걸로 불이익을 받은 건 거의 없다 그지요.

오재관 : 예, 없습니다.

박성운 : 나도 참 그 염여를 마이 했지. 혹시 공부하는 데나 군대 가는데 여러 가지 모양으로 좋지 못한 소리 들리가 아들 기가 죽으까도 싶고. 또 지장되까 바도 싶고.

최승호 : 주변에 혹시 연좌제로 고생했다는 사람 얘기 들은 적 있습니까?

박성운 : 모르겠는데예.

최승호 : 마을에 다른 분들도 그럼.

오재관 : 그런데 지역에서 저는 뭐, 매스콤이라든가 이런 걸 통해 서 공무원이라든가 취직하는 사람들… 아, 매스컴을 통해 서 인제 그런 일 때문에 정치적인 이용… 마이 들었지마 는 나 주위에서는 그런 적은 없었습니다.

최승호 : 혹시 13년 동안 장기 복무하셨는데 어떤 일을 하셨습니 까? 군에서 보직은.

오재관 : 항공정비 했지예. 항공정비 같은 데 아무나 하겠습니까.

최승호 : 비밀인가를 받거나 하는 거에도 지장이.

오재관 : 아, 예, 전혀 없지. 진급하는 데도 전혀 뭐. 13년 중위로 진급 마쳤는데.

박성운 : 염려를 속으로 마이 했는데 무사히 잘 지내가주고.

최승호 : 동생은 아직 살아있습니까? 어떤 일을 하셨습니까, 동생 은.

오재관 : 거는 현대중공업에서 대기업 배 만드는 데서….

최승호 : 거기서도 동생도 불이익받은 거 없고.

오재관 : 예, 전혀 없었습니다.

박성운 : 아무 일 없어.

최승호 : 천만다행이네 그지예.

박성운 : 지금도 잘살고 있고, 돈 벌이가.

최승호 : 아버지가, 남편이 코발트광산에 거기서 돌아가셨다고 들었는데 아직까지 유해가 그대로 있습니다. 그걸 좀 어떻게… 혹시 아버지 아직까지 거기 계실지도 모르는데 어떻게 생각하시는지.

박성운 : 유해가 있다꼬예? 이름만 써 붙이 났든데.

오재관 : 가서 몇 번 찾아가서 봤습니다.

최승호 : 그런데 유해 계속 그대로 두면 마음이.

박성운 : 죽고 안 죽고 간에 썩어가 삐가진데 그거 우에 알아야 싸제. 남우 긴지 내긴지.

오재관 : 그러니까 합동….

최승호 : 위령제를 지내는데 아직 그 굴속에 죽은 사람들이 아직 뼈가 그대로 있으니까 그걸 그대로 놔두면 안 되잖아 그죠? 그럼 어떻게 좀 했으면 좋겠습니까?

박성운 : 글마 저 써 붙이 났데, 비석에. 이름 붙이 났데.

최승호 : 그걸 좀 우리 정부나 이런데 얘기를 해서 발굴을 하라고 수습을 하라고 얘기를 하셔야 될 거 아입니까.

오재관 : 빨리 지금 유족회에서 진행하고 있는 일들이 빨리 해결됐으면 좋겠죠. 이게 장기적으로 계속 가게 되며는 유족들이 가슴에 상처만 계속 남아있으니까 그 빨리 상처를 치

유해 줄 수 있는 방법들이 정부에서 빨리 발굴해갖고 해
줬으면….

최승호 : 발굴한 유해는 어떻게 처리하면 제일 좋겠습니까?

오재관 : 발굴한 유해는 여 추진위원도 있고 많은 사람이 모여갖
고 의논해서 가장 좋은 방법으로 했으면 참 좋겠다 이렇
게….

최승호 : 봉분을 만들 수도 없을 거고 화장을 해서 같이 안장을 하
면.

오재관 : 예, 어쩔 수 없잖아예. 현재로선 어떻게 그것을 DNA로
과학적으로 하면 한다 카지마는 어떤… 하기가 힘들잖아
예.

최승호 : 지금 개별 유해를 찾기는 어렵습니다. 어려운데 그렇더라
도 유해 있는 건 다 발굴해서 화장이라도 하는 게 맞죠.
지금 그대로 굴속에 물속에 묻혀 있는 걸 그대로 둘 순 없
잖아.

박성운 : 옛날에 굴에 무이 열리가 있어가주고 거기 신 신고 줌띠
댕기, 발이 쟁길 만침 뼈가지가 여기저기 널리가 있는데
무이 닫기뿟대. 지금은.

최승호 : 예, 문을 닫아났습니다. 혹시 유해가 훼손될까 봐. 거기
굴에 한 번 들어가 봤습니까?

박성운 : 죽으마 죽고 같이 그 굴에 죽을라고 드갔는데. 거 가가주
고 굴에 드가가 나 죽어뿔라고 굴에 같이 죽어뿔라고 들
어갔는데 안 죽고 살아나왔어.

최승호 : 언제, 언제?

박성운 : 하마 오래 됐심더. 젊을 때.

최승호 : 남편 찾아가 굴에 들어가 봤습니까?

박성운 : 예, 찾아가 굴에 무이 열렸는데 굴에 물이 장개이 밑에 이꺼지 발목꺼지 오고, 물이 치는데 뼈가지는 허여이 옹거 뼈까리 온 데 널리가 있고.

오재관 : 옛날에 발굴되기 전에는 그렇게….

박성운 : 그래가 구깅마 하고. 같이 죽을라고 가가주고 굴에 죽어 뿔라고 드갔는데 안 죽고 살아나왔다.

최승호 : 할매 몇 살 땝니까? 연세가 그때 당시에 몇 살 땝니까?

박성운 : 그때 그거는 기억 안 해가 모리겠심다.

최승호 : 언제쯤 가셨는고, 젊을 때?

박성운 : 그때 좀 젊었지요.

최승호 : 우리 아들이 몇 살 때쯤 됩니까?

박성운 : 그때 열 살 넘었지.

최승호 : 그라마 한 60년도 이때쯤.

박성운 : 기다리다가 기다리다가 같이 죽어뿔라고 갔는데.

최승호 : 혼자 가셨어요?

박성운 : 혼자.

최승호 : 혼자. 안 무섭습디까?

박성운 : 내 생미 요고 내놓고 살았지. 가주고 내 산다고 생각 안하고 살았심다. 암만 혼차 밤중이라도 무서븐 건 모르고 날 겁나는 거 모르고. 범이라 사지 짚은 사에 가도 범이나 사람이나 오이 염여든 지 안 죽으머 내 죽지. 요고 나는 평생 내놓고 살았심다. 지금은 갈 때가 됐시이까네 뭐 카지만 그때는 내 생밍 나 가주고 갈지 살라고 가미. 밤중에 가도 교회 간다고 밤주에 가도 머 짐승인들 짐승이

나오느라. 사람이 나오머 니 안 죽으마 내 죽지 이기 수억이 아이기심다. 그래 살았지.

최승호 : 남편을 그렇게 억울하게 보내고 났으니까 뭐 내 목숨은 중요하지 않다.

박성운 : 그래가 그 혼자 드러누브도 않은데 굴에 그그중 들어가이 께네 겁나는 줄도 모르고.

최승호 : 밤에 갔습니까, 낮에 갔습니까?

박성운 : 낮에.

최승호 : 신대에서 걸어가?

박성운 : 예. 차도 없고 그때는.

최승호 : 무슨 마음으로 그래 혼자 그까지 찾아갔습니까?

박성운 : 그래 무스 사여이 있겠지. 지 안 죽으머 내 죽고 마. 굴에 같이 죽을라꼬 간는 거지 뭐 가까 봐 내가.

최승호 : 아들자식 둘이나 있는데 왜 죽어뿌마 어떡합니까?

박성운 : 그래도 있기나 말기나 마 섭섭한 생각이 들어가 내가 이래가 살아가 머 하겠노, 싶어가 그래 갔는데. 참 간도 크지. 그 굴에 캄캄하이 어둡은데 거기 굴이 윽시 컸어. 사람 내가 드가도 머리 안 대있다고예. 굴에 머리가 안 대있어예. 굴이 넓어가주고. 머리 밑에 발목꺼지 물이 치키는데 골짝이 물이 출떡출떡 새 나오고 흘러나가고. 근데 삐가진도 뭐 다리 삐가지 머리 삐가지 온 데 거치 있어도 누구누구 낀도 아나.

최승호 : 알 수도 없고 그래가 나왔습니까?

박성운 : 예, 하나 조가 올라 캐도 그렇고. 내 것도 니 것도 아나. 하하.

최승호 : 아, 유해 하나 조가 나올라 해도 누구 건지도 모르고. 거서 죽을라 카니까 아들 생각나서 못 죽고 나오셨구나.

박성운 : 참, 인생살이 한평생 칠십, 구십서이 꺼정 사나. 살았기를 험하게 살았다.

최승호 : 혹시나 할머니 주변에 그때 당시에 돌아가시고 나서 신고를 못 하신 분들 혹시 지금도 이렇게 얘기도 안 하고 있는 사람들도 있습니까? 남편 돌아가셨거나 아니면 아버지가.

박성운 : 이정우 즈거 어매도 죽어뿌고 홍화식이도 죽어뿌고. 이용식이는 살아있는데 이용서이. 대구 있는데 여 아이고 대구 있는데. 이용서이 살아있고.

최승호 : 그분들도 신고는 다 했지예? 보상은 다 받았습니까?

박성운 : 예. 이정우 즈거 어매도 죽어뿌고. 고래밖에 없다.

최승호 : 인제 할머니 혼자 남으셨네.

박성운 : 내 혼자 남았다.

최승호 : 지금도 신대 거기 사십니까? 그 집에.

박성운 : 어데. 신대리 안 갑니더.

최승호 : 그 후에 이사를 나왔습니까? 몇 살 때 나오셨어예?

오재관 : 예. 제가 함 보자. 한 삼십 년 됐지예.

최승호 : 왜 그 동네 이사 나왔습니까, 떠났습니까? 신대리.

박성운 : 신대리 공장이 들어와가주고 공자이 거서 들온다꼬 신대리 비키라 카더라꼬예. 그래가 뭐 집하고 인자 앞에 집 주변에 처서리하고 있는 거 다 팔아가꼬 부지로 왔어예. 부지2구로.

최승호 : 부적으로.

오재관 : 경산개발이라고.

박성운 : 부지기로 살다가 저거는 거 옮기고 나는 이 건너와가 계
양동 살아예.

최승호 : 그 동네 살라 하니까 자꾸 남편 생각나고 해서 옮긴 건 아
니고.

박성운 : 아이고.

최승호 : 개발돼가 나왔습니까?

박성운 : 남편 생각나가 나온 게 아이고. 집은 그래도 살라꼬 잘 살
라꼬. 그래가 마 사는 건 잘 살았심다. 기분재산이 좀 있
어가주고 머 고생또 안 하고 일하매 고생했지.

최승호 : 그래도 남편이 있었으면 그 고생 좀 덜하고 우리 자식들
도 좀 더 공부시키고 했을 건데.

박성운 : 고생 안 했지, 있었시만. 내가 밤낮없이 그리고 그래 모가
지를 내놓고 살았지. 밤낮없이 일만 살았으이께.

최승호 : 혼자 자식들 키울라 하니까 목숨 내놓고 살았다.

박성운 : 이것들 둘이 아 둘이 키우는 기 이기 사람겉이 키았는…
요새 강아지캄 못하다. 강아지캄 몬해. 훨씬 몬해요. 점
도록 댕기미 둘 다 장난치… 어데로 댕기므는 눈만 빼꼼
하이 물때로 허르드시… 그래가 들어와도 그거 돌볼 줄을
모르고 그랬다니까는.

오재관 : 옛날에는 다 그렇게 살았잖아요.

박성운 : 기본재산은 그래도 좀 있어가 내가 그렇게 고생했지. 아
무것도 없었시마 몬 살았지마는.

최승호 : 그때 재가하거나 딴 데 시집갈 생각은 안 하셨습니까?

박성운 : 그런 거 생각할 여개가 없심더. 아덜 둘이 강아지매로 고

래 댕기제. 일 전신에 많지. 저 일로 우야꼬, 밤낮없이 저 일로 우야꼬 싶었지. 그래도 농도 남아있지 밭도 남아있지. 그때 시절에는 땅이 중요한데 그때 시절에는 부자라 캤심다. 큰 부자는 아이라도 묵고사는 거는 그래예. 그래 살았는데… 일로 몬 해가 죽는 일로 몬 해가 밤낮없이 일로 몬 해가 걱정이 태산겉이… 아도 저 임물에 밤따문에 걱정인데 뭐 개가니 머 그런 거는 꿈도 안 꿔봤지.

최승호: 잘하셨습니다.

박성운: 차라리 마 아 둘이 내삐리뿌고 내 가뿟시마 그 죄를 우예 받노. 내삐리뿌고 고생시리 내 가뿟시마 내마 사는 그거는 못 살거든예.

최승호: 지금 생각해도 잘하신 것 같아예? 개가 안 하고 애들 잘 키운 게.

박성운: 예, 하나님 앞에 감사하지요. 아덜이 그래도 몬땠시마 어마이 얕보고 또 머 땡까이라도 놓고 하지마는 마 열 분을 순종을 하이. 야, 아이라 카는 거는 본 데 없거든예. 교회 째서 묵고 열 분을 순종을 하이께네 내가 살아있는 바람이 있고.

최승호: 그래도 아부지 없이 커서 힘들었을 건데 아들한테 한 마디 해주고 싶은 말 없습니까, 미안하다든지 이런 거.

박성운: 미안하지. 미안하고 짐이 되지 요새는. 비원에 이 비원에 저 비원에 아푸다 카마 태우가 내 대학비원에 요양워이다 만날 업고 댕기고. 내 지 차에 싣고 댕기고 바뿌기나 비가 오기나 눈이 오기나 만날 싣고 댕기. 요새도 저기 요양비원 거 가 있다가 무슨 일 있다 나왔는데 지금 또 어디

로 갈까 싶어지네.

최승호 : 그래도 잘 커 줘서 우리 아들 고맙다 그지예? 좀 더 잘 키울 수 있었는데.

박성운 : 뭐 순종을 잘하고 반항을 하는 게 없으이까네 밤중이라도 가자 카마 가고, 올라 카마 그라이까네 살아있는 바람이 있지.

최승호 : 혹시 죽은 남편한테 꼭 이 말은 남기고 싶은 그런 말은 없습니까?

박성운 : 남기는 말. 아이고 몰라. 야속한 사람 뭐 뭐 괘씸하지. 혼자만 지키로 가라 그카는 기 어딨노. 말 한마디도 안 남기노고. 저 아덜 잘 키아라 카든지 머 우야는지 말또 한마디 안 하고 그래 가.

최승호 : 한마디 하이소.

박성운 : 하기 실버예. 묵도 안 떠나주고 내삐리뿟는데 말라고예. 나는, 수물서이에 나갔거든예. 내 나이가 수물서이에 나갔는데 지금 칠십, 구십, 구십서인데 그라마 50및 년 아입니까.

최승호 : 70년.

박성운 : 70년을 살았는데 내가 혹시나 내가 모지래나 실격 없나 눈물 한 바울을 안 흘렸거든예. 오늘 여 와가 눈물 흘린다. 아무리 생각해도 내가 하나님 앞에 가가주고 거 가가주고 실컷 함 울어볼라 카는데 눈물이 안 나는 기라. 간마 자꾸 커지고. 간마 커지고. 혼자 가 밤주 가 서 있을 때도 간마 커지고 눈물 한 빠울이 안 나예. 오늘 여서 처음 나오는 겁니더. 선상님 자꼬 이 말 이 말 해사이 응.

눈물이 한 빠울 안 나노. 야속한 사람 저 아덜 둘이를 우예라고 내보 카노. 말 한마디 안 냉기고. 죄송하다 카든지 그러이까네 마 괘씸해가주고. 나는 안 죽고 살마 이요고 모가지를 내노. 밤중에라도 범이 나오나 사람이 나오나, 나오마 니카 내카 싸우마 내 안 죽으마 니 죽는다. 이거 내놓고 살았다. 내가 살아야 되겠다 카는 마음 있었시마 그래는 마 몬 삽니다. 내가 살란다 카마는. 모가지를 내놓고 사이 밤중에 그렇게 그러지. 내가 자신을 향해 내가 좀 모지래는 기가, 가이 커가 그러나. 와 무섭은 기 없노.

최승호: 내가 아니면 이 자식들 키울 사람이 없으니까 그런 마음을 가졌겠지요.

박성운: 예, 그렇지예. 나는 겁나는 게 없어.

최승호: 남편이 있었으면.

박성운: 뭐 그렇겠노. 이매이크로 안 그캤지. 내가 가이 크가 그런강 좀 모지래가 이런강. 나도 내 마음 판단을 몬 하겠다. 내가 와 이래 모지래노. 하하.

최승호: 모지랜 게 아입니더. 잘 사셨습니더.

박성운: 모지랜다. 지금은 내가 아파가 비원에 이리저리 신코 댕기마 참 고맙다 싶으… 우라덜 잘에서. 고맙다 싶어예.

최승호: 남편 돌아가시고 70년 만에 처음으로 우셨는데 오늘 더 안 보고 싶습니꺼?

박성운: 평생 눈물이 안 나, 악만 채이가주고. 니 안 죽으마 내 죽고 마 요론 식으로 살아나노이께네. 일로 해도 일로 제대로 무슨 말마따나 머, 그러이까네 마 오새는…. 인자 여

들오이 눈물 나더라카이. 이 이야기마 하마 시청에 내 불리가고 내 불리가고.

최승호 : 그러면 우리 아드님이 엄마가 혼자 70년 동안 애지중지하면서 키우셨는데 평상시에 엄마한테 무슨 말씀 하셨는지 모르겠는데 오늘 여기 카메라 앞에서 한 번 엄마한테 얘기 한 번 해보시소.

박성운 : 만날 밥 뭇나, 먹고 지븐 기 뭐고, 밥 잡샀는게, 머 잡샀노, 피로한 게 뭔게, 머 이마이 지는데 머.

최승호 : 아들 이야기 한 번 들어 보이소. 엄마한테 하고 싶은 말 있답니다.

박성운 : 아 해도 아 해도 내가 안다.

오재관 : 어릴 적에는 잘 모르고 살았지마는 참 자식이 부모의 마음을 알라며는 결혼해서 애기를 낳아가꼬 키워봐야 그 부모의 마음을 이해한다는 그런 말 같이… 참 평생 여자의 삶을 살지 못하고 되돌아보며는 참 너무나 안타깝고… 차라리 두 형제 두고 차라리 여자의 삶을 살았으면 오히려 안 좋았겠나 하는 그런 생각도 없잖아 있어요.

박성운 : 내가 유식하게 좀 배운 같으마 글로 적었으마 책을 몇 권을 썼을 긴데 학교 문 앞에도 안 가보고 살아가 옛날에 살아가주고 아무것도 몰라예. 그랬는데 낫 놓고 지역 자도… 요새는 교회 만날 댕기가 성경 봐서는 국문은 좀 읽고 쓰고 해예. 가리늦까 이자… 참 감사할 것밖에 없어예. 좋은 세월에 요새 세월이 좋아가주고 좋은 시기 살아보고 한은 없심더. 입을 거 다 입고, 묵을 거 다 이꼬, 쓸 거 다 씨고 하이까네 하이 다행시럽기. 그래 또 또 여기

돈을 조금 조가주고 그것도 내가 다 씨기에 내가 이 돈을 다 씨마 공끼라꼬 이캐사서 안 되겠다 싶어 나도 보람 있는 삶을 살지 싶데. 그거로 아숩은 사람하고 이데사 갈라주고. 보상받은 거로 내만 나두가 자고 저 껌디 뺀다는데 백마 넌 부치주고, 선교사들 외국에 가 점 다 수고하는데 백마 넌 부치주고, 어려분데 다아 백마 넌쓱 다 주고 갈라주고 교회에 연부 좀 하고 다 썼어예. 나두고 주무니 여노코 내가 잘 살믄 이 자석 부자 되고 살부로 안 합니더. 내가 다 쓰… 다 쓰….

오재관 : 어머님께서 두 아들 키우면서 참 고생 많이 하셨거든예. 그래서 인제 어렵게 사시는 분을 보면 참 옛날에 두 아들 키우는 고통이나 이런 것들 기억이 나서 그래서 아마 많이 도와주고….

최승호 : 아이고 그 돈이 어떤 돈인데 그걸 다 기부를 했습니까?

오재관 : 다는 아니지예, 하하.

박성운 : 내가 아들들한티 이기 핏값이다. 핏값이다. 핏값이다. 돈을 중요하게 쓰라. 캐도 내가 이거로 자식 물리줄라고 뚝 띠열라다가 물리주고 내가 안 그란다. 내가 핏값이나 말기나 좋은 일 해야지. 그라고 백마 넌쓱 다 부치주고 저 백마 넌 사람 내 친척들인테 백마 넌씩 부치주고.

오재관 : 예, 어려운 사람 있으면 가끔씩 하고 합니다.

박성운 : 지금도 난, 지금 그 돈 다 썼어예.

최승호 : 받은 지 얼마 안 됐는데 벌써 다 썼어예?

박성운 : 얼마 안 돼도 친척들 백마 넌 줏는 거 교회에 천마 넌 쪼매 주고.

오재관 : 아이 그런 말 또 하노.

박성운 : 또 이리저리 전신에 마 그래 내가 이기 나도따가 좋은 거 해야 되겠다. 이래 생각 안 하고. 자슥놈들 생각 안 하고. 보자 남은 생애가 구십스이 올밤에 갈동 니일 갈동 모리는데 밤에 자마, 보자 누구누구를 보아 시언찮드라… 그거만 내 생각해 밤으로.

최승호 : 지금도 갈라줄 생각을 하고 계시는구나.

박성운 : 지금도 디게 어려우마 갈라줄 생각 있어. 쪼매 남았는 거. 반은 안 남아가 돈 천마 넌 남았어예.

최승호 : 그거는 할머니 나중에 돌아가실 때 장례식 그 치라야지요.

박성운 : 장례식은 아 해도 돼. 장례식 머 자슥 밑으로 했는 거 부주만 들와도 장례식 그까 말라고 장례식 하노, 나는 그거까 장례식 머 없는 사람들 다 구제 나나준다. 비원에 비원에 가가주고 돈 마이 썼지. 비원에 비원에… 유방암 걸리가주고 영대빙원에 두 번 지고 갔었을 때 마이 치고 빙원에 마이 썼지 머. 아덜한테는 하이또 안 좃어.

최승호 : 애들한테 하나도 안 주셨어예? 왜 자식 앞으로 나온 것도 있는데 와.

박성운 : 그래 말이지. 그러키나 말기나 사람 욕심에, 다리 노릉 타가주고 아들 준다 캐. 아들 말라 주노. 아들 지 묵고살지. 아들 지 정말 못까나 지 벌어 지 묵고 살지. 어마이 밑에서 머 유산 물리좃시마 됐지 머. 돈은 나는 안 조. 아들 밑대 아도 하나도 안 주고.

최승호 : 아들 안 섭섭하신가요?

박성운 : 섭섭하기나 말기나 저거 머 저거또 묵고 사이께네 머. 마리끼리 없어가 모 살아가 벌벌 떨 거 겉으마 머 조야 대지마는. 남도 주는데 조야 대지마는. 아들 지 묵고사는데 지 벌어 내 말라고 조. 조도 대지마는 나도 인제 고생하다가 보람 있는 삶을 한 번 살고 가자 그래가 마…. 남기고 가마 그 할마이 띠독하이 숭악하다 소리 안 들구로 그래 살아이지. 그제.

최승호 : 어머니 장하십니다. 그 돈 어떻게 남편 잃은 돈인데.

박성운 : 그르이께 핏값이라꼬 마음이 아픈데 그래도 그런데 사기 실버. 내 누구 디기 어렵다 카마 마 주구 접고 보그또 있시마 내주구 접고.

최승호 : 내 어렵고 힘들 때 키운 거 생각나갖고 그래 힘든 사람들 보마 못 지나가시는구나.

박성운 : 야, 그렇심더. 쪼마 남았다 인자 다. 말따나 영장꺼리밖에 안 남었다.

최승호 : 그러면 어머니한테 하고 싶은 얘기 다 하셨습니까?

박성운 : 다 했다.

오재관 : 아니 이제 남은 삶 얼마나 남았… 살지 모르시는데 살아계실 동안 편안하게 좀… 이런 걱정 저런 걱정 만날 자식들 걱정, 뭐 내 그런 걱정 해샀는데….

박성운 : 인자 잘 가는 거, 잘 죽는 거 고 생각 뿐이다.

오재관 : 그런 걱정 하시지 말고 마음 편하게 그냥….

박성운 : 죽을 찍에 잘 죽는 거. 그래도 아십은 따나 잘 살았는 게, 뭐 묵고 지분 반찬 있나, 머 필요한 건 뭔게 카매 내 전화 해싸코 그래. 그마 만족하지 마.

319

최승호 : 잘 죽기를 바라신다 지금은.

박성운 : 야, 그 한 가지 밖에는. 이자 올 갈동 닐 갈동 모르이 거만 바라지 따른 거는. 아들 몬 살고 저래 몬 살고 우야꼬 싶어 그른 거는 마 없다. 잘 살아주가 고맙고, 또 밥 묵고 살고 그르이까네 손주 딸도 다 잘 살고. 나는 마 내 걱정 요고밖으 없어. 가는 길 자는 참에 좀 잘 가마, 내 걱정마 하고 있어예. 자식들이 허실비실 하마 이러지마는 예수 잘 믿고 바르고 사이끄네. 어지간하고.

최승호 : 그럼 오늘 한국전쟁70주년 민간인학살 기록화사업 마지막으로 박성운 미망인을 만났습니다. 이것으로 인터뷰를 모두 마치겠습니다. 고생하셨습니다.

최승호 : 한 번도, 70년 동안 안 울었는데 오늘 울리가 죄송합니다.

박성운 : 예, 예수 믿고 천당 가소. 나는 그거만 본다 카이. 가는 길이 하늘 길이끄네.

최승호 : 그래도 하나님이 옆에서 많이 도와주셨네 그지요?

박성운 : 마이 도와주고 말고.

최승호 : 할매 하나님 덕분에 믿고 마 이래 겁 없이 살으셨구나.

박성운 : 우리 아들 저거 둘도 나쁜 길 걸어가주고 또 어드코 싶으고. 그래가 하나님을 섬겨 바른길 가라고 섬기라 했는데 고맙고. 만 가지가 다 고마워예. 선생님도 고맙고.

최승호 : 할머니 20년 전에 보셨을 때는 진짜 정정하셨는데, 제가 2000년 유족회 첨 할 때 첫해 오셨거든예. 그때 이정우 씨가 사무국장하고 이래갖고 그때는 진짜 정정하셨는데 20년 동안.

박성운 : 하이구, 그래도 육신 안 아푸고 건강해가주고 잘 살았어
예. 밤낮없이 쫓아댕기고 이래도. 그래도 잘 살았는데 인
자 것도 늙어가주고 비이 들어가주고.

최승호 : 할머니, 우리 사진 한 장 찍읍시다 아들하고 같이.

카메라 : 어머니, 편안하게!

11. 박귀분 구술증언

사건과의 관계 : 이우춘의 처
구술 당시 나이(생년월일) : 91세
출생지 : 청도군 매전리 도곡리

최승호 : 할머니 성함이 어떻게 되시지예?

박귀분 : 성예?

최승호 : 이름.

박귀분 : 박귀분 안 캅디까.

최승호 : 박귀분. 올해 연세가 몇이십니까?

박귀분 : 현 나이 지끔은 구십하내이라.

최승호 : 아 구십하나. 띠가 무슨 띠십니까?

박귀분 : 뱀띠.

최승호 : 띠고 올해 구십한 살이시다 그지예?

박귀분 : 예.

최승호 : 어디서 태어나셨습니까, 할머니.

박귀분 : 매전면 도곡동.

최승호 : 그러면 선의산 용각산 밑이네 그지예?

박귀분 : 예. 용각산은 오른편이고 마음산은 왼편이고. 선의산 옆
　　　　　에 마음산.

최승호 : 그 마을에 그때 어떤 성씨들이 살았습니까?

박귀분 : 각성바지 살지요. 내가 열여섯 살 무가 나왔기 때문에 그
　　　　　후로는 몰라예.

최승호 : 그 동네에 그럼 박귀분 할머니는 본이 어딥니까?

박귀분 : 밀양.

최승호 : 밀양 박씨는 몇 가구나 살았어예?

박귀분 : 두 집.

최승호 : 밀양 박씨 중에 아버지 말고 그럼 작은집이 있었습니까?
　　　　　친척입니까?

박귀분 : 파가 달라.

최승호 : 아, 파가 달라. 그럼 먼 친척이네예.

박귀분 : 죽산 박씨라.

최승호 : 그럼 그때 아버지는 뭐 하고 사셨습니까?

박귀분 : 친정아부지. 농사짓지.

최승호 : 무슨 농사가 많았습니까?

박귀분 : 밭농사.

최승호 : 내가 거들거나 했는 거는 뭡니까?

박귀분 : 내가 어리이 뭐.

최승호 : 어리니까. 아버지는 농사만 지으시고 다른 거는 안 하셨
　　　　　습니까?

박귀분 : 예.

최승호 : 아부지 형제들도 거기 사셨어예?

박귀분 : 아부지 형제들은 두 분이라예. 시 분인데 한 분은 세상을

버리고 두 분은 한 분은 청도, 청도 하양 호평이라 카는
데 살았어.

최승호 : 형제들 중에서 공부를 많이 하시거나 이러 분들이 있습니
까?

박귀분 : 우리 백마이 마이, 우리 백어른이 맏오빠가 마이 했지.

최승호 : 원래 우리 아버지 밑에 자식은 몇 남 몇 녀입니까?

박귀분 : 우리 형제가이 5남매.

최승호 : 할머니는 몇째입니까?

박귀분 : 막내이.

최승호 : 그럼 그때 마을에 어릴 때 빨치산이라든지 이런 사람들이
와서 했던 거 혹시 기억나십니까?

박귀분 : 응?

최승호 : 그런 건 없었어예?

박귀분 : 응?

최승호 : 거기서 만세를 부르거나 그런 것도 없었고. 그냥 농사짓
고 조용한 마을이었네예.

박귀분 : 예.

최승호 : 결혼은 몇 살 때 하셨습니까?

박귀분 : 열여섯 살.

최승호 : 그럼 남편은 어느 동네 사람이었습니까?

박귀분 : 여 근방 사람.

최승호 : 근방. 어디로 시집갔습니까?

박귀분 : 근바으로 시집갔지요.

최승호 : 근방, 동네 이름은?

박귀분 : 마을 이름은 거 뭐.

이창희 : 상평 카면 되지 뭐. 지금 동네 이름은.

최승호 : 아, 지금 사시는 동네가 상평, 매전면 상평리. 두곡에서 얼마나 떨어졌습니까?

박귀분 : 얼마 안 떨어졌어예.

최승호 : 바로 옆 동네로 시집가셨습니까. 결혼은 그럼 중매로?

박귀분 : 예. 중매.

최승호 : 누가 중매를 하셨습니까?

박귀분 : 중매는 친정 고 이웃 사람이 했지요.

최승호 : 시집가니까 그 집에는 뭐 농사지었습니까, 아니면 다른 거 하셨어예?

박귀분 : 농사지었지요. 촌에 농사 아이면 뭐 있는교.

최승호 : 남편은 그럼 그때 결혼할 때 몇 살이었습니까?

박귀분 : 열여덟 살.

최승호 : 열여덟 살. 할머니보다 두 살 많았어예?

박귀분 : 예.

최승호 : 남편 이우춘의 형제들은 몇 형제였어요?

박귀분 : 4형제.

최승호 : 몇 쨉니꺼?

박귀분 : 맏이.

최승호 : 열여섯 살 때 결혼, 시집갔는데 신랑은 열여덟 살이었다 그지요, 맏이였고. 그럼 결혼할 때 남편도 농사를 지었습니까?

박귀분 : 예. 농사지었지.

최승호 : 혹시 남편은 뭐 학교는, 학교는 안 다니셨고?

박귀분 : 그 근방에 학교가 없어예.

최승호 : 학교가 없으니까, 두곡도 그렇고 상평도 그렇고 학교가 없으니까.

박귀분 : 예. 청도라 카는 데에 가야 학교가 있지.

최승호 : 청도로 공부하러 나간 사람은 없었습니까?

박귀분 : 것도 벨로 없었어예. 집에서 배우고.

최승호 : 혹시 마을에 서당이나 이런 건 있었습니까?

박귀분 : 서당, 우리 마을에 서당은 없대이. 마을에 채리놓고 그르키 글 배우고 글치. 웃대 어른들한테 배우고 그렇지.

최승호 : 그럼 남편도 서당에서 글도 배우고 이래 하셨습니까? 아, 글을 배우고 그러진 않으셨고 농사만 지으셨네.

박귀분 : 예, 농사짓지.

최승호 : 할머니 상평마을은 큰 동넵니까, 몇 가구나 살았어예?

박귀분 : 머 마이 안 살았지요. 마이 안 살았어.

최승호 : 그 동네는 주로 어떤 성씨들이 살았어예?

박귀분 : 이씨, 임씨.

최승호 : 남편도 이씨입니까, 어디 이씨입니까?

박귀분 : 경주 이씨.

최승호 : 시댁이 큰집도 있고 작은집도 있었습니까, 아니면 그 집만 딱 있었어예? 이씨가?

박귀분 : 먼 집 대바야, 가자운 집안 하나.

최승호 : 아 먼 집안은?

박귀분 : 많아예.

최승호 : 많은데 가저운 집안은 없었고.

박귀분 : 예. 삼사춘은 없었어예.

최승호 : 거기 농사가 좀 많았습니까, 몇 마지기나 됩디까?

박귀분: 안 많앴어예.

최승호: 밭농사였습니까, 주로? 논농사였습니까?

박귀분: 논농사도 있고 밭농사도 있고 이래예.

최승호: 봄에 쌀밥 드시고 하셨서예?

이창희: (고개 저음)

최승호: 쌀밥 못 드셨습니까?

박귀분: 예.

최승호: 보쌀밥.

박귀분: 보쌀밥도 뭇으마 다행이고.

최승호: 마을에 두곡하고 달리 상평마을은 그래도 좀 두곡보다 큰 마을이니까 거기에는 일제 때 독립운동을 하거나 하는 분은 없었, 그런 얘기는 못 들으셨어예?

박귀분: 없었어예.

최승호: 해방되고 나서 결혼하셨지예? 아니, 해방 전에 결혼하셨지예?

박귀분: 일정시대.

최승호: 결혼하신 연도는 기억하십니까?

박귀분: 모르겠심더. 오래 되노이, 나이가 그라고 하이 그래예.

최승호: 거기서 해방될 때 만세 부르고 이래 안 했습니까?

박귀분: 꼴째기 따른디 가마 살았기 때무래 그런 거 머 봤겠는교.

최승호: 그럼 해방된 줄은 어떻게 알았습니까?

박귀분: 해방됐다 이고 주이사람 됐다 하이 그런강 이고 머 그래 살았다.

최승호: 해방되기 전이나 해방된 후나 사는 건 별로 달라진 게 없었네예. 그라고 나서 전쟁이 났는데 전쟁 난 거는 언제알

았습니까?

박귀분 : 다리 전쟁 났다카이 났는 줄 알고 있지 머.

최승호 : 피난은 안 가시고.

박귀분 : 피난은 내내 살던 데 살았지.

최승호 : 남편분은 언제 그럼 거기 끌려갔습니까?

박귀분 : 요량을 몬 하겠네예.

최승호 : 전쟁 나고 나서 지서에서 와서 잡아가거나 그러지 않았습니까?

박귀분 : 지서에서 잡아가지는 안 앴어예.

최승호 : 그럼 어디로 가셨습니까?

박귀분 : 청도에서 모심기하다가 오라카이 가지요. 오라카이 가가 마 그질로 고빠찌예.

최승호 : 그때 옷을 뭐 입고 계셨습니까? 몇 월달이었습니까?

박귀분 : 5월달.

최승호 : 그럼 전쟁 나기 전이네예.

박귀분 : 전쟁 나기 전이지예.

최승호 : 전쟁 나기 전에 5월달에 모심기하고 있는데.

박귀분 : 논 다루다가 오라 캐가 갔다가.

최승호 : 그때 그럼 남편이 몇 살 때였습니까?

박귀분 : 스물니 살.

최승호 : 스물네 살 때. 그때 자식들은 몇이나 있었습니까?

박귀분 : 내 아예? 여 하나.

최승호 : 아, 이창희 이사님 한 사람. 그때 아들이 몇 살이었습니까?

박귀분 : 100일 전이라예.

최승호 : 왜 끌려갔을까예? 오라 캐가꼬.

박귀분 : 모르겠시예. 모 싱기다가 논 다루다가 머 오라 캐가 가 아이구 그래 갈 줄도 모리고. 그래 머 우리는 모를 숨구고, 고모집이 모를 숨구고 밑에 논 다루믄서 보이 소리가 안 나가 보이까네 바씨들한테 물으이 청도 오라 캐가 갔다 이카대예. 그래가 자기도 가미 그래 될 줄도 몰랐고예. 그래가 저녁에 온다 이카이께 저녁에 온다카이 오는 줄 알… 이튿날도 아 오고 3일 만에 연락이 와가, 3일 만인가 이틀 마인가 연락이 와가 모른다 캐. 자기가 오고 자기는 메칠 있어야 된다 이기라. 자기도 온다꼬 생각하고 옷을, 논 다루다 가노이 옷이 흘떠이래놓이 그래 옷 갖다돌라 캐예. 우리 시어른이 가주 갔지요. 가주 가이 그래 엄마 걱정하지 말고 있으라꼬. 내 곧 나간다 이칸다카데예.

최승호 : 어디에, 청도 어디에 잡혀 있었습디까?

박귀분 : 산비달이라 카데예.

최승호 : 산민달에, 건물이나 이런 데가 아이고. 지서나.

박귀분 : 내가 안 가보이.

최승호 : 시어머니가 옷 갖다주러 가셨어예?

박귀분 : 그래 참 곧 온다 카는데 곧 오는 거 아이고 그래 있었지요. 그러마 그래그래 있다가 참 그래예.

최승호 : 경찰이 순사가 오라 할 때는 그전에 뭔가 이렇게 활동을 하신 건 아니라예? 그거는 모르겠습니까? 혹시 그때 당시에 남편 또래 사람들이 저녁에 모여갖고 밤에 같이 모여가 얘기하고 이런 건 못 보셨어예?

박귀분: 몰라, 없어예.

최승호: 그 마을에 혹시나 해방되고 나서 빨갱이 빨치산들이 와서 밥을 해내라든지 옷을 내놔라든지 그런 거는 없었습니까, 그 동네는?

박귀분: 없었어예.

최승호: 내 농사도 있고 그런 활동도 안 했는데 오라 했을 때는 무슨 찝히는 기 있었을 거 아닙니까?

박귀분: 모리겠습니다 마. 아무것도 모르이. 그래가 마 오래 캐가 모 메칠 있으이 머 양석 가오라 캐예. 가오라 카이 또 뭐 보쌀 띠아가 갖다이 두고 그랬지. 또 머 곧 온다 카이께.

최승호: 처음에 옷 갖다주러 갔다 와서 좀 있으니까 양식을 갖다 달라 캐가 그래가 또 양식을 갖다줬어예?

박귀분: 예.

최승호: 뭐 갖다줬습니까, 그때.

박귀분: 보리쌀 띠아가.

최승호: 보리쌀, 몇 되나?

박귀분: 호를 때 몇 되 됐을 기라예.

최승호: 그것도 시어머니가 갖고 가셨어예?

박귀분: 예.

최승호: 직접 왜 신랑, 남편 보고 싶어서 가봤을 긴데 와 안 가봤습니꺼?

박귀분: 어르이 층츠이 있었기 때무래, 시아부지 시어무이 다 있었기 때무래 나는 함부래 그런 데….

최승호: 가보지도 못했구나.

박귀분: 예, 가보도 아 하고.

최승호 : 그때 가서 돈을 주고 빼내 오고 뭐 이런 사람도 있었다 카던데 그러지는 않았습니까?

박귀분 : 마지막에 돈 보내라 캐예. 그래가 돈을 2마넌을 보내라 캤는데 돈을 안 보냈어예. 돈을 몬 구해가 못 보냈어예. 몬 구해가 못 보내 그질로 땡이다.

최승호 : 그때가 그럼 가시고 나서 며칠이나 지났습니까, 돈 가오라 칼 때가?

박귀분 : 돈 가오라 칼 때가 오늘쯤 어저녁쯤 연락해가 머 그래 됐습니더. 언제 캤는 줄도 모리고. 오늘 가오라 오늘 중으로 돈 가오라 칸다 하이께. 돈이가 없으이 나무 꺼 유해야 되거든예.

최승호 : 빌려야 되는데 못 빌려갖고.

박귀분 : 예. 유용을 해가 안 날 그 이튿날 가이 없대예. 그게 끝이라예.

최승호 : 가 오라고 할 때 못 갖고 가고 그다음 날 돈을 가지고 가니까 없더라.

박귀분 : 예.

최승호 : 그때 시어머니가 가셨는데. 그럼 그 경찰서에 가신 거 하고 며칠 상간입니까? 며칠이나 됐어예? 남편이 가보니까 안 계신 게.

박귀분 : 올 걱정하고 내일 겉이 돈 가주가이 없데요.

최승호 : 처음에는 옷 가오라 카고 두 번째는 양식 가오라 카고 세 번째는 인제 돈을 가지고 오라 캤는데.

박귀분 : 마지막에 돈 기주 오라.

최승호 : 마지막에 돈 가오라. 돈 가오라 할 때는 그때는 몇 월달이

었습니까?

박귀분: 연해 그달, 그달.

최승호: 아, 한 달 안에 그 일이 다 일어났네 그지예.

박귀분: 예.

최승호: 그라고는 마 안 오셨다. 어디로 갔다 캅디까?

박귀분: 찾어가 보지도 안 앴고. 어디로 났든동 살아온다꼬만 생각했지.

최승호: 혹시나 어디 가가 있다 이런 소문도 못 들었습니까? 그럼 나가시고 안 돌아오시고 그러면 밥은 계속 해놓고 기다리셨겠네예?

박귀분: 살아온다꼬만 생각하고 있었지. 밥 떠 논 거도 없었고 아무껏도 없어예.

최승호: 따로 제사를 지내는 것도 아니고 그지예. 그럼 몇 년을 그렇게 살아온다고 생각했습니까?

박귀분: 한 3년인가를 그랬지.

최승호: 3년까지는 살아오실 거다, 이렇게 생각하셨다 그지예.

박귀분: 아이꺼지 아이꺼징 포기는 아니야. 아이 죽었다 카는 그런 생각도 없고 아이따나 포기는 할 마음도 없고 이래.

최승호: 내 앞에 남편 옷을 본 것도 아니고 시신을 본 것도 아니고.

박귀분: 내가 안 봐노이. 아무껏도 몰라예.

최승호: 안 봤으니까 아직까지 돌아가신 것을 인정을 못 하시겠다. 지금도 어딘가 살아서 오실지도 모른다 이 생각이시다 그지예. 60년도에 돌아가시고 집에 나가고 10년 만에 나라에서 양민학살특위에서 행방불명된 사람, 나가서

안 돌아온 사람들 신고하라 했는데 혹시 그때 신고하셨어 예?

이창희(*이우춘의 아들) : 예, 했어예. 국회에 자료가 있더라고예.

최승호 : 그때 혹시 아드님 보실 때 신고인이 누가 돼 있습디까?

이창희 : 신고인이 그기 우리 이웃집에 먼 집안에 할아버지 되는 분이 자기 집에 자기 아들도 맨 똑같이 있어서 그거 하민 서 같이 인제….

최승호 : 아, 이웃집에. 할아버지나 할머니가 신고하신 건 아니고.

이창희 : 머 할아버지하고 같이 했겠지예. 신고는 그 어른이….

최승호 : 혹시 신고서에 적혀 있는 내용을 한 번 보셨어예?

이창희 : 못 봤어예.

최승호 : 거기 보면 언제쯤에 누가 데리고 갔다, 이런 게 적혀 있을 건데.

이창희 : 못 봤어예.

최승호 : 못 보시고, 신고서가 있다는 거는.

이창희 : 예, 있다는 거는 여 이동재 씨하고 이야기하다가 있다 고….

최승호 : 아드님은 지금 크면서 아버지 없이 엄마하고 사셨는데 힘 들지 않았습니까?

이창희 : 뭐 학교 다닐 때는 말은 마이 들었습니다. 주위에서 니는 공부 해봤자 취직 못 한다. 빨갱이, 아버지가 빨갱이라서 니 취직 못 한다 소리는 듣고. 그때는 빨갱이가 뭔지 그 것도 뭐 어떤 의미가 있는지도 모르고 아무 생각 없이 듣 고 넘겼는데. 커가민서 인제 차차 커가민서 그게 무슨 말 이었구나. 참 아버지가 큰 죄를 지어가 진짜 그래가 죽었

구나. 나쁜 짓을 하다가 죽었구나. 그래 알고 그래 지냈습니다. 또 뭐 마을에서 인제 친구들하고 골목에 노이끼네 자기 부모들 나와가 자기 아들들 데리고 가민서 빨개이 자식하고 놀지 마라 카미 데리가기도 하고 그래 합디다. 그래 하고 좀 무슨 뜻인가 알게 되고부터는 어데 선뜻 나서기도 그렇고, 또 뭐 취직을 할라꼬 캐도 또 연좌제에 걸리가주고 웬만한 그런 직장에는 들어가지도 못하고 그랬심더. 그라고….

최승호 : 상평마을에는 그때 돌아가신 분이 몇 분이나 됩니까?

이창희 : 그때 돌아가신 분은 한 분도 없습니다. 알기는, 위에 어른들한테 듣기는 세 분이 계셨는데 아부지하고 동갑내기라예. 한 분은 경찰서에 아부지하고 계시다가 자기 어른이 인제 돈을 구입해가 가가 데리고 나왔고. 한 분은 아마 그분은 아마 좀 우리 아버지하고 두 분보다도 좀 어떤 방향으로 개입을 했는도 몰라도 중한 그런 일을 했는 거 같아예. 그러이 그분은 자기 아버지가 빼 나가가지고 여기 있으면 안 된다 카고. 그래 지금은 아마 월북해가지고 이북 있다 그런 소리는 들었어예.

최승호 : 마을에서 세 분이 잡혀갔는데 두 분은 빠져나왔고 아버지만 돌아가셨네.

이창희 : 늦게 돈을 장만해가 가는 바람에 하룻밤 새에 마 가뿌나 노이 그래 돼뿟네.

최승호 : 그러면 동갑내기 세 분이 그 마을에서 자랄 때 같이 무슨 활동을 하셨던가예?

이창희 : 그기 무슨 특별한 활동보다는 상평리에서도 한 4킬로 떨

어진 자연부락이 있습니다. 거기 아주 깊은 골짜긴데 거기서 인제 고 한 일곱 집이 골짜기에 살았는데 고기 세 분이 인제 있었으니까 고 옆에는 아주 또 천주산이라 카는 아주 험악한 산이 있습니다. 그러니까 아마 거기서 낮에 거기 숨어있다가, 아마 빨치산이겠지요. 그런 분이 있다가 지녁에 내리와가 겁을 주고 그랬는 같애. 우에 할아버지 이야기를 들으니까. 그런 거기 있으니까 마을에서는 남이 잘되면 배 아픈 그런 심보가 나쁜 사람이 한 사람 있었답니다. 그분이 인제 바로 지서하고 가까이 있으면서 동네 반장하면서 바로 고자질을 하면서. 가가, 인자 자기는 동네 반장하고 이래 하니까 공장도 하고 하니까. 고래가 고자질해가지고 너거 아버지 그래 됐다 카는 사람도 있어예. 고 이야기 듣고….

최승호 : 보도연맹에 가입하거나 그런 거는 아니시고예?

이창희 : 아마 그때는, 우리 요번에 진실화해 이거 때문에 보도연맹이라 카는 말을 알았지, 보도연맹 자체는 여서 못 들었어예. 그 당시에는 못 들었고 아마 뭐 가입 안 됐겠나 싶어 보도연맹에.

최승호 : 아드님은 그러면 학교는 어디까지 졸업하셨습니까?

이창희 : 청도고등학교 중퇴했습니다.

최승호 : 공부할 때까지 계속 주변에서 니는 공부해도 안 된다는 소리를 들으셨구나.

이창희 : 예, 들었습니다. 마이 들었고. 또 그때까지만 해도 우리 엄마한테는 한 마디도 아부지에 대해가지고 못 물어봤습니다. 물으면 마음 아플까 봐. 또 가만히 계시는데 들먹

거리가지고 마음을 더 상하게 하까 싶어가지고 못 묻고. 할아버지나 고모한테 묻고 하니까 주로 거기 마이 들었지요. 할아버지한테 고모한테 이야기 마이 듣고. 그때꺼지만 해도 학교 다닐 때까지만 해도 아부지 돌아가셨다고는 생각을 안 했거든예. 할아부지도 그런 말씀 했고. 느 그 아부지는 언제 돌아오시든 온다꼬 이야기를 했고 또 제사도 안 지내제, 항상 기다렸지요. 기다리고 이산가족 방송 첨 인제 우리나라 KBS 이산가족 할 때 열심히 봤습니다. 혹시나 거 인제 나올까 봐. 마이 보고 그랬지요. 확실히 알기는 돌아가셨다고 확실히 알기는 인제 과거사 이게 인제 시작하고 경산 여기 유족회 사무실에서 인제 위원들이 와가지구 인자 조주 받을 때 그때 인자 확실하게. 경찰서 가니까 자료가 있더라 카민서 그 이야기를 해조가지고….

최승호: 청도경찰서 대공 바인더에 아버지 이름이 있었어예?

이창희: 예예, 그래가 인제 확실하게 돌아가신 게 맞다 이카더라고예. 그래 제일 궁금한 게 이때꺼지 제사도 못 지내고 돌아가신 제 날짜에 밥 한 그륵이라도 올리고 싶은데 그러지를 못하니까 가슴이 아프고, 어디서 돌아가셨는지 알고 싶어가 물으니까 그거는 기록에 없대예. 돌아간 날짜하고 장소하고는 기록에 없다고 그런 말을 합디다.

최승호: 대공 바인더에는 이름만 있지. 언제 무슨 죄명으로 이런 것도 없어요. 성함만 있기 때문에.

이창희: 그래놓이 그 조사위원한테 그분이 얘기한 기 이때꺼지 커 오면서 감시받는다 카는 그런 기분 못 느꼈나 이런 말을

하더라고예. 그건 왜 묻노 카이께네 아버지는 요시찰대상이 돼가주고 아마 감시를 했을 거 같다. 그때 인제 내 우리 학교 졸업할 때 돼가지고 동네 이장이 한 분 이야기합디다. 니는 앞으로 행동, 사회에 나가도 조심해래이. 니 뒤에는 항상 감시하고 있다. 이런 말씀 이런 말을 들은 적 있습니다.

최승호 : 그러면 아버지가 그때 인민위원회라든지 이런 데 고위 간부라든지 이러있는가?

이창희 : 간부는 아인 것 같아예. 할아부지 이야기 들어보이까 어디 멀리 가가 있었는 것도 아이고, 오래 있었는 것도 아이고. 저녁 무면 마을에 잠깐 놀로 가는 이것이지, 뭐 크게 그런 거는….

최승호 : 천주산에 빨치산이 상주하고 있었습니까?

이창희 : 그게 인제 아마 낮에 그기 몇 명 있는가, 아 많았겠지, 그런 놈들이 아마 정말 지역에 무슨 깊이 좌익이나 거기 물들은 사람이 몇 명 있어서 지녁에 내리와가 심부름시키고 뭐 따라가고 아마 그랬는 거 같아예, 아마.

최승호 : 혹시 뭐 그때 집에 와서 쌀을 가져가거나 옷을 가져가거나 그런 거는 안 했습니까? 없었습니까?

이창희 : 없어예.

최승호 : 집에 저녁에 나갔다가 들어오고 이랬습니까, 밤에?

박귀분 : 지녁에도 그래 안 나가고예. 한 번 내가 물을 니리놔가 나가이끄네 저저게, 어데 사람이 낯선 사람이 비가 오이끄네, 우리 할아버지 집 방에 삽짝 밖은데 그래 거 뭐 물을 이고 나서이께네. 우물이 삽짝꺼린데 그 사람들도 마

비가 오이 다 우리 할아버지 방마이키 가뿟는 게. 가노이 야들 아버지는 그때 나도 어리고 하이 그런 것도 모르고 방에 눕었는기, 할아버지 방문 앞에 가보이 할아부지가 마 가암을 지르더마는. 이 사람이 해가 다 됐는데 댕기노 머라카더라꼬. 어딨노꼬 마 카민서. 다른회게 집 어딨노 이카이 그래 아무 데 자고 왜 이리 댕기냐꼬. 집에 일로 없거든 왜 이래 댕기냐고 카이 할아버지 죄송합니다 해. 누집 자손고 카드라고. 그래 그카이께 다른데 돌아가래 이카이 가뿌더라꼬. 방에 와 이래, 이장아들 낯선 사람이 겉드라카이 자기가 껌쩍 놀래더라꼬. 낯선 사람 눈데, 머 하는 사람인데 카더라꼬. 당신이나 내나 우예 아노. 나도 바보고 당신도 모리는데. 거 머 하는 사람이던고 그카고 지내갔지. 그 가입하지 안 앴고예. 가입하지 않고….

최승호 : 그때 그 사람들이 아버지 찾아온 거는 아니고? 남편 찾으러 온 건 아니고?

박귀분 : 아이고예. 비가 오이 머.

최승호 : 비를 피하려.

박귀분 : 예. 아니 그래 할아버지 방만 앞에 가나놓이 할아버지가 마 가암을 지르더라꼬예. 그래놓이 야들 아부지는 마 내가 그래 얘기를 하이 마 무섭다고 이불을 푹 덮어쓰더라고. 여 오머 우야꼬예 카미.

최승호 : 아, 집에 내 찾아오면 우짜꼬.

박귀분 : 예. 그카더라고. 그래 내 생각해 보이 그게 뭔 사람인고 어데 사람인공 카드라고예. 뭐 하는 사람인공. 그 후로는 돌라 카는 것도 없고, 가주 갈라 카는 것도 없고 뭐.

최승호 : 집에서 보통은 뭐 쌀을 가져가거나 옷을 가져가거나 이불을 가져가거나 이랬다는데.

박귀분 : 아무것도 없었어예.

최승호 : 그럼 공부는 하시다가 중퇴를 하셨는데, 니는 뭐 취업도 안 될 낀데 이래가꼬 공부를 그만두게 됐습니까?

이창희 : 예, 자포자기 했지예. 주위에서는 계속 그런 말을 하지예.

최승호 : 그러면 자퇴하고 나서 공부 포기하고 나서는 뭘 하셨습니까?

이창희 : 객지 생활 좀 하다가 집에 좀 있다가 서울 가서 그래도 취직할라고 올라갔는데 상경을 했는데 거기서도 또 이게 걸림돌이 됩디다. 인제 그때는 인제 신원조회가 있으니까 안 되고….

최승호 : 그때 어느 회사에 취직할라고 했습니까?

이창희 : 그때 서울에 옛날에 거 정치하는 사람들 보좌하는 사람들 있었는데 인척입니다.

최승호 : 인척 중에 정치인.

이창희 : 이름은 모르겠어예. 넣을라꼬 캤는데 이기 걸리가 대화도 못하고….

최승호 : 그럼 일은 어떤 일을 하면서 살았습니까

이창희 : 일은 개인 기업체, 개인 인제 소규모 중소기업이지. 거기 인제 일을 하고 있다가 거기서도 또 뭐 비관하고 우울증에 걸렸습니다. 내가 바라는 그런 직장도 아니고, 보니까 계속 참 옳은 취직도 못 하고 가족은 책임을 져야 되는데 그것도 잘 안 되고 그러니까 뭐 우울증도 오고. 그래가

음독까지 하고 그랬습니다. 음독까지 해가지고 서울대병원에서 응급처치 해가 살긴 살았는데. 그래 그때 서울 생활도 적응도 모 하고 그때 인자 청도 고향에 내리왔습니다.

최승호: 상경할 때는 몇 살 때였습니까?

이창희: 고때 보자, 졸업하고 한 칠십, 열아홉 여덟, 열아홉. 졸업 학교 나와가 촌에 좀 있다가 그래 갔으니까 한 열아홉.

최승호: 결혼은 그럼 몇 살 때.

이창희: 결혼은 스물여섯에 했나. 시골에 내리와서.

최승호: 상경해서 몇 년 만에 청도로 다시 내려온 겁니까?

이창희: 서울 가서 보자, 한 3년 있었나. 있다가 또 대전 가가 좀 있다가 부산 가서 좀 있다가 그랬습니다.

최승호: 아, 서울 부산 대전.

이창희: 시골 내리와가 있다가 부산도 또 갔다가 여러 곳 다녔습니다. 다니다가 결국은 고향에 들어와가지고 그때는 모든 국내정세도 바뀌고 하니까 연좌제도 폐지되고 그래가 인자 우체국에 취직을 했습니다.

최승호: 스물여섯 살에.

이창희: 그땐 더 늦지예. 서른세 살에 드갔는데.

최승호: 그때 드갈 때는 신원조회 같은 거 안 했습니까?

이창희: 그때는 인제 연좌제가 폐지되이끼네 되더라고예. 신원조회도 크게 뭐 묻는 사람도 없더라고예. 그래 늦게 들어갔지. 늦게 들어가가 인자 뭐 한 23년인가 근무하다가 정년 했습니다.

최승호: 결혼은 그럼 우체국 들어가기 전에.

이창희 : 예, 우체국 들어가기 전에 했습니다.

최승호 : 우체국 다니고 할 때는 전혀 아버지 관련된 얘기를 듣거나 그런 건 없었다 그지예?

이창희 : 예, 뭐 주위에 그런 시선이 한 분 옵니다. 이상하다, 우체국에 저게 우째 들어갔노 카는 이런 말을 합니다. 연좌제 폐지되고 이런 거를 모르는 사람들은 시골 사람들은 그런 얘기를 하더라고예. 어떻게 들어갔노 이런 얘기도 나오고, 그런 눈치도 들어오고 그래 합니다. 그래 하고 제일 두건기 또 결혼할 때도 결혼문제가 나오니까 또 나오더라고. 아부지 이야기가….

최승호 : 결혼은 어디에 사시는 분하고.

이창희 : 내나 고 짤에. 짤에 해나니까 인자 윗대들 다 알고 하니까 그 이야기가 또 나오더라고예.

최승호 : 그 집하고 결혼하면 안 될 건데.

이창희 : 그런 이야기 합니다. 하는데 뭐 사람 한 사람 보고, 사람만 보고 시집보내자 이래 됐는가 봅니다. 그래가지고 결혼을 했는데….

최승호 : 아드님은 올해 연세가 얼마시지예?

이창희 : 올해 만 육십아홉, 칠십. 우리나라 나로 칠십.

최승호 : 50년도에 태어나셨잖아예. 그때가 아버지가 5월달에 잡혀가시고.

이창희 : 5월달에 잡혀갔으니까 한 2월달.

최승호 : 2월달쯤 태어나셨습니까?

이창희 : 2월달. 그러니까 백일 전쯤 되지 싶어요.

최승호 : 아버지에 대한 기억은 전혀.

이창희: 전혀 없지요. 전혀 모리고.

최승호: 유족회 활동은 어떻게 시작했습니까?

이창희: 유족회 활동은 직장에 다닐 때는 참 뭐 유족회꺼지 생각도 못 했고. 하이튼 퇴직하고 집에 있으면서도 또 뭐 선뜻 그때는 진실화해 이것도 없고 하이게 선뜻 참 유족회라 카는데 생각을 못 했습니다. 가는 게 주위에 눈치도 보이고 안 좋은 그런 시선으로 보니까 유족회 생각도 안 했습니다. 안 하고 있다가 우리 여 코발트광산유족회 청도 출신인 이동철 씨가 찾아와서 이야기합디다.

최승호: 아, 이동철 회장이 찾아왔습니까?

이창희: 이래 이래 한 곳이 있는데 같이 가자고 그래가 인제 유족회를 왔어요.

최승호: 그때가 그럼 따라갈 때가 몇 연돕니까?

이창희: 그때가 몇 연돈고? 지금 한 10년 전쯤 됐나?

최승호: 10년은 넘었죠. 신고하기 전이니까.

이창희: 신고하기 전이니까 지금. 기억이 확실히 안 나네.

최승호: 2002년, 3년 요럴 때쯤 됐겠다 그지요?

이창희: 확실하게는 기억이 안 나는데. 그렇습니다.

최승호: 주변에 거기 청도 주변에 우리 아버지처럼 그렇게 끌려가신 분들이 많이 있지요?

이창희: 아, 많습니다. 지금 이제 전에는 전부다 숨기놓고 있더니만 지금 세월이 조금 많이 바뀌니까 아 이게 뭐 많아요. 나도 유족이다 이카시는 분들이 굉장히 많습니다. 그래도 지금도 주위에는 이웃 동네에 보면은 그 자기 어른들도 그래 인자 뭐 가신 분들이 많은데 아직꺼지 유족회 가

입 안 하신 분들도 있고. 지금 와가지고 유족회 나가면 뭐 하노, 조용하이 이래 있는 기 낫지. 이런 마음으로 인제 신고 신청도 안 하고 그런 분들이 꽤 됩니다.

최승호 : 신고하신 분이 많은 것 같아예, 안 하신 분이 많은 것 같아예?

이창희 : 아마 했는 분이 안 많겠나. 그중에라도 좀 안 많겠나 싶어예. 안 했는 분들이 한 3분에 1 정도 될 거 같고.

최승호 : 그분들 안 하는 이유가 뭐라고 생각하십니까?

이창희 : 제가 물어봤습니다. 함 나와봤기 때문에 다 알고 알기 때문에 이제. 그 형님은, 유족회가 청도도 있고 경산도 있더라. 어른 유해는 수습했나 카니까 수습 모 했다 카는 분도 있고. 그런 걸으면 갑시다 카니까 아이구, 지금 이 때꺼지 뭐 뭐 이제꺼지 그냥 살아왔는데 조용하이 그냥 살지 뭐 이카는 분이 있더라고예. 괜히 그거 뭐 들먹거리가지고 주위에 시선 받을 필요 없다 그런 뜻인 거 같아예.

최승호 : 그런 분들 혹시 신고 안 하신 분들 연좌제 때문에 고통을 받아가꼬 신고를 안 하신 거 아닐까예?

이창희 : 아, 있습니다. 그분도 한 분 저보다 세 살 위엔데 그분도 참 학교 졸업해가지고 경찰에 그 인자 경찰 거 인자 할라고 드가가 다 됐는데 신원조회에 걸리가주고 못 하고 아무것도 못 하고. 거 신고 안 했어예. 안 했습니다. 그분은. 안 하고 있는 분들도 많습니다. 그 동네만 해도 한 동네만 해도 안 했는 분들이 3명 정도 있는 거 알고….

최승호 : 그 동네는 무슨 동네 이름이 뭐지예?

이창희 : 하평. 우리 동네 바로 밑에 동넨데.

최승호 : 그분들한테 야, 인제 괜찮다. 신고하라고 이렇게 권유를 한번 해보셨어예?

이창희 : 해봤지예. 해봤는데 아이구 이때꺼지 살았는데 조용하이 그냥 마 있을란다 이카시더라고예.

최승호 : 아직까지 그 트라우마가 있지 그지예?

이창희 : 예, 있지요. 있습니다.

최승호 : 빨갱이 자식이다 하는 들은 얘기들.

이창희 : 맞습니다. 저는 이래 생각합니다. 진실이 지금 밝혀지고 국가공권력에 의해가지고 아무런 그런 합법적인 절차도 못 밟고 억울하게 죽은 사람들 알면서도 그게 인제 후속 조치가 인자 국가 차원에서 안 이뤄진다 이렇게 봅니다.

최승호 : 신고한 사람만 유족을 밝혀주고 신고하지 않은 사람은 아 직까지 그 상태로 있으니까.

이창희 : 방치해두고 있는 것이죠. 돈 몇 푼 줬다고 그게 다 치유 가 됩니까? 안 된다 아입니까. 그거는 일개 그거고.

최승호 : 혹시 유족들이 신고해서 국가에 배상을 작게나마 받았지 않습니까? 받은 걸 주변에 있는 분들이 들었잖아요. 그런 데도 신고를 안 할려고 합니까?

이창희 : 아직꺼지 뭐 신고 안 하고 있더라고예. 청도도 가입 안 하고 암 데도 안 하고 있습디다. 너무 깊이 인제….

최승호 : 너무 오랫동안 억압받고 세뇌 교육받고 연좌제로 탄압받 고 했던 것 때문에 신고를 못 한다 이 말씀이시죠.

이창희 : 예, 맞습니다. 혹시 자기 아들들한테 조금이라도 무슨 주 위에 따가운 시선 받을까 봐 그래가도 아예 말도 안 꺼내

고 그런 사람도 있고….

최승호 : 그래도 주변에서 다 알고 있지 않습니까. 그 집안에. 아는 데도 불구하고 인제 드러내기 싫어하는구나 그지예.

이창희 : 그렇지예. 말 듣는 자체를, 나오는 그 자체가 싫은 거라예.

최승호 : 참 안타깝다 그지예. 지금은 다 말씀하셔도 되는데. 지금 유족이라고 밝히고 나서 불이익받은 거 있습니까?

이창희 : 불이익받은 거는 없습니다. 그래도 지금 유족회 오면서 항상 무거운 마음으로 나옵니다. 아침에서 나섭니다. 왜 나서느냐 하면 주위 사람들 어디 가노 하면 자, 유족회 모임에 간다 소리는 못 합니다. 거기 간다 소리는 못 합니다. 볼일 있다, 딴 데 볼일 있다 이라고 카지. 아직꺼지 그런 분들은 많은 분들이 대부분이 그렇습니다. 실 사람들이 국민들은 참 진짜 국가에 의해가주고 억울하게 죽었다고 이래 생각 안 하겠느냐. 아직은 나쁜 짓을 해가, 빨갱이 짓을 해가 죽었다고 이래 알고 있지. 거 확실한 아직꺼지… 그러니까 정부 차원에서 인제 진실을 바로 인제 알리주고. 지금 인제 거 지금도 안 그렇습니꺼. 정치하는 분들 전부 다 이거 까이고 정치적으로 이용해가주고 뭐 그카고 있는 마당인데 주위에서는 국민들은 더 아 하겠습니까, 일반 국민들은 보는 시선이. 그러이끼네 인자 그것을 인제 후손들에게 바로 진실을 바로 알리는 그게 프로그램이 없는 기 그기 좀 아쉬운 부분인 거 같습니다.

최승호 : 제2특별법이 지금 인제 만들려고 노력하고 있는데 지금 국회에서 계류 중이잖아예. 진행이 안 되는 이유가 무엇

이라고 생각하십니까?

이창희 : 하, 진행이 안 되는 이유는 정치인들 그깁니다. 정치인들은 뭐 국회의원들은 첫째는 뭐 국민들을 먼저 생각하고 나라를 먼저 생각하고 국민들을 위한 그런 정치를 해야 되는데 자기네들 자기들 뭔가 그것을 얻기 위해가주고 이것을 이용해가주고 또 그때는 참 목숨을 직접 학살을 했지마는 지금 정치인들은 유족들을 또 그런 식으로 피해를 준다 이 말입니다.

최승호 : 유족을 두 번 죽이는 거죠.

이창희 : 그렇지요. 두 번 죽이고 있다 이 말입니다. 그러이끼네 인자 그것은 딴 거 하고 이래 같이 결부시키가지고 해결할라 하면 안 되는 거거든 이거는.

최승호 : 그렇지, 이 법은 법대로 처리해야 되지. 다른 법하고 연결해서 이것 때문에 못 해준다.

이창희 : 이거 때문에 같이 하자 이거는 안 된다 아입니까. 그러이 그기 제일 안타깝고 너무 인제 정치인들은 국민들을 생각 안 한다. 그 아픔을 보담아줄 줄 모른다. 이런 걸 느꼈어요.

최승호 : 만약에 법이 통과되면 주변에 있는 유족들 많이 신고 못 하신 분들 신고하실 수 있을까요?

이창희 : 예, 좀 있지 싶습니다. 지금 1차에 신고를 해가 그기 인자 정리되는 그런 상태에서 보면 지금 시간도 마이 지냈고 하니까 자기들도 뭐 와가 닿는 그기 뭔가 있을 겁니다. 안 달라지겠습니까.

최승호 : 아버지 성함이 어떻게 되시지예?

이창희 : 이우춘.

최승호 : 이 우 자 춘 자. 몇 년생이지예? 기억 아십니까?

이창희 : 몇 년생인도 모르겠네. 70년, 69년 전이니까 수물, 만으로 수물세 살 때네.

최승호 : 지금 살아계시면 구십서이.

이창희 : 예, 맞심미다.

최승호 : 할머니 몇 년생이신지 기억 안 나지예?

박귀분 : 모릅니다. 살았으면 구십서이라예.

이창희 : 유족들은 지금 더 더 아픈 그런 기억들을 다 지금 가주 갑니다.

최승호 : 혹시 호적에 아버지 어떻게 돼 있습니까?

이창희 : 그냥 사망했다고 돼 있습니다.

최승호 : 그냥 사망. 몇 연도에 사망한 걸로 돼 있습니까?

이창희 : 그기 인자 할아버지가 계속 돌아가신, 아부지가 그래 가시고 난 금방 신고한 것이 아니고 몇 년 뒤에 오래돼가주고 했더라고, 전에 함 보이 호적부에 보니까.

최승호 : 사망신고는 했습니까?

이창희 : 할아버지가 했다꼬 인제 사망했다고 주소지에서 사망했다고 이래가 돼가 있더라고예.

최승호 : 아, 주소지에서 사망했다.

박귀분 : 예, 이래 돼가 있더라고예.

최승호 : 주소지에 사망했다. 몇 연도는?

이창희 : 몇 연돈지는 지금 기억 안 납니다.

최승호 : 연도도 있긴 있었습니까?

이창희 : 예, 연도는 뭐 있지 싶습니다.

최승호 : 호적정정이 있거든예. 제대로 몇 연도에 어디서 돌아가셨다 그걸 정정할 수 있는데 정정을, 이대로 놔두실 겁니까?

이창희 : 놔두지 뭐, 확실한 게 장소도 모리제 돌아가신 날자도 모리제. 지금 놔두나 새로 하나 마찬가진데 뭐.

최승호 : 그래도 사망한 걸로, 사망신고 돼 있으니까. 사망신고는 언제쯤 한 건지 기억하십니까?

박귀분 : 언제쯤 했는지 그것도 모리고 기억도 안 나예.

최승호 : 사망신고하고 나서 그러면 어디서 돌아가셨을 거다 싶어서 시신을 찾으러 다니거나, 어디에 묻혀 있다 카더라 이런 얘기는 안 들으셨습니까?

박귀분 : 찾으러 간 일도 없었고. 암마 찾고 짚지마 내가 혼차 우얄 수 없고, 죽었다고 생각했는 일도 없고. 그래 봐야 죽는 거를 봐야 뭘 죽었다고 찾아보든동 우예든동 학인이 되지마는 아무것도 모르이까네. 그래 뭐 죽었다고 생각도 안 하고 어른들도 죽었다고 찾아갈 그것도 아이고 뭐 그래.

최승호 : 어른들이 만약에 할머니는 그랬고 시어머니나 시아버지는 아들 찾을라고 이래 안 하셨습니까?

박귀분 : 그런 생각도 없었어예. 어데 죽었다 캐야 찾아가지. 아무 곳 소속도 없고 까막소였는데 어데를 알고 가겠십니껴.

최승호 : 경찰서 있다가 어디로 갔다 이야기도, 코발트로 갔다 이야기도 못 들었습니까?

박귀분 : 어데 전혀예.

최승호 : 그런 얘기도 못 들었고 가보니까 사람이 없더라.

박귀분 : 예, 청도 있었다 카는 고고만 알았지. 그래서 실은 그 이튿날 가이 여 있던 밥해주는 사람한테 여 있던 사람 어디 갔노 카이 어디 갔는 줄 모린다꼬. 언제 오노 물으이끄네 언제 올지 그것도 모리고. 세월 좋아야 오지, 언제 올지 모른다 이카더라이께예.

최승호 : 아, 세월이 좋으면 오지. 아, 그 사람들도 죽으러 간 줄 몰랐구나.

박귀분 : 예. 그러이 어른이 갔다 와가 카지. 언제 올지도 모르고 그렇다고 그캅디다. 그래 그라고는 그 옛날이라 카는 거는 모르고 죽은 줄도 모르고. 찾을 생각도 안 했심니다. 언제 죽었동 고때만 밝히지마 죽은 날짜도 알았을 끼고 안 그렇겠능교. 죽은 날짜를 아나. 그 당시야 참 그랬으마 죽은 날짜도 알았지요. 살았다고 이래 생각했기 때미 래 아무 그런 모르지. 그러이 오늘날꺼지 죽은 날짜도 모르고 그래예.

최승호 : 할아버지가 사망신고를 하고는 제사를 지냈습니까?

박귀분 : 하도 것도 알 낀데 모도 제사를 지내주면 좋겠다 카데예. 그라고 자꾸 너무너무 꿈에 비사. 너무너무 꿈에 비사. 그러이까 밥을 떠놓고 나이 안 빈다.

최승호 : 나가시고 나서 계속 꿈에 보이니까.

박귀분 : 나가고도 오래 됐지요. 한 7, 8년 넘었을까. 그래 내 참 그 이후로 올렸어예. 밤마다 꿈에 너무 비사. 그래서 고 마 이러이라이 밥을 떠 놔 조봐라 이카더라고. 그 떠 놔 두고는 안 비예. 꿈에 안 빈다.

최승호 : 밥을 몇 년이나 떠 놨습니까?

박귀분: 오래 됐지요. 지끔 한 20년. 한 해 한 분쓱.

최승호: 날짜는 언제로 해가.

박귀분: 날짜로는 야 죽는 날로 모르이 6월달로 쳐가주고. 6월 쳐가. 나가기는 5월달에 참 갔는데 나갔는데 그래 언젠동 모르이 6월달로 밥을 떠놓자 그래 떠났어예.

최승호: 5월달에 나갔는데 그래도 한 달쯤 살아있다가 안 돌아가셨겠나 이렇게 생각해서 6월달로 제사 날짜를 했다 그지예.

박귀분: 그질로 아무 그거 없이 끝보고 마. 그래도 죽었다고 생각했는 일도 없고. 살았으마 안 오겠나.

최승호: 지금은 그럼 제사는 언제 지냅니까?

이창희: 생일날, 아부지 생일날, 생일날 떠놓십니다. 그것도 제 알고도 참 제사 지내기 전에 제사를 한 분 지내자 카니까 할아버지가 아직꺼지 제사 지내지 말자고 카더라고요. 언제 뭐 참 온다고 계속 온다고 그래 생각하고 계시더라고예.

최승호: 죽었다 카는 거를 인정하기 싫으니까 제사를.

이창희: 예, 온다고 그래 생각하더라고요. 그 말을 나도 또 믿었고. 계속 기다리기도 마이 기다렸지요.

최승호: 아버지 생일은 언젭니까? 음력으로.

박귀분: 음력으로 삼월 스무하릿날.

최승호: 스무하룻날. 3월 21일. 지금은 인제 음력 3월 21일날 제사를 모신다 그지예.

이창희: 지금 엄마가 아부지 나가신 날을 5월달 안 캅니까. 그게 인제 지금 엄마가 말씀하시는 거는 전부 다 음력입니다,

음력. 음력이지. 양력이마 인자 6, 7월 된다 카이께.

최승호 : 아, 음력 5월이니까 지금으로 치면 5, 6월 되니까 6, 7월 쯤 되겠다.

이창희 : 양력은 전혀 기억을 안 하거든.

최승호 : 맞습니다. 아마 잡혀간 게 제 생각에는 한국전쟁 직후나 직후라야 되거든요. 6월 25일날 전쟁이 터지고 6월 27, 28, 29일 요때 집중적으로 인제 요시찰인들 예비검속 명령이 내려오거든요. 아버지는 아마 그 안에서 중한 일을 했기 때문에 요시찰인물이었기 때문에 서에서 미리 데리고 간 거지요.

이창희 : 그렇지 싶어요.

박귀분 : 자기도 죽는다고는 우에 생각 안 해.

최승호 : 잡혀가기 전에 혹시 남편이 교육받으러 간다든지 이런 학교에 가거나 이런 건 안 했습니까? 없었어예? 보통은 보도연맹에 가입한 사람들은 한 달에 한 번씩 집체교육을 했거든예. 학교에 불러 모아가꼬 교육하고 또 보내주고.

박귀분 : 그런 것또 없었어예.

최승호 : 급박해서 바로 끌고 갔을 수도 있지예.

박귀분 : 그래 인자 자기도 살아온다고 카는 그거만 알고 집에 사람도 그거만 알. 가면은 엄마 내 석규, 갈낀 나갈끼다 이카고 그래 있으이. 또 이래 가다놓고 있는 겉으마 거 한데 가다놓지 아 하고.

최승호 : 아 가둬놓은 게 아니고.

박귀분 : 아이고. 이래 갱비로 한다 카데예.

최승호 : 경찰서에서 경비만 해가 외곽에 경비만 하고 못 나가도

록.

이창희 : 아니, 아버지가 경비를 섰다 카더라고예.

최승호 : 끌려온 사람들 중에서 한 사람을 니는 경비 서라 해갖고. 그럼 도망치고 싶었으면 언제든지 도망갈 수 있었네예. 그러니까 나는 죽을 죄를 지은 게 아니다, 그래서 그 사람들이 시키는 대로 다 한 거네, 그죠? 죽을 생각 같았으면 도망을 갔겠죠.

박귀분 : 안에 사람이 들어가 있는데 그 사람 면회 오면 면회도 시기주고 그래 하더라 카데예. 그래 갔다 온 사람이 카는 기라. 그 사람은 아무 그거 없다고 카더라고예. 자기 마음대로 고래 면회 가이 면회 왔다꼬 면회 시기주고 그래 자유로 활동을 하고 그렇더라꼬 아무 그거 없더라고 고래 이카더라 카는 거라예. 그래 자기도 여심하고 집에 온다 꼬만 생각했다 카이께네예. 그래 끝에 가가 마지막에 가가 마지막 날, 인제 참 죽음을 앞두고 니일 끝이 그거한데 오늘 겉이 2마넌 가오라 카는.

최승호 : 돈만 2만 원 주면 빼주겠다 이렇게 누가 캤구나.

박귀분 : 그런데 돈만 2마넌 가갔으면 참 우에 됐도 모를 긴데 그래 돈을 안 가가이 그 이튿날 하루 늦다 아인교. 가가이 없드라 캐예. 그질로 끝이라예.

최승호 : 그때 당시에 2만 원 같으면 얼마나 큰돈이지예? 소가 한 마리 얼마?

박귀분 : 으응, 소 한 마리가 그때 돈이람동 큰 황소 때 장으로 80만 원 해예.

최승호 : 그때 당시에 소 80만 원. 그라마 2만 원은 큰돈도 아니네

예.

박귀분 : 큰돈도 아이지요. 그런 거로 돈이 없어서 참 그카미. 그것도 내가 이우제 가 구해가 어른 가주 가라 카이, 어르이 니일 가지 올은 안 가주 갈란다 이카드라꼬예. 그래서 참 그래 됐다.

최승호 : 돈은 할머니가 이웃에 구했는데 아, 그날 안 갖고 가시고 그다음날 갖고 가셨구나.

박귀분 : 그것도 그거 안 날 지녁에 그래 똑 갇힌 사람이 참 갔다가 자녀가 거 있다 카미 갔다 오가 우리 집에 가거들랑 그래 연락을 좀 해돌라고. 그래 니일 하고 돈마 2마넌 가져오라 카드라.

최승호 : 아, 면회 간 사람 편에다가 연락이 왔구나.

박귀분 : 예, 어듭은데 왔더라고예. 저녁을 무이 왔는데 그래 뭐 어른들은 모 숨군다고 바쁘고 그래 가뿌고는. 그래 돈 없고 구할 데도 없고 이래가 참 아는 집에 가이 얘기를 하이 돈을 2만 원 주드라고. 빨리 가주가라 이카미. 낮에 가이 끄네 그래 참 어른한테 가이까네 가주 가라 카이 그날 안 가주고 갈라 카드라고예. 그래서 그 이튿날 가주 가이 없대예. 그기 끝이지 머.

최승호 : 시어른 원망 많이 하셨겠습니다. 그날 갖고 갔으면 됐을 건데.

박귀분 : 살았다고 생각하이 원망도 안 하고. 원망도 안 해봤어예. 그런 생각도 아 해보고. 이미 참 지금 즈음 같으머 원망 마이 하지. 그때는 부모보고 원망도 할 줄도 모르고, 원망도 아 하는 줄 알고 어른이라 카마. 그래 살았지예.

최승호 : 하루만 빨랐으면 살아나왔을 건데 하루가 늦어가지고 큰 돈도 아닌데 그죠.

박귀분 : 집에서 생각하기는 거 사람도 뭐 이래 갇히가 있든동 이랬는 걸으면 그한데, 갇히가 안 있고 자유로 활동을 하고 자유 몸으로 활동을 하고 그 문 아케, 정문 아케 경비로 하고 이래하이 다 무섭어 했다카이예.

최승호 : 붙잡혀 온 사람들 안에서 니는 경비도 서고, 교대 교대로 했네 그지예. 몇 명이나 그 안에 있었다 캅디까? 사람들이.

박귀분 : 그건 몰라예.

최승호 : 마이 있었는가.

박귀분 : 그거는 모른다카이예. 내가 안 봤기 때미래 그런 거는 뭐 모르고.

최승호 : 지금 경산시에서 최근에 거기 추모위령사업지원조례가 통과가 됐습니다. 이때까지는 우리가 경산시나 북도에다가 유해 발굴을 해달라든지 뭐 위령사업을 해달라고 하면 법적인 근거가 없어서 못 해주겠다고 했거든요. 그런데 이번에 민주당에 양재영 시의원이 발의를 해서 법이 통과, 조례가 통과됐는데 그 조례 보면 위령사업, 그리고 평화인권교육사업, 그라고 자료 발간, 수집, 발굴사업 이런 걸 할 수 있다고 돼 있는데 기타 또 시장이 필요하다고 되는 사업 이게 할 수 있도록 돼 있는데 혹시 우리 아드님, 이사님은 어떤 사업들이 필요하다고 생각합니까?

이창희 : 지금 인제 조례안을 보니까 그 진짜 유족들이 지금 바래는 사항들이 세 가지 다 들어있는데. 맞심다. 지금 제 생

각 같애가지고는 물론 뭐 위령사업 1년에 한 분썩 위령제 지내고 그것도 머 다 중요하겠지마는 그 뭡니까, 뒤에 자료발굴도 그렇고 교육 뭐 평화인권교육 그게 아주 중요한 것 같았습니다. 교육을 통해가지고 각 국민들한테 하나하나 옳게 바로 전달되는 그런 프로그램이 제일 중요한 것 같습니다.

최승호: 지금 우리 평산동에 시설은 어떻게 생각하십니까? 지금 돼가 있는 거는, 충분합니까?

이창희: 아이구, 충분한 거 아이죠. 그거는 최소한에 아주 기초적인 거라고 생각합니다.

최승호: 거기 어떤 게 좀 보강이 됐으면 좋겠습니까?

이창희: 거기 여러 가지 인제 첫째, 유족들이 거기서 한 분썩 인제 모이고 활동할 수 있는 시설도 없고 또, 자료들이 그냥 우리 말만 오는 분들한테 설명만 해가지고는 가슴에 안 닿습니다. 그런데 그런 모든 기 자료들이 지금 해봤다 카는 몇 점 해봤는 그거는 아주 소 그기고, 아주 광범위한 그런 무슨 자료가 있어야 안 좋겠나 싶습니다.

최승호: 그런 자료들을 전시할 수 있는.

이창희: 예, 그렇지요. 전시할 공간이 인자 없다 그기죠. 오는 분들한테 보이줄 수 있는 그런 공간이 있어야 되겠고, 그기 시급한 거 같습니다.

최승호: 그런 공간들을 좀 경산시에서 만들어줬으면 좋겠다. 혹시 국가에 대해서는 하실 말씀이 없으십니까?

이창희: 할 밀은 많지요. 국민으로서는 물론 뭐 유족이라 카기보다 국민으로서는 진짜 있는 이거는 아주 근대 참 비극적

인 역사 아닙니까. 근대사에 그긴데, 아주 오래된 그런 것도 교육을 시기고 그래 하면서 근대사에 대해가지고 비극적인 현실 이거를 왜 자꾸 덮고 묻고 은폐를 하냐 이런 말입니다. 그러이 그것을 인제 바로 알리는 그런 무슨 정책이든지 그기 필요한 것 같습니다.

최승호 : 국가에서 교과서에도 싣고 초중고등학교 수업도 해야 되고.

이창희 : 오래된 것도 아이고 70년 된 역사를 뭐 그 전에 꺼는 다 교육시키고 하면서 현실을 은폐하지 마고 있는 그대로 바로 알리는 그런 교육이 필요하지 않나.

최승호 : 그런 교육들이 되고 국민들도 그때 죽은 사람들이 참 억울하게 죽었구나 하는 게 알려져야 유족들도 지금 나서지 못한 유족들도….

이창희 : 마음도 가벼워지고….

최승호 : 신고 못 한 사람도 신고하게 되고.

이창희 : 그기 제일 우선적으로 해야 될 일이지 싶은데 그게 안 되는 것 같아예 지금.

최승호 : 정치인들이 이 법을 통과 안 시키려고 하는 이유 중에 하나가 유족들이 너무 많고 배보상을 하면 돈이 너무 많이 든다 이런 얘기 하는데 유족들이 배보상 받을려고 하는 건 아니잖습니까. 돈에, 돈 받을려고 하는 건 아니잖아요.

이창희 : 그렇지예. 그게 분명히 해야 될 거는 물론 거게 뭐 상반되는 모든 유족들한테 지원해주고 해줄 그런 거는 많습니다. 여러 가지 많습니다. 해필 돈으로 가주고 해결할라고

하지 마고, 여기 유족들 남아있는 트라우마 안 좋은 트라우마 갖고 있는 이것을 어떻게 정신적으로 치유할 수 있는 그런 공간도 그런 것도 있어야 되겠고. 또 위령사업도 국가 차원에서 이건 뭔가 좀 해줘야 되겠고. 위령제 지낼 때마다 조금 그거 지원해준다고 유족들도 마음 달래는 것도 아니고 전문성을 가지고 뭔가 좀 이래 고민 좀 해주면 좋겠고 그렇습니다, 지금.

최승호 : 유족들이 바라는 거는 배상이라기보다는 트라우마 치유, 그리고 명예 회복, 기억할 수 있는 사업, 교육 뭐 이런 걸 바라는 거지 돈을 바라는 건 아니라는 거지요.

이창희 : 그렇지예.

최승호 : 돈이야 지금 뭐, 돈 받는다 캐갖고 아버지가 돌아가신 아버지가 살아오시겠나 그지요.

이창희 : 워낙 피해자들이 많으니까 그 뭐 보상해주고 배상해주고 하마 돈이 너무 많이 든다고 나오는데 그런 핑계는 대면 안 되고, 우선적으로 해결할 거는 해조야 되는 그것이지.

최승호 : 제가 생각하기에도 정치인, 일부 정치인들은 이거 다해주면 돈이 너무 많이 든다 이렇게 핑계 대고 있는 것 같더라고요. 그건 유족들이 바라는 바가 아니다 그죠.

이창희 : 그건 유족들 가슴에 또 상처를 주고 비수를 꼽는 그런 그기다 카이까네. 그러이 그런 자세가 없어예. 국민들 보다듬는, 아픔을 쓰다듬을 줄 아는 그런 정치인들이 있시야 되는데. 하 너무 많어예. 너무 참 더 옛날 있었던 그거 후손들한테 도로 재탕하는 것 같애. 한 번 더….

최승호 : 두 번 죽이는, 아버지 한 번 죽이고 또 유족까지 죽이는

그런 꼴이다.

이창희: 맞습니다.

최승호: 할머니는 지금까지 돌아가시고 나서 70년 가까이 아버지 생각하면서 그리면서 사셨는데 국가가 원망스럽지 않습니까?

박귀분: 원망시럽기도 하고 그렇지요. 왜 그런 시월 닥쳤시꼬 싶으고 그렇지예. 좋은 시월 닥쳤으마 그런 것도 없었을 끼고 안 그렇겠나 시푸고 머 그렇지 머.

최승호: 남편이 그렇게 안 됐으면 자식 키우고 알콩달콩 재미나게 사셨을 건데 억울하지예. 어디다가 원망을 하면서 사셨습니까?

박귀분: 누구를 원망하겠능교. 원망할 데가 없지요.

최승호: 이런 말씀을 드려도 되는지 모르겠는데 하나밖에 없는 아들 아버지 잃고 이때까지 혼자 참 살았는데 아들한테 한 말씀, 여태까지 못 했던 말씀 한 번 해보이소. 니 참 잘 살았다 그래도, 이래.

박귀분: 저거마 건강하마 되고예.

최승호: 아들 총명하고 총기도 있어서 공부도 잘하고 했는데 진짜 공부 열심히 했으면 더 높은 자리도 올라가고 돈도 많이 벌었을 건데.

박귀분: 맞지요. 공부하는 데 재주는 있었고 그랬어예. 그러이 딴 게 머 있는교, 한은 공부 마이 못 시킨 한. 참 어릴 때는요 공부시키마 국민학교 때 시자가, 한 분은 내가 하도 책상을 끌어안고 설치싸가 학교 갔다 오마 책상 앞에 먼저 간다카이예. 가가 앉고. 내가 아를 집어떤진 일도 있

어예, 울미. 왜 몬 하는 공부로 와 책상을 안고 설치노 카미. 그래 마 아를 거머지고 떤지뿌리쓰예. 너무 책상을 안고 나부대싸이 내 너무 가슴 아푸그로 하이까네. 누가 시기줄 사람도 없는데 왜 그 책사 붙으가 이르케 이카노 싶어가. 그거 머 사실 가슴 아푸지요. 그래 손자는 참 그래가 지 할라카는 대로 시킸으마 싶은데 그것도 마음대로 안 되대요.

최승호 : 아들 못 시킨 거 손자는 시키고 싶었는데. 손자가 몇입니까?

박귀분 : 손자 둘이.

최승호 : 공부도 못 시키고 미안한데 그래도 엄마한테 잘하지예?

박귀분 : 에, 잘합니다. 내가 팽생에 참 이 아들 하나 보고 살았기 때미래. 백일 전에 아바이 꼬라지도 안 봤어예. 백일 날 백일 미칠 앞세아놓고 그래 나가뿟는데. 그래 아바인들 자슥 꼬라지를 알겠나 자식인들 아바이 꼬라지를 알겠능교.

최승호 : 그렇지 백일 만에. 몇 번 보도 못 했을 거 아닙니까.

박귀분 : 몇 뿐 안 봤지요. 그래 백일 전에 나간 사람이 메 뿐 봤겠능교. 그래서 참 만날 가슴 아푸지. 따른 사람 참 아버지라고 아무 데고 차마 참 가슴 아푸지. 클찍에도 그래예. 그해는 하도 야 놓던 해는 많이 낳아가 아부지 아부지 칼 때는 보마 참 마음이 아파예. 왜 저런 아들은 아부지라고 부르는데 왜 내 자슥은 와 아부지를 몬 찾노 싶은 기, 마 따 가신이 아파예.

최승호 : 그 동네에 고 또래가 많았다 그지예.

박귀분 : 많아예. 열이가 넘지요. 한 동네에 열이가 넘었어. 그래 그것으로 참 아들이 가슴 아프지요. 아부지라 카는 사람 얼굴도 모르고 불러보도 몬하고. 이 세상에 태이나가 부모 모르고 크는 거만침 참 불쌍한 기 없구나 싶고 머 그래예.

최승호 : 제가 보니까 일찍 아버지 돌아가시고 나서 재가하신 분도 많이 있고 하던데 지금까지 아들 지키고 또 사셨네예.

박귀분 : 서로가 한 되지요. 지도 한 되고 나도 한 되고 그렇지요. 지도 부모 모르고 컸으이 한 되고, 나도 자식 키아가 부모 모르고 키운 자식 참 뭐고 싶으고 참 서로가 한 되지요.

최승호 : 아드님은 엄마 70년 동안 참 청상과부처럼 이렇게 사셨는데 엄마한테 해주고 싶은 말씀 없으십니까?

이창희 : 하고 싶은 말이야 많지요. 정말 그렇습니다. 요사이 겉으면 누가 그 아들 하나 보고 딸 하나 보고 살았겠습니까. 오직 아들 하나 보고 아주 청춘에 혼자 돼가주고 온갖 고생… 지금은 참 밥 한 끼, 밥 한 끼 해결하기가 아주 어려운 시절 아입니까. 또 시어른 밑에 시동생들 밑에서 온갖 일 다 하고 자기 자신 참 엄마 건강은 생각도 하기… 그런 시간도 것도 안 됐을 기고 지금 생각하면 진짜 가슴 아푸죠. 전에는 뭐 철없을 때는 아부지도 원망하고 엄마도 원망했지마는 왜 아부지 그래 가도록 놔뒀나 카면서 엄마도 내 혼자 원망도 참 많이 했습니다. 모든 것을 알고 모든 것을 참 자기 자신 힘으로서는 별수 없이 일을 당했다 카는 그런 생각 하면 엄마한테도 이때까지 지켜주고 살아준

게 고맙고 또 이때꺼지 했는 것도 제가 좀 미안하고 마이 그렇지요. 그런데 지금 엄마 아흔 넘었는데 평생을 한을 그대로 안고 가게 되는 그기 가슴이 제일 아픕니다. 하나도 해줄 수 없는 그런, 아무것도 해줄 수 없는 그기 좀 안타깝고 그렇습니다.

박귀분 : 고상이야 말도 몬 할, 그때 고상이야 말도 몬 하고 컸지요. 먹는 것도 마음대로 못 믹이고 키았고, 한 가지도 참 마음대로 몬 해보고 키았으이까네. 그저 안 죽고 사는 기지.

최승호 : 그래도 아들 참 잘 컸다 그지예. 아부지 없어도.

박귀분 : 예, 모두 캅니다. 모르는 사람은, 우리 아들 이름이 이창희 아인교. 이창희 모친이 어떤 사람이건데 저 사람을 저래 잘 키았노 캅니다. 잘 키았다 캅니다. 그래 누구고 카마 지금도 나가마 이창희라 카마 알아조예. 마실에서도 그렇지마는 나가도 그캐예. 그래 아들 잘 키았다 카고 잘 낳았다 카고 그랍니다.

최승호 : 그 소리 들으면 그래도 좀 덜… 미안함이 사라집니까?

박귀분 : 좋지요. 기분이 좋지요. 뭐람 다른 이한테 잘해주마 좋고 그래 댕기미 다리한테 아이구 그 집에 아들 잘 하드라 이카이 그거 듣기 좋고 그래예. 지금 다리 그캐예. 아들보다 엄마를 함 보면 좋겠다 이카는 사람도 있고. 나는 하는 말이 우리 아들이 그래 잘하능강. 마 그렇지요. 잘하는강 나는 잘 몬하지 싶은데 이카이. 그카고 마 참 웃고 이래 가지마는. 잘한다 캐예 모다. 잘해예. 집에 내 집에 핀하마 안 되능교, 내 집에 가정이 핀하마 그 잘하는 기

361

라요.

최승호 : 우리 며느님은 어떻습니까?

박귀분 : 며느리 잘해예. 모든 걸 다 잘해. 나이가 70이 다 돼가는데 잘해예. 머시든 다 잘해예. 음석 솜씨도 뭐 없다 소리 몬 하고 그래 잘해예. 머시란동 잘해예. 내 집에 안 시끄럽고 뭐 그하마 잘하는 기거든예. 안 시끄럽고 어른 좋으면 잘하는 기지예. 사실 머 웃고 치우고 하마 마 잘하는 기고 그렇지. 잘해예, 우리 미느리 잘해예.

최승호 : 그래도 결혼할 때 그 집에 시집가마 안 될 낀데 마을 사람들 걱정 많이 했다 카던데 와조가 고맙기도 하고.

박귀분 : 그르케 어렵어도 우리 아기들을 손녀 키울 직에 그래 어렵어도 어렵다 소리 아 해예. 그렇게 참 고생 말도 몬 했어. 며느리도 여 와가. 그래도 이래가 몬 살겠다 소리 아 하고예 그래예.

최승호 : 시어무이 그렇게 열심히 사시는데 며느리가 못 살겠다 소리 하면 안 되지.

박귀분 : 뭐 암마 참 그때 몬 묵고 살아 그래도 이래가 우예 사꼬 소리 아 하고예. 입을 안 띠예. 입을 안 띠고 해주는 대로 무, 해가 무라 카는 대로 해가 묵지예. 장히 그래예 아이 꺼정. 참 다리 캐예. 저 집에는 생전에 가암소리도 안 나고 지끼는 소리도 안 나노. 지금도 그캐예. 저 집에 가암소리 나마 디기 속상한 집이다 그카지예 이캐예. 저 집은 해나 가암소리 안 나이.

최승호 : 마을에서는 제일 아주 다정한, 고부간에도 잘 지내고 고런 집안이라고 소문난.

박귀분 : 예, 그캅니다. 가암지르마 우에 지르노 이카. 아이고 뭐 단 집은 뭐 미일 그르는데 그래, 아무것도 아인 걸로 쌈을 하고 대라. 왜 그래 쌈을 입심란다하나 아 하나. 싸움을 하마 머 하노, 내나 그 말이 그 말인데 그카고 윗고 치우지예. 안 캅니다. 생진에 싸움을 아 합니다. 참 말라고 쌈을 하는기예. 그래 그캅… 다리도 그캅니다. 생진에 가암소리 안 난다고. 그러이 듣기 좋아가. 누람도 참 자석 잘한다 카고 미느리 잘한다 카이 그 좋대예. 고마 그래가 올도 따라왔어예. 나도 함 가본다 카미.

최승호 : 할머니 돌아가시기 전에 꼭 좀 보고 싶은 거 어떤 게 있습니까? 남편?

박귀분 : 인지 거 보고 짚으면 머하고 안 보고 짚으면 뭐 하능교, 끝난 일인데. 인지 살아온다 말도 거짓말이고. 그래 내 마음적으로 내가 안 봐놓이 참 살아왔으마 싶고 살아와도 얼굴만 함 봤으마 싶어예.

최승호 : 지금 알아보겠습니꺼, 못 알아보겠지예.

박귀분 : 으응. 인지 살아와가도 안 되고예. 마음에 그저 뭐 살았능가 죽었능가 싶으지. 살아와가도 안 되고 자슥들한테 큰 짐이고 그렇지. 살아오도 아 합니더. 올 거 겉으며 이적지 안 오겠능교.

최승호 : 올 적 겉으마 벌써 왔지, 인자 오지 마라 캐야 되겠다.

박귀분 : 예, 오지 마라 카이소.

최승호 : 그래도 마음에 속에 품었던 걸 다 용서하고 하셨네에. 원망도 많이 했지예.

박귀분 : 원망도 했지요. 참 마음으로 상처를 입어놓이 머 그렇지,

363

지금 와서는 죽을 날도 넘었고 살아도 죽을 날도 넘었어예. 그마이 살고 했으면 됐고. 인자는 와가도 안 되고 내가 가야 되이. 내가 가야 되이.

최승호: 돌아가시면 볼긴데 그때 무슨 말.

박귀분: 그거는 볼란지 안 볼란지 그거는 참 모르고. 누가 뭐 세상 사람이 가이 사는지 안 사는지 그거를 알 수 있능교.

최승호: 그래도 혹시나 돌아가시가 만나면 무슨 말 하고 싶어예?

박귀분: 하고 싶은 거 없지요. 원망밖어 아 하지 머. 와 내 자석 나두고, 내 가족을 나두고 그래 원망하지요.

최승호: 알아보긴 알아보겠습니까.

박귀분: 모 알아보지요. 수물둘이고 수물여섯 너인데 뭐 알아볼… 이꺼지 살았는데 뭐 알아볼 수 있능교.

최승호: 몇 년 살으셨노 카마, 6년 사셨네예.

박귀분: 예. 6년도 꽉 안 살았지요. 그런데 인지 뭐 바래기는 뭐 바랄 게 있능교. 가머 내 가머 그마인데. 자식들 애 안 믹이고 고이 저 살다가 마음이나 안 빈하고 가마 그기 참 제일 존 일이라예.

최승호: 인제 마음속에 응어리도 다 풀었고 다 용서하셨네, 그지예. 연세가 드셔서 그런강. 하이튼 오늘 할머니 오셔서 좋은 말 고맙고 남은 생 건강하게 사시고 며느리하고 자식, 손자들하고 화목하게 사시소.

박귀분: 그래도 뭔강 참 마음이 자꾸 슬… 내가 갈 때가 되이 마음이 자꾸 슬픈 마음이 들어예. 마음이 슬퍼예. 나도 이만하마 갈 때가 됐구나 싶으고 한평생 살았는 기 너무 원스럽고 그래예. 한평생 살았는 기 내 고상시리 살았는 기

너무 참 그하고. 이만하마 참 다 살았는 거로 싶고 이
래예. 인제는 가마 안 되는교. 가마 되거든.

최승호 : 올해 아흔하난데 이래 정정하시고 기억력도 좋으신데 요
즘은 다 백수도 하시는데 좀 더 사시소. 더 사시면 더 좋
은 세상 오면 아마 돌아가신 분 명예도 회복되고 자식들
한테 또 자식들 응어리도 좀 풀고 그래 할 겁니다. 고때
까지 사시소.

박귀분 : 참 머 내야 아들마 잘 살고 내 손자마 잘 살마 난 아무 그
거 없어예. 인지 죽어도 아무거 없어예. 가마 돼예.

최승호 : 네, 고생하셨습니다. 그럼 오늘 우리 한국전쟁70주년을
앞두고 우리 경산코발트광산 민간인희생자 미망인 인터
뷰 첫 번째 박귀분 할머니 인터뷰를 이것으로 마치겠습니
다. 촬영해주신 영남대학교 교육개발센터에 직원들 고맙
습니다. 감사합니다.

12. 이금순(2차)·윤용웅 구술증언

사건과의 관계 : 박희도의 처, 이웃
구술 당시 나이(생년월일) : 91세
출생지 : 경산시 용성면 미산리

최승호 : 한국전쟁민간인학살 70주년을 기념하는 기록화사업 두
번째로 미망인 한 분을 만나보겠습니다. 성함이 어떻게
되시지예?

이금순 : 이금순.

최승호 : 나이는?

이금순 : 지금 구십하나.

최승호 : 띠가 무슨 띠인지 아십니까?

이금순 : 띠 모른다.

최승호 : 태어난 동네는 어딥니까?

이금순 : 태어난 동네는 자인 용성 오산.

최승호 : 아, 미산 카는 데 옆에.

이금순 : 지금 미산1리라 카데. 오산 거기서 내가 태어난 곳이라.

최승호 : 그때 당시 마을에 몇 사람이나 살았어예?

이금순 : 우리 거 내 큰 동네? 내 컸는 데는 한 백호 닝기 살았지. 마이 살았지. 큰 동네지.

최승호 : 집성촌이었습니까, 성씨들은 어떤 성씨들이 살았습니까?

이금순 : 성씨들은 각성바지 다 살았지 뭐. 여러 각성바시 다 살았지.

최승호 : 할매는 이씬데 어디 이씹니꺼?

이금순 : 우리는 월성이라. 본은 경주고.

최승호 : 마을에 유명한 사람들이 좀 있었어예, 그때 마을에?

이금순 : 모르지. 내가 열여섯 살 들미, 들미 가오 열다섯 살에 일본 정신대 안 보낼라고 아버지가 치아가 머리마 얹어뿌마 안 데리고 간다 캐가주고 가오 열다섯 살 뭇는 거로 마 결혼을 시킸뿟는 기. 이거 딸도 아들도 삼대 외동아들 하내이 되나놓이 결혼시키나놓이 한 달 만에 마 델고 가뿠는데 뭐. 올라 한 때는 내가 육 남매 막내이로 커가주고 한 수무남 살 묵거등 데로 가구로 이래 약속해가 중신애비하고 해다놓고는 한 달 되나놓이 데로 가뿟는데 뭐. 그래 가가 내가 그 시집을 살았구마.

최승호 : 스무 살 때 데리고 갈라 했는데 열여섯 살 때 바로 마 데리고 가뿌렸구나.

이금순 : 바로 데로 가뿌렸다카이.

최승호 : 할아버지는 당시에 오산에서 뭐 하셨어예?

이금순 : 우리 아버지는 농사꾼이에요. 할아버지도 농부고.

최승호 : 주로 무슨 농사 지었습니까?

이금순 : 맹 농사 이거 뭐 나락, 콩말 이런 거 농사지었지 뭐. 그때

는 그런 농사밲에 없었잖아.

최승호: 아버지 형제는 몇 형젭니까?

이금순: 아부지 형제는 육 남매.

최승호: 아부지는 몇 째고?

이금순: 아부지는 맏이. 종손에 맏이로.

최승호: 그러면 동생들 다 형님이 먹여 살리셨겠네예? 아버지가.

이금순: 예.

최승호: 그럼 할머니는 몇 쨉니까?

이금순: 내가? 나는 육 남매 막내이.

최승호: 육 남매 막내이고 아버지는 육 남매 맏이고. 아버지도 육 남매고.

이금순: 아부지도 육 남매고. 나는 엄마가 칠 남매 낳았는데 한 사람 마 잃어뿌고. 그래 육 남매 막내이. 딸 서이 아들 서이.

최승호: 그때 마을에 태어났을 때가 일제시대 때잖아 그지예?

이금순: 몰라 태어날 때 일제시대 뭐.

최승호: 그때 마을에 분위기가 어땠어요? 뭐, 독립운동도 하고 이런 사람들도 있었습니까?

이금순: 나는 그런 거는 모린다. 그런 거는 모르고.

최승호: 해방되고 나서 결혼을 했습니까? 아니면 해방되기 전에.

이금순: 아니지요. 일정 하 시대래 인자. 내가 또 정신대 안 보낼라고 아버지가 날로 시집을 보냈는데 내가 시집가나놓이 저거 아부지가 인자 또 수무 살 때 시집와가지고 해달상 일본 데로 갈라고 또 훈련받으러 내 댕깄잖아. 댕기다가 그걸 인자 해달상 갈 날 3일 나두고.

최승호 : 강제징용.

이금순 : 예, 강제징용이지. 인자 3일 나두고 내가 고때 친정 가가 있었거든. 있시끼네 왔더라고. 와가 인자 그때 일정시절 가마 다 몬 살아온다 카는 거는 다 알고 있잖아. 그래나 놓이 마라 카는고 하이 그래. 우리 처형 집에 한 분 갔다 오자 이카드라고. 처형 집에 우리 중씨가 어데 살았는고 카이 압량 여 살았다 카이. 그래 그때는 차도 없고 걸어 가 그래 와가 하룻밤 자고 그 이튿날 인자 요 친정에 다부 가는데, 여 자인 걸어오이께네 자인국민학교 막 만세하고 난리라.

최승호 : 아, 그때 해방됐구나.

이금순 : 고때가 고날이 해방됐다.

최승호 : 해방된 날이구나.

이금순 : 해방됐다 카이. 그래가 즈거 아부지가 요 함분 있어봐, 내 이 안국사 갔다 오꾸메이 카이께. 그래 드가놓이 해방됐다 카는 기라. 그래 해방됐다 캐나놓이 친저 가가 해방됐다 카이께네 그때는 뭐가 있나 아무것도 없으이끼네 모르잖아. 라디오도 없고 몰라놓이 우리 백남이 마라 카는고 하이 이 사람이 정신대 거 안 가마 조에 안 가마 우예 되는가 아나, 자네 우얄라고 이래놓꼬 마 난리가 나는 기라. 그래가 처남요 해방됐심더 카이께네 거짓말한다 카는데 뭐. 거짓말한다 카는데 뭐. 그말 드매 벼락같이 요 형지서 가가 알아보고 와가 그래 인자 해방됐다고 그 하룻밤 재아가 처형마람 새가 또 우리 시집으로 들구 갔거덩. 어른이 마 난리가 나는 기라 인자 또. 저 안 가고 왔다고.

369

인자 막.

윤용웅(이금순의 이웃) : 일본 조야 안 갔다고.

최승호 : 징용 안 가고 왔다고.

이금순 : 인자 끌리간다꼬 난리 나는 기라. 아부지 해방됐심다 카이 곧이 안 곧이듣는데 뭐. 어른이 또 동곡 가가 지서 가 보고 그래 인저 해방됐다 카고.

최승호 : 결혼하는 그해에 해방이 됐네.

이금순 : 고 이듬해였지.

윤용웅 : 고 이듬해.

최승호 : 그럼 44년도에 결혼을 했고 45년도 열여섯 살 때 인제.

이금순 : 글치 글치.

최승호 : 그때 결혼은 중매로 했습니까 어떻게?

이금순 : 중매로.

최승호 : 누가 중매했습니까?

이금순 : 그러이 우리 접장이 여 우리 들병동네 접장하던 어른이 우리 동네로 또 와가 접장을 했다 카이. 오산에.

최승호 : 서당 훈장 말이지예?

이금순 : 그르치. 서당 훈장 하는데 우리 오빠 막내오빠도 저거 아버지하고 한동갑이라. 한동갑인데 인자 거 학교 댕길, 공부하로 댕길 저그 엄마가 만날 도시락을 낮에 싸가 오빠 뜨신 거 무라고 갖다주라 캐가 그집에 갖다 주고 이랬는 그집 딸이 또 나캉 한동갑이라 카이. 근데 갖다주고는 그집에 가가 만날 놀다가 오빠캉 같이 오거덩. 그러이 환하이 다 알잖아. 그러이 내 행… 우리 행핀 알고 신랑은 자기 갈챴는 제자가 되이 알고 그래놓이 아부지가 이야길

해놔놓이 그래 인자 접장이 중신을 했다 카이. 뭐 그것도 없고 바로 마 가가 마 사성 써가 사성 가주고 왔는 기라.

최승호 : 일사천리로.

윤용웅 : 일사천리로.

최승호 : 그때 인자 정신대 끌려간다 카고 하니까 빨리 보냈… 한 해만 더 있었으면 해방되고 났으면 그런 일도 없었을 건데.

이금순 : 해방되마, 그때 잘했지. 안 그랬으마 내 갔다카이께네. 그래 즈 아부지 장개와가 이거 삼행대로마 왔잖아 갔다가. 삼행대로무 처갓집에 와나놓이 벌겋이 도장 찍어가 도장 찍어가 나오는데 뭐. 정신대 오라꼬, 그거 됐다꼬. 그래가 인자 즈거 아부지하고 우리 친정바늘 오촌하고 내하고 우리 아는 오촌하고 그래가 인자 용성국민학교 안 갔나. 가가 그때 선새이 일본 선생가, 일본사람 아이가. 그래 인자 거 가이께네 가가 인자 지서 가가 거 가고 아부지하고 엄마하고 또 확인을 하는데.

최승호 : 결혼 했는 사람이다.

이금순 : 응. 했는 사람이다 안 했는 사람이다 확인을 하는데. 그래 인자 거 가나놓이 용성국민학교를 그때 얼마나 컸노. 빽빽하이 큰데 석 달 훈련 댕깄거든, 내가 그 받으로.

최승호 : 아 그 교육을.

이금순 : 받으러 댕깄다 카이. 댕기고 그래나놓이. 하이고 일본사람 얼마나 독한 줄 아노. 열다섯 살 뭇는 기 육 남매 막내이로 어룽으시게 큰 아라, 옆눈만 하나 쳐다바도 사리밥대 이런 거 하나 거머쥐고 막 쌔리 패는데 뭐. 막 쌔리 패

371

고. 그래가 내 이름을 부르데. 불러가 대답하이께네 그래 진짜 아무 미칫날 시집가나 이카데. 그래가 대답해야지 안 하고 우야노. 아부지하고 가까거루 해났는데. 그러고 인자 간다 캐나놓이 참말로 저 집에는 더 좋은 기라. 딸도 아들도 있고 육 남매에, 아들 하나뿐인데 삼대독자 하나이끼네 열 미느리 봐나놓이 수무 살 무가 드로가기로 하고 약속했지마는 저 집은 더 좋은 기라. 한 달 만에….

최승호 : 하루라도 더 빨리 오라고.

이금순 : 그르치. 한 달 만에 가뿌는데. 또 갔잖아 시집을.

최승호 : 남편 박희도 집안은 어땠습니까, 집안이 컸어예?

이금순 : 집안은, 김전은 집안이 널렀지. 밀양 박씨인데 집안 그때 널렀다.

최승호 : 김전에는 동네 몇 사람이 살았어예, 그때?

이금순 : 그때는 마이 살았지. 동네가 으시 컸지.

윤용웅 : 30호 됐어.

이금순 : 지금 사람 자꾸 없어지고 그래 글치.

최승호 : 그 마을은 성씨가 우예 됩니까?

윤용웅 : 다섯 개 성이라.

이금순 : 다섯 개 성인데 우리 박가가 젤 많앴지. 박가가 젤 많애. 지금도 많지마는 젱 많았다.

최승호 : 시아버지는 뭐 하시던 분입니까?

이금순 : 만개 활량으로 살아뿌신 부이라. 거도 외동아들이고. 응응 3대 외동 아이가. 3대 외동이고 2대 외동인데 우리 아들 4개월 유복자 이기 4개월 유복자 아이가.

최승호 : 3대 독자네.

이금순 : 4대 독자지. 4대 독자. 그러이까 아무껏도 안 시키고 그 대로 마 이래.

최승호 : 남편은 공부는 어디까지 했습디까?

이금순 : 거도 국민학교 나오고 저거 매나 접장 앉차놓고.

윤용웅 : 한학 했고.

이금순 : 한학 그거하고.

최승호 : 그럼 김전에 서당이 있었습니까?

이금순 : 매나 서당 아까 접장 거 날 중신했다 카는 접장.

윤용웅 : 있었어, 있었어. 서당 있었다. 지금은 뜯어뿌고 없는데 서당 있었어.

이금순 : 서당이 있었다고.

최승호 : 그때 해방 후에 마을에 분위기는 뭐 어땠습니까? 인민위 원회라든지 건준, 보도연맹 이런 거 한 번 들어보셨어예?

이금순 : 저거 아부지가 보도연맹에 그 가입하라 캐가, 가입을 하 라 캐가 우리 시어르이 아는 게. 밤에는 산에 사람 내리 오제. 산에 사람 내리와가 끄시꼬 갈라고 오제. 낮에는 지서 사람하고 요기 이문들하고 오제. 그러이끼네 감다 마 우리 딸아 이거 궁디요, 이 옷 빛까리 겉앴다. 밤에 나 는 마당 복판에 요런 평상 하나 나놓고 거게 딸아 들고 거 눕어 자는 기라. 옛날에는 대문도 아이고 삽쩍이라. 이 산에 사람 밤에 니리오마 거멓이 붙어서마 확 밀어부마 화닥 자빠진다 카이. 그래 저 아부지는 바문 열어놓고 자 고 나는 잠 자나, 거 그래가 있시마 삽쩍거리 자죽 소리 나고 거멓이 붙어시마 아 궁디를 마 쌔 째비 꼬집어뿌마 팔색을 하고 울 꺼 아이가. 울마 즈 아부지…

윤용웅 : 울마 신호가 가.

이금순 : 그기 신호라 카이. 그기 신호라 뒷담을 튀가주고 피하고. 도망가고.

최승호 : 산에 내려온 사람들이 어디에 있던 사람들입니까?

이금순 : 고 안에 꼴째기 옛날에 숯구디가 있었는데 거다가 아지트라 카이. 아지트가 있시까네 밤에 밤마 되마 내리오고.

최승호 : 내리와가 쌀을 달라 캤습니까, 뭐를 달라 캤습니까?

이금순 : 밥 해돌라 떡 해돌라 옷 돌라. 안 주마 머 칼로 찌르고 불 싸지르고 하는데 머.

최승호 : 옷도 주고 쌀도 주고.

이금순 : 못했지. 옷 줄라 카이 옷이 어딨노 그때. 다 쌀도 저거도 몬 묵고 살아 그랬는데. 그때 그 이장이 인자 아까 똑똑으이끼니 잡아갔다 카제. 그래도 고래라도 공부를 하이 똑똑어놓이 그때 반장, 이장 그때 났거든. 나나이께네 저거 아부지가 반장을 했다 카이.

최승호 : 김전마을에 반장.

이금순 : 그르치 그르치. 그 김전 모 밑에 그 마 이장들, 반장을 했는데 그 이장한테 산에 사람들이 니리와가 떡 해달라 캐나놓이 그래 쌀 걷어라, 쌀로 걷어가 그때따 마이 거둘 쌀이 있나. 인제 요래 마 한 띠비쓱 동네가 크이끼네 걷아가 그거는 반석도 없고 집에 방아 있으 쩍에 디딜방아, 거 동네 사람이 모두 모이가 해가주고 담가가 떡을 빠사가 해가 줬는데. 이장이 집집이 어른들 다 계셨거든. 고때 어른들 다 계셨다 카이. 다 계셨는데 지가 좀 똑똑으지 맘대로 몬 해나놓이 다른 집에는 어른 이름으로 다 지

어주고 지서가 추가 받으이 우리 집을 저거 아버지 이름
으로 대주뺐는 기라.

최승호 : 아, 떡을, 떡 하는 쌀을 누가 냈노, 지서에서 물은 거예
요?

이금순 : 그르치. 물어놓이께네 저거 아버지 이름 마 그걸 해뺐어.

최승호 : 다른 사람들은 어른 이름을 냈는데, 좀 똑똑하니까.

이금순 : 고고 인자 저거 아부지 이름을 대놓조이 잡아가가 아는
기라. 그 3일 밤 재우… 어른들은 인자 그거 가마 금방 이
양 보내주고 저거 아부지는 거 3일 밤을 자고 빠뚜방마이
로 패가 추달을 받고 해놓이 마새리 진정서가 들어갔는
기라. 이상한 데 갔으며는 그때 죽었다. 그래 진정서가
들어가가 이 사람 그런 사람 아이다. 진정서가 들어가가
주고 3일 만에 나왔다 카이.

최승호 : 그때 그럼 결혼한 지 몇 년 됐습니까?

이금순 : 고지에 고 결혼하고 우리 딸아하고 인자 고때 세 살 뭇으
이끼네.

최승호 : 그라마 열아홉 살쯤 됐네. 48년도 정도.

이금순 : 그때 열아홉 살.

최승호 : 한국전쟁 전이다 그지예?

이금순 : 그래, 전쟁 나기 전이지.

최승호 : 그래서 한 번 부역 혐의로 경찰서 끌려가가지고 3일 있다
가 고문받고 나왔다 그지예?

이금순 : 예, 고문받고 나와가 그르이께네 인자 나왔시끼네 농사
짓고 살 거 아이가. 사는데 밤에는 산에 사람 내리오이끼
네 아까 내 카도치로 거 아 붙들리 갈라꼬 도망가고, 낮

에는 지서 사람 와가 뭐 해줬느꼬 추달 받고. 이래가 카다가 카다가 안 돼놓이 자기가 못 전디놓이끼네 간다 온다 소리도 없고 마 피해가주고 압량 여게. 우리 사촌형부가 여 과수원도 크기 하고, 여 우리 백씨가 중씨가 여 살아도 자기 처형 집에는 몬 가고 형부가 그래 안 똑똑어놓이끼네 자꾸 머 추달⋯ 집에 오이끼네 몬 오고. 우리 사촌형부는 여서버터 경산에 여서러 늘무 사람도 추도 몬 드가고 좀 높이 있었어. 그래놓이 형부집에 과수원 밭에 그 전에 막사가 있었는데 거 가가 있었는 기라. 숨어있었는데 그래이 거 그때 전화가 있었나, 나도 몰랐는데 낸조 사춘언니가 안 카나. 저래 저래 돼뿌고나이 아이고 동생아 박 서방이 우리 막사에 여 와가 사마이 막사하고 이래가 내가 머슴하고 어른들하고 아들하고 밥해주고 그래가 밥 가주고 막사 가가 밥 주고 이얘기 좀 하고 왔는데 어느 날 한날 가이께네 마 없더라 안 카나.

최승호: 막사에 카마 거기서 붙잡혀 간 거네?

이금순: 붙잽히 갔는 기 아이고 우리 시어른이 내나 보도연맹 가입하마 긴잖다 칸다꼬 어르숙기 얼마나 어르숙노. 그래가 아들로 들로 가 보도연맹 가입을 시깄는 기라. 그르치 아부지가. 열흘만 더 놔또도 괜찮은데 열흘만 더 있다 가도. 거 갔는 사람 왔잖아. 머 밤이야 또 뽑들리⋯ 열흘 뒤 뽑들리 간 사람은 풀리 나왔다 카이. 그래가 보도연맹 여 가입했는 사람이 거 모 숨구는데 들로 왔더라고. 와가 저가 인자 청도 박태문이네 집에 가 일주일만 훈련받으마 보내준다꼬 해가 갔거등. 갔는데 고래 미칠 있

다가 어른이 면네 가이 근데 인자 드루고 나가 점슴 사 믹이고 그때는 목욕탕도 없으이끼네 그 어데 드루가 목욕시기가. 도랑에 목욕시기가 점슴 사 믹이가 아들한테 야야, 니로 내가 마 돈을 좀 써가지고 아무데 논 그거 팔란다. 팔아가 니를 빼낼란다 이카이끼네. 아부지예, 내 아무 죄지은 거 없심다. 내가 삐라나 함분 흐쳐 봤십니꺼, 봉화불을 함분 놔 봤십니까. 아무것도 안 하고 나는 내 피해 댕기고 피해 댕기고 이랬는 사람인데. 아부지, 내 죄지은 거 없심다. 인지 일주일만 더 있시마 나갑니다 카더란다. 그래 어른도 거 믿었지. 믿고 인자 와가 고라고 3일만에 우리 또 일부에 한 사람이 즈거 아부지캉 같이 뿔들리 간 사람이 있거덩. 그 오촌 아지매가 아들 면네로 가이 그래 카더랍니다. 우리 즈거 아부지가 저게 아지매, 우리 집에 가거들랑 나가미 우리 집에 가 캐가 옷마 좀 보내주소. 옷하고, 그 안에 있으이 담배가 문제지. 그래 인자 담배 사고 해가 보내돌라 캐가. 그래 지네 오미 카는데 그카이 우리 시어른은 몬 찾아간다 이기라. 안씨 어른이. 거 몬 찾아간다 카는데 뭐. 몬 간다 카이 내가 답답을 거 아이가. 그때는 남핀 말이라캄 어른한테 말도 몬 해봤잖아요. 요새 시대 같으면 내가 튀 가지. 튀 가지마는. 어른들 몬 가구로 해도 오새 걸으머 가느메. 그때는 어른들 말이라캄 쪼끔 죽었잖아. 그래가 어른이 아침에 아침을 해가주고 들고 가가주고 아버님, 그래 어제 오촌 아지매가 청도 면회 갔다가, 그 내가 킨 대로 캤어. 카이끼네 야야, 와 인자 카노 진자 가지 카거등. 오촌 아지매 어제 그래가지고 청도꺼중 가가 가시따고 여기 어듭어 들왔심더. 어듭어 들왔는데 우에 밤에 갑니꺼. 이카이, 아침 잡숫던 숟가락 탕 놔뿌고 그질로 가시 갔다카이끼네.

최승호 : 면회를 갔는데.

이금순 : 가이끼네 그날 아침에 눈 처매고 석대가 줄줄 엮어가 이 추럭차에 싣고 나갔다 카거덩.

최승호 : 거기 있던 사람들이.

이금순 : 그르치. 그래가 싣고 나갔다 카는 기라. 나갔다 카이 그래 어드로 가드노 물으이께네 저 우로 가며는 낙수대로여 곰티재로 가고, 저리 갔다 카며는 코발트광산에 갔는 기라. 그래가 어른이 그질로 시장을 가가주고 논 두 마지기 모 숨갔는 거 그거 팔어 돈 어딨능게. 논 두 마지기 그거 마 헐값에 팔아가 3대 독자 아들 찾니라고 삼도지적에다 헤매고. 그카다가 논 결국 논 서말 마지기 샀는 거 저거 아버지하고 우리 친정 오빠 소 사가주 종남 소 사가 보낸, 참 몬 산다고 신라를 실어가 보내. 일제시대 때 뭐 있능게. 나락 실어가 보냈는 그 나락까 신라하고 그 소로가 송아지 빼가지고 자기 나무 해가 보태고 해가 논 서 말 마지 샀구마. 샀는 그 논 다 팔아 여뿌고 결국은 어른은 화병으로 병원에 계셨다 카이. 9년 뱅안에 계셨구마. 9년. 9년을 뱅안에 계시다가 명 끼리가주고 녹두명 끼리가 걸러가 입이마 하는 기라요. 그래도 그래 9년 만에 살아나시데. 살아나셔서가 3년 더 계시다가 돌아가셨어. 3년.

이금순 : 할머니 자녀 딸, 아들은. 딸이 하나 있었고.

최승호 : 딸 맏이. 아들은 4개월 유복자.

윤용웅(*박희도의 이웃이면서 윤덕출의 아들) : 유복잡니다.

최승호 : 남편 묶어가 나갔다는 거 듣고 아, 죽었구나 생각했습니까, 아니면 살아온다고 생각했습니까?

이금순 : 난 그래도 생떼 겉은 사람 데루 가가 참 무신 죄를 졌나, 죽있다 카는 거는 생각도 안 했지. 생각도 안 했지. 항상 믿었지.

최승호 : 돌아온다고, 돌아오시면. 밥을 해놓거나 아니면 이렇게 했어요?

이금순 : 밥은 만날 떠 났지. 만날 하수 쪼금 밥을 밥그릇에 떠 놓지. 그렇지, 담아놓지. 밥은.

최승호 : 밥 담는 거는 몇 년 동안 하셨어예?

이금순 : 밥 담아놓는 거 이거 저저 한 7년 닝기 떠 났다. 떠 놓다가 낸주는 전국은 머 소속 없고 아이끼네 나간 날로 쳐가 제사 지내줬잖아. 잊어뿌기 싫어가.

최승호 : 나간 날 기억합니까?

이금순 : 나간 날 알지. 5월 수무여섯 날, 모 숨군 길로 뽑들리 가뿟는.

최승호 : 5월 수물여섯 날 음력으로.

이금순 : 모 숨긋는데 와 뽑들어 가뿟다.

최승호 : 그때 마지막 옷차림이 어땠어예?

이금순 : 마지막, 그때 옷차림이 뭐 딴 게 있나. 삼베 이거 바지, 우에도 모시 내 집나이 모시 해가주고 모시 적삼이. 그래 입고 갔지.

최승호 : 나갈 때 마지막 얼굴을 한 번 봤습니까?

이금순 : 아침에 모심는데 와 뽑들고 갔시끼네.

최승호 : 붙들어가는 장면을 봤습니까?

이금순 : 봤지. 집에 와가 옷 갈아입고 모 숨구코 그래 인자 우리 아버님하고 같이 그 사람하고 같이 갔지.

최승호 : 누가 붙잡으러 왔습디까?

이금순 : 그 구부테, 그 이름이 뭐꼬? 인자 이름도 기억이 모리겠다.

윤용웅 : 최해중인데, 해중인데.

이금순 : 응, 해주이.

윤용웅 : 최해중인데, 최해중이가 그기 마을 정보원 택이라.

최승호 : 순사였습니까?

윤용웅 : 순사도 아인데. 택은 그래 순사 택인데. 마을 지서하고 이래가 정보원 택이라. 그래 연락해가 경찰이 올라와가 그랬다니까.

이금순 : 한 학기 댕긴 동기다.

최승호 : 그때 마을에 김전마을에 몇 사람이나 잡혀갔습니까?

윤용웅 : 한몫 잡아간 게 아이… 자꾸 순서대로…

이금순 : 순서대로 잡아가더라 카이.

윤용웅 : 한몫 가간 기 아이고.

이금순 : 이 집에 당숙이제? 방지 양반이.

윤용웅 : 응.

이금순 : 당숙 양반이 우리 요 맹 요리 한다리쯤이 있는데 그 집에는.

윤용웅 : 이 집이 젤 앞에 있고 내 당숙이 바로 그 우리 앞집에 있고 고다음 우리거든. 고래 셋 집이 있었다하이.

최승호 : 세 집이 쫄로미 살았는데 여기 남편 잡혀가시고.

윤용웅: 당숙이 또 그래 가고.

이금순: 당숙이 열흘 뒤에 가미 그때는 가마 못 살아오는구로 알던동 이카데. 그 방지 양반이 우리 마당, 그전에는 기본 청년 마 남자들하고 말을 안 했다 여자들이. 우리 그때 시절에는 말 안 했거던 만내도. 요새맨트로 머 인사 이런 것도 모르… 이웃도 몰랐다. 그래가 우리 마다 들오더라꼬. 들와가 오천띠기요, 내 택호가 오천띠기거든. 나도 인제 가느매 이카드라 카이. 나도 인제 가느매 이카드라고.

최승호: 우리 윤용웅 이사님 삼촌이.

이금순: 당숙, 당숙 오춘이.

윤용웅: 오촌 당숙.

이금순: 그카디마는 그 사람들은 가 열흘 만에 다 나와뺏다. 그때 루마 그거 돼뿌고. 이자 더 죽이지 마라 캤던 무양이라. 그 사람들은 보내줬어. 열흘 뒤에.

최승호: 그때 김전마을에 윤 이사님 잡혀가서 집에 못 돌아온 사람이 몇 명이나 됩니까?

윤영웅: 여야 우리 집 부친하고 부친.

이금순: 우리 동네는 여 부친하고 우리 둘뿐이다.

최승호: 아버지는 그때 당시에 연세가 얼마였습니까?

이금순: 낼로서 많지, 그때 다섯 살 뭇지.

윤용웅: 서른 넘었… 서른 얼마. 서른 얼매였어.

최승호: 그때 아버지는 무슨 혐의로 잡혀가셨습니까?

윤용웅: 첨에 보도연맹 했디 여 요부 이거 여 2000년도 여 와가 여 조사했잖아. 할 제 뭐뭐 검속 뭐 이래가 잡아갔다 해.

예비검속으로 잡아갔다 해. 잡아갔는데 그 당시에 우떻게 됐냐 하며는 거 와가 카는 식으로 마을 동장이 신고해가 꼭 그런 식으로 됐다. 집에 부친이 그 당시에 농민회, 영천농민학교 같으마 큰 거 아이가. 영천농민학교 다녔다니께. 그래 거 뭐 자꾸 캐사가 영천 여 우리 일족이 있었는데 영천 여 피해가 갔다가 피해 가가 있다가 오는데 지녀 우리도 잡혔다 카이까.

이금순 : 댕기로 왔다카이 집에.

윤용웅 : 그래 잡히갔다니까.

이금순 : 댕기로 왔는데 요 여섯 살, 다섯 살 묵고 꼬치 따가 밭에 가가 꼬치 따가 바가지게 요래 짊어지고 둘이 드가는 거 내가 봤다카이. 우리 맹 요래 지고 한 집 지고 요래 있시이끼네. 여잔데, 여자 시악시대라 시악시대라 카드라 그때. 여잔데 땅똘방하이 쪼매난 사람이 오디만 들로 갔다 카이께네. 그래 아무 그거 없이 잽히갔지. 아무 그거 없이 잽혀갔지. 그거 이웃치니 내가 알지.

최승호 : 자세히 보셨네. 다섯 살이니까 기억은 잘 못하시겠다.

이금순 : 잘 모하지. 다섯 살 뭇다카이.

윤용웅 : 기억 모 한다. 내야서 어리북숭 하난데 그기 우리 집에서 바로 보마 그 앞에 당나무가 있거든. 그 보릿짚, 보리타작을 했던 보리짚이 그 앞세 기나와 우리 집에 와 그랬다네 캐.

최승호 : 7년 동안 밥을 한 그릇씩 떠 놓다가 아, 인제 돌아가셨구나 싶어서 제사를 지낸 겁니까?

이금순 : 그렇지요. 나간 날로 쳐가지고.

최승호 : 그라고 나서는 꿈에 나타나거나 그러지는 안 했어예?

이금순 : 많지. 나하테 꿈에 밤마즘 나태났지 뭐. 밤마줌 꿈에 나타나.

최승호 : 언제까지? 요새도 꿈에 나타납니까?

이금순 : 인자 오새는 안 나지. 내가 한 50대 닝기 될 따나꺼증 밤마중 꿈에 나왔다.

최승호 : 30년 동안 꿈에 나타났는 거네. 어떤 모습을 하고, 꿈에 어떻게 보입디까?

이금순 : 그전에 만날 그거 장개 올 때 입었는 거 까맨 옷, 까만 둘매기 입고 두루막 입고 이 한복 입고 만날 고래가 비데.

최승호 : 딸 하나, 아들 하나 두셨는데 애들 공부는 어디까지.

이금순 : 몬 시기꾸메. 내 한이 맺힌 기 초등학교밲이 몬 시긴 거고.

최승호 : 딸도 아들하고 둘 다.

이금순 : 예. 몬 시깃지. 돈도 없어가 몬 시기지마는 머리 나빠가 안 되기는 여 동북 그 중학교 시험을 쳤는데 그때 내요 바까뿟는 기라. 시험 쳐가 됐는 것도. 저거 아부지가 아무 것도 없고 아무 뒤가 없고 이러이까 저거 아부지 똑똑은 사람카 바까뿟다. 그어 내가 안다 카이.

최승호 : 시험에 됐는데.

이금순 : 그렇지요. 이쭉 아를 시험을 몬하고.

최승호 : 못하고 하니까 바뀌가지고.

이금순 : 바깠다 카이께네. 그러이 내가 더 분하고 억울코. 어디 갖다 그걸 한탄하겠는게.

최승호 : 왜 재가를 보통 일찍 청상과부 된 사람들 재가를 하시는

383

데.

이금순 : 하이고, 복도. 3대 독자 아들 하나 가주고 두 어른하고 아 둘하고 어데 나두고 내가 가노.

윤용웅 : 어른 겁이 나가도 못 가는데.

이금순 : 어른 겁나가 몬 가는 것도 아이고. 어른들로 어데 맽기고 가노. 내 이야그 하마 청산유수. 재가, 우리 형부가 압량 있는 형부가 티부이로 보마 뒤에는 티부이가 나왔잖아. 다리가 재미나게 해가 사이 저기 시아 티부이로 보마 영 감 할마이 보마 내 생각밲에 안 난대. 우리 중씨가 죽으 미 또 아들딸은 안 찾고 나를 찾더라 카는데 뭐. 죽은 임 종 시에도. 그래 그기 하이 돼가주고 우리 형부가 날 중 신해가 시집 보낼라고 우리 아들아 고때 열여섯 살 뭇거 덩. 저거 저만하이 살끼고 우리 시어른은 그때 팔십이라. 팔십하나에 세상 버렸는데. 선봤따라 머 어른 우예 해도 갈끼고 마 카민서 시집 보낼라고 얼마나 중신해 줄라고 나한테 캤는 줄 아는게.

최승호 : 그래도 안 했어.

이금순 : 그래가 내가 엄마 제사 때 가마 형부 둘이가 또 카거든. 또 카마 형부요, 낸주 전디다 전디다 몬 전디가 형부요, 내 인지 철부 장개 보내놓고 나 갑니다 카고 갈랍니더 카 이, 맏형부는 머라 카는 줄 아는게. 처지요 신부는 내가 내께. 내가 시집살이로 하도 바가 친정을 안 보내조요. 친정 안 보내이 친정 한분만 가가 필턱 한분 몬 놀아봤 제. 친저 잔치를 해도 안 보내준다. 여 마 가뿔까 싶어 그 런지. 전여 안 보내주이 내가 그 고통을 얼마나 받고 살

앉겠는게. 거 갈 여도 없고.

최승호: 애들 남편 안 계시면 애들 둘이 데리고 살림은 뭐 어떻게 살았습니까?

이금순: 살림은 인자 내가 벌이가, 제사가 아홉 분이다 마. 제사 가 아홉 분. 제사 아홉 분에 명절 제사꺼지 열두 분 아잉 기. 열한 분 아이가. 열한 부인데 어른도 반찬 없이 안 잡 숫지요. 제사를 한 달에 두 번 있을 때도 있고 그래 일년 잉께네 많은 기라. 콩밭에 열무 여가 비드해가 장 갖다 팔아가 제사장 보고. 감 나마 감 따가 나무 감. 우리 감도 없었다. 나무 감 사가 담아가. 감나무에 홍시 사마 홍시 겉은 거 따가 얼매쑥 주고 사가 자인장 갖다 팔고 경산장 갖다 팔고. 삭하가는 저 청도 역전꺼지 여다가 팔고. 걸 어가 적게 삼십 리 거 어뎅게. 거꺼정 걸어가 새북에 곰 티재 넘어가 여 우리 거 도치재도 십 리구마. 거 넘어가 새북에 등불 들고 저때 만대이 가마 날 새거등. 거 여놓 고 지녀 역전에 가가 소매 팔고 오마 고 와 등불 들고 온 다.

최승호: 한 광주리 이고 가면 얼마 받았는데요?

이금순: 그때 돈 사백 원 사마 마이 샀다. 사백 원.

최승호: 농사가 많이 없으니까 다른 사람 감 사가 팔고 이랬다 그 지예.

이금순: 그르치. 농사가 없으이 그기 지끌 밥도 참 몬 묵는데 뭐. 몬 무이끼네 인자 제사장 볼라 카마 일을 해야 그라지. 어른 반찬 없으마 안 잡숫제 그렇제. 봄 나마 산채 해가.

최승호: 어른은 아들 보도연맹 가입시키가 죄가 많은데 그래도 물

거 다 해내라 캅디꺼?

이금순 : 아이코, 말또 하지 마소. 돌아가실짐새 원래 반찬 없이 안 잡숫고요.

윤용웅 : 옛날 활량이라, 옛날 활량.

이금순 : 일류가 말데 여남 살 무가 말 타고 댕깄다 카는데 뭐.

최승호 : 농사도 없는데 어떻게 말 타고 다녔어예?

이금순 : 옛날에는 잘살았어요. 잘살았는데 백석 해가 그때 백석이라 캄 부자 아잉게. 잘살았는데 다 팔아 여뿟는 기라. 활량으로 천날만날 댕기끼네 뭐. 암것도 안 하고. 활량으로 댕기께네.

최승호 : 아들이 없어지고 나면 본인이 일을 하셔야 되잖아.

이금순 : 일이 어딨능게. 내가요, 내가 육 남매 막내로 친저는 농사 마이 지었거등. 져 머슴 두 농사를 마이 지. 뒤에 저 엄마 뒤에 엄마한테 참 가주고 카는 거 보고 인제 길쌈하는 것도 엄마 비 짜마 내가 쪼맬 때부터 쪼맬 때부터 엄마 밥 무마 비 짜로 올라간다. 열다섯 살, 열니 살 뭇으이끼네 또. 올라가가 짜고 내가 쪼맬 때부텀 그거로 눈에 보고 있었기 때무로. 농사 지었는 것도 시집 가가 내가 먼저 시자 가 나가가 못 피라도 꼽고 못도 찌고 나락 비고 보리 비고 한데 저거 아부지 걷다가 왔다카이. 할 줄 모르는 기라 거도. 몰라요, 몰라. 모르더라카이. 모리이끼네 내가 그래 전부 이끌어가 해가주고. 내가 분한 기 날 모두, 그르이 못 산다고 우리 사촌형부가 그때 일본 갔다 나와 가주고 돈을 벌어가 나와가 몬 산다카는 소릴 어디 들었는지.

최승호 : 사촌 동생이 못 산다 소리를 들어가.

이금순 : 그러이 날로 인자 그르키 날로 귀엽어했다카이 그 오빠
가. 귀엽어했는데. 암소 사가 친정 와가 나락 한 발 실어
라 캤는 기라. 실어가 보내라 캤어. 김전에 보내라 캐가
그 나락까 신나락 하고, 신나락 할 나락도 없어. 신나락
하고 그 소 믹이가 송아지 낳아가 키아가 팔고. 그 오빠
가 사촌오빠가 날로 살린 기지. 그래가 그 소로가 논 매
나가 서 말 반지 샀다카이, 가기 전에. 뽑들리 가기 전에.
일 년에 송아지 한 마리 놓고 송아지 한 마리 팔고, 즈거
아부지 장작 겉은 거 해가 팔아가 보태고 해가 첫해 논 한
마지기 사고 고 이듬해 말 반지리 사고 고 이듬해 또 더
자하게 되는 기라. 소 인자 또 큰 소 있고 이르이끼네 논
두 마지기 또 샀거등. 두 마지기 사가 인제 양석도 잊어
뿌고 묵고 살고 인제 이라마, 즈거 아부지 이래만 안 됐
음 그 마실에서 최고 부자됐구마. 그 이듬해는 논기야 서
마지기 사도 돈 남는 기라. 누구는 쌀도 내 보태고 나락
짐 보태고 한참 재밌게 사는 사람을 요렇게 꺾어뿌더라
카이. 그래이 내가 얼마나 억울캤는교. 그래가 어딨는교.
아들 저래 돼뿟다카이 논 서 마지기 홀딱 다 팔아가 아들
찾는다고 헤매댕기미 다 써뿟다카이.

최승호 : 어디 어디로 찾아다녔습니까?

이금순 : 어데로 댕깄든동 우에 아능게.

최승호 : 나갔다 오면 어디 갔다 왔다 소리 안 하니까.

이금순 : 천지 그런 소리 없구마. 없나. 없고 어드로 헤매댕깄든동
논 다 팔아 여뿌고 없시이 인제 양석도 모지래는질 아잉

387

게. 양석도. 꼴찌기 비등밭에 지금 그 논 있구매 지금. 이 거 봉답 논 이거 못 있더거 쪼매 있는 거 지금 논 두 마지 기 있는데 그 도가리 도가리 그 기계모동 몬 숨갔다. 전 부 흔들모를 숨구거덩. 흔들모를 손빨에 숨구는데. 미늘 은 모 숨구는데요, 보한 모시주주싱기 입고 가래 짚고 논 두림 서가, 우리 동서 우리 시동상이 우리 시오춘이 외바 가 하나 낳아가 아들로 우리 집에 맽기놓고 만주 가뿟어. 내 시집 때 열한 살 뭇더라꼬. 그 시동상 키아가 내가 장 개 보냈구마. 스물세 살 무 장개 보내가 시동상 그때 또 군에 안 가능게. 군에 가면 그때는 6년 복무라. 6년. 그르 이끼네 그 동새하고 내하고 모를 숨구거덩. 나는 봤기 때 무로 모를 소빨래겉이 잘 숨구는데 우리 동서는 안 봤잖 아. 안 보이 미느리 둘이 모 숨구는데 가래장구리 짚고, 큰 절무이는 잘 숨구는데 작은 절무이 그래 숨구마 안 느 군다. 요 꼽아라, 요 꼽아라이. 아이구마 수주가따 더 몬 숨구잖아.

최승호: 도와줄 생각은 안 하고 훈수나 두고 있었구마.

이금순: 그것도 보통 카마 하지마는 뭐 가함을 지르고 호통을 치 니까 이 수주가들은 더 못 숨구잖아. 그래 야 내가 찌프 먼서 새댁아, 내 숨구는 거 빨리 숨굴라 카지 마고 요 바 라. 내 소빨래겉이 숨구마, 아나 요 꼽고 요 꼽고 요래 꼽 고 항상 요래 요래 요래 나온느라. 그래도 또 그 나락 비 가주고 지녁에 지녁나라 동네 사람한테 지녁나락 지키가 동네 사람한테 그래 지키가 주고, 지녁 밤에 뚜디리도 그 하나 까꾸리질도 하나 안 해주누마. 이래 기계로 와 이래

뚜두리가 치는가 마당에 솔게 나락 보따리 재놀 데도 없고. 평생 안 하는 사람이구마. 내가 다 했지.

최승호 : 혼자 시동생하고 아들, 딸 키우고 부모님 봉양하고 혼자 다 하셨네예.

이금순 : 시동상은 인자 나오이 저거 살림 나가고 살림 내보내놓고 인자 아 둘이 하고 어른하고 내하고 이래 사는데. 한때도 반찬 없이는, 밥 천에 없이 잘해가보소 나물 반찬이라 카마.

최승호 : 그때 당시 반찬은 뭘 해드렸습니꺼?

이금순 : 장 반찬 사가와가 한 여흐간 무마 손님 오마 그때는 옛날에는 손님 오마 똑 우리 집에 온다. 저 고향에서 모도 손님 오시마. 세부쓱 어른도 오시마 하릿밤 자마 반찬 한 여흐따나 있는데.

최승호 : 고기반찬 무슨 고기.

이금순 : 장 반찬이지 뭐. 칼치나 뭐 꼬등어나 뭐 인자 장 반찬 안 떨어져야 되는데 그기 떨어지며는 물고기 잡아야 되는 기라. 밤에. 밤에 관솔 등불 고고 요래 해가 시동생 들어라 카고 나는 물에 드가가.

최승호 : 도랑이 어디 있습니꺼?

이금순 : 앞에 거 또랑 아 있더나.

최승호 : 그때 고기가 뭐 있었습니까?

이금순 : 고기. 촌에 캐봐야 중태기. 미꾸라지. 근데 그거는 중태기는 잡아가 쪼리고 미꾸라지는 잡아가 국 끓이고. 보리타작 다른 사람 쉬지요. 난 안 쉬누마. 어른 반찬이 떨어지마 반찬 장만해야 되는데. 대야 거머쥐고 못뚝 밑에 가

누마. 가마 물에 이래 손을 이래 여 주무리마 여 다 젖지. 젖으마 이래 주무리마 고기 내 손에 쥐키마 아 떨군다. 그때 무신 즈거 아부지가 도우는지 손에 잡히마 고기 안 떨궜는다. 그래 잡아가 와가 또 지녀 반찬하고. 또 지녀 잡으마 이튿날 반찬하고.

최승호 : 그 고생 때문에 남편이 없어진 슬픔도 느낄 여가 없었네.

이금순 : 없지. 그래 산에 나무하러 가마 인자 나물 뜯으미 청승 떨고 울지. 딴 때는 함 울어보도 모하고. 안 꼴찌기 전신만신에 뭐 대왕산 이쪽 밑으로 이리 가마 나물이 지금 절리 그르치 그때는 나물이 마이 났구마.

최승호 : 1960년도 남편이 돌아가시고 10년 후에 국회에서 실종자들 그라고 죽은 사람들 신고받았는데 그때 신고하셨어예?

윤용웅 : 시어른이 신고했어.

이금순 : 시어르이. 우리 시어른.

최승호 : 그 신고서 혹시 보셨어예?

이금순 : 나는 못 봤지요.

최승호 : 거기 누가 뭐 어떻게 잡혀갔다 그런 거 못 보셨구나.

윤용웅 : 우예 잡히갔다 그런 거는 없어.

최승호 : 그때 당시에 잡아간 사람이 최 뭐라 했습니까?

윤용웅 : 최해주이가 신고해가.

이금순 : 해주이.

최승호 : 최해중이가 신고했는데 그런 내용은 없었습니까?

윤용웅 : 없어. 집에서마 알고 있지. 누가 신고했… 내가 말… 아까 도이장이 바로 인자 신고하는 기라. 자기카마 더 배안 사

람이 있으이 없앨라고 한 질이라. 그러이 연락해놓마 지서 살고 그래가주고 또 신고한 사람 있고 이래가 자고 가고 이런 기라.

최승호 : 그때 국회 신고할 그해에 유족회도 만들어지고 위령제도 지냈는데 혹시 유족회나 위령제 참석한 적 있습니까?

이금순 : 내가 인저 우리 딸이, 내가 인저 그리고 우리 아들이 서울 가가 사이 손자가 났잖아. 났으이 난 또 대구 가가 살미 장사하고 있는데 지가 아를 그쩍에, 이병철이 삼성물산이라 공부를 안 하고 이병철 삼성물산에 몬 드가잖아요. 그 고등학교라도 나와야 드가거등. 그르이 공부를 안 했으이 지 저거 인자 자형 고등학교 책을 갖다가 지가 독학을 공부를 했는 기라. 지가 해가 그래가 삼성물산에 드갔다 카이. 우리 딸이 아는 사람한테 말을 해가 쳐서 요 서울 삼성물산에 드갔는데 그때 박 대통령 그거 할 때 아이가. 그래놓이께네 그때 마 거 댕기도 장개 가가 방 하나 얻어가 살 찍에 월급 얼마 됐능가, 얼마 안 되지. 그래나놓이 그래 및 년 하다가 고마 나와가 지 장사 할라카데. 지가 장사할라꼬. 우리 손자 고고 세 살 무따, 나가 세 살 무가 주고. 옴마 올라가 살림 살아돌라 카는 기라. 그래 내가 이날 핑생 고생해가 또 아들한테 집히마, 안 간다 너거 인자 장개 들어가 내났시이 나는 안 간다. 밀었는 기라. 안 그런게 그래. 거 가 뿔들리마 또 평생 그랬는데. 내가 내 혼차 장사해가 그래도 제사는 내가 여 대구서 모시고 인자 이래가 시는데. 한날은 어딨는게, 아로 갖다나뿌고 가뿐다. 손자를. 그래 할 수 없어 그늠으로 리아카 앞에

다 실코 행상 장사를 했거등. 뭐가 있능게, 밑천이 있나. 행상 장사를 했는데 아로 앞에다 요래 새끼줄로가 요래 얽어가 맨들어가 요 앞차가 끄고 댕기미 장사를 석 달로 해보이.

최승호 : 무슨 장사 했습니까?

이금순 : 계란장사.

최승호 : 어디서?

이금순 : 대구서.

최승호 : 대구 어느 시장에?

이금순 : 시장이 어딨노. 하루 백 리썩을 걸었구마. 걸어댕기미 팔 았지.

윤용웅 : 대구 범어동 살았는데, 범어동 살았다.

최승호 : 범어동에서.

윤용웅 : 댕기미 팔았다.

최승호 : 댕기미.

이금순 : 길에 댕기미 인자 가게 갖다 대고. 대학병원에 구내매점 하고 거도 인자 거 할배가 날로 불쌍타꼬 구내매점하고 그 인저 거게다가 날로 도구리를 잡아주데. 내가 그래가 저거로 데리고 댕기미 장사를 댕기이 불쌍타 카미 도구이 를 마이 잡아중게. 딴 도꾸이 저거 물건 대는 사람 띠뿌 리고 날로 내 물건으로 써주더라카이. 그래가 참 당골로 마이 잡았지.

최승호 : 몇 년을 그래 계란장사를 했습니까?

이금순 : 15년 했다. 하다가 아를 세 살 문 거 더러다 놔뿌이 장사 를 할 수 있나. 더르고 몬 해가 할 수 없어 안 올라갔나.

딸아가 카는 기라. 엄마, 엄마 우리 때무래 희생했능게, 희생 안 했능게 이카데. 내가 너거 때무래 희생했지 카이께네, 그라마 동생이 저래케 살라꼬 저카는데 엄마 쪼금만 더 해주소. 엄마 서울 올라가소. 그래 할 수 없어 안 올라갔나.

최승호 : 김전 집은 우짜고. 그때는 시어른 다 돌아가셨어예?

윤용웅 : 다 돌아가시고 김전 집 팔고 나갔다니까.

이금순 : 쪼매난 거 하나 있는 거 팔고.

최승호 : 돌아가시고 다 정리하고 대구 갔다가 다시 서울로 가셨네. 그럼 2000년도에 우리가 유족회 만들고 할 때 어떻게 유족회를 알게 됐습니까?

이금순 : 나는 서울 있었는데 우리 딸아가 맹 대구 있어놓이께 이집이서 이 양반이 여 캐가주고.

윤용웅 : 청도신문에 났데. 청도신문에 나가주고 그래가 해가 내가 연락해가 그래 다녔지.

최승호 : 그때 당시에 피해자 신고를 해갖고 진실규명도 받고 했는데 그때 당시에 신원확인은 뭐 어떻게 신원이 확인이 됐습니까?

이금순 : 신원확인은 아무리 해도 안 되는데.

윤용웅 : 진실화해는 청도 살 적에는 2000년도 아이가. 2000년도하고 2001년도 해가 처음 확인은 경산 여기 들어와가 경산시처서 우리가 청도서 저기 박희춘이라고 회장을 했는데 그 사람이 보도연맹 나왔는 거 국회에서 나온 쪼개이 있잖아. 여게 자기 어른 이름이 없는 기라. 없어놓이 회장을 안 하는 기라. 그러이 청도서는 분산돼뿟어. 분산돼

뿌고 우리 여 와가 신고하고 다 인제 됐잖아. 박희춘이도 우에가 그 당시에 인우징명가 그거 여가주고 해가 박희추이도 보상을 다 받았어. 그래가 또 박희춘이가 또 회장을 했나, 우리는 이리로 와뿌고 거서 본인 회장을 했다니께.

최승호 : 처음에는 청도유족회 가입하셨다가 안 되니까 이제 경산으로 오셨구나.

이금순 : 했지.

윤용웅 : 우리가 거 밀 년간 있었지. 그래가 청도유족회도 2000년도 그때 위령제도 돈이 어딨노. 거 임원들 밑이가 돈 내가 청도 곰티재 밑에서 위령제를 지냈다니까. 나도 그때 갔다가 돈 내가 같이 지냈다. 그래 하다가 그기 박희춘이가 그래 돼뿟는 무네 청도유족회는 분산돼뿌고 경산 이리 왔다 내. 경산 여 완 사람이 지금 여 있는 사람이고 청도읍에서도 마이 들어왔거든. 그래가 지금 안 들오고 하고 있는데….

최승호 : 지금 우리 경산유족회에 청도분들이 한 서른 분쯤 계시죠?

윤용웅 : 지금 여 저 보마 총 고향사람이 지금 현재 그런데 총 가입한 사람이 43명인가 그래. 43명인가 이래.

최승호 : 그때 남편 호적은 한 번 보셨어예? 호적에는 우예 돼있습니까?

이금순 : 호적에는 그때 집에서 여 맹이네 여게 참 저 어데 여게서 그때 호적 등본을 띠가 오라 카데. 띠가 오라 캐가 내가 뭐 어데 면회로 가봤나 뭐뭐. 어른이 다 살고나 어른 델고 살다가 그때 인자 그거 띠로 가이, 저거 아부지 이름

부르던 이름하고 어른 시어른 부르는 이름하고 호적 이름 다른 줄 누가 알았나. 가가 여이끼네, 여가 같이 안 갔나.

윤용웅 : 내캉 같이 갔지. 경산 여 왔다가 만나가 같이 면사무소 가가….

이금순 : 안 나와. 즈거 아부지가. 내 이름을 대이께네.

윤용웅 : 시어른도 이름이 우리가 아는 이름하고 호적하고 틀린 기라. 박남순데 마을에서 부르는 이름은 박남순데 박신그이라 호적에는. 그래가 여기에 남편 이름을 넣어도 박희조로 돼가 있고. 박희조로 나오는 기라. 뒤에 알고 보이께네.

이금순 : 대구 알면 내 이름을 박희조라 카는 거로. 내 이름을 대이께네 박희조라꼬 나오고.

최승호 : 이금순 남편이 박희조로 나오고. 집에 이름은 뭐였는데.

이금순 : 박희우이.

최승호 : 희웅.

이금순 : 희윤.

윤용웅 : 윤은 내 안 나오고 박남수를 넣어도 호적에 안 나오는 거라.

최승호 : 호적에 사망신고가 몇 년도로 돼있습디까?

이금순 : 모르겠다 사망신고 그.

최승호 : 사망신고를 누가 했습니까?

이금순 : 사망신고, 시어른이 했는가 모르겠다 그거는.

최승호 : 언제 사망했는지 안 적혀 있습디까?

윤용웅 : 거 보기는 봤… 거도 느까 했어.

이금순 : 죽었다고 생각은 안 했잖아. 느까 했겠지 어른이.

윤용웅 : 우리 집에도 어른을 내 군에 들오고 사망신고 했어. 군에 들오고.

최승호 : 아들이 삼성물산 들어가는데 그때 혹시 아버지가 그렇게 죽고 나서 연좌제 때문에 들어가는 데 문제가 없었습니까?

이금순 : 그때 시절에는 없다. 고때는.

최승호 : 취직하는 데는 문제가 없었다. 연좌제 이런 얘기 들어보셨지예?

이금순 : 들었지. 마이 들었지.

최승호 : 윤용웅 이사님 자기소개를 잠깐 해주시소.

윤용웅 : 청도군 금천면 김전2리 493번지 윤용웅.

최승호 : 아부지 돌아가신 분은 누구시지예?

윤용웅 : 윤덕출.

최승호 : 그 당시에 몇 살이었습니까? 아버지.

윤용웅 : 여덟 살.

최승호 : 아부지 연세가.

윤용웅 : 아부지. 서른 몇 살이라. 서른한 살인가 이랬지 시푸다.

최승호 : 자녀가 몇이었습니까?

윤용웅 : 삼남매.

최승호 : 윤이사님이 몇째?

윤용웅 : 내가 맏이. 맏이고 밑에 여동생 둘이 있고.

최승호 : 돌아가신 때가 나이가 몇 살이었다고예?

윤용웅 : 잡히갔을 때 다섯 살 뭇따. 다섯 살. 다섯 살 뭇시 모르지. 희미하지.

최승호 : 학교는 그러면 어디까지 다니셨습니까?

윤용웅 : 내가? 국민학교 나와 그때 학교는 몬 가고 국민학교 나와
가. 삼촌들은 너이 났었는데 5형젠데 아부지 빼고나마 4
형제 아이가. 있었는데 거도 뭐 뿔뿔이 객지로 나가뿌고
나도 초등학교 나와가주고 1년 있다가 중학교 드갔어. 중
학교 졸업했는 그뿐이라.

최승호 : 직장은 어디로?

윤용웅 : 내가? 직장이 어딨어. 바로 그때 뭐 중학교 졸업하자 바
로 농사지었는 거라.

최승호 : 농사짓고 하면 뭐 아부지 때문에 불이익을 받거나 이런
거는 별로 없었겠다 그지예.

윤용웅 : 취직을 안 하이 불이익은 없지. 남한테 듣는 거 뺄개이 자
슥 이 소린 듣고….

최승호 : 그때 당시에 김전마을에 한 서른 가구 살았는데 돌아가신
분이 두 분입니까?

윤용웅 : 둘. 둘이라. 그래 이런 일로가 죽은 둘이뿐이다.

최승호 : 잡혀간 사람은 몇 명이었습니까, 총. 살아나온 사람은 그
러면.

이금순 : 살아나온 사람 내나 집….

윤용웅 : 살아나온 사람 없어. 둘이뿐이었고. 둘이 가 둘 다 죽어뿟
는 기라.

이금순 : 청도 박깅미 집에 가가 한 사람.

최승호 : 당숙은 살아오셨다면서.

이금순 : 그거는 박깅미이가 여 갔다가 그 머인데 매나 우리 즈거
아부지.

최승호 : 전쟁 끝나고?

윤용웅 : 우리 부친 카마 머이라.

이금순 : 아이지.

최승호 : 아, 그 전에.

이금순 : 그르치. 우리 아들 아부지 뿔들어가고 그 얼매만침 있다가 이 양반이 잡히갔다카이. 잡히가놓이 고 한 열흘 뒤에 붙들어간 사람 그래가 이양 이 집 오촌은 한 열흘 있다가 나왔다 카이께네. 어덴줄동 그때 이제 그기 돼뿟다카이.

최승호 : 결혼은 언제 하셨습니까?

윤용웅 : 내가? 66년도 1월달. 군에 갔다와가. 수물다섯. 아, 스물 서이.

최승호 : 스물셋. 그때 결혼할 때 거기 집에 저 집에 결혼, 시집가 놓으면 안 된다 이런 반대는 없었습니까?

윤용웅 : 나도 그때 군에 있었는데 군에 있으이 뭐 나와가 12월 25 일로 제대를, 일본 살 적인데 제대를 했는데 집에서 완전 히 뭐 우예가 다 해놨어. 다 해놓고 1월 6일날 내 결혼을 했어. 선도 본 것도 없고.

이금순 : 그때는 선보고 그것도 없었다.

최승호 : 그럼 반대하고 이런 것도 없었네 그지예.

윤용웅 : 그때는 조부하고 조모하고 다 살아계실 땐데.

이금순 : 어른들끼리 마 해가 고럴 땐 한바탕.

최승호 : 아버지는 농림학교 다니셨다 그러던데.

윤용웅 : 영천농림학교.

최승호 : 졸업하고 아버지는 농사를 지으셨습니까, 뭐 하셨습니 까?

윤용웅 : 그 당시에 졸업도 안 했어. 아 하고 와 있다가 왔다 갔다

하다가 내가 알기로는 머 피신 간 택이라. 여 마을에 인자 6·25사변 되고 하이 영천 여 와있었는 기라. 영천 금오에 여게 우리 일족이 마이 있다 거기. 우리가 바로 영천 고보서 김전을 나간 사람이 어딨노. 여 와가 있었지. 금오에 와있다가 그래 됐는 기라.

이금순 : 그래 집에 댕기러 온 적에 그랬다 카이. 댕기러 온 녁에.

윤용웅 : 그 당시 그래 농림학교 갔다 그라마 학교 고수 나왔능가 이래. 그래놓이 누 말따나 말이 좀 배운 사람은 숭치는 질이라 마.

최승호 : 구장이 자기 마음에 안 드는 사람. 자기 말 인제 잘 안 듣는 사람 그걸로 해가 신고해가 잡혀가도록.

이금순 : 고기 개살이라 카이께네 지카마 쪼매 똑똑으이께네. 고기 개살이라 카이께네. 고래가 그래 내가 빌로라고 생각하고 와 저 나왔는 줄 아능게. 야우야스러버 저기. 야시. 그래놓고 내 농사 그 꼴찌기 있다 안 카등게. 거 내가 들어안아 남자 들여다가 품앗이 해가주고 농사지어가 나락이 이래 뭐피 섰잖아. 소를 미이 이래 가마 항상 내 그리 가거등. 칠달 나락이 무르이 피가 서가 있는데 논두럭이 이만치 높으다. 장구리가 들어오 몬 들어온다. 거다가 무겟돌을 빼가주고 어디 떤지노. 물논 저거 파도 안 나가거덩. 개살로 지기가. 그 물 빼도 저거 논 안 가는데 개살로 지기가 요래 파다가 파다가 안 되이께네 무겟돌로 들시가 요대로 논두렁에마 내놨시마 내가 그렇게 악이 덜 나요. 첨부 나락논에 다 디비시났다. 그 논 열 및 또가리 논두렁 그거로 돌을.

399

최승호: 맹 그 신고했는 그 마을 그 사람이.

이금순: 그르치, 그르치, 그르치. 고래 개살로 지깄다.

윤용웅: 그 사람도 일이라고는 모리는 사람이고.

이금순: 개살로 디기 내가 가마 있겠능게.

윤용웅: 자기 어르이, 어르이 선비라.

최승호: 그 집 자손들은 잘됐습니까? 지금.

윤용웅: 잘된 것도 없어.

이금순: 잘된 거 하나도 없구마. 그르끼네 아능게. 그래 디비놓고 그카이 우에 되능게. 우리 시어른 살아가 계실 때는 거물 보러 가마 우리 시어른 아능게. 수염이 이랬거든. 들에서 수엠 이래 뜯었는 거로 뭉치보마 뭉티 이마하다. 모시적셈 다 지뜯어뿌고. 즈거 아부지뻘도 넘는 사람으로. 들에서 그 요도질하고 그런 사람이다 그기. 그래가 내가.

윤용웅: 이 집 시어른이나 그 집 아버지나 같은 유였거든.

이금순: 한 유 아이가.

최승호: 근데 아버지 유를 그렇게 못 살게.

이금순: 예. 이렇게 수염을 뜯고 모시적심 다 지뜯어뿌고. 이래가 그 수염 뜯으마 내가 그거까 고발할라꼬 고발할라고 튀 내리갔어. 니리가이 그 집 어른들이 아주 호인이라카이. 어른들 아주 호인인데 즈까 엎드리가 백배 노코 빈다.

윤용웅: 어른들은 선비라.

이금순: 어른들 보고. 아들도 형제 고기 제일 몬땠고.

윤용웅: 아들도 그 집 아들도 4형젠가 이런데 딱 맏이 그 사람만 그렇다카이.

이금순: 그래 내가 그거로 우야놓이, 그 논에 모로 숨가… 모를 숨

가놓고 그것도 그때 날이 자꾸 가무이끼네 모도 몬 숨구고 물이 없어가 대파라 하고 이랬는데. 이 집 대소가 어르이 몬남양바이 오춘띠기요, 오춘띠 골바지 논 그거는 거 굴 빼가 모 숨구소. 대파도 몬 하고 하이 모 숨구라 카데. 그래 인자 거 모를 숨갔거덩. 모로 숨가놓고 그 물로 인자 다리 몬 빼가 가구로 우리 아들하고 조고 꼴찌게 열여 살 문거로 니 저 물 지키래이. 야우야시 올라와가 물 빼거들랑 수굼포 쥐고 있다가 똥짜바리 뒤에 밀어뿌라. 힘으가 몬 이길끼고. 그래 그케놓이 요기 인자 가가 숨어가 딱 솔밭에 숨어가 있으이 눈도 아주 꼴째기거덩. 숨어가 있시 올라와가 또 굴로 빼뿌거덩. 빼뿌이 이기 인제 보내놓고는 인이 있실 때는 겂이 나가 몬 하고 똑 막았어. 요기 또 뒤에 내리보이끼네 물이 안 내리오이 또 와가 또 빼뿌렀어. 빼이 세 분 만에 빼이 이것도 뿔때기 나뿟는 기라. 내가 카는 대로 세 분째 고마 고 맹 머 엎드리가주고 이래 빼이끼네 마 까짓꺼 똥짜바리 고매 마 모시 처박히지 뭐고. 그러이끼네 내 카는 대로 고마 뒤에가 수구포로 마 똥짜바리를 밀이뿌리 마 팍 뿌래. 그때 씨끌라 캐도 물이 없거덩.

윤용웅: 이 집 논이 꼴짝논인데 팔도 몬 하고 믹히가 있는데….

이금순: 고디가 돼가. 그때 우리 시어른 변수가 있었어요. 변수가 있어가 내가 장인장 가가 인자 변수 빠도 반찬 안 떨아야 되이 갔다가 와가 장 와가 갔다오마 변수에 담뱃불로 당가놓거덩. 담뱃불로 당가놓이끼에 옴마 옴마 옴마 야우야시 내 때리죽일라고 온다 이카거덩. 그래 야우야시가 와

때리죽일라 카드노 카이 내 카는 대로 그래뿠다 카는 기라. 나가이끼네 요 우에 요대로 다… 물, 씨끌 물이 없잖아. 요래가 덮어씨고 요놈 조놈 때리직인다고 고마. 때리죽이라. 와 때리죽일라 카노. 와 때리죽이라 내가. 그래 그 물 빼가 느거 논에 가드나 카이 안 간다 카거덩. 안 가마 왜 뺐노 카이 개살지긴다 카는데 머하노. 거 돼났능게.

최승호: 아무 그것도 없이 그냥.

이금순: 그러치요.

윤용웅: 논이 이 집 논은 바로 못둑 밑에 있고, 지금 카는 거는 저 밑에 있거든. 물로 물것도 파디비가 모지리 자기 논에 가 니리갈라고 카는 기라.

이금순: 가 니리가도 그 물 가도 안 한다 카이.

윤용웅: 못도 옛날 골짝 뭐 쪼매난 건데.

이금순: 쪼매난데 뭐 쪼매난 거 그기. 그르이 내가 서름을 내가 얼마나 받았겠능게.

윤용웅: 살긴 참 어렵게 살았어.

최승호: 집안에서도 설움을 많이 주셨다 카던데.

이금순: 하이고 말또 하지 마라. 집에 사람도 고~ 우코 사는데 뭐. 그라이께 내가 시시하이 그거 했시마 거 몬 살았구마. 밤에 2시간밖에 안 잤구마. 밤으로 바느질하고 길쌈하고 낮으로 일하고.

윤용웅: 어른 살았을 직에는 그기 보복이라. 그것도 집안에도. 살었을 때 시어른 밑에 다 꿈쩍을 못했는데.

최승호: 시어른 돌아가시고 나니까 인제.

이금순 : 우리 태수하고 우리 아버님 살 직에 우리 아버님 이기거 등. (엄지손가락을 들어 보이며) 대소가 다 했지.

최승호 : 제일 큰 어른 돌아가시고 나니까 인제. 며느리 혼자 산다 고.

윤용웅 : 손님들 온다 카자. 원 고향이 저 청도 이서서 왔거덩. 박 씨들이. 거서 왔는데 손님이 오마 이 집에 찾아왔다 말이 라 그 어른이. 이 집에 사는 거도 낫고.

이금순 : 대수가 부잣집이 있어도 안 가고 우리 집에 오신다.

윤용웅 : 사는 거도 낫고, 이 집에 와가 전부 손님이 다 처리했는 기라.

최승호 : 어른이 계시니까.

이금순 : 즈거 다 어른 계시지요. 계시도 잘 사는 집에 안 가고 우 리 집에 오신다 카이.

최승호 : 그런 집안에서 왜 그래 업신여기고 그랬습니까? 자기가 살았을 때 다 얻어먹고 해놓고.

이금순 : 아이고 그케 그 아잉게. 말도 다 몬 하지. 그러끼네 이 대 소가서도 내가 저거그랑 못 살지 싶었던 모양이라.

최승호 : 못 살고 나갈 거다 생각하고.

이금순 : 그르치. 그르이 누켔지. 업산 여깄지. 업산 여깄지. 내가 그러키 거 일로 하고 해도 하나 거들어주는 거 없고.

최승호 : 집안이 박씨들 집안이 몇 집이나 살았습니까?

이금순 : 그때 여섯 집. 여섯 집 살았다. 다 일가들이고 일부도 살 고 그쪽 다라꾸도 살고 바깥에 많앴구마.

최승호 : 많은데도 하나도 안 도와줬다.

이금순 : 없지요. 내가 시시했시마….

최승호 : 어렵게 살면 도와줘야 되는 거 아닙니까.

이금순 : 남은 도와주지. 남은 도와주는 사람도 있지, 남도 눌루코 업산 여기는 사람은 업산 여기고. 남도 그거 하는 사람은 도와주고.

최승호 : 우리 윤 이사님 집안하고는 이렇게 도와주고 서로 친하 게.

이금순 : 그르치. 여는 뭐 여 삼춘들 다 나가 살고 여하고 그그(엄 지손가락) 살았는데. 그래 지금도 여 도움받잖아.

최승호 : 두 분이 인제 돌아가셨던 둘 다 동병상련이네 그지예.

이금순 : 지금 인자 서로 도와주고 그카지.

윤용웅 : 그라고 나도 공부 모 했는 기 삼춘들 자기들 결혼해가 다 나가뿌고 없으이 누가 있노. 조부, 조모, 어무이뿐이었는 데 누가 있노 그래. 그러이 공부도 못 했는 거라.

이금순 : 여 모친도 고생 마이 했심더. 칭칭시하 시집와가. 내 시집 오이께네 이 집에 증조모가 지금은 치매라 카지만 그때는 노망이라. 보하이 해가지고 마 아침 자고 나와보마 거쭈 담이 있잖아 담에. 우리 담 우에 보하이 요래 올라앉았 다. 그렇제. 앞집 앞집에 요래 사이끼네. 그러이끼네 나 아이꺼정 나 열여섯 살 못는 게 그래가 있으이 얼매나 놀 래겠노. 아침에, 아침 할라고 나오마 보하이 요래 있제. 우리 집에 나물 인자 뜯어다가 이래 삶어가 일자식에 담 가놓마 담가놓고 만날 죽끼리 못잖아. 무마 와가지고 그 나물로 이래가 찝어가 맹거리 이래 껀져 묵고 이래싸이께 네 나는 생전에 그런 거로 안 보다가 보이 무섭잖아. 그 러이끼네 여 할배가 아들 씨이가 야야야 저 집에 가가 할

매, 할매 들고 온느라 할매 들고 오느라. 그러이까 고생 마이 했다. 밥 담아조놓마 거 개회다 똥을 노가 덮어가 빅에 칠 다 하고. 금방 이 옷 해가 입히놓마 도라물에 가 고대로 담가 담부당 담부당 이카고. 고생 말도 모 했다, 이 집 어마이. 그 칭칭시하에. 여 조모님은 또 보통 그긴 줄 아능게. 말또 모 하게 시집살이했다. 오낙 사람이 좋으이 허허허 이카고 그 시동상들 시동생들 다 거느리고 그애가 살았지.

최승호 : 큰 마을에 희생자 두 분이 그래도 의지할 데가 있었네요, 서로.

이금순 : 그르치. 서로 그기지.

윤용웅 : 그것도 또 어서 떨어졌으마 바로 앞에 있으이.

이금순 : 바로 앞집에.

최승호 : 다른 사람은 서로 돕고 이래 안 해도 두 분은 두 집은 인제.

이금순 : 우리 대소가는 고고, 고 와봤지마는 고 한 골목에 요집 요집 요집이 다 대소가라. 그래도 없다.

윤용웅 : 지금 집은 저 밑에 아 있드나, 바로 우리 앞집에 고 있었다.

이금순 : 앞집에 고 밑에 있었다.

최승호 : 도랑, 도랑 있는 데.

윤용웅 : 바로 강가에 고 있었거든.

최승호 : 그럼 요즘도 위령제 오실 때 윤 이사님이 태우고 오시지예.

이금순 : 만날 태우고 오지.

윤용웅 : 내가 델고 다니지.

최승호 : 유족회도 윤 이사 때문에 가입하셨고.

이금순 : 만날 도우러 댕기지 뭐.

윤용웅 : 맨날 모든 연락처는 내가 다 하고.

최승호 : 할머니 요즘 건강은 어떻습니까?

이금순 : 건가이 인자는 내 칸다. 작년에마 해도 이러케 아 이렇던
　　　　데 이자 이 따 발 놔가 걷는 기 겁이 난다. 자꾸 넘어지는
　　　　데 뭐. 다치고 나가.

최승호 : 할매, 다시 김전으로 들어간 거는 몇 살 때 들어왔어예?

이금순 : 서울서 칠순, 서울 칠순 자 아들 손자 키아가 대학고, 손
　　　　자는 대학고 졸업하고. 인자 손녀 대학교 드가마 우리 절
　　　　무이가 카데. 지가 우리 사무실에 나가다가 어무님예 희
　　　　진이 대학 드가매는 어무님 제가 들어앉으께요 카데. 살
　　　　림 살라 카데. 그래 내가 살림 살아주고 고 올 찍에 내 칠
　　　　순이라. 칠순을 서울서 해묵고 그래 인자 고향 내가 댕기
　　　　러 왔거등. 와놓이끼네 그때 이제 절무이 들왔다 카이끼
　　　　네. 살림 살라꼬. 들어왔시이 내가 인자 미느리 들왔시이
　　　　할 일 있나. 거 여 댕기러 왔시끼네 그전에는 집을 살라
　　　　캐도 김전에 집이 없었구마. 없었는데 마츰 거 내 지금
　　　　사는 집이 재중 시동상 재숙 거 살다가 아들 여덟이 다 나
　　　　가 살고 집이 비가 있었거덩. 비 있으이끼네 시동상이 거
　　　　마당을 띠껴가 밭을 해묵더라고. 그래가 그날 와놓이끼네
　　　　그래 집을 팔라고 내놨다 카는 기라. 그래 내가 딸아인테
　　　　애 희대아재는 집 팔라고 내놨다 카더라 이카이끼네 그
　　　　럼 엄마 생각 있능게 이카는 기라. 생각 이시마 야 내가

돈이 있나. 머, 생각 이시마 머 하노 이카이끼네, 그래 지 동상한테 전화를 했던 모양이라. 해놓이끼네….

윤용웅 : 딸은 대구에 있고 아들은 서울에 있거덩.

이금순 : 그래 나한테 카지도 안 하고 돌라카는 대로 고 나한테 캤시마 돈이라도 좀 뺄 낀데 돌라카는 대로 고마 계약금도 없이 마 전화로 주고받고 마 해뺏는 기라. 고래가 그질로 시울 안 올라갔다.

윤용웅 : 한 20년 됐다.

이금순 : 올해 21년째 들었구마.

윤용웅 : 아들이 괜찮아. 서울서 자기 장사를 해가 돈을 좀 벌있어. 자기 장사를 해가주고.

최승호 : 아들이 그래도 고맙네. 엄마 고향 가가 살으라고 아들이 사줬네 그지예. 와 살던 집을 사지 그 집을.

이금순 : 살던 집은 사람이 사는데 어데 사노. 이것도 비가 있시이. 안 팔라 캤는데 지가 부도가 나놓이 그 집을 팔라고 내났다 카드라. 그래가 거 사가 니리왔다. 그래도 올래 21년째 들었다.

최승호 : 혹시 주변에 당시에 희생잔데 신고를 못 했던 사람 이런 사람 있습니까?

윤용웅 : 밑에 마을은 있어.

이금순 : 우리 동네는 없고. 일부에.

최승호 : 일부는 마을 이름이 뭡니꺼?

이금순 : 밑에 마을에도 참 우리 마을에도 있는데 그 사람들은 이 60년도 등록은 돼가 있더라. 등록은 돼가 있는데 그 당시 그 사람들은 산에 댕깄던 사람들이라.

최승호 : 산에 댕깄다 카는 거는 뭘.

윤용웅 : 뺄개이짓을 했다 이기라.

이금순 : 뺄개이짓을 했다카이. 뺄개이짓을 했던 사람이.

윤용웅 : 빨치산 활동을 했다 이기라.

이금순 : 거 죽었다. 거 뺄개이짓 하던 그전에 똑똑은 사람 거는 산에 가 뺄개이짓 해가 죽고 그 히가 또 동생 때무래 복수한다고 댕기다가 뺄개이짓 하던 것도 부산 피해가 가가는 살았대. 부산 피해가 가서.

최승호 : 빨치산 했는 사람들은 피신을 해가.

윤용웅 : 다 살았다.

이금순 : 살았다카이.

윤용웅 : 하도 안 한 사람은 가가….

이금순 : 죽었고.

최승호 : 제대로 하도 못한 사람들이 다 나는 죄가 없으니까 이래 생각하다가 죽었구나.

이금순 : 그 사람들 피신 간 사람들은 살았다.

윤용웅 : 지금 김전에 그 밑에 한 사람 있는데 이광기라고 고인데 사는 이광긴데 그기 내가 거 신청하라 했거든. 했는데 그 집에 딸 하나뿐이라 거도. 딸 하나뿐인데 사우한테 내 연락했단 말이라. 연락하이 그거 해가 뭐 하는데 이카고 마 연락을 아 한다. 지 느까 인제 돈 나오니 뭐 이카니 저 대소가서 인자 또 캐샀는 거라. 돈 나오니 뭐니 캐사이끼네 인자 카는 거라.

최승호 : 그런 집이 몇 집이나, 아는 사람이 몇 사람이나 있습니까?

윤용웅 : 내가 보이 지금 할라카는 사람 그 한 사람 있어.

이금순 : 고 동네도 한 사람이고.

윤용웅 : 그 이광기 그 집뿌이제?

이금순 : 그 집뿌이다.

최승호 : 이광기. 그분은 아버지가 활동도 좀 빨치산 활동을 했다 그지예?

윤용웅 : 광기는 아 했다 걸던데.

이금순 : 이광기 거는 안 했다.

윤용웅 : 거는 산에 안 댕긴 사람이라.

이금순 : 거는 아 했는 사람인데 매나 우리 야들 아부지하고 아들 아부지하고 같이 뽑들리 갔다. 맹 그 해중이라 카는 님이 뽑들어 갔어.

윤용웅 : 근데 뽑들리 죽었는데 신고를 안 했다는 기지 인제.

최승호 : 지금은 신고 받아주면 할란가예 그 사람은.

윤용웅 : 하고 머시 대소가서 카지. 조카들이 카지. 본인 딸 하나 있는데 딸 하나도 지금 나이 칠십 넘어가 지금 뭐 움직이도 모 하고 사우는 죽어뿌고 원래 사우가 할라 했는데 사우가 죽어뿟고. 딸도 시언찮다그미.

이금순 : 원래 할마시가 살았다카이. 살아도 그 할마시는 망그 그기다. 지가 할마시가 갈 꺼 겉으마 해가 딸이라도 주고 하지. 아이 살았다.

최승호 : 매년 위령제 참석하시는데 제수상 이래 차리잖아요. 제수상 보면 어떤 생각이 듭니까?

이금순 : 인차 어떤 생각이고 머시고 인자 그래도 어 코발트광산 왔다 카는 그거만 알아도. 어데 가가 죽었는지 그거를 흔

적을 모를 때는….

윤용웅: 행방도 모리고 나간 날짜로 제사 지냈다 카는 그거지 뭐.

이금순: 그때는 답답있는데 여 마춤 여 그거하고 나이끼네 갔다… 진작 여 갔다 안 죽이고 여 대구교도소 가가 우리 시어른이 옳기 찾았시마 찾았어.

최승호: 교도소로 갔다 캅디까?

이금순: 교도소로 와가 얼매만침 7월 중순에 여 다 갔다 죽있다 카던데 뭐. 7월 중순에 코발트광산에 와 죽있다.

최승호: 5월 16일날 나가가꼬 그럼 그동안.

이금순: 여기 대구교도소에 형무소에 있다가.

윤용웅: 여기 해가 알았지.

이금순: 여기 해가 알았다카이.

윤용웅: 2000년도 지나고 여기 경산 여기 와가 조사한다고 알았지. 그 당시에는 곰티재 죽었다고 집에 조모도 곰티재 가가 살았다, 살았어.

최승호: 곰티재에서 시신 찾을려고 했는데 이번에 신고해서 조사 과정에서 알아보니까 대구형무소 있다가 코발트로 왔다. 형무소로 갈 때는 뭔가 혐의가 있거나 죄가 있어야 형무소로 갔을 건데 그게 인제 부역 혐의로 들어가셨는 갑다.

윤용웅: 부역했는 그런 택이다.

이금순: 그런 식이지 뭐.

윤용웅: 부역 혐의로 드갔다 하대, 그때 그 조사하이께네. 하던데 그래 알았지. 그래 아이머 맹 그래 죽고 죽은 날짜도 모리… 이것도 모리고. 다 죽은 나간 날짜만 아고 있다가 뭐 그래가 있다가 낸제는 그랬는데 뭐. 제사도 이제 지냈

다 저제 지냈다 막 그래 인자 9월 9일날 지내. 여도 인자 9월 9일날 하잖아. 날짜를 모르이 9월 9일카 지내다가 그랬다니께.

최승호 : 요즘 제수상 차려놓으면 좀 마음에 드십디까? 더하고 싶은 생각 없습니까?

이금순 : 있지. 들기야 못 묵고 아나 못살아가 만날 죽 묵다가 아능게. 밥으로 잘 뭇거든. 처갓집 오마 밥을 이래 담아조도 다 묵는 사람이 집에 오마 밥 담아주마 밥 남굿는다. 그래 내가 밥을 와 남굿는데 카마 정습 묵자 정습에, 점습에 묵자. 애끼가 점습에 묵재. 내가 낸주 신경질 나가 캤다. 보소, 안 묵고 애끼가 송아지 사니 벅 호랭이 물어가드라느마. 묵고, 묵고 합시다. 그래 내가 그캐놓이 인자 밥 다 묵고 그래고 애낄라꼬. 그래고로 해가 논 서말 반 지기 사가 무 보도 몬 하고. 무 보도 몬 하고 저래 갔시이 얼매나 원통노. 근데 제사 그거 그래 채리놓이 한이 차겠능게. 참나.

최승호 : 좀 더 해주고 싶은데.

이금순 : 그르치.

최승호 : 위령제 지내는데 공간도 보면 좁은데 거도 좀 더 넓었으마.

이금순 : 그르치. 좀 더 넓었으마 시푸지.

최승호 : 차도 좀 대고 그지예.

최승호 : 내년에 돌아가신 지 70년입니다. 70년 되는데 이때까지 남편한테 속에 있던 말 이제는 한 번 하셔야 될 거 같은데 우리 감독님이 남편이라고 생각하시고 한 번 얘기를 한

번 해보시소.

이금순 : 그케. 한 맺힌 거로 말로 다 몬 하고 내가 참 시집가놓이 아무것도 할 줄 모르고 내가 드르고 댕기미 농사 줏고 이래 거 하다가. 참 삐가리 겉이 둘이 만날 둘이 참 해가 어른 해가 살다가 저래가 참 붙들어가 저래 참 죽는다고는 생각도 몬 하고. 내가 하이 맺히가주고 있시 그래 그런지 밤마중 꿈에 현몽한다 밤마중. 그거 한 30년으로 밤마중 꿈에 현몽으로 하고 자고나마 이거 골이 깨지는 거 같으다. 밤마중 꿈에 현몽하고 이래 거겠는데 인지람도 인자를 저래 갔시이 뭐 한도 못 푸고 내가 인지 죽어서라도 같이, 같이 만내가 한 분 평생을 참 남강 같이 이래 행복하미 함 살아봤시마 하는 그 생각뱎에 없다 인자. 그기 되겠나.

최승호 : 올해 아흔하난데 앞으로 백수하고 저세상에서 남편 만나마 알아보겠습니까?

이금순 : 아히고 몬 알아본다.

최승호 : 혹시 알아보면 뭐라꼬 하고 싶어예? 한마디.

이금순 : 만나마 카지. 우리 지금이라도 잘 살아봅시데이 카미 카겠지.

최승호 : 몇 년 사신 거지?

이금순 : 그르이끼네 열여섯에 만내가주고 수물두 살에 갔시니까.

최승호 : 6년 살았네.

이금순 : 만 6년은, 만 5년뱎에 몬 살아봤지.

최승호 : 5년 살고 70년이 됐는데도 지금도.

이금순 : 한이 맺히가 있다.

최승호 : 한이 맺히가 한분만 한분이라도 살아보자.

이금순 : 남캉 같이 잘 살아봤시마 시푸지.

최승호 : 못 알아보마 우야지.

이금순 : 하하. 자기는 알겠지.

최승호 : 할마이 다됐는데 우에 알겠노.

이금순 : 그키 말이라.

최승호 : 그때 갈 때는 분 이쁘게 해가 그래 가이소.

이금순 : 하하하.

윤용웅 : 하하하.

최승호 : 우리 윤 이사님 아부지 5살 때 지금 기억납니까?

윤용웅 : 기억 옳게 없어.

이금순 : 기억 희미하지. 없지. 우리 딸아도 모리는데 뭐.

최승호 : 그럼 아부지한테 한 말씀 해보시소.

이금순 : 우리 딸아 저거 네 살 묵어 즈 아부지 갔거덩. 그래도 물
으마 모른다.

최승호 : 우리 윤 이사님 아버지 살아있다고 생각하고.

윤용웅 : 아버지가 살아계셨더라면 내가 지금캉 낫게 안 살겠능교.
없이 저 혼자 나는 내 혼자 농사를 다 지었어요. 삼촌들
다 가뿌리고 내 혼차 농사져 가미 살은 사람이다. 그러이
부모 없이 사는 기 바로 이런가 싶은 기. 부모만 있었더
라면 나 이렇게 살진 않을 끼고 나도 시내 가 살았을 이런
생각이 들고. 하이, 하이 없어요.

이금순 : 부모 없이 그 할매 할배 다 모시고 살았다.

최승호 : 참 그때는 어쩔 수 없이 그래 살았지만.

윤용웅 : 그런데 조모 조부를 삼촌이 너이서… 네 분이나 계신데

조부 조모를 내한테 맽기뿌고 다 나가뿌거덩.

이금순 : 다덜 객지로 나가뿌고 혼차 다 짊어지고 살았다.

최승호 : 지금은 조부, 삼촌들 찾아옵니까? 제사 때 옵니까?

이금순 : 삼촌 뭐 다 죽고 삼촌 인자 둘 살았어.

윤용웅 : 둘이 있는데 제사 때 안 온 것도 7, 8년 됐어.

이금순 : 몬 온다 인자.

윤용웅 : 나가 있으이까 몬 오는 기라.

최승호 : 아부지한테, 아부지 기억도 없고 아부지한테 특별히, 아
부지만 있었으면 내가 지금 이렇게 안 살 건데.

윤용웅 : 지금 생각으로만 있지 아부지 얼굴도 몰라요. 얼굴도 모
른다. 생각이 안 나.

이금순 : 참, 아버지 잘생겼구마. 잘생기고 키도 크고 잘생겼다.
아버지 닮았다.

최승호 : 그럼 이제 시간이 보통 우리가 90분 정도 할라 그랬는데
지금 인제 5분 정도 남았습니다. 내년이 70주년이고 지
금까지 국가가 사실은 두 분 아버지, 남편 돌아가시게 하
고 나서는 뭐 사과도 하고 보상도 했지만 그래도 여전히
우리 마음에는 차지 않잖아 그지예.

이금순 : 안 차지. 안 차지요.

최승호 : 국가나 정부, 또는 우리 경산시나 경상북도 이런 데 하고
싶은 말씀 있으면 한 말씀 해주시소.

이금순 : 하고 싶은 말은 뭐 내가 하도 없이 살고 설움에 지금도 뭐
자슥 물리준 한 푼도 물리준 게 없거덩. 물리준 거 없고
참 잘 미 보지도 몬 하고 공부도 몬 시기고 나는 만날 자
슥 보기 죄인이다. 딸아한테고 아들한테고 죄인이고, 지

금이라도 보상 쪼매 더 주마 지금 내 지금 와가 사는 집 저기 엉마이다. 저거. 지 오래 됐는 거 저 그거로 수리를 해가 해놔놓이 지금 집이 내라앉게 돼가 있어도 저기 내가 돈 보상금이라도 좀 주마 저 집을 털어뿌고 다시 지어가 해주머 싶은데. 기 되겠나. 내 그기 한이다. 돈 한 푼 몬 보내주고. 그르이 내가 여게 돈을 오천만 원 내 앞으로 나오는 거 가주고 우리 미느리 저거 한 푼도 몬 물리조꺼덩. 그래 조상마, 조상마 물리좃잖아. 그러이끼네 미느리 보기 미안해가 젤 먼저 미늘아한테부텀 천만 원 부치좄다. 그래가 미느라한테부터 머이 좄써. 미느리 고맙다꼬. 시아바시, 보도 모한 시아바시 지 모시고 제사가 얼만게. 고생한다꼬. 그래끼네 내 역시도 우리 딸아한테는 다리는 다 이 저 법대로 하고 이라는데 우리 딸아한테는 돈 그거 미깠노?

최승호 : 딸한테는 800만 원. 돈 천만 원도 안 가고.

이금순 : 그래. 그래가.

윤용웅 : 원래 800만 원 아이고 천만 원도. 아들은 4천만 원이고.

이금순 : 그래가 할 수 없어가 딸도 천만 원 좄꺼덩.

윤용웅 : 아부지 끼 아들한테 갔거덩.

이금순 : 천만 원 좄거덩. 조뿌고나이 나는 돈 뭐 있노. 그르이끼네 남편이 벌어준 거까 함분 살아보자 시푸디마는 꼴랑 그거 주이께네 뭐가 내가 살아볼 끼 있노. 그르끼네 그거 보상 좄다고.

최승호 : 지금 인세 제2특별법을 국회에서 이직까지 안 정하고, 정치권에서 이걸 볼모로 해서 하고 있는데 정치하는 사람들

국회의원들한테 한 말씀 하시소. 빨리 통과시켜 달라고.

이금순 : 그케. 우에든지 이거 통과시키가 내가 나이 이만하이 인자 나는 오올 죽을동 내일 죽을동 모르잖아. 모르이까 참 밤으로 어든 적이는 오새도 밤 지새운다. 잠 안 온다, 생각하마. 그 자슥 저거 한 푼 몬 물리주고 이래 거는데 저거 다문 저기라도 이 집에라도 고치주고 다무 얼매라도 해주고 이래가 가마 하이 좀 덜 안 그렇겠능게. 그런데 우에든지 해가주고 좀 보상금이라도 좀 더 주마 좋겠구마.

최승호 : 윤 이사님한테 마지막으로 묻겠습니다. 윤 이사님은 유족회이사회 활동도 많이 하시고 했는데 초창기에 경산시민모임이나 뭐 지역사회에서 많이 지원하시다가 요즘은 좀 뜸합니다, 그죠? 최근에 와서는 영남대학에 지역협력센터에서 우리 유족들 70주년을 앞두고 뭔가 기록을 남겨야 되겠다 이렇게 해서 인제 도와주시고 있는데. 우리 지역사회하고 우리 유족회는 앞으로 또 어떤 사업을 좀 했으면 좋겠다, 이런 말씀을 좀 한 번 마무리 해주십시오.

윤용웅 : 유족회도 이기 정치에, 정치에 이거 누가 마 저거까지도 뭐 밥그릇 싸움 카는데 저거 살길만 타가가고 민생에 대한 이건 법을 통과시키 주도 안 하고 있잖아. 국회의원들이 너무해요. 옛날에 일어난 일 이거를 좀 봐주고 이렇게 해야 되는데 이걸 모르고. 그리고 경산 여기도 시민들하고 참 잘해줘요. 해주기는. 유족회에 대해가 협조를 마이 하고 있어요. 그렇다고 감사합니다, 그거는.

최승호 : 앞으로 유족회 어떤 활동을 했으마 싶습니까? 이사님으

로서 이런 사업은 꼭 한번 해보고 싶다 이런 말씀이 있으면. 위령사업이나 아니면 뭐, 우리 저번에 영화도 만든, 다큐멘터리 영화도 만들고 뭐 이렇게 하셨는데. 연구소도 하나 설립했으마 싶고 이런 얘기 있었는데.

윤용웅 : 연구소를 해가 거기 뭐야, 참 저저 뭐라컷노, 여여 이태 생각키도 아 하노. 현장에 거 유골도 있고 한 데 거 뭐라 카노?

최승호 : 아, 평화공원을.

윤용웅 : 그렇게 맹글어가 국민이 다 알게 해줬으면 좋겠는데 기념관 만들어가 해줬으마 좋겠는데.

최승호 : 그거라도 해야 인제 앞으로 자라나는 세대들이 와서.

윤용웅 : 와서 공부도 하고 옛날에 했던 일 그거를 보라꼬 지금 현재 모르잖아. 글자 뭐로….

최승호 : 우리 유족회에서도 물론 해야 되지만 우리 지역사회에서 정부에서 그런 사업들을.

윤용웅 : 좀 지원을 해달라는.

최승호 : 지원을 좀 해줬으면 좋겠다.

최승호 : 오늘 장시간 녹화하신다고 고생하셨습니다. 남은 여생 건강하게 잘 사시소.

이금순 : 예, 고맙구마. 글치만 인자는 자신이 없다. 따라 발 놓기가 겁나는데 뭐 자꾸 넘어지는데.

최승호 : 자신이 없기는. 여 우리 윤 이사님 계시잖아. 윤 이사님 믿고 의지하고. 아들보다 낫지예?

이금순 : 아이 멀리 있는 아들캄 호지이 낫지. 짙에 있시이. 머 거하며 천부 여 안 가나. 내가 글로 모리이 이노머꺼 뭐 수

도세가 나와도 이거 얼매나 나왔노. 모르고 쫓어 가주가고 머 그하마 또 저저. 머 쫌 거하마 이거 와 좀 해조고. 이거 와 좀 해도고. 아들은 내 뭐 그하마 나물로, 지금도 내 여 와가 아지꺼정 나물 장사도 하고 하마 흥, 천부 이 집에 가가 이 집 저울에 달아가 다 해가 다 매더거로 주고 이때꺼지.

최승호 : 지금까지 부모 형제처럼 같이 사셨는데 앞으로도 우애 깊게 사시소.

윤용웅 : 이 집 아들딸도 나를 그래 카고 있어.

최승호 : 형님이라고 생각하고.

이금순 : 형님 카고 오빠 카고 다 그래. 다 그렇다.

최승호 : 할매 혼자 계시는데 사시는 동안 옆에서 많이 도와주시소.

이금순 : 그라는데 뭐, 두 내우래 다 그렇다. 내우간에 다 그렇다.

최승호 : 오늘 이걸로 마치겠습니다. 내 한 마디만 더 해야 되겠다. 이런 말 있습니까?

이금순 : 한 마디마 더 하는 기 우에끼나 여 코발트광산에 유골 거 안에 있는 거 유골 다 안 파냈시이 아이 거 들었는지 파가 나왔는지 모리고. 이노무 지주 그것도 몬 찾지마는 그래도 그 안에 있는 카마 안 낫겠나. 저거 다 해가주고 빨리 발굴해가 여 그거 해가주고 해주마 그기 젤 좋겠심다.

최승호 : 안 그래도 지금 코발트광산에 제일 먼저 급선무가 유해 발굴하는 겁니다. 발굴하고 그다음 평화공원도 만들고 해야지. 유해발굴부터 먼저 해야 되죠.

이금순 : 예, 머이 해가 그 안에 들으거, 한참 그 머 해가 할 때 그 안에 내 드가가 보고 마 안 했잖아. 거 콰~악 빼가지 붙

었는 거 보고 나와가.

최승호 : 10년 됐습니다. 유해 발굴한 지.

이금순 : 거 드가보이 인자 물구디 돼가 있는데. 참, 얼매나 그래 여그카는 게. 그거부텅 해가 해달라고.

최승호 : 알겠습니다. 정치권에서 우리 유족들 목소리를 좀 귀담아들어서 하루빨리 코발트광산 갱도에 있는 유해들 발굴됐으면 좋겠습니다. 이상 두 번째 미망인의 구술증언채록 마치겠습니다. 고생하셨습니다.

이금순 : 예, 수고했십니다.

13. 손계홍 구술증언

사건과의 관계 : 손세종의 아들
구술 당시 나이(생년월일) : 73세
출생지 : 경산시 남천면 산전리

최승호 : 한국전쟁이 올해로 70주년이 됩니다. 그와 함께 민간인 학살도 70주년이 됐습니다. 70주년을 기념하는 기록화사업 오늘은 6번째 시간입니다. 경산코발트광산에 유족 한 분이 나오셨습니다.

최승호 : 자기소개하고 성함하고 좀 말씀해주십시오.

손계홍 : 예, 저는 경산코발트광산 유족이사 손계홍입니다. 제 나이는 올해 73살이고 띠로는 쥐띠되고요. 그렇습니다.

최승호 : 혹시 한국전쟁 당시 돌아가신 분 성함하고 관계가 어떻게 되시죠?

손계홍 : 거 아버진데, 아버진데 뭐. 성함은 손 자 세 자 종 자 되시고. 아버지고 부자간이지 뭐.

최승호 : 혹시 아버지 사셨던 마을 이름, 그리고 그 당시에 어떤 성

씨들이 마을에 살았는지 들으셨습니까?

손계홍 : 아버지한테는 몬 들었고 아부지 얼굴도 모르고 엄마한테 들은 얘기가 거 우리 남천면 산전리라고 알고 있고, 거 1동에는 1구에는 옛날에는 1, 2구라 이켰는데 거게 1구에는 손씨들이 마이 살고, 2구에는 최씨들이 마이 산다 카는 소리를 내가 엄마한테 내가 들은 기회가 있습니다.

최승호 : 성씨들 손씨, 최씬데 혹시 본도 아십니까?

손계홍 : 본은 저는 손씨는 내가 손가니까 밀양이고, 최씨들은 모르고예.

최승호 : 최씨는 그 마을에는 경주 최가들이 많이 살았습니다. 혹시 거기 아버지, 어머니한테 들으셨던 분들 중에서 그 마을에 유명한 사람이 있었습니까?

손계홍 : 거 촌에 사는 사람이 뭐 유명하다 칼 수는 없고 거 뭐 손씨들은 우리 일족이라 합디… 다 일가라고 그렇게 알고 있어요. 밀양 손씨들 뭐, 제가 알기로는 8촌 되는 분이 제일 가깝게 거기 있고.

최승호 : 지금도 살고 계십니까?

손계홍 : 지금은 뭐 고인이 되셨습니다. 고인이 됐고. 지금은 거게 사는 분이 거는 촌수로는 어떻게 되는지 모르겠어요. 지금 저저 계자 항렬이 우리 지금 내게는 형님빨 되는 사람이 손계환 씨라고 지금 아직 살아계시는 걸로 알고 있고. 또 거기 교회 다닌다 카는 분 손계은 씬가 카는 분이 살아계신다 카는 거를 알고 있습니다.

최승호 : 그러면 당시 할아비지에 대해 말씀 들은 적이 있습니까?

손계홍 : 할아버지 뭐 성함만 알고 있습니다, 제가.

최승호 : 성함이 어떻게 되시지예?

손계홍 : 손 자 준 자 석 자라 합디다.

최승호 : 준석.

손계홍 : 예.

최승호 : 농사를 지으셨는가예, 그 마을에서?

손계홍 : 농사지었다는 소리는 몬 들어봤고, 뭐 할아버지는 그때 는 우리 집이 살기를 잘 살았다 소리를 들었어요. 할아버 지 말 타고 다녔다 그런 소리는 내 들었는데 그래서 할머 니가 두 분인데 지금 제가 제사 지내는 할머니가 두 분이 라예. 두 분이 인제 큰할머니는 자식이 없이 젊은 사람이 돼가지고 젊을 때 돌아가셨고, 그다음에 아부지를 낳으신 할머니가 두 번째 할머니였고. 고 정도 알고 있습니다.

최승호 : 그럼 아버지 형제는 몇 형제였습니까?

손계홍 : 아부지 형제간이 아무도 없습니다. 저는 삼촌도 없고 고 모도 없고 이모도 없고 아무도 없습니다. 제일 가까운 분 이 지금 경산 영대쯤 있는 데 거게 사시는 분하고, 여 임 당 사시는 분하고, 압량에 한 분 있고, 5촌이 제일 가깝습 니다.

최승호 : 그러면 독자시네, 아버지도 독자고.

손계홍 : 아버지도 독자, 저도 독자.

최승호 : 2대가 독자시네요. 형제자매가 아무도, 딸 형제도?

손계홍 : 아무도 없습니다.

최승호 : 그 당시에 거기 산전리 마을이 아주 큰 마을이었다고 들 었는데 그때 혹시 마을에서 해방 전후로 해서 마을에 큰 사건이 있었거나 이런 얘기는 들어보신 적 없습니까?

손계홍 : 그런 얘기는 뭐 제가 너무 어려서 그런 얘기 전혀 모릅니다. 어떤 것이 큰일이고 어떤 것이 작은 일인지 그런 것도 모르고.

최승호 : 그러면 어떻게 아버지가 돌아가셨는지 얘기를 한 번.

손계홍 : 그 얘기는 뭐 내가 보지도 못했고 그랬는데. 엄마한테 어머니한테 들은 얘기가 아부지는 면에 호적 서기로 있었다 하더라고요. 남천면사무소에. 그런데 그 동네에서 옛날에 거 뭐 마을에서는 말하기를 빨치산이 거기 있었는데 생인산에 빨치산이 있었는데 거기 빨갱이 주둔지가 있었다. 그래서 매일 한 사람이 내려와가지고 동네에서 자고 가기도 하고 그런데 거서 뭐 반찬 같은 거 부식을 얻어 가는 사람이 있었다. 매일 그 사람이 내리와가 누 집에서 자고 간다 카는 거를 마을 사람들은 다 안다 하더라고예. 그런데 한날 마을에서 거 저 동민들 모도 다 모이라 카민서 칸다 카더라고. 그 밑에 가면 동네 앞에 가면 우리 손씨들이 재실이 하나 있어요. 재실 고 뒤쪽에 어데 논에다가 매일 빨갱이처럼 내리와가꼬 뭐 부식 겉은 거 얻어 가고 하는 그 사람을 잡았는데 그 사람을 사형시킨다 하민서 마을 사람들 다 나오라 카드라고 카면서 그런데 제는 엄마한테 업히가꼬 할머니하고 아부지는 면사무소 가고 안 계시고 하니까 그러이 인자 집에서 뭐 엄마, 내, 할머니 셋이더러 나는 엄마한테 업히가 갔고 그기에다 나가니까 동네 사람들 다 나와가 있더라 카더라 그래요. 근데 보이 보니까 그 사람을 원캉 자주 다니고 하니까 마을 사람들이 다 안대요. 그 사람들 얼굴도 다 알고 누 집에서

자고 댕긴다 카는 걸 다 알고 하는데 그러이 그 뭐 경찰들이 담뱃불도 딩기가 주고 그 사람들한테. 죽을 사람한테 만날 뭐 저 주고 물도 주고 뭐 이런 거 하다가요. 그캄 담뱃불 딩기주민성 그래 묻는 말에 대답을 해라 이카민성 그카는 소리를 엄마하고 다 들었다 캐요. 그래 니가 마지막으로 누구 집에서 연고지를 잡고 댕깄노 카니까 마을 사람들은 누 집에서 카는 걸 다 알고 있는데 엉뚱하게 그 집은 숨겨주고 그 사람이 하는 말이 손 서기 집에서 묵고 자고 그 집에 연락을 취하면성 그 집에서 뭘 얻어 다니고 얻어가 가고 이란다 카더라 그카더라네. 그래서 그때 할머니하고 엄마는 니가 이 누무 자슥아 만날 누 집에 왔다갔다 하던데 운제 우리 집에 왔노 그런 소리가 목구멍까지 올라오는데도 감히 그 소리를 몬 하겠더라 캐요. 만약에 말 잘 몬 하다가는 거 똑같이 한 돔으로 죽으까봐 겁이나서 감히 입을 몬 띠고 그길로 구경하고 돌아갔다 이캐요. 집으로 왔다 카는데. 고 정도로 들었어예.

최승호: 그라고 나서 그람 아버지는 언제 잡혀가셨습니까?

손계홍: 그래가지고 그길로부터는 사람이 안 오더래요.

최승호: 아, 출근을 했다가 집으로 안 오셨다.

손계홍: 예. 그라고 왔다 카든강 안 왔다 카든강 그건 지금 잊어버렸는데. 그때 내가 엄마한테 하마 들었는지도 오래됐고 엄마 돌아가신 지도 하모 한참 됐고 하니까 잘 모르겠는데. 그래서 그 마을에 아까도 얘기했는 손계환 씨라고 그 형이, 형님 되는 사람이 계환 씨 형님 되는 사람이 그 마을에 이장 했다 하드라고. 그때 구장이라 카든강 뭐 했

다 카는데. 그때 엄마께는 조카뻘 되는데 그래가 가서 물어봤대요. 이 사람 동장은 안 하나, 이장은 안 하나. 너 아재는 우예 됐다 하드노. 어데 있다 카드노, 카이께 몰라여. 어데 뭐 창고에 갇혀 있다가 창고에 뭐 메칠 있었다 카든강 머 그카는 겉더라고예. 그래 있다가 뭐 저 오늘 아침이라 카든강 어제 저녁이라 카든강 쓰리코타에 타고 코발트광산으로 실리 갔대요. 그카드라 캐요. 그러이까 인자 직감에 코발트광산에 가시면 다 그 당시 소문에는 그 코발트광산에 가면 다 직인다 카는 소문은 듣기 때문에 거 가서 직있는갑다 인자 이런 생각만 하고 있었다 캐요.

최승호 : 찾아볼 생각은 안 하시고.

손계홍 : 그러이 인자 뭐 어떻게 찾을 방도도 없고 그 뭐 글로 갔다 카이께네 뭐 그런갑다 이래마 생각하고 마 찾지를 몬 하겠다 캐요. 여자들 힘으로 어떻게 찾겠노 싶은 그런 생각도 들고 어디 있다 카마 가보기라도 하지마는 그것도 없고 뭐 이래가꼬 그 정도만 알고 있었다 이캡디다.

최승호 : 실지로 아버지가 빨치산 활동을 한 것도 아니고 국민보도연맹에 가입한 것도 아니고 단지 잡혔는 빨치산이 인제 손 서기 집에서 잤다 그 얘기 한 때문에 인제 돌아가신 거네.

손계홍 : 손 서기 집에서 이제 연고지를 두고 연락, 연락처를 두고 뭐 그했다 카는 소리를 듣고 그 인제 일종의 누명을 썼는 거지요.

최승호 : 당시 아버지 나이가 얼마였습니까?

손계홍 : 그때 돌아가실 때 스물여섯 살이라.

최승호 : 스물여섯 살. 결혼한 지가 얼마 됐죠?

손계홍 : 내 우에 누나가 하나 있었다 하대요. 근데 석 달 만에 죽었다 하든강 마 몇 개월 만에 죽었대요. 그러이 엄마가 하는 말이 니 누부라도 그기라도 살았으면 느그 서로 의지하고 살 낀데 혼자 너무 외롭다 카는 소리를 내가 한 번 들었거든요. 고때 그러이 내가 세 살이니까 뭐 결혼한 지가 거 내 전에 호적등본을 띠가 봤을 때는 내가 알았는데 지금 기억을 몬 합니다 지금. 거 뭐 몇 년 안 됐겠지요 뭐. 한 4, 5년 됐기나 뭐.

최승호 : 결혼을 뭐 한 스물두 살쯤에 하셨겠네 그죠?

손계홍 : 그렇겠죠, 예예. 뭐 고 정도 안 되겠습니까. 옛날에는 일찍 했는 모양이라예.

최승호 : 그때 돌아가신 그해에 즉결처형했는 그게 몇 월달인지 들어보셨어예? 전쟁 전입니까?

손계홍 : 그게 내가 함분 들어봤는데 그때 여 지금 여 우리 사무실에 전에 그걸 60년도 뭐 신고를 했나, 그걸 내가 얼핏 함 봤어요. 근데 그걸 지금 새로 찾아보니까 그걸 지금 나 이사가 몬 찾드라고 어디 있는공. 전에 이태준 씨 있을 직에 내 얼핏 함 봤는데 6월달이더라고요. 6월달인데 및 년돈지도 기억 안 나고 그거 보마 신고자가 그 저 냉친드라꼬 손세익 씨라꼬 옆에 보마 피학살자 신고서 카민성 그래 신고자 손세익이라 카민성 그게 고래 돼있더라고요. 호적등본처럼 인쇄가 하나 그래 돼있데요. 그래서 내가 그대 그전에는 내가 아버지 돌아가신 날짜를 모르고 그전

에는 내가 제사를 안 지냈고 내가 인제 결혼을 하고부터 아부지 제사를 지내는데 날짜를 몰라가지고 9월 9일날로 음력 9월 9일날로 제사를 지냈습니다. 지냈는데 고 날짜를 보고 고다음에는 아, 6월 뭐 28일이든강 그렇다 캐요. 우리 집사람이 보고 6월 28일이라 카이께네 그라마 그날로 제사를 지내자 이래가지고 그날로 함 지냈습니다.

최승호 : 전쟁이 터지고 나서 한 불과 한 3일 후에 돌아가신 거네, 그죠. 6월 28일 같으면 신고일이 6월 28일이니까.

손계홍 : 예. 고기 몇 년돈지 확실히 그건 마 모르겠고 지금 기억이 안 납니다.

최승호 : 코발트광산에서 돌아가셨다면은 1950년이 맞지요.

손계홍 : 그럼 뭐 전쟁이 50년도 났으니까.

최승호 : 나이로 쳐보면 맞습니까?

손계홍 : 예예.

최승호 : 그럼 1950년 6월달에 인제 돌아가신 게 거의 확실하네 그지예.

손계홍 : 내가 지금 73살이니까 그때 올해 70년도니까 그때 3살이니까 73살이 맞지요.

최승호 : 딱 맞습니다 예.

손계홍 : 아부지도 나이가 지금 그때 스물여섯 살에 돌아가셨다 카이 70년도 겉으면 96이니까.

최승호 : 신고했던 손세익 씨는 아버지하고 어떤 관계입니까?

손계홍 : 거기에가 그러니까 내게 7촌인지 9촌인지 잘 모르겠습니다 지금. 누가 뭐 일러주는 사람이 있어야 뭐 알지요.

최승호 : 가까운 친척이네 그지요. 가까운 친척이 신고를 하셨네

예.

손계홍: 내가 옛날 쪼맨할 직에 고때 4살 때 그때 제사를 지내는데 명절에 제사를 지내는데 인자 손계환 씨 집에 제사 지내고, 고 냉친들 지내고, 우리 집에 지내고 하는 이런 거를 내가 봤어요 함분.

최승호: 아 그카면 제일 가까운 집안이네.

손계홍: 예예. 그러니까 가깝지요. 거 인자 계일이라 카는 거 저, 계일 뭐 이장하다가 뭐 죽었다 카디마는 거는 뭐 젊을 때 죽었는 모양이라.

최승호: 그러니까 손세익 씨 아들이 손계일 씨고, 손계완 씨 아들이 지금 손계완 씨 아들은 지금.

손계홍: 모릅니다 저는. 아들이 있는지 없는지 나는 모르고.

최승호: 그러면 손계완 씨, 손세익 씨, 아버지 요 3형제가 제일 가까운 집안이고 제사도 같이 지냈네요. 혹시 당시에 마을에 제가 알기로는 산전리 마을에 스물다섯 분이 신고를 했더라고요. 1960년도 양민학살특위 때 국회에 신고했던 사람이 경산에는 356명이었는데 그중에 25명이 남천면 산전리 사람입니다. 그중에 아버지도 한 사람인데 혹시 산전리 마을 사람들 중에 돌아가신 분 알고 계시는 분이 있습니까?

손계홍: 제가 어려가주고 너무 어려가주고.

최승호: 누구 누가 죽었다 카드라 그 소리는 들었습니까?

손계홍: 엄마한테는 내가 들은 얘기가 그 동네가 엄마처럼 과부가 그 많다. 그런데 고 앞에 그 우리 집에서 쪼끔 내리가마 그 끈티 쪼꼬만 집에 고 보면은 거게도 엄마처럼 한 사람

있고 밑에 애들이 남매가 있는 집이 있는데 그 아들이 병윤이라 카는 소리를 내가 함 들어봤어요.

최승호 : 손병윤 씨.

손계홍 : 예, 병윤이고 그 여동생이 숙이라 카든강 뭐 그렇고. 거도 맨날 둘이 인자 거한데 그 도랑에 얼음이 있는데 저 밑에 재실 있는데 거쭉에 가면은 미나리깡 미나리가 나는데 얼음이 겨울 되마 얼음이 깡깡 얼었는 데가 있어요. 거게 보면은 마을에 우리 또래들이 전부 다 거 가서 얼음스케뜨 타고 노는데 자기 아부지나 형이나 있는 사람들은 스게뜨를 만들어가꼬 스게뜨를 갖고와가주고 노는데 거 병윤이 카는 사람이나 내나 누가 스게뜨 만들어주는 사람이 없어가꼬. 거 저 병윤이 카는 사람이 내보다 두 살이나 많아요. 근데 그 사람이 인자 힘도 내보다 씨고 두 살 많으니까 자기는 조잖아가 조잖고 내보고 팔로 땡기라 카거든. 저 인자 얼음판에서 인자 땡기다가 그걸 인자 안 맞을라고 무 시킨대로 인자 땡기다가 넘어져가꼬 앞에 이빨이 그때 갈, 막 갈 임신데 이빨이 왕창 마 다 뿌러졌어예 내가. 그래서 내가 그 이빨을 엄마가 그걸 알고 이빨을 그거를 빼내주고 했으면 되는데 그대로 마 그냥 나또 뿌리 밤새도록 도뿌이 나중에 이빨이 올라오는 날 이빨이 먼저 뿌러진 동가리가 있어나놓이 걸로 몬 올라오고 전부 덧니가 돼뿟어요. 덧니가 나가주고 내가 이빨이 형편없었습니다. 보기 아주 흉하게 돼 있었는데. 그래 내가 결혼하고 그 이빨을 다 새로 빼고 지금 인제 전부 이거 보철로 돼가 있어예. 그런 식으로 내가 됐는데. 그러이께 아들

이 보면은 저거 부모 있는 애들하고 없는 애들하고 노는 질이 틀려요 보마. 연도 날리도 우리는 연도 없고 딱지도 만들어가주고 쳐도 우린 딱지도 없고 그래.

최승호 : 지금 우리 경산유족회에 산전리 사람들이 지금 나오지요. 몇 명이나 있습니까?

손계홍 : 지금 다는 몬 외우지요. 지금 김성렬이라꼬 그분은 작년인가 돌아가셨고. 그분도 내가 어릴 직에는 몰랐고 너무 어리니까 그 사람이 있는지 친구가 되는지 우에 되는지도 몰랐는데 여기 나와가꼬 내하고 나이가 한동갑이라 하면성 자기도 의지할 데 없어가 5촌 밑에서 살았다. 그러면서도 출생도 몬 해가지고 가리늦게 이래 그 사람이 하는 머리에 자기 밑으로 그 사람이 5촌인데 5촌 밑으로 자기 밑으로 출생을 해뿌고 한 5년 동안 늦게 출생을 해뿌놓이 나이도 안 맞고 부모도 안 맞고. 이래가주고 소송을 하는데도 그때 자기 아부지는 지는 저거 아부지 보상받기 위해서 소송을 했는데 호적을 띠가 가니까 저거 아부지는 아니고 딴 사람이 아부지로 돼가 있고 그러니까 이게 안 맞다 안 틀리다 이래가꼬 자기가 그 고생을 마이 했어요. 그런 예가 있더라고요.

최승호 : 김성렬 씨가 있고 또 어떤?

손계홍 : 또 여 박일홍 씨도 거 보이께네 여 와서 알았고 거 사무실 일하면성 알았고. 또 다른 사람 및이 된다 카던데. 지금 모릅니다 지금.

최승호 : 아 산전사람이 유족들이 마이 있긴 있는데 두 분은 잘 알고 나머지는 잘 모르신다.

손계홍 : 예, 있었는데 두 분은 확실히 알고 있습니다.

최승호 : 그럼 그 마을에 몇 살까지 사시다가 나오셨습니까?

손계홍 : 내가 그 동네에서 일곱 살에 나갔습니다.

최승호 : 일곱 살에 나와서 어디로.

손계홍 : 그러니까 엄마가 재혼을 해가 갔고요. 재혼을 해가 가니까 제가 엄마 따라 인자 가야 되는데 그래 엄마가 재혼을 했는지 하로 갔는지 뭘 하로 갔는지 몰랐는데 그날따라 동짓날인데 경산에 저 젤 큰 5촌, 5촌을 저는 큰아버지라고 했거든요. 거 인자 오셔가주고 엄마는 인자 동지팥죽을 끓일라 하는데 그 팥죽 수제비 거 저저 비비놨는 거를 마당에 막 날라가고 마마. 그러이까네 큰아버지캉 엄마캉 싸우더라고요. 입씰랑 하고 난리가 났대요. 그러니까 그 때 인자 엄마는 인자 재혼을 하마 인자 예약을 했는 모양이라 가기로. 가기로 하고 인자 그랬는데 큰아부지가 와가주고 인자.

최승호 : 재혼 못 하게.

손계홍 : 못하게 했는 게 아이라 가되 아도 딜꼬 가지 마라. 거 인자 여혼도 안 된다. 호적 못 파준다. 그렇게 파주고 나마 저 아 저거 저놈 저거 완전히 고아 되뿌는데 모 해준다. 머 갈라마 니 마음대로 가그라. 가든동 말든동 니 마음대로 해라. 내가 뭐 붙든다고 되겠나 이런 식이드라고 보이끄네. 그러이 엄마는 울고불고. 근데도 갔어요 가기는. 갔는데 금 뭐 내 혼차 뭐 모 있고 엄마 따라갔는데 따라가가꼬도 바로 엄마 재혼했는 데로 몬 가고 한 1년 가까이 외갓집에서 나는 있었어요. 엄마는 인자 재혼해 갔고 그

431

외갓집하고는 한 10리 떨어진 곳인데 4킬로 가까이 떨어진 곳에 갔드라고요 보니까.

최승호 : 외갓집 부근에. 외가가 어느 동넵니까?

손계홍 : 그러니까 거기가 칠곡군 동명면 카는 동네.

최승호 : 아, 칠곡 동명. 그럼 어머니는 외가 쪽에서 재혼하라고 사람이 있으니까 혼자 애 키우고 살지 말고 오라 그랬구나 그지예.

손계홍 : 예. 근데 또 엄마도 보니까 어릴 때는 나는 이런 기 좋은 건지 나쁜 건지도 모르고 아무것도 몰랐는데 내가 쪼매 그거 하고부터는 보이께네 재가를 가도 너무 없는 데 갔드라고 보니까요. 가정이 쪼매 밥이라도 묵는 집에 갔으면은 다행인데 너무나 가난한 집으로 갔기 때문에 그 집에서는 마 옛날에 양식이 없어가주고. 내가 국민학교 저 저 그러이끼네 거 가서 바로 국민학교를 들어갔는데 여덟 살이니까 여덟 살에 갔는데 갔는 질로 그 집에 애를 낳았어요. 엄마가 애를 첫아를 낳았시니까 첫아 낳았는 가캉 인자 내하고는 인자 여덟 살 차이지요. 내가 여덟 살 국민학교 들어갔으니까. 그때부터 시작해가주고 저는 엄마하고 그러니까 으붓아부지도 아부지니까 아부지라 카고 인자 내가 따라다녔는데. 엄마도 아부지하고는 인자 거 옛날에는 전부 모심는 것도 손으로 심었어요. 손모를 심고 그라는데 논도 보마 아주 이런 데는 논이 크지마는 그 꼴짜기에 마 보면 쪼매꿈하고 마 이래요. 가마때이만 한 데도 있고 머 이런데 거 일하로 가면성 아침 먹고 가면성 거 애를 내한테 업히놓고 업히주고 가요. 그 여덟 살 뭇

는 애한테 인자 알라를 업히주고 것도 알라만 보라 카마 괜찮은데 감자를 깎어가꼬 삶어가주고 참때 일하는데 모 숨구는데 가져오라 이기라, 삶어가꼬. 그러면 알라를 업고 그걸 깎어가꼬 엄마가 시기주더라꼬. 솥은 밖에 여름이니까 솥을 바깥에 걸어놨는데 마당에다가 흙에다가 불을 때가주고 짐이 나거들랑 쇠까리를 쪼매 넣고 물은 얼마나 붓고 머 요런 식으로 해가주고 인자 그라면은 숟가락으로 찔러가 보고 들어가면은 익었는 거고 안 들어가면은 안 익은 거라고. 고래 김이 짐이 살살 나도록 때가꼬 쫌 있다가 담어가꼬 가온느라. 그래야 알라 젖도 믹이야 되고 참때. 그러이께네 인자 그래 그 애를 업고 함 느라보지도 몬 하고 니루면 나는 몬 업으니까 그런 식으로 인자 아를 업고 그 인자 일하는 모 숨구는 데를 갔어요. 가가주고는 인자 젖은 믹이가 다시 업혀주는데 집에 올라 이라니까 옆에 산비알에 논이 있어나노이께네 옆에 보면은 옛날에 거 산딸기가 벌겋게 있더라고요. 아를 업고 산딸기 쪼매난 기 딸라카이끼네 나무 우에 겉음 이래 따마 괜찮은데 밑에 이래 따니까 아가 울로 빠져가주고 널 짜뿟어요. 돌무데기 돌널겅에. 그러이끼네 마 여기 혹이 이마에 혹이 났는 거예요. 그러이 영감이 그걸 보고는 마마, 혼이 났지 나는 마 마. 후치끼 나갈 정도로 마 뚜디리 맞고 후치끼 나가는 거는 여사고 마. 그런 식으로 1, 2학년을 인자 지내다가 3학년 때 되이부터 시작해가주고는 내가 산에 가서 나무를 비가주고 등거리를 비가주고요. 둥거리 나무를 통나무를 요정도 한 1메다 조금 넘

433

기 넘는 고론 거를 비마, 톱으로 밑구여 밑에 비고 우에 를 비고 요래 가지고 고고를 마 내 힘껏. 또 알라 지게에 다가 지게를 하나 맞차주더라고 영감이. 쪼맨한 거를. 그래가주고 인자 그거를 비가주고는. 옛날에 눈도 마이 왔어요. 눈 우에 가가주고 나무를 빘어요. 눈 속에. 무르팍까지 푹푹 빠질 정도로 나무 눈이 마이 왔는데 고고를 한 1메다 정도 되는 걸 가주고 복판에 딱 짜가리마 또 인자 두 개가 돼요. 나무가 두 개가 되는데. 영감이 농사에 대해 완전히 무능해요 또. 완저이 술만 좋아하고 노는 것만 좋아하고 완저이 마 봉도 아니고 학도 아니고 마 그런 사람인데 보이끼네. 그래가 인자 항금 비나놓으면은 모다 나놓으면 인자 내가 톱질은 해가주고 비놓는데 3학년 때, 도끼가 따개지를 못해요. 힘이 없어가꼬. 그거를 인자 외갓집이 거 한 10리 떨어져 있으니까 거 외삼촌한테 거 좀 따개돌라카면 함 와가주고 따개주고. 도끼로 따개놓고 가면은 그걸 인자 말라가꼬 이래 이래 인자 열십자로 이래 이래 동개나놓면 햇빛에 나놓면은 그거를 말라요. 말르면 고고를 다섯 개를 무꾸면은 그기 원장작 한 단 택인건데. 고고를 인자 팔면은 그때 화폐교환 전이니까 환으로 계산했는데 그때 고고를 마 열다섯 단 거 장날 장까지 걸 내가 짊어지고 가야 돼요 팔라 카마는. 장까지가 한 2 킬로 참, 자 20리 되는 8킬로 되는데 고골 쪼맨날 때부터 깡다구로 짊어지고 일나기 뽀도시 일나면은 8킬로까지 갈라 하면은 나는 일찍 인자 나섰는데도 어른들은 느께 서 밥묵고 머 한 짐 지고 팔러와도 어른들이 먼저 가버려요. 그때 장에까지는. 나는 중간에 처음에는 한 1킬로까지 가다도 그다음부터는 쉬마 마 500메타도 가다가 100미터도 가다가 뭐 그다음에는 연거푸 가. 그까이 가가주고 거 눈구디 쉬고 지게 밑에 드가기가 싫어가주고 아 머 춥고 그래가주고 울고 있으면은 어른들이 들어오면 야 이 누무 자슥아 춥은데 거 눈에 앉아 있시마 오금재이 얼어 붙는데이 빨리 가자. 거 사서 이제 지고 니리가면은 판자동네 사람들이 장에 가면은 그걸 팔아요. 팔면은 고 짊어지고 왔는 돈을 갖고 팔면은 그때 한 2, 300만? 2, 300원 환인강? 2, 300환 정도 사요. 돈을 받아요. 그러면은 집에서는 함바 엄마는 장에 팔거들랑 뭐 사고 뭐 사고 해가 온너래이 카니까 싱기는 게 더 많아요. 사가 올 끼 더 많애. 성냥도 사야 되고 영감 술 해열라 카마 술 해줄라 카마 술약도 사야 되고 사카리도 사고 뭐 하하하. 온갖 거 사, 성냥도 사야 되고. 인자 실거 하고나마 빵 하나 사물 돈도 안 남아요. 그런데 올라올 때 또 한 짐이라요, 똑 보마 마. 올러올 때는 할매들 거 장 왔는 사람 장 봤는 보따리, 야야 이것 좀 얹어가지 이것 좀 얹어가지 이케 지게에 또 한금 얹어예. 그래가 어떤 사람들은 그래도 머 생각이 좀 다른 사람들은 할매들은 야 이누무 자슥아 니가 와가주고 요구도 안 하고 배고파 우야노. 거 저 가자 빵 한 개 사주꾸마 해가 빵 옛날 풀빵 그놈 사가주고 주는 사람도 있고. 마 그런 식으로 인자.

최승호 : 한 동네 사람들이다 그지예.

손계홍 : 예 예. 그러치 인자. 그런 식으로 살았는데 그러이 거 뭐

영감은 때꺼리가 없고 양식이 없어도 마 가정에 그런 신경은 안 써요. 그러이께는 내가 그 그럭저럭 국민학교를 졸업할 정도 되면은, 돼가주고 영감은 마을에 모심기, 한창 모숨구 찍엔데 마을에 거 저저 구판장이 있는데 거게 가면 영감들 또래가 또 몇이, 서넛치 있어요. 같이 인자 윷놀이를 하는데 술내기를 해요. 마 핀을 짜가 둘씩 둘씩 윷놀이를 술내기를 했는데 함분 지고 함분 저쪽 핀이 지고 이래이래 하다가 또 인자 말기라 카민서 요분에 인자 결승전이라 캐가 하면은 다 넘어가가 죽이라고 이래 하다가 영감이 인자 거 실컨 지고 나이 돈이 아깝거등요. 인자 썽질이 나가주고 인자 캐샀타보이 고매 싸움이 붙어가 꼬 갤국 싸움이 붙었는데 우리는 뭐 일하니라꼬 뭐 그것도 몰랐지요. 몰랐는데 나중에 보니까 밤에 오는데 보이 뭐 피탁이 돼가주고 실컨 뚜디리 맞고 돈 쓰고 이라이 인자 돈 쓰고 뚜디리 맞고 하니까 억울해가주고 거 여 이웃집에 가가 칼로 갖고 인자 그 이긴 사람 둘이는 편은 술이 어리하이끼네 인자 그 집에 인자 구판장 그 집에 자기 술 파는 집에서 방에 눕어가 자고 있는 데다가 칼로 갖고 가가주고 찔렀는데 그걸 뭐 찔렀는 자리가 보이끼네 얼굴에다 찌른다고 찔렀든강 우옜는공 이마에 여 찔렀더라고요 보이끼네. 그래가주고 그 영감은 그 저 진단서를 내가 지고 옛날에 거 보건소를 가서 진단서를 냈어요. 상해진단서를. 내가 고소를 했는데 영감도 실컨 뚜드리 마니까 인자 또 맞고소를 했어요. 맞고소를 했는데 징거를 인자 대는데 지쭉에서는 인자 거 둘이가 인자 한 사람 징거 대

고 거 마 그래 해가지고 했는데. 아, 영감은 같이 한편 됐
는 영감은 보이 또 하찡구라 영감이. 옳기 몰라. 징거를
옳기 몬 대는 기라. 경찰서 가가 왜관경찰서 가가주고 책
상 땅 뚜디리면성 응 바른말 안 하면 혼나 그러고, 당신
도 묶이 가, 캐사코 이카이끼네 마 영감 벌벌 떨면서 말
도 못 하는데. 그래가 인자 그때 내가 본대로 징거를 댔
는데 내가 친 자식 겉으면은 징거가 안 되는데 내가 거 호
적상으로는 동거로 돼가 있제, 성도 틀리제, 이래나놓이
징거가 되더라고요. 그래가 인자 내가 징거를 댔는데 그
쭉에서는 인자 칼로 찔렀다, 영감은 칼을 안 찔렀다 이래
됐는데. 거 진단서에는 예리한 흉기로 가꼬 찔렀기 때문
에 몇 센찌 정도 째졌다 이래 됐는데. 흉기가 아니면 안
찔렀시면 어떻게 예리한 기 되노. 그래가 내가 징거 설
직에는 인자 그 마을에 보면은 주로 인자 돌, 석공이 많
았어요. 석공이 돌을 깨면은 가세 빼쪽빼쪽 합니다. 그걸
갖고 담을 쌓아났다 카이께네 돌을 갖고. 그기 인제 경칫
돌인데 매축도 싸고 인자 뭐 이런 거 하는 긴데 그거를 거
게 둘이 술이 취했는 사람 둘이더러 구부르고 싸우다가
보이께네 넘어지면성 찍힜다. 그래서 인자 돌이 그 칼 한
가지다 그라이 인자 어느 정도 성립이 됐는데. 근데 내
저저 의붓아부지 오마시가 옛날에 점쟁이 무당 굿, 굿이
었는데 거 저저 아들 못 낳아가 이웃 동네에서 아들을 못
낳아가주고 인자 할마시한테 공디리가꼬 낳았는 아들이
하나 있었어요. 그 아들이 여여 검찰청에 검사였어요, 걔
가. 그러잉끼네 영감한테는 만느라 형님 형님 카민 캤는

437

데 인자 그 빽 믿고 형님 형님 캐사이끼네 그 빽 믿고 인자 맞고소를 해가주고 마 그랬는데. 빽이고 뭐고 그 민사가 민사 그기 3년을 갑디다, 3년을. 저쭉에서는 논답 마지기 팔아가주고 했고예. 영감은 고때 밭 일곱 마지기짜리 하나 있었는데 팔아가지고 소송비로 홀딱 다 떨어지고 나이끼네 돈 떨어지고 나이끼네 둘이 합의해라 카고 화해하라 카고 치우데요. 그런 식으로 그거 하면서도 양식이 없어가주고 카는데도 막 영감은 저쭈 누가 약 캐로 간다 카이끼네 영감은 약은 아무것도 모르면서도 거 영감 다른 영감이 약 캐로 간다 카이끼네 나도 따라가자 카민서 따라가서 청송으로 갔는데 눈이 마이 와가주고 집에를 오지를 못 해요. 근데 그때 엄마가 아들이 거 가서 하마 내가 있을 직에 그때만 해도 아가 서인강, 너인강 그래 됐는데 막 아들은 배가 고파 죽는다 카는데도 엄마는 일나지도 안 하고 거 와 안 인나, 아들은 배고파 죽겠다 카는데 밥해야지 엄마 그카이끼네 암 말도 안 하고 눕었는데. 나중에는 와 밥 안 하노 카이끼네 뭐 있시야 하지 그래. 아무것도 없으이 때꺼리가 없어가. 그래가 내가 인제 지게를 그놈 쪼맨한 거를 짊어지고 어디를 갔노 카마 아무 소리도 안 하고 나도 외갓집으로 니리왔어요. 한 10리 되는데를. 와나놓이끼네 야 이눔 자슥아 이 눈구디를 왜 왔노 이캐. 그래 엄마가 아들 울어쌌는데 배고파 울어쌌는데 엄마는 일나지도 안 하고 뭐 양식 없다꼬 뭐 그냥 눕어 있구마는. 그 이아재한테 내가 거 저 양식 좀 얻으러 왔어요 내가. 그러이 이숙모한테 쌀 좀 담아조라 이카드라.

그 쌀을 한 말 정도를 담아 주드라고. 그 집에는 사는 것
도 그대로 괜찮아서 밥은 그래도 그 했는데. 그래가주고
내가 쌀을 한 말 짊어지고, 빨리 올라가가주고 엄마한테
밥 해돌라 캐라 그래도 그 쌀을 내가 짊어지고 몬 오고 거
서가 있시이 빨리 안 간다고 머라 캐샀는 기라. 그래 내
가 이삼촌한테 이걸 가주가가주고 이삼춘, 밥을 하마 사
흘도 못 무요 우리 식구에. 보리쌀 있거든 한 말 더 주소.
섞어 무야 되지. 그래도 내가 시그이 쪼매 들었던 모양이
라 그때가. 그 소리 할 줄 아는 거 보면은.

최승호 : 그때가 몇 살입니까?

손계홍 : 열니 살인가, 열다섯 살인가 그럴 때지요.

최승호 : 초등학교 졸업하고.

손계홍 : 졸업할 임시지 그때가예. 졸업도 안 했심더 그때가. 그래
가 외삼초이 외숙모한테 카이끼네 담아조라 이카이끼네
보리쌀을 없는데요 이카드라. 딸딸 긁어조라 우리는 팔
아 무면 된다, 팔마 된대요. 그래가 그놈을 짊어지고 그
래도 거 10리 되는데 무겁지도 안 하고 단참에 올라갔시
오 쪼깬한 기. 근 머 보리쌀은 한 말 정도는 안 되고 한
닷 되는 좋겠고 쌀은 한 말 정도 되는데 그걸 짊어지고 거
와가지고 묵고. 그런 식으로 내가 그 집 살림살이를 내가
살다시피 했어요.

최승호 : 동생들을 거다 믹이코 했네예.

손계홍 : 그런데 지금 와보만요. 실컨 뭐 잘못한다고 뭐라 카므는
니가 만데 이카고 이런 식이고.

최승호 : 초등학교 졸업하고 그러면 중학교는 어떻게.

손계홍 : 중학교가 어딨어요. 그래 중학교는 아예 쳐다보지도 몬
했고, 졸업하고 열니 살 때 바로 저저 집에도 안 있고 거
저저 장, 동명장에 도롯가에 보마 중국집이 하나 있었어
요. 도롯가에 중국집이 하나 있었는데 그 집에. 그때 내
가 성당에 다녔어요, 쪼맨할 때. 거 다리 모도 머 할매들
하고 댕기는데 거 따라 나가고 이랬는데.

최승호 : 마을에 성당이 있었습니까?

손계홍 : 마을에 이웃 마을에 있었어요. 성당이 아니고 그기 인제
일종의 성당인데 공소 카면서 있었는데 거기를 당깄는데
거기 할매가 한 사람이 내 사정을 알고는 인자 꺼떡하면
영감한테 후지끼 나가고 뭐 그사이끼네 뭐 중국집에 그
집에도 성당 다니는 집인데 그 집에 가 있어라 이카미.
그 집에 가가주고 내가 3년 가까이 있었어요. 3년 가까이
있었는데 월급 카는 거는 나는 아예 구경도 몬 했고 그 영
감은 만날 인자 월급 인자 영감이 다 받아 갔는 기지요.

최승호 : 줬는데 의붓아부지가 받아갔네.

손계홍 : 그렇지요, 예예. 뭐 우예 월급을 얼매 받아갔는지 내야 뭐
것도 모르고 뭐.

최승호 : 먹고 자는 것만 했네.

손계홍 : 그렇지 뭐뭐. 월급 줬다는 말은 있는데 얼마 가갔는지 모
르고. 그길로 집에 가면은 영감 또 잔소리해사코 머라해
사코 우리 성질에 마 잔소리도 듣고는 모 있시니께네 또
나와뿌고 마 카다가. 그카다가 내가 서울 가가주고 서울
에는 내가 또 그 집을 어떻게 알았노 카면은 그 우리 거
저저 영감 있는 집 건너편, 건너 동네, 집 건너편에 산이

있어요. 산이 큰 산이 있는데 그 산을 영감이 우리 의붓
아버지가 거 과끼기로 보고 있었거든요. 한날 그 자가용
이 하나 오더니 거 산 밑 번지를 물어샀더라고요. 물어샀
티마는 그래 인자 자기 산이다 이카는 기라 건너 산이.
그래 우예가 자기 산이고. 우리 영감이 알기로는 마을에
누구 산인데 이런 식으로 인자 알고 있는데 카이끼네 그
서울서 왔는 사람이 자기는 서울 평화시장에 감 위에 뭐
100호라 카드… 100호, 101호 뭐 이래가 있는데 그 집이
내 점폰데 거기 평화시장은 완전히 피복 그 저저 제품 도
매시장이라, 제품 도매시장이래. 만들어서 그 자리에서
거 시장에서 도매로 전국에 다 파는 시장인데 그 사람이
여 갓 산 임재가 자기 물건을 마이 가주가가주고 결국 부
도내고 산 저거를 내가 잡았다. 그래서 잡았는데 산 가치
가 그 가치 되는강 안 되는강 싶어 와보러 왔다. 보로 왔
다 이카는 기라. 그러이 완전 돌떵거이고 또 뭐 돌산이고
마 금정산에 저저 돌산 이거 있는 거 맨트로 전부 돌산이
고 옳은 묘터도 하나 없고 마 그런 산이라예. 그래나놓이
끼네 가치가 영 마 안 되겠다 카는 그런 식으로 자기는 그
카드라고요. 그러이 그 소리를 내가 옆에서 들었다카이.
들어가주고 나중에는 영감하고 싸우고는 마 서울 간다 카
는 말만 들었는 서울로 차 타고 올라왔지.

최승호 : 평화시장.

손계홍 : 예, 거 인자 찾어갔어요. 찾어가이끼네 두말 안 하고 사장
이 거 인자 머 식구들한테 옷 밑 벌 쥐주고 제품 거 옷 제
품시장이니까 인자 거 옷도 밑 벌 맞차가지고 입히고 모

441

욕탕 가라 카고 모욕을 시키고 이발관에 가가 머리 깎고 그래 온너래이 이카드라꼬. 그래가 그 집에서 내가 한 지 법 있었어요. 한 6, 7년 가까이 있었어요. 그래 있으면서 그 집에서도 월급 또 영감이 올라와 타가버렸어요. 그 집에 있을 직에는 그래도 내가 그대로 뭐 더 주지도 안 하고 그대로 괜찮았어요. 그 집에 있으민서도 내가 그래도 박 통, 박정희 대통령하고 사장하고 밥 묵는 데도 따라가가 주고 나도 같이 그 옆에서 같이 묵고. 서울 거 저저 중앙 방송국 옛날에 거 남산에 거 있을 직에 앞에 외교부라고 거도 가봤고. 저 광나루 거 버드나무집 카는데 그런 데도 사장하고 대통령하고 옛날에 거 정일권 국무총리 이런 사람들하고 사장 거 조주만이 이런 사람들하고 같이 가는데 거 인자 따라 댕기미 따라가가주고 밥도 얻어무 봤고 그 랬는데. 거 사장이 보이 머리가 비상하드라고요 보니까. 지금 와가. 난 그 당시는 난 뭐 어떻게 된 줄도, 옛날에 영등포 흑석동에 박람회, 덕수궁 전람회, 시청 전람회 있 을 때도 내가 점 다 나가 회사 대표로 내가 나가가주고 했 었고.

최승호: 그때도 그 평화시장에 일을 하고 있었고.

손계홍: 예예, 있으면서 인자 거게 나가가주고 회사대표로 내가 나가가 있었고, 회사에 원단 구입 같은 것도 전부 내가 다 해주고 이런 것 뭐뭐 했는데 그 집에 그래도 오래 있 었시면 나도 가게라도 점포라도 하나 있었을지도 모르는 데. 다리 모두 와 나왔노, 그런 데 왜 나왔노 캐샀드라마 는 뭐.

최승호 : 평화시장 안에 점포 이름이 뭐였습니까?

손계홍 : 일광목장사라고 있었습니다.

최승호 : 일광목장사. 사장 성함은?

손계홍 : 이동표 씨라고. 그 사장이 그래 박통하고 이런 데 어불리 다니면서 거 인자 나중에 보니까 장호원, 이천 이런데, 성남시장 이런데 보면은 야산 같은 거 이런 거를, 하천부 지 같은 거를 전부 불하를 다 맡았드라고요 보니까. 그러 이께네 그거이 뭐 그래나놓고나이끼네 성남 거쭉에 뭐 어 린이대공원이 거쭈 생기뿌고 이라이끼네 각중에 마 금이 마 올라가뿌고 이래뿌이 뭐뭐.

최승호 : 큰 부자가 됐네.

손계홍 : 큰 부자지예. 완전히 마 야산 같은 것도 뭐.

최승호 : 그런데 왜 나왔습니까, 그 좋은 데서.

손계홍 : 아, 그런데 내가 그기 인자 어려서 너무 그런강 몰라도 너 무 외로바가지고 아는 사람도 없고, 이래가주고 못 있어 가코 니리오니까 영감 또 잔소리해싸코 뭐 이래가꼬 뭐 아이고 내 군대 지원해가 군대갈라꼬. 가니까 인제 병무 처를 가니까 그걸 띠가 오라 카드라고요. 호적등본하고 뭐 이런 걸 띠오라 카데예. 그래가꼬 남천면에 면사무소 를 가니까 호적계에 누가 앉았노 카이께네 손계봉 씨라고 그 사람이 무산댁이라고 거기가. 거 저 호적 서기로 앉아 있데요. 그 사람이 나를 보고 하는 말이 너는 임마, 와 이 거 와 띨라 카노. 나 군대 갈라누마, 이 도저히 안 되겠구 마 내 이 몬 살겠구마 이래가꼬 말이지. 니 임마, 그때 한 참 월남 갈 직엔데 니는 월남 그 가마 군대 가마 니는 바

로 죽어뿐다 임마. 니는 독잔데 거 가마 안 된다 카는데 뭐. 내 여 등본 이거 저 면장 직인 찍힌 거는 못 띠주고, 병무청에 여 꺼는 몬 띠주고, 니가 상식적으로 알 거는 직인 없는 거는 내가 띠주꾸마. 카민서 몬 가게 하드라꼬요. 근데 임마 니가 거 가면 안 된다 캐요. 및 뿐을 거 가도 안 돼. 그래가주고 결국은 못 가고 군대도 못 가고. 그래가주고 우예가 보충역으로 빠져가주고 예비군 훈련만 실컷 받았지요.

최승호: 동생이 몇 명이었습니까?

손계홍: 거기 가서 일곱이나 낳았어요.

최승호: 그 동생들 뒷바라지를 거의 다 큰형이.

손계홍: 그러이 내가 다, 뭐뭐 내가 그러이끼네 인자 다리 물어보마 인자 8남매 맏이라 하는 소린데, 그러이 인자 그때는 나무 해가 팔 직에는 그런 식으로 해가 팔아가주고 옛날 그 저저 설에 뭐 양식도 없는데 떡국 빼고 강정 카는 거 이런 거 뭐 몬 하는 게, 제사장도 못 보고 마 이카는 기라. 근데 나무 그넘 해가 팔아가주고 설 대목에 팔아가 그래가 제사장 조금 보고 옛날에는 오천 원만 해도 제사장 실컷 봤어요. 요새는 뭐 오십만 원 가까이 들더마는. 그런데 그다음에부터는 인자 그 뭐고, 저저 내가 여 니리와가주고는 니리와가주고는 할 게 없어가꼬 약을 썰고 앉았어요. 약징골목에 인자 건재약, 나무꼬재이 겉은 거. 내 친구 하나가 약정골목에 거게 건재상에 약장사 하는 놈이 하나 있었어요. 그래가꼬 머 쫌, 칠기 쫌 해바라 이카는 게, 그래 칠기 캐로 인자 칠기를 인자 내가 무진장

캤습니다. 거 꼴짜기 칠기가 약명으로는 갈근 카는 긴데 그걸 내 손으로 캐다가 안 돼가주고 나중에는 저 김천 지대 카는 데까지 가가주고 그 동민들한테 생거를 캐가오마 얼마를 주꾸마 이런 식으로 해가 거서도 했제, 저 가산면 가가도 했제, 저 군위 고로 카는 데서도 가가 캐고 뭐뭐 그런 걸 마이 했는데. 그런 걸 약초를 캐가지고도 집에 인자 살림살이를 보태고. 하다못해 가지고 내가 그거까지 해봤어요. 때꺼리가 없고 양식도 없고 이래싸서 옛날에는 사이나 가주고 꽁하고 토끼 잡는 거. 찔레까시 빨간거 거게다가 고 끄티 따까리 고고 딱 띠뿌고 나마 고 바늘로 실을 파내뿌고 나마 고게다 사이나 뿌실기를 넣어가꼬 여가주고 그걸 갖다가 촛물을 갖고 녹하가 딱 떨주마 떨자가꼬 물 안 드가도록 딱 해가주고는 인자 거 열매꼬타리가 이만침 많으마 고중에 하나만 옇거든. 다 못, 열라 카마 많고. 그래가주고 토… 앵간하마 산에 토끼들이 많… 요새는 일절 없데요. 그래가주고 토끼 똥 많고 하는데 그런 데 가가 이래 꽂어나놓고 오늘 오후에 가서 이래 꽂어나놓면 내일 가마 보통 한 여남 마리쓱 울러 매고 와요. 그때 토끼는 그때 뭐 한 300원씩 받았고 화폐교환 지나고 나서는, 꽁은 한 3천 원씩 받았고 이랬어요. 그런데 밤에 잠 안 자고 사이나 그놈을 만치고 아침에 자고 난 질로 그때는 그 높은 산에 전부 막 쫓어올라갑니다. 그래도 안 디요. 요새는 산에 거 올라갈라카머 쌕쌕거리싸 못 가지마는. 그러이 이 산 만대이, 저 산 만대이 댕기다가 목이 말라가주고 도라 물은 없고 도랑이라 캐봤자 전부 머

445

얼음 깡깡 얼어가꼬 물어 없어가주고 물은 묵고 싶은데 얼음을 깨가주고 이래 쥐고 먹었더니 이 밤에 사이나 만진 손이라서 안 씨꺼나놓이끼네 손이 미끌미끌미끌한 기 똑 비누칠을 만친매로 그렇더라고요. 그렇드니 좀 있으니끼네 속에서 막 막 이캐쌌는데 사람이 팍 구부러지는 기라. 그래 따뜻한 데 마 이런 데 눕을 자리 찾고 이랬는데 산소 따뜻한 데 가가 눕었시끼네 마 그길로 가는 질이라. 하하. 약 그기 사이나 그기 참 독해요. 그래가 나중에는 마 오바이트가 올라오는데 뭐 문 기 있시야 올라나오제. 뭐뭐 물만 찌리리 기나오고 한데 거 오바이트 그긴따나 하고 나이끼네 그래도 좀 낫데요.

최승호: 죽을 고비를 넘겼네.

손계홍: 그래가주고 머 죽을 고비는 내 및 번을 넘갔어요. 마 그래 거 있는데도 또 영감하고 트라이브가 생기고 이래가주고 마 도저히 못 살겠다고 동명 거기서부터 시작해가주고 차비도 없이 여기 대동까지 상동까지 영대 앞에 그까지 걸었는데 오다가 당일치기 안 오고 달성공원에 가가주고 하룻저녁을 인자 자고 오후에나 집에서꺼 인자 나서니까 요새 겉으마 물이 목이 마르면은 너무 식다로 가도 물이라도 얻어묵제, 등시맨트로 맹꿍이맨트로 넘우 집에 가가 물도 하나 모 얻어묵꼬 목이 말라 죽겠어도. 그래 참고 참고 달성공원에 거 눕… 돌 거 벤치가 있는데 거게 눕었는데도 것도 임자가 있더라고요. 밤에. 눕었시께 어떤 젊은 놈이 와가 발로 디 차더라카이께. 이누무 시키 넘우 자리에 와 와가 눕었노. 그 양아치들이.

최승호 : 그때만 해도 노숙자들이 많이 있었던가예?

손계홍 : 양아치들이 그기 인자 저거가 인제 자는 모양이라 거. 그래가주고 철길 따라오면은 한동 그 오기 빠르다고 철길 따라 신천동으로 동대구역 쪽으로 해가주고 오이께 여 시지쪽에 여여 고산 고산역 있는데 거쭈서부터 도랑 그 건너가야 되는데 건너가 빠르지 싶어가꼬 글로 건너가이 능금밭에 능금 꼴부래이 거 탱주나무 거 담장 밑으로 한금 있어요. 그놈을 얼매나 조 뭇는지. 그래가주고 5촌들한테 가가 있시이 거 일꾼들이 인자 그때 큰집에 일꾼들이 있었어요. 옛날 머슴 카면성 있었는데 일꾼들 소도 한솥 큰 거 믹있는데 나무하로 가는데 따라다녔어요 내가 또. 나무하로 어디 가는고 하면 맨 피리골 같은 저런 데 저 가요. 그쭉 꼴짝으로 저쭉 꼴짝으로. 그 구루마 끌고 가가주고 거 가가 나무를 해가오고 하는데 거서 큰엄마가 매나 여여 보통 넘는 할마신데 그 집에 딸만 딸만 너인가 다섯인강 돼요. 다섯인데 큰딸이 영대 1회생인데 거 저 뭐 칼라 카다 이자뿟노 내가. 그래 일꾼 따라댕기다 와 그래 했는데 내가 함분은 큰엄마가 하는 말이 우리 집에 있지 말고 자기 집안에 누가 대구에 자전차 재생공장 새로 인자 만드는 공장인데 거게 여주, 말해가지고 그기 그 칠성동이라예. 소성동 거 물, 기차물땅고 뒤에 거쭈 어디 있는데 그래 월급도 없이 인자 그냥 묵고 자고 있는데.

최승호 : 그때는 몇 살 때였습니까?

손계홍 : 그때는 서울 가기 전이지.

최승호 : 카마 중국집에서 나와가꼬 고 사이쯤 되네 그지예.

손계홍 : 그렇죠. 얼마 안 됐어요 그때. 고 가가주고도 오래 몬 있
었어요. 그래 가가 있는데 거 가가 있는데 그 집에서 인
자 그 집 아들하고 자. 자고 이래 있었는데 메주를 끼리
가꼬 방에다가 우리 자는 방에다가 실정이라 카민서 있
는데 거기다가. 배가 어떻기 고픈지 밥을 한 그릇씩 주는
데 배가 왜 그리 고픈지 모르겠어요. 밥을 뭐뭐 꾹꾹 눌
라가 몇 순갈 엄쎄이 밥이 없어요. 허허. 근데 메주를 그
거를 한 덩거리를 훔치가 나가가 묵으니까 다 묵도 몬 하
고. 뿔잡히질 안 하고. 내삐리뿌라이 아깝고 내삐릴라 카
이. 다 묵지도 몬 하겠고. 그것도 인자 큰 거 온 거 아이
고, 와 끈티 메주 와 똥글똥글하이 해가주고 우에. 허 참.
그것도 많더라카이. 그래가주고 인자 그랬는데 그것도 몬
있고 나와가 그래가 거서 왜 나왔노 카이 또 것도 자전차
를 타고 시내 자전차방에 다 댕기민성 배달이 아이고 헌
거 뿌사지가 몬 쓰는 거 그거 인자 얻어온느라 이카는 기
라. 가마 인자 어디에서 왔다 카면은 줄 끼다. 자전거방
마다 다니면서 거까 인제 몸체 거 발통 말고 몸체만 삐대
그거만 자전차 뒤에다가 자전차를 거 실었는데 그걸 실기
가 애매해요, 자전차가. 이 옆으로 실으이 이 벌어지고,
이 질알로 실으이 이기 고무바라놓이끼네 이기 흔들어제
끼는 기라요. 또 이거 자전차가. 그걸 실코 타고 잔차 타
고 이래 오는데 질알로 이래 실었는데 칠성시장에 거게를
갔는데 여자가 아를 애기를 업었는데 이걸 자전차 타고
오니까 이 건들건들 거리이 이 업은 아 머리를 쳤는 모양
이라예. 떨버져가 피가 막 나는 기라. 그것도 모르고 나

는 오는데 저노무 자슥 잡아라 이카는기라예. 그 알라 업
은 엄마가. 그래가 아 저 머리 다 깨놓고 그냥 간다 카민
성 마 이래샀는기라예. 그래가꼬 막 그 세가 나도록 도망
을 와가주고 거 인자 도인동 로타리 쪽으로 도망을 와가
주고 도인동 로타리 나오다 하이끼네 옛날에는 도인동 로
타리 자전차도 못 타고 댕깄고 경범죄 단속할 직이라요.
횡단보도에도 자전차 타고 가마 안 되고. 자전차 못 가는
길에 가면 또 안 되고 이래가 거 가다가 경찰들한테 뿔
잽히가주고 로타리 안에 전부 다 모이가 있었어예. 모이
가 있어가주고 인자 거 한 30… 1시간 가까이 서가 있었
을 끼라. 거 인자 리아꼬재이들, 머 온갖 지게재이들, 머
머 온갖 다 모있는데 거게서 나오자이끼네 그 아줌마가
알라를 업고 보고는 저누무 자슥 여 있구나. 머 가라 소
리도 안 하는데 도망와삣지요 뭐. 도망가가 거기도 인자
몬 있고. 함분은 그래 또 가다가 신천동 거기 오다가 잔
차를 타고 차 뒤에 옛날에 합성 카는 거 있었어요. 버스
보다 작고 작은 거 있었는데. 그 뒷밤바를 잡고 인자 그
라믄 배달을 나는 인자 자전차를 안 실고는 따라가면 되
는데 가다 하이끼네 차가 이래 버스가 한쪽으로 서요. 그
냥 서마 나는 차 밑으로 바로 드가겠어가 브레끼가 잘 안
들어가꼬 그래가 옆으로 슥 빠지나오이 버스가 오는 기
라요. 맞은 편에서 버스가 오이끼네 인제 차가 요즘은 길
이 넓지만 옛날에는 길이 좁아가 한 대 서고 한 대 비키
고 이랬어요. 그 머리 버스 밑에 들어가가주고 내가 깨고
보니까 병원이고, 나중에는 동대구 경찰서 가가지고 조서

를 받고 하는데 운전수 버스 운전수, 차장, 옛날 버스 차장 다 있었거든. 차장들하고 와가지고 막 응, 니가 잘했다 캐라. 잘못한 거는 없다 캐라. 그래 운전수 하나 잘못이 없다 캐라. 마 이런 식으로 막 얘기를 하드라고. 시기는 대로 그래. 내 생각에도 뭐 운전수 잘몬 했는 거 없고 내가 잘몬했는 겉고 이래가주고 시긴 대로 조서받을 직 그카이끼네 그 저 경찰이 임마, 이거는 나중에 마 아푸다 아푸다 이캐. 아푸이끼네 니 일마 돈 안 내조도 다 곤치 준다. 자전차 뿌사진 거는 다 곤치났고 마 그러이끼네 병원에 니 돈 안 들여도 갈 수 있으니까 아푸거든 언제든지 와가지고 우리한테 와가지고 아푸다 캐라. 예, 그라께예. 그래가 조서 끝나고 나이끼네 운전수고 차장이고 머 한 사람도 없어. 어델 가뿠는고 없고 다 가뿌고 없고 내 혼자 인자 털럭털럭 인자 왔어요. 오이끼네 그대는 머 전화가 있나 뭐뭐 아무것도 없는데. 거 자전차 공장서 집에서는 인자 이누무 자슥 어디 가가 우예 됐는공 마 연락도 없이 머 그래나놓이 머 몬 있고 마 그길로 도 큰집에 와가꼬 있시이 그때 영대 이거 새로 지을 직에 영대 마 새로 질 직에 앞에 거 공동묘지거등.

최승호 : 대동 있는데 거기.

손계홍 : 예예. 앞에 공동묘지 거 거기 인자 교양학부 높은 건물이 있는데 그쪽으로 마 가는데 그때 한일산업에서 거 이거를 그때 짓는데 거게 노가다라. 일하로 가이 하로에 뭐 어른들은 오만 원씩 준다 카는데 아 오백 원씩 준다 카드나. 일당이 오백 원인데 나는 세가 나도록 했는데 삼백 원씩

밖에 안 쳐주는 기라예. 그래가 인자 나중에 인자 간주를 하는데 간주를 해가주고 가와주고는 난도 돈이 필요한데 큰아부지, 영감 인자 그 벌이가주고 지 보그또 닦아옇고 영감 안 준다꼬 난리가 났어 또. 머라 카는 기라요. 그래가 거 또 몬 있고 그길로 나와가 돌아댕기다가 또 다시 갈 데는 없고 또 만데 가가 있다가 또 싸우다가 이 야단 지기고 그러이 내가 머 서울 갔다가 이리 왔다가.

최승호 : 얼마를 왔다 갔다 한 겁니까? 집에 드갔다 나왔다 한 게.

손계홍 : 많지 뭐, 수도 없지 뭐.

최승호 : 그러면서 아버지에 대해서 아버지가 원망스럽기나 그러지는 않으셨습니까?

손계홍 : 어느 아버지? 날 낳아주신? 참, 원망이야 말도 몬 했지요 참. 나무하러 가면성 내가 속으로 이런 생각을 해봤어요. 아부지가 참말로 죽었는가, 그래 죽었는가. 어데 뭐 이북에 가가주고 뭐 있는가, 혹시 간첩이라도 돼가 있시면은 뭐 다리 뭐 빨갱이 뭐 어떻게 캐샀는데 간첩이라도 돼가 있시면 언제 함, 살아있다면 만내기라도 함 만내봤시마 이런 생각은 마이 가졌어요.

최승호 : 그럼 아버지가 돌아가셨다고 진짜 돌아가셨다 생각한 게 언젭니까 그럼?

손계홍 : 아, 엄마가 거 뭐 그칼 직에는 죽었는갑다 이래 생각했지요. 코바라토 광산에 갔다 카고 뭐 그칼 직에는 죽었는갑다 생각했는데 그기 인자 또 나중에는 또 뭐 혹시나 혹시나 카는 이런 생각도 가져봤고. 그런데 뭐 아버지 생각은 나도 아버지가 살았으면 넘대로 공부도 하고 나도 그칼

낀데. 난도 내 머리가 그렇게 나쁜 머리가 아인데 나도 공부했시마 머를 밥벌이라도 이거보다는 안 낫겠나 이런 식으로. 그런 생각은 더러 했어요.

최승호 : 아버지 제사는 언제부터 지냈습니까?

손계홍 : 내 결혼하고 지냈다니까.

최승호 : 그전에는 제사 지낼 형편도 못 됐고.

손계홍 : 그렇지요. 그라고 지내줄 사람도 없고. 내 뭐 어렸제 머.

최승호 : 결혼은 몇 살 때 하셨어예?

손계홍 : 내가 결혼은 스물닷 살에 지금 마누래를 만내가꼬 지금 우리 큰늠이 바로 그라고 애를 낳았으니까 큰아를 낳았으니까 지금 큰놈이 마흔아홉이라예.

최승호 : 스물다섯 살 이후부터 아버지 제사를 지냈네. 9월 9일날 지내다가 인제 신고서 보고 6월 28일로.

손계홍 : 6월 28일로 함분 지냈는가 이래요 또. 그런데 6월달에 할아버지 제사가 6월 26일날 또 있어요. 그러이 내가 제사가 할아버지하고 할머니 두 분하고, 아부지하고 너이. 거 명절제사하고. 제사가 내가 1년에 여섯 번 지냈었다고예. 그러이 하아, 사는 기 이기 뭐 사는 기가 싶은 기. 우리 어릴 때는 마마, 완전히 뭐 전에도 내가 만날 인터뷰할 직에 했지마는 완전이 뭐 우리 사는 거는 개똥밭에 개똥벌개이 구불러댕기는 그런 식이지.

최승호 : 그때 마을에서 일곱 살 때 안 나가고 살았으면 어땠을까예? 재산이 그때 전답은 좀 있었습니까?

손계홍 : 없어요. 더 고생이지. 내가 생각하기는 더 고생이라예. 그기 왜 그렇노 하면은 지금 저저 금정산에 지금 저 건너

편에 그 와 양지쪽에 골방이 돌덜겅 많고 그 옆에 보면은 그기 금정산이라 카대요. 그기 보면 그 위에 젤 위에 그 저저 덜겅가에 보면은 산소가 거 한 다서, 여섯 군데 산소가 한 자리에 봉분이 다서, 여섯 개쯤 돼요. 거 있는 그기 우리 할아버지 산손데 그때 내가 어릴 직에 국민학교 다닐 직에 쪼맨할 직에 여기 경산에 와가지고 큰아버지들하고 모사 지낼 직에 함 따라가 보고 벌초할 때도 내가 함 따라가 보고 했는데 모사를 그 당시는 뭐 누가 채렸는지도 그거는 내가 생각을 안 해봤고 이런데 어느 날 엄마가 하는 얘기가 재가해가 갔는 거서 카는 얘기가 그 임마 금정산에 모사 지내는 거 모사값을 저저 2구에 그쪽에 올라가마 젤 끈티 그 우에 올라가면은 길간가에 집들이 있는데 젤 끈티 고 보면은 100평 쪼매 남짓 넘는 거 논이 하나 있다. 고고를 너 5촌들이 모사값으로 조놨다. 모사는 그 사람이 모사는 채리가 준다 그카드라꼬요. 그래가 내가 함분 거할 직에 돌아가신 영감하고 싸워가꼬 뭐 입실랑하고 이자 마 그래가지고 집에 안 드간다 카고 나와 있시이 뭐 갈 데가 올케 있시야지 또 뭐. 그래가지고 그 땅을 팔라고 내가 고고를 찾어가봤어요. 찾어가보이끼네 거저 아가도 얘기했지마는 손계봉 씨 카는 거 저 그 형님한테 가가 면에 가가 내가 사실 이래가주고 의붓아버지한테 몬 살겠고 날 그긴따나 팔아가주고 다문 뭐 뭐라도 보따리장사라도 함 해보까 싶은데요. 니 그 정 그 팔라 카면은 요 앞에 정태술이라 카등가 누라 카든공 거 대서방 하는 사람 있다. 거 느아부지하고 친구다. 정태술 맞지 싶

읍니더 거. 바로 거 면사무소 앞에 우측에 우체국 밑에든
강 거게. 대소서 카드라고예. 그래가 그 사람한테 가니
까 거 내가 거 이길 하니까 니가 세조이 아들이가 이카드
라꼬요. 그렇다 카이끼네 그걸 팔라 카면은 지금 옳기 몬
받는데 이카대. 돈 및 푼 되지도 안 할 긴데 나두지 와,
내가 답답아 안 되겠심다 카이께네 그러면 함 팔아보자
이캄 이카드라고. 그래가주고 그거 팔릴 때까지 내가 갈
데가 있어야지요. 계일이 즈 집에 있었어요. 그래 있으면
서 그걸 팔라 카이끼네 그걸 들시보더니 그 사람이 하는
소리가 너거 할아버지 밑에로 돼 있는데 느거 아부지도
거 상속을 못 받았고 거 할아버지 꺼를 니한테 바로 상속
을 받아야 되는데 중간에 두 순배 상속을 할라카면은 상
속비 빼고 나면은 개코도 뭐 없다 돈도. 이카는 기라요.
그렇기나 말기나 함 팔아 보소, 내가 이캤거든. 그래가
인자 그 집에 그거 팔 동안에 계일이 집에 있는데 한날 밤
에 지금쯤 됐어요. 이때쯤 됐는데 바로 거 재실 뒤에 고
조산이라 카는 쪼매난 기 있잖아, 산이 쪼매난 기 있었어
요. 거 인자 철뚝 쪽에 거게서 난리가 났어. 밤에 한 열시
거지는 됐는데 이때쯤 돼가주고 거게 기차가 설 일이 없
는데 기차가 서가 있고 뭐 떠들썩하고 난리라예. 근데 이
튼날 보니까 거기에 마을에 병만이, 병만이라 카드라꼬,
손병만이 이카는 사람이 거 저 그 사람도 내만침 답답았
는강 거 자살해 죽었어 거기서예. 차에 쪼추드가가. 열차
니리오는데 쫓아드가가 경산으로 니리가는 차에 기드가
가주고. 그래 인자 병만인지 누군지 몰랐는데 이튿날 새

벽에 보니까 신발도 벗어놓고 주민등록증 고게 나놓고 소주병 하나 나놓고 그래 열차 기니리오는데 그 드갔는데. 그래가 그 이튿날 아침에 거 인자 밤에 모도 인자 실코 뼈가지, 거다실 다 조가. 열차에는 거 보마 기관사 측하고 열차 차장 쪽하고 거 한패가 아인 모양이라요, 거 이게 보이. 서로 그 영장 삑다구 서로 안 조 모됬는다꼬, 느거가 조 모다라, 느거가 조 모다라 머 이런 식으로 싱강하고 난리지기는데. 대충 보이는 거 인자 줏어가꼬 우두바가지고 인자 대구 뭐 철도병원이라 카는데 있다 카드라고. 대구역 있는 데 거게를 갔는데. 거 인자 이튿날 새북 되니까 하매 이장한테 연락이 와가주고 거 인자 누구라 카는 거를 확인이 됐는 기라. 신원확인이 돼나놓이끼네 이튿날 거 뭐 뭐가 없으니까 뼈가, 다리가 하나 없으니까 거 보고 찾아가 온너라 이캤는 모양이라요. 그래가 인자 병만이 저거 엄마가 거게 살았다 카더라고요. 할마시가 혼자 살았는데. 할마시가 가가 보이끼네 다리가 하나 있어요. 그걸 보재기 싸가 그때는 와 건너 도랑 건너 보마 버스 다녔잖아요. 거 도랑 건네 거 못 위에 돌아가는 데 고게 집이 한 채가 있었어요 고게. 고게 인자 할마시들 둘이 병만이 저거 엄마하고 거 할마시하고 친구 간이라 카더라고. 그래가주고 인자 밖에 차 올 딴에 기다리이끼네 할마시가 바 들오느라 춥다, 버스 니리오마 내가 캐주꾸마 카민서. 그래가 춥어가주고 바 드가가 있었는데 버스 니리온드라 빨리 타라 캐나놓이끼네 쫓어나와가지고 타고 경산 가이끼네 이거 달구지 안 가왔거등. 다리

보따리 안 가왔다고 할매가. 그래 다시 올라와가꼬 여 보
따리 없드나 카이끼네 그 할마시는 인자 또 지랄한다 정
신도 없다 이거 보따리 이거 이자뿌고 갔다 카미 또 농 안
에 갖다 조여났는 기라. 찾으로 오면 준다꼬. 거기 인자
다린 줄은 모르고. 그래 암 말또 안 하고 막 빨리 가갔시
마 될 낀데 여 보자기 없드나 카이 여 있드라 카미 농 안
에 가 내주는데. 암 말또 안 하고 가갔시마 되는데 아이
고 우리 아들 다린데 이거 크일날 뻔 했다이. 그카이 마
이 할마시가 농 안에 여났다고 기분 나쁘다꼬 머? 다리?
캄 난리가 나이 욕을 하고 마마 그래사이. 그카는 거를
내가 봤어요 그때.

최승호 : 손병만 씨가 그라마 저번에 그 돌아가셨던 그 유족 손병
윤 씨하고는 어떻게 됩니까?

손계홍 : 병 자가 우리게 조카빨이라요. 조카빨인데 거 나는 뭐 그
사람들하고는 집안인지 아인지 모르겠고. 뭐 매나 집안이
라요. 계 자, 병 자, 그 밑에 목 자 이래가주고 다 우리 집
안이거든요.

최승호 : 그럼 손병만 씨는 유족인지 아니면 모르고.

손계홍 : 거는 마 유족인지 뭐 그때 논 팔고 할 직에는 내 여여 유
족회 사무실도 없었어요. 우리 여게 그 당시는. 그런 것
도 없었고.

최승호 : 그래가 결국은 논을 팔았습니까?

손계홍 : 팔았어요.

최승호 : 그것 하나밖에 없습니까, 아버지가 물려주신 거.

손계홍 : 집하고.

최승호 : 집은 어떻게 됐습니까?

손계홍 : 집 사 팔아가 엄마가 다 해갔고요.

최승호 : 그거는 재혼하신 엄마가 갖고 가시고.

손계홍 : 다문 뭐뭐 밎이라도 묵고 살아야지 이카민서 가갔다 캐 예.

최승호 : 집은 정확하게 위치를 기억하십니까?

손계홍 : 거 저 전에도 얘기했지마는 거 와 입 이래 여 턱없는 사 람.

최승호 : 권후남 씨.

손계홍 : 그 사람 누군지는 모르겠고. 전쟁터에 뭐 맞… 포탄 맞다 카드나 뭐 그래가 턱이 없다 카드라꼬. 맨날 이거 마스크 찌고 댕기고 밥 물 직에도 혼자 돌아앉아 묵고 이란다 카 대예. 근데 고 집에 삽지걸 거 대문 있는 쪽으로 보마 길 이 요래 있어요. 길이 거 울로 올라가는 길이 있는데, 고 집 길, 길에 고 저저 왼쪽에는 그 집이고 오른쪽에 건 우 리 집이고. 그기 399번지라 카드라꼬요.

최승호 : 결국은 엄마가 그걸 팔아서 재혼을 하셨네 그죠.

손계홍 : 예. 집이 집이 보이끼네 보통 이런 지다린 이런 집이 아이 고 접집 겉드라고요. 두 줄배기 집이라. 두 칸 두 칸 이런 겉은데. 내가 봤는데.

최승호 : 그럼 유족회는 어떻게 가입을 활동을 시작하셨습니까?

손계홍 : 유족회는 여게 내가 그때 우예 알았노 모르겠다. 경산이 뭐 볼일 있어 와가주고 왔는강 그 당시. 경산에 뭐.

최승호 : 그내는 어디서 사시고 있었습니까?

손계홍 : 그때는 뭐뭐 그냥 왔다 갔다가 뭐. 결혼해고는 내대로 살

앗지 그러이끼네. 매나 거 저저 갈 데 있나 어데 뭐. 내 연고지라고는 거, 엄마하고 사는 데 그 동네서 살았지.

최승호: 동명에, 동명에 살다가.

손계홍: 그 동네도 처음에는 인자 뭐 살라카이 뭐 밑천이 있시야 머 어예 살든동 하지. 마누래라고 인제 떡 들라놓고는 받 아놓고는 인자 마누라가, 촌에는 뭐 집세가 없시이 거 아 는 집 방 한 칸 돌라 캐가 그래가 살민성. 거 저 동네 남에 집에 내가 거 부지런타 카는 거는 동네에서 인정을 해주 거든요. 그래이 어떤 사람들이 논도 주고 부치라고, 그때 는 갈라 묵기라요 똑. 그래가주고 부쳤는데 여 누라, 그래 갈라 묵기를 하는데 어떤 사람이 송아지도 믹이라 카민성 한 마리 사주더라고요. 그래 소를 인자 소는 믹이가주고 본전 빼고 나중에는 이익금을 가주고 가르거등. 믹이가주 고 주면은. 그런 식으로 머 해가주고 농사도 짓고 이래가 주고 내가 뭐 부지러이 하이께네 그런강 거서 내가 논을 제법 샀어요. 내가 마을에 거 저 이장도 해봤고.

최승호: 코발트광산유족회 이사로 계시는데 언제부터 유족회 활 동 하셨습니까?

손계홍: 유족회 활동은 내가 우연히 여게 5촌들 집에 볼일 있어가 왔다가 오다보니까 여게 무슨 프랭카드를 봤능강. 무슨 뭐 그런 걸 보고.

최승호: 현수막을 봤습니까?

손계홍: 보고 여 어데서 뭘 하는공 내가 찾아봤어요. 그랬더니 여 게 그 당시는 여기 뭐 사무실도 없고 저 저기 중앙초등학 교 옆에 그쪽에 어데 가가주고 이얘기를 모두 모임이 있

고 그카드라고요. 그라고 및 분 다녔는데.

최승호 : 그때가 몇 년돈지 기억나십니까? 2000년돕니까, 2001년
돕니까?

손계홍 : 기억은 잘 안 나는데.

최승호 : 몇 살쯤 됐었습니까?

손계홍 : 그때가 그기 언젠고 모르겠네. 저기 시청에 가서 조서받
고 할 직에가.

최승호 : 그때가 2005년입니다.

손계홍 : 그때가 5년이라고요. 고 몇 년 전이지 싶은데.

최승호 : 그래서 유족회 가입하고 회비도 내고 하셨겠네예.

손계홍 : 그렇지요. 예.

최승호 : 우연히 경산에 볼일 보러 왔다가 현수막을 보고. 근데 보
통 현수막을 보드라도 내가 내하고 관련 있다 없다 카는
거를 알기 어려운데 어떻게 그 현수막 보고 내하고 관련
있다고.

손계홍 : 그대 현수막이 보자 머라꼬 써있든공 모르겠다. 내하고
꼭 뭐뭐 닿는 거 겉드라고요. 그때 보도연맹 뭐.

최승호 : 보도연맹 유족을 찾습니다.

손계홍 : 뭐 보도연맹이라 카든강 뭐 야튼 그런 내용이 내게 저기
내 얘기다 카는 걸 느꼈어요.

최승호 : 아, 내 얘기다. 내하고 관련된 것이다.

손계홍 : 예예. 그걸 느껴가지고 내가 그거 거게 어덴공 내가 알아
봤죠 그때.

최승호 : 그때 전화번호를 보고 인제.

손계홍 : 예, 그렇지 싶습니다. 그때가 내가 대구서 택시, 개인택

시를 할 직엔데.

최승호 : 그때 회장이 누구였습니까?

손계홍 : 이태준 씨예.

최승호 : 처음에 이태준 회장을 만났습니까?

손계홍 : 그때 여럿이 모인 중에 왔지 나도. 그래가 이태준 씨한테 인사를 하고 내가 그라니까 모두 여기 경산 사람들이 산전 사람들이 마이 있다 머 카고. 그때 오니까 정시종이도 있고, 뭐 친구 된다 이캐샀드라고.

최승호 : 그러면 그 진실규명 결정서를 받았잖습니까? 거기에는 아버지가 어떻게 되어있습디까? 어떻게 돌아가신 걸로 나와 있습디까?

손계홍 : 돌아가셨다고 나왔는강 그게. 보이끼네 똥그라미가 여 몇 개 이래이래이래 있드라고요. 경찰이 머머 해가지고.

최승호 : 신고서가 있다.

손계홍 : 있고, 뭐 또.

최승호 : 대공 바인더에 이름이 있다.

손계홍 : 그래 내가 이거 동그라미가 거 세 갠강 뭐. 세 갠강 네 갠강 모르겠어요, 자시 모르겠어요 지금.

최승호 : 동그라미 세 개가 제일 많은 거거든요. 세 개라 카는 거는 뭐냐 하면 60년도에 양민학살신고서가 있는지, 그라고 대공 바인더라고 경찰서에 있던 대공 바인더, 그라고 수형자 명부. 이 세 가지 다 있는 사람은 동그라미가 세 개예요.

손계홍 : 내가 세 개지 싶습니다. 확실히는 모르겠는데 내가 지금 그때 보고는 덮어놨으니까 뭐 지금은 기억이 잘 안 납니

다.

최승호 : 혹시 인제 아버지 사망신고라든지 호적 이거는 정리를 했습니까? 호적은 어떻게 돼있습니까?

손계홍 : 호적은 내가 금 만날 거 띠도.

최승호 : 사망 날짜가 나와 있습니까?

손계홍 : 사망 날짜는 나와가 있어요. 있는데 그기 미칠 날인지는 몇 년도 미칠 날인지는 지금 기억을 몬 합니다. 제가.

최승호 : 사망으로 돼 있… 어떤 분들은 아직까지 살아있는 걸로 행방불명된 걸로 돼 있는 사람들도 있던데.

손계홍 : 그 저 무슨 이유로서 어떻게 해가주고 사망이 됐다 카는 거를 그기 호적부에 돼 있는 걸든데 내가 보이끼네.

최승호 : 아, 호적부에 돼가 있습니까? 그걸 나중에 확인을 함 해보십시오. 해보고 호적상 어떻게 돼가 있는지를 한 번 찾아보십시오.

손계홍 : 나는 여사로만 생각했는데 그걸 함 봐야 되겠네예.

최승호 : 혹시나 나중에 취업을 할 때 직장을 들어가는데 거 아부지 사건 때문에 취업을 못한 그런 경험도 있습니까?

손계홍 : 그거는 내가 그기 인자 연좌제라 카는 걸 알고 있는데 내가 촌에서 내대로는 거 인자 면서기를 이제 하고 싶어가꼬 그걸 어떻게 하면 될랑공 싶어가주고 함분 아는 사람들한테 물어봤어요. 물어보이끼네 행정직은 내가 공부를 못했으니까 영어, 수학을 알아야 되니까 그건 안되고. 농림직을 영어, 수학이 없으니까 그건 가능하다 이라더라고. 그래서 내가 나도 공부할 직에는 국민학교 다닐 직에는 나도 똑똑다고 나도 우등상을 마이 받았거든요. 갤석

을 그렇게 마이 해도 우등상을 받고 이랬는데. 그래서 나는 뭐 그래가 농림직 시험을 치보까 싶어가 왜관에서도 원서를 냈어요. 내고 인자 책은 어떤 책을 봐야 되는고 싶어가꼬 농림직에 해당되는 거 5급, 그때는 5급 저저 농림직 5급 농림직 책이 있더라고요. 그걸 가 보고 내가 공부를 좀 하고 갔더니 그때 카트라인이 80점이라고 돼 있더라고요. 거 시험 치는데 필기시험에. 80점 이상 되면 합격이라 카드라고요. 그래 내가 받은 거는 85점이든강 6점이든강 그렇더라고요. 그런데 뭐 나중에 뭐 됐는지 안 됐는지 그런 것도 없고 연락도 없고 거서러 시험 치고 끝이었어요.

최승호 : 점수는 85점 정도로 받았는데 합격통지서가 안 왔습니까?

손계홍 : 예. 그렇게 됐는데 그런 기 없더라고요. 그런 기 전혀 없고 떨어졌다 마 됐다 이런 것도 없고 연락도 없고. 뭐 없더라고요. 그래서 내가 나는 내 나름대로 생각이 아까도 얘기했지마는 동명에 거게 거 의붓아버지 거 저 할매한테 공개해가 낳았다 카는 거 인자 여 검사가 하나 있다. 그런동 구보검사라꼬 조재석이라꼬예 있었어예. 그래가 주고 그 머리에 동명에 거 창녕 조씨들이 마이 사는데 거 저 검사빽이 거 무섭더라고요. 그 집안에 모두 보면 면에 마이 가가 있고 우리 또래, 우리 밑에 동생빨 되는 사람들도 모두 마이 가가 있고. 면에 마이 앉아있고 농협에도 마이 앉아가 있고 마을금고에도 마이 앉아있고, 주로 그렇더라고예. 그래서 그 사람들 마 줄로 마마 끝났는갑다 나는 머 그래 생각하고 말았어요 나는.

최승호: 그게 아버지 때문에 그래 됐다는.

손계홍: 그런 생각은 안 해봤고.

최승호: 나는 빽이 없으니까 안 되겠구나.

손계홍: 그런갑다. 뭐 그래 생각했어요 나는.

최승호: 그라면 그때 당시에는 그게 연좌제인지 몰랐네.

손계홍: 예, 그것도 모르고 그런갑다 그래 생각했어요.

최승호: 최근에 코발트광산에 있던 유해 세종시로 옮겼는데 그때 옮길 때 같이 가셨지예? 그때 마음이 어땠습니까?

손계홍: 그 나는 항상 그래요. 먼저도 세종시에 갔을 직에도 최 대표하고 갔을 직에도 여게 어데 하나 번듯하게 우리 산소가 하나 떳떳하게 하나 있시면은 성묘 가기도 좋고 가족들끼리 성묘 가기도 좋고 자주 나오고 오기도 좋고. 손대기도 뭐뭐 벌초 겉은 거 하는 것도 그런 것도 하기가 좋고 한데 굳이 그까지 해야 되는가. 이기 인자 거 가야만이 인자 유해가 인자 온도로 안 상하기 위해서 거 가는갑다 이 정도로만 알고 있었지. 떳떳하게 나는 거거 경산에다가 산소가 있시면은 나는 그 이상 바랄 게 없어요 나는.

최승호: 더 좋겠다, 현장에 있으면 좋겠다. 세종시에 가 있는 유해가 한 500구쯤 되는데 그중에 혹시 우리 아버지께 있을지 찾아보고 싶은 생각은 없으십니까?

손계홍: 그런 생각이야 뭐 제일 처음에 내가 왔을 직에. 아이 아부지 빼, 빼를 찾을 수 있는강. 그래가주고 뭐 어떤 사람들은 여기 있시면은 DNA 조사해가지고 찾을 수도 있다 뭐 이런 소문노 듣기고 하드라고요. 근네 그걸 나중에 알고 보이 이거러 이 많은 거를 어떻게 이 찾어내노. 그건

463

불가능하겠다. 나는 이렇게 생각하고 그런 거는 찾는다 생각을 안 했어요. 아 했는데 먼저도 내가 세종시에 그때 최 대표하고 갔을 직에도 그때도 내가 그래요. 나는 그때도 한 얘기가 그 저 관장인강, 그 와 관리하는 사람이 여 우리 여 세종시에도 몇 년 아 있시면은 대전으로 다 가게 된다. 대전으로 가게 되면은 뭐 우예 되노 카이끼네 그 사람이 하는 말이 뭐 전부 뭐 공동묘지에 하나의 묘로 만든다. 유해를 전부 다. 어데로 뭐 가겠나. 한테 다 모다가지고 뭐 한 묘 하나로 만들어가꼬 전국적으로 여 뭐 같이 거한다 이카는 말 듣기드라고요. 그래서 내가 하는 말이 그거는 나는 반대다 나는. 어데 우리 아버지 유해가 어데 뭐 우리 뭐 유해들이 여 뭐 하는기고 뭐. 개뼉다구도 아이고 뭐 그런 줄 아나. 한테 뭐뭐 거름티맨트로 한테 갖다 끌어모다가꼬 한테 모다가지고 뭐 전부 다 한단 말이가. 그건 모 한다 나는. 차라리 차라리 그래 될 거 같으면 경산은 경산대로 따로 하든 그건 몰라도 대전에 가가 전국적으로 한테 끌어모다나놓고 뭐 쓰레기 모듯는 식으로 한테 모다나놓고 거 그래가 무슨 성묘를…. 성묘 와도 절하문 절을 해도 그래 누구한테 아부지한테 하나 누구한테 하노. 난 그런 거는 난 못 한다. 산소를 뼈뜻하게 나는 응 저저 개인적으로 해도 그런 거는 봤는데 유해를 유골을 파가주고 도시람불을 갖고 화장을 해가 화장을 해가주고 그 저저 바 절구방아에 찧가주고 거 봉지를 하나씩 묻어가지고 묻어놓고 비석을 하나씩 세아놓는 거 그런 거를 나는 마이 봤다. 거 가족묘지에도 보마 드문드문 묘만 있는 거를 거게 뭐 도로가 난다든동 길이 난다든동 뭐 이런 걸 나기 때문에 그 가운데 질러가이끼네 그 가족묘지가 없어진 건데 그 반틈은 넝기 파내나갔는 거를 남었는 땅에다가 그 화장을 해가지고 봉지 해가 비석을 해도 땅이 남드라. 그런 걸 봤는데 내가. 그런 식이라도 하면은 비석 하나라도 아, 요고는 우리 아부지 끼다 카는 거를 알 수가 있잖아. 거거 개인적으로 그렇게라도 해주면 좋겠는데. 한테 끌어모다가꼬 그 한다 카는 거 건 나는 모 한다 나는.

최승호 : 그런 입장이시다 그지요.

손계홍 : 예예.

최승호 : 요즘 위령제는 매년 참석하시죠?

손계홍 : 그렇죠, 예.

최승호 : 우리 위령제 지낼 때 경산시나 정부가 지원해주는 게 있는데 경산시나 정부에 요구하고 싶은 사항이라든지 뭐 더 해줬으면 좋겠다 이런 사항이 있습니까?

손계홍 : 그런데 그걸 내가 나도 여러 군데 다니봤는데요, 우리 여게 뭐 한 500만 원 시에서 나오고 뭐 카고 있는데 그것도 뭐 많다. 적게 해야 적게 받아야 된다 뭐 그카는 사람들이 있드라마는. 어떻게 저저 내가 저기 안강 기계촌 기계 마을에 거게가 뭐고 양동 양동마을에 거게를 내가 밎 분 가봤는데 거게는 유족도 우리만침 안 되고 그래도 거게서 시에서 나오는 돈 뭐 이런 돈이 상당히 우리보다 배도 넘는다 카드라. 거는 우예 그러노. 우리는 선나끄 조나놓고 그것도 많다고 뭐 어떻고 잔소리 해쌌는데 응. 저거 제사

함 지내보라 캐라 그라마 이 많은 제사를. 뭐 그 그거는 잘못이다. 뭐한데 그리키 뭐 마이 주는 데는 마이 주고 우리는 적게 주면서도 거 잔소리를 해제끼노. 줄라먼 똑같이 주든동 하지 내가. 나는 그런 그런 그기 있어요.

최승호 : 올해 인제 70주년인데 돌아가신 아버지한테 뭐 하시고 싶은 말씀, 혹시나 지금 들으실 수 있을지 모르겠지만 내 마음속에 한 번도 아버지한테 아버지에 대한 그리움이라든지 아버지한테 하고 싶은 얘기 이런 걸 못 해봤을 건데 우리 카메라에다가 그래도 한 번 남겨주면 좋을 것 같아요. 아버지한테 한 말씀 하고 싶은 거 한 번 카메라 보시면서 마지막으로 한번 해주십시오.

손계홍 : 그 얘기 하라카이께 눈물부터 먼저 난다. 아부지한테 얘기하라 카마 나는 아부지가 그립기도 하지마는 원망스럽기도 해요. 나는 왜 저저 넘 날 때 같이 나나놓고 넘캉 같이 몬 크고 응. 왜 이런 식으로 캐났노 싶은 기, 날 낳았노 싶은 기. 그런 원망부터 먼저 들고 내 커나온 걸 생각하이끼네 너무나 아부지가 너무나 어떨 때는 원망시럽고 어떨 때는 그립고 나도 아부지가 있었시면은 떳떳한 가정이 누리고 행복했을 긴데 왜 어떻게 나는 이런공 싶은 기. 그런 생각이 장 앞서요. 그러이 마 앞으로는 지금 내 나이도 칠십이 넘었는데 얼매나 더 살겠노 머. 바랠 거는 뭐 자식도 있고 내가 바랜다 카는 거는 내 욕심만 가지고 카는 거 겉은데 아부지는 뭐 좋은 데 가셔가지고 앞으로 우리 가정을 좀 잘 봐줬시마 좋겠고 아부지도 뭐 잘 됐시마 좋겠다 카는 그것밖이 바랠 기 뭐가 있겠어요.

최승호 : 가정을 좀 잘 살펴주시면 좋겠다. 아버지한테 못 받은 사랑을… 혹시 자녀분이 몇 분입니까?

손계홍 : 서이요.

최승호 : 서이. 자식들은 할아부지 이래 억울하게 돌아가신 걸 아시죠.

손계홍 : 딸아는 경산코발트광산 안 가봤고 한분도예. 아들 둘은 자주 왔심다. 작은 막내는 해마다 갑니다. 올해도 명절 때마다 올해도 갔고. 산소 여 금정산에 산소 갔다가 거 갔다가.

최승호 : 할아버지 산소 왔다가 아, 증조할아버지 갔다가 할아버지 갔다가 여기 오시네 그지예. 내가 아부지한테 못 받았지만 나는 내 아들한테라도 좋은 아버지가 되겠다 이런 마음을 늘 가지셨겠다 그지요?

손계홍 : 그렇죠. 예. 그러이 내가 지금도 생각해보면 나는 3남매를 두고 있지마는 애들은 지금 지금도 나는 힘껏 했어요. 내가 공부를 못 했으니까 내가 대구 나온 이유도 내가 공부를 못 했으니까 마 대구 나오면 공부 좀 더 마이 할랑가 싶어가 그 욕심으로 내가 토지를 팔고 나왔거든요. 토지를 팔고. 촌에 있시마 내대로는 이장하고 뭐 이래 하면 좀 나았었는데 그 악착같이 마누래하고 그하다 보이까네 애들을 방 안에 갇아놓고까지 다니면서 우리가 일을 했습니다. 그만침 그래 하이 마을 사람들이 너무 젊은 사람들이 너무 악착같이 한다 이런 소리도 들었는데. 내가 나올 직에는 공부시킨다고 거게 촌에 집을 팔고 나오니까 그 집을 팔았는, 촌에 집을 팔고 여게 와가지고는 전세를 못

얻겠더라고요. 대구서. 그라고 나서는 인자 아들 공부 좀 마이 시키겠다고 땅을 파니까 그 마을 생기고는 땅값을 제일 마이 받았다 그라드라고요. 450평짜리 논을 갖다가 1억을 받았으니까 20만 원이 더 치있다는 결론인데. 근데 그 당시는 그라마 제일 마이 받았다고 생각했는데 지금은 4, 500만 원 한대요 그게. 그 꼴짝에 땅이 마이 하는 데는. 그러이 내가 땅 팔았는 거만 해도 1500평이 되는데 그러이 참 마 그 소리를 들으니까 마마 약이 오른다 카까 애달은다 카까 그런 입장이라요. 나는 그게 복이 없는갑다, 그런 복이 없는갑다 이래 생각하고. 나는 팔자가 그런갑다, 내 운이 뭐 그긴갑다 카고 말아야 되지. 자꾸 그걸 생각할라카이끼네 뭐뭐 속마 상하고. 지금 있었으마 나도 뭐 그 땅만 해도 부자다 소리 들을 긴데. 근데 지금 이래 가마 생각해보마 나와가꼬 아들이 다 직장은… 다 대학교 나왔고 내대로는 뭐 내가 공부 못 했으니까 그래도 공부는 뭐 좋은 학교고 나쁜 학교고 그건 뭐 나 잘 모르겠고. 그래도 대학이라 카는 거는 인자 다 졸업을 했고. 다 취직도 잘 돼가주고 지 집 가주고 살고 있으니까 뭐 큰 회사에 그래도 뭐 부장, 과장하고 있으니까 뭐. 저 거대로 하마 뭐 벌써 결혼한 지 뭐 얼마 돼도 않애가주고 집 사고 아빠트 사가주고 뭐 살고 있고 하니까.

최승호 : 제가 생각하기도 대구로 잘 나오신 것 같아예. 애들 아이들 입장 생각해보면 애들 대학, 만약에 그 동네에 그대로 있었으면 그 땅 1500평 들고 있었으면 대학 졸업시킬 수 있었겠습니까. 제 생각에는 잘 없을 것 같아요.

손계홍 : 그렇지. 거서 거 할라 카마 대학 보낼라 카마 대구 와가 방도 얻어야 되고. 그 당시는 그 형편도 안 돼요. 내가 뒷 바라지해 줄 형편도 그 당시는. 방 얻고 뭐 이래가주가 할 형편도 안 되고. 그러이 뭐 지금 보이끼네 뭐 딸아는 그래도 저 봉무동 거게 이시아폴리스 거게 아파트 뭐 한 40평짜리 하나 사가지고 뭐 있고. 막내이는 그래도 저기 저 성당동에 거게 아파트 뭐 무슨 아파트 용만강 개나린 강 뭐 거게 사가주고 있으면서 동국제강에 아들은 동국제 강에 부장으로 있고 며느리는 며느리 회사는 뭐 인터넷 뭐뭐 하는 회산데 거게 보면 뭐 며느리도 부장이라 카드 라고. 그래 또 뭐. 맏이는 진량에 거게 청구아파트에 거 있시면서 머 식당 하나 하고 있고 머. 즈거 물 건 다 묵고 살아요.

최승호 : 그래도 아버지가 아부지 없이 커서 컸지마는 그래도 어쨌 든 자식들 건사는 다 잘 하셨네 그죠. 다 마무리 잘하셨고.

손계홍 : 마 내 할 일은 해야겠다 싶어가꼬 그래도 다 뭐 내 힘껏은 했시요 다.

최승호 : 하여튼 고생하셨고 힘들게 참 잘 살았습니다. 제가 박수 를 보내겠습니다. 고생하셨습니다.

손계홍 : 고맙심다.

최승호 : 이상으로 우리 한국전쟁 70주년을 기념하는 기록화사업 영상인터뷰를 마치겠습니다. 이번 유족구술증언은 영남 대학교 지역협력센터와 경산유족회 그리고 경산신문사가 함께 했습니다. 감사합니다. 고생하셨습니다.

손계홍 : 고생했심다 모두.

14. 이영기, 이대우 구술증언

사건과의 관계 : 이일희의 자
구술 당시 나이(생년월일) : 이영기 81세, 이대우 76세(남매)
출생지 : 청도군 매전면 관하리

최승호 : 안녕하십니까, 지금부터 한국전쟁 70주년을 기념하는 기
록화사업 피학살자 유족의 증언을 듣도록 하겠습니다. 오
늘은 일곱 번째로 경산코발트광산 유족 두 분이 나와계십
니다. 먼저 두 분 소개를 들어보도록 하겠습니다.

최승호 : 어르신 성함하고 나이를 좀 말씀해 주십시오.

이영기 : 나이는 팔십일 세고 이름은 이영깁니다.

최승호 : 같이 나오신 분은 어떻게.

이대우 : 저는 이대우고요. 경산에 경산시 자인면 자인로 193-1.
방금 말씀하신 분은 제 누님입니다. 남매지간입니다.

최승호 : 당시 관하리 마을에 몇 가구나 살았고 어떤 분들이 주로,
어떤 성씨들이 살았습니까?

이대우 : 예, 주로 농민이고 60호 정도 되는 걸로 알고 있습니다.

최승호 : 그 동네에 돌아가신 분이 몇 분이나 되신다고예?

이대우 : 돌아가신 분, 이 사건으로 인해 돌아가신 분은 8명이고 요, 한 분 유일하게 살아남은 분 있습니다.

최승호 : 생존자가 있고.

이대우 : 그 생존자는 2000년 들어서서 지금으로부터 16, 7년 전 에 돌아가셨습니다.

최승호 : 그리고 나머지 7명은.

이대우 : 3명은 1차 신청을 해서 명예회복을 했고, 4명은 이제 이 번에, 이번에 청도 2명, 경산코발트 2명 이렇게 됩니다.

최승호 : 그러면 이 8명이 청도장에 같이 아버지 이일희 하고 같이 갔던 친구들이다 그지예?

이대우 : 예. 일가도 있고. 마을 친구도 있고.

최승호 : 혹시 그 동네에 8명한테 이런 사상들 그때 당시에 남한 단독정부가 필요, 해서는 안 된다 이런 얘기를 해줄 수 있는 사람이 있었습니까?

이대우 : 들은 말로는 읍에서 한 분, 한 분이 에, 참 일가라고 찾아 와서 그 상황을 북한에 실정을 이야기 한 분이 있었다고 들었습니다.

최승호 : 혹시 그분 성함을 들어봤습니까?

이대우 : 이재택이라고 알고 있습니다.

최승호 : 그분이 관하리 사람입니까, 청도 읍내 사람입니까?

이대우 : 원래는 관하 사람입니다.

최승호 : 관하 사람인데.

이대우 : 주거는 청도 읍내서.

최승호 : 그분이 마을에, 관하리에 들어오면은 우리 어르신 집에도

왔습니까?

이대우 : 예, 저 집에는 마 참 비참하기 짝이 없을 정도로 오두막집에 돼서 마 손님이 오기가 힘들었고요, 거 인제 같은 일 가고 하니까 같은 동리, 쪼끄만 동리에는 일가나 이웃사촌이나 다 친하게 이래 지내니까 한날 초닥방에 모여서 술 한잔하면서 그런 얘기를 옮겼는 같다고 이런 얘기만, 직접 들은 건 아닙니다.

최승호 : 이재택 씨는 공부를 많이 했습니까, 어떻게 부잣집 아들이었습니까?

이대우 : 예, 사는 경과는 그 당시로 봐가는 부잣집이었어요. 지금 생각하면은, 지금에 비할 수는 없더라도 상당히 거 사는 경과가 넉넉했고, 대학까지 나왔는지는 잘 모르겠습니다.

최승호 : 그분 영향력을 좀 받았다고 생각을 한다 그지예?

이대우 : 동리 사람들 다 그렇게 말을 하고 있습니다.

최승호 : 혹시 어머니가 그분에 대해서 하신 얘기 들은 게 있습니까? 엄마가.

이영기 : 들은 거는 맨 동생이 얘기하는 것캉 마 그 당시에 인자 참 아부지가 그래 돌아가시놓이께네 그래 참 그 사람들 때문에 그렇다고 그런 말을 그래 했는 모양이라 동네에서러.

이대우 : 그러니까 인제 우리말로 좀 항의하로도 가고 그 또 항의하로 가야 된다고 또 시키주는 분들이 있었고, 그라고 본인들이 생각해봐도 너무 이런 일을 당코보니까 억울선지 그 사람을 많이 원망도 하고. 이런 거를 저희들은 듣고 살았는데 그래 인자 내보다 더 누님이 나이도 또 여섯 살

위고 동네 일어난 일은 아마 내보다 누님이 더 잘 아시리라 생각합니다.

최승호 : 엄마가 그분을 별로 안 좋아하셨겠네예?

이영기 : 거 뭐, 대 대운에 가가꼬 항의하라고 가르쳐주는 사람도 있고 항의도 하고 그랬실 거라예.

최승호 : 항의도 하고 왜 당신 때문에 우리 신랑이, 남편이 그 지경이 됐다.

이대우 : 답답으니까 하는 소리지요, 뭐.

이영기 : 그 당시야 뭐 지서도 가가 그키 잘 죽이거든 날 함 죽이봐라고 그카고 뭐. 그래가 아무 그거 없이 살아나오는 그때는 법이 아주 물렀는 택이지예. 시초에 그런 일이 있었지. 지서도 멫 분 가도 뭐.

최승호 : 그러면 동네 8명 중에서 돌아가신 분은 두 분이다 그지예? 8명이 어떻게 다 피신을 했습니까? 언제 경찰이 잡으러 왔습니까?

이영기 : 그 사람들 잡으러 온 거는 우리는 모리지.

이대우 : 총선이 끝나고 이내라예.

최승호 : 총선이 끝나고 바로 경찰이 마을에 들어왔습니까?

이대우 : 예. 바로 인제 확 달라져뿌가 카데예. 자유당이 승리하고. 이건 아마 같은 생… 내가 지식인층에 들었으니까 같을 겁니다만 뭐 한마디로 완전히 딴판이었어요. 확 돌변해가지고 논에서 일하는 사람도 선거에 저 사람 나왔나 안 나왔나 봐라 이래가 장부를 가 다니면서 저 선거 기권했다. 그 길에서 총을 쏘가지고 다리를 맞차뿌고 이런 일도 있었어요. 그 양반도 결과적으로 돌아가시기는 했습니

다마는 마 1차 때 보상을 받았습니다.

최승호 : 기권했다고 총을 쏴서 다치게 했다고요?

이대우 : 예예. 그러이 동민들 중에 함 마 가이 한 20%는 기권을 했는 같아예. 다른 사람들 많은 데로 따라가야 된다 카면서. 인자 그래 선거를 했고, 그 선거를 뭐 기권해가 어떤 일이 오리라고는 꿈에도 생각을 못 했죠.

최승호 : 그럼 그 8명이 지금 다 어떻게 되신 거예요? 경찰이 오고 나서 8명이 다 뿔뿔이 흩어졌습니까, 아니면 같이 다 붙잡혀갔습니까?

이대우 : 거 보면 행불자도 있을 거예요. 그 코발트광산유족회에서 정리가 됐습니다마는 명예회복을 했습니다마는 어떤 분은 행불자도 있었고 어떤 분은 경찰들한테 뿔들리 나가고부터는 몇 달간 소식을 모리는 그런 실정이 있었고. 주로 인제 제사를 한날 지내는 사람이 많아예. 내가 보니까 우리가 지금 아부지 얘기를 하는 거는 48년도 이야기고 주고 인자 5월 10일 국회의원 선거 이후에 일어난 일은….

이영기 : 2년 후이지.

이대우 : 그기 인제 49년도부터 50년까지 주로 보면 그때는 더 악랄해졌어요. 그때는 한 마디로 마 가족까지 폭행을… 순사, 그때는 순사라 그랬습니다. 하고 마 정말 뭐 살벌했지요.

최승호 : 그럼 아버지가 5월달 선거 끝나자마자 경찰이 잡으로 왔고 아버지가 피신을 했잖아예. 어느 동네로 피신을 했다 그럽디까?

이대우 : 고 인근 두곡동 절골이란 데가 있어예. 거 아주 첩첩 산골짜긴데 고 아까도 캤지만 3명이.

최승호 : 8명 중에 3명이 그 동네 갔네예?

이대우 : 그건 아니지요. 그거는 아니고 다른 동네에서도 그 일이 일어났거든요. 한 분은 적산이고 뭐 또 한 분은 잘 모르겠고. 보니까 좀 멀리 숨은 사람은 늦게 죽고 좀 가깝게 숨은 사람은 일찍 죽고. 예. 어떤 사람은 그 49년부터 보도연맹 카는 데 가입을, 그 당시에는 그거를 정부에서 권장을 했어요. 용서해주겠다고. 보도연맹이라 카는 데 조금이라도 죄를 졌으면 용서해주겠다 해가주고 혹시나 신고 안 하면 어쩌까 싶어서 그래 신고를 했는데. 그게 그만 예. 이게 그게 뭐 이야기 들으니까 북한에서 인자 50년쯤 되는 모양이라예. 북한에서 내리오니까 관공소 문을 열어뿌니까 바로 이 전국에 가다나논 사람이 근본 많다 아입니까. 많은데 이거 뭐 5월 10일 선거 이전하고는 이야기가 완전 달라지는데 그때는 마 난장판이 됐지요. 들은 바에 의하면 뭐 적대행위를 했으요. 거 관공소 갇힌 사람들은. 거 남한에서 이렇게 처우, 처우를 하니까 대우를 하니까 북한 편을 든 것 같아예. 그러이 전국에 다 풀어놓마 클 날 듯싶어 거 전부 미군 군용트럭으로 막 줄줄이 엮어가주고 코발트광산이나….

이영기 : 곰티재.

이대우 : 청도 곰티재나 이건 뭐 사람 사는 게 아니고 예.

최승호 : 혹시 경찰이 마을에 아버지 찾으러 온 날짜는 기억하십니까?

이대우 : 에이 그건 모릅니다.

최승호 : 선거 끝나고 나서라 그랬지예?

이대우 : 예. 선거 이후에.

최승호 : 그러면 아버지가 두곡동에 얼마나 피신해가 있었습니까?

이대우 : 그때 기한이 보면 두 달여 정도 되는데 집에 옷 갈아입으로 오는 게 마지막이었었고.

최승호 : 옷 갈아입은 게 언제쯤 됩니까, 몇 월달입니까?

이대우 : 죽기 전 한 10일 정도 되는가.

최승호 : 7월 중순쯤 되겠네요.

이대우 : 그렇지요.

최승호 : 아, 보름 전에 옷 갈아입으로 왔었어예?

이대우 : 옷 갈아입으로 와서 인제 엄마가 울면서 무슨 죄를 지었냐고 자수하라고 말이지 카니까 아무리 생각해도 지은 죄는 없고 죄는 지은 바 없고. 그래 그 도장 지장 놓은 것이 못내 걸린다. 그때는 그게 당연한 걸로 그 생각이 맞다는 생각이 들어서 지장 난 게 못내 걸린다.

최승호 : 지장 났다 카는 게 인민위원에 도장을 찍었다는 거죠?

이대우 : 인민위원회 지장이 아이고.

최승호 : 노동당.

이대우 : 저저 그러이 단독정부 반대 찬성 두 군덴데 거 인자 반대다가 도장을 찍고 도장도 지장 안 찍은 사람은 또 이름을 썼었고.

최승호 : 아버지는 지장을 찍었다 캅디까?

이대우 : 아버지는 그것까지는 모르겠어예.

최승호 : 그래갖고 피신해서 두 달쯤 있다가 돌아가시기 전에 보름

전에 집에 잠시 옷 갈아입으로 왔다가 그다음 인제 그라면 인제 보름 후에 돌아가신 날짜가 언제지예?

이대우 : 7월 25일입니다.

최승호 : 7월 25일. 그날 그럼 아침에 붙잡힌 겁니까?

이대우 : 아니 저녁에. 저녁에 좀 어두웠어요. 어두운데 붙잡혀서 몇 시간 후에 돌아가셨어요.

최승호 : 어디서 붙잡혔습니까?

이대우 : 청도 그러이 두곡동.

최승호 : 아, 피신해 있던 그 마을에서.

이대우 : 예, 두곡동 절골. 또 한 서넛 집 살고 있습니다. 절골 카는 데가.

최승호 : 고기서 잡혀갖고 그라마 그 자리에서 돌아가신 겁니까, 아니면 마을로 관화리로 들어왔습니까?

이대우 : 예, 뭐 딱 총구를 딱 들이대고 뭐 꼼짝 마라 이래니까 방법이 없지요 뭐.

최승호 : 거기 숨어있는 거는 어떻게 알았는가예?

이대우 : 그거까지는 제가.

최승호 : 잘 모르겠고. 그때 당시에 그러면 연행을 경찰일 건데 청도 경찰입니까, 아니면 관화리 지서에 경찰입니까?

이영기 : 관화지서라고 알지예 우리는.

이대우 : 관화지서 순경 3명이라꼬 알고 있는데. 거 장부에 거 기록에 이하면은 거 청도읍에 경찰서에 3명이 왔다. 자기네들은 아니라꼬 이야기를 하는데 사람을 죽여놨으니까 뭐 마땅한 거 빌을, 벌이 아니라 마땅한 이유를 붙여놨겠지요. 그 대다수 사람들이 관화지서 순경들이라꼬 이야기를

하더라고예. 주민들도. 한데 그래 거 할머니하고 어무이하고가 참 가서 아주 심한 항의를 여러 번 했어요. 하니까 절대 우리는 안 죽였고 본서에 왔다 본서다 이카고 이렇게 하니까.

이영기: 본서에서 올 여게가 어딨노 밤에.

이대우: 내가 그래가 배운 것도 없으면서 자인에 거 방범위원장까지 욕심을 내가지고. 그래 아버지 대해 좀 알려꼬 잠시나마 한 일 년 정도 방범위원장을 했는데 청도 그 경찰서에 찾아가니까 기록이 없대요. 기록을 안 보이주더라고요. 없다 그라고. 그래 뭐 하는 말이 뭐 연좌제가 철폐됐는데 그기 무슨 지금 아셔가 뭐 할라고 이런 식이고.

최승호: 청도경찰서에서?

이대우: 예.

최승호: 관화리 지서에 가서 어머니하고 할머니가 항의를 많이 했는데도 자기들은 안 그랬다. 청도서에서 와가 그랬다. 사과를 받았습니까, 그때 당시에 청도경찰서에?

이대우: 청도경찰서에 사과를 전혀 받은 바가 없고 항의, 그 항의하는 것도 청도경찰서까지는 간 일이 없고.

이영기: 관화지서 사람들이 그랬다 카는데 뭐 청도읍에 가이 뭐 하노.

최승호: 그럼 당시에 돌아가시고 나서 아버지 시신은 어떻게 했습니까?

이대우: 묻었습니다. 매장했습니다.

최승호: 산소가 어디 있습니까?

이대우: 예, 그 절골 앞산에 있습니다.

최승호 : 그때 당시에 두 분이 돌아가셨다 카는데 그중에 한 분은 어떤 사람입니까?

이대우 : 한 분은 적산동에 사는 분인데예. 적산동도 매나 이웃 동네라요. 동넨데 그분에 대해가는 그 가족이나 아무도 지금까지 알 길이 없어예.

이영기 : 그 당시에 형제간이 있는 줄 들었는데.

이대우 : 그 뭐 소재를 모리니까.

최승호 : 그분 혹시 아버지하고 청도장에 같이 갔던 분입니까? 아니면, 그거는 모르겠습니까? 어떤 분하고 같이 있었는지는 모르겠다 그지요?

이대우 : 청도장에 같이 간 사람은 우리 동리에서 친구들이고 일가들이고 이라니까 하루 놀미삼아 그 막걸리도 한잔하고 국수도 한 그릇 하고. 자유당 명연설을 한다니까 그렇게 인제. 거서도 인제 자유당 연설도 들어보니까 거창해가주고 박수도 치고 했대요. 하고 거 인자 국수 먹고는 온짐에 노동당, 북한노동당 사무실에 오늘 명강의 한다니까 함분 가보자 이래 돼가 그래가 뭐 반신반의로 뭐 생각 있어가는 사람도 있고 이래 갔겠지요. 그래 된 거지요.

최승호 : 돌아보니까 인제 옳은 말이고 평상시 생각하고 비슷하니까 인자 반대, 단독정부 반대에다가 도장을 찍었다 그지요?

이대우 : 내가 그 자리에 있었어도 아마 찬성을 했을, 반대를 했을 겁니다.

최승호 : 그때 그 당시에 단독정부 반대 이거는 많은 사람들이 지지를 했었거든예. 그럼에도 불구하고 선거 끝나자마자 인

제 바로 인제 반대했는 사람들 특히 또 선거에 기권한 사
람들까지 경찰이 잡아가거나 아니면 총으로 처형을 하거
나 했다 그지요?

이대우: 예.

최승호: 그러면 아버지가 억울하게 돌아가셨다는 거를 알고 나서
언제부터 아버지 명예회복을 위해서 활동을 하셨습니까?

이대우: 그게 청도유족회가 먼저 발족했어요.

최승호: 아 2000년도에.

이대우: 청도유족회가 내가 그 정확히 기억은 안 나는데 지금부
터 한 20여 년 전인 걸로 아는데. 그때 그 참 회비도 내
고 좀 멀지, 경산서 멀지마는 회의 때 나가고 했어예. 했
는데 그래 그 조금 간부들이 조금 저질러가주고 그게 또
깨지고 유용해가 깨지고 그래 일부는 43명은 경산코발트
로 오셔가 옮겨가주고 보상을 해결하고. 또 일부는 나갔
던 사람은 뭐 거의 반 이상 되는데 다 빠져버리고. 포기
하고.

최승호: 그때 당시에 다른 분들은 전부다 경산코발트광산으로 오
셨는데 왜 안 오셨습니까?

이대우: 뭐 나는 그때 생각할 때는 코발트하고는 또 이게 아닌 것
같은 생각이 들어서 코발트 여는 들어보니까 보도연맹 가
입자들이 주를 이루더라고예. 이래서 내가 또 뭐 어떤
길이 아 있겠나 싶어가 빠졌는데 그, 것도 청도에 고대로
남아가 또 다독거리가 또 회를 꾸며가주고 유족회를 꾸며
가 또 보상받고 했는 팀도 있어예 지금.

최승호: 예, 있습니다. 청도보도연맹도 있습니다. 아까 그기 마을

에 8명 중에서 3명은 인제 1차 때 보상을 받고 명예회복을 했고 두 사람은 그러면 인제 아버지하고 돌아가신 분, 잘 모르는 사람 그 사람들은 아예 신고를 못 했고. 요번에 4명이 신고를 했다 그지예?

이대우 : 예, 요번에 4명 했습니다. 청도 2명, 경산코발트 2명.

최승호 : 고 미신고 두 분, 코발트에 두 분 하신 분은 어떤 분들입니까? 그분들은 어디서 돌아가셨습니까? 맹.

이영기 : 뽑잡히가 그냥 갔지 뭐.

최승호 : 뽑잡히가꼬 돌아가신 분들입니까?

이영기 : 가가꼬 마 흔적 없이 이날 이때껏 뭐.

최승호 : 흔적 없이.

이대우 : 한 분은 서울 사는데 그 이름이 안 생각키는데. 딸은 이수연이라꼬 여 지금 코발트 여기에 적을 했습니다. 접수를 시키고. 그다음에 내고. 지금 코발트엔 두 명입니다.

최승호 : 두 명이 신고하셨습니까? 청도에 하신 분들은 어떤 분들입니까?

이대우 : 부산 사시는 분인데 우리 집안인데 이재화 씨라고 그분 어른인데 그 인제 그분하고 또 김씨 우리 동네 그 딸 이름이 김숙이가 그 접수를 시켰는데 요번에 그 이기 마지막이 아니겠나 하면서예.

최승호 : 그분들도 맹 코발트에서 돌아가셨습니까, 아니면 그 전에.

이영기 : 곰티재.

이대우 : 곰티재서. 묘도 거 있습니다.

최승호 : 그러면 그분들은 한국전쟁 후에 돌아가셨습니까, 아니면 그 전에 돌아가셨습니까?

481

이대우 : 전쟁, 내가 알기로는 전부 50년에.

최승호 : 50년 전쟁 때.

이대우 : 그 제사를 보면 한꺼번에 지내는 사람이 많아예. 한 날.

최승호 : 5월 9일날.

이대우 : 아니, 그게 아니고 음력 6월 며칠. 6월달에 제사를 같은 날 지내는 분이 몇 분 돼요. 그라문 그거는 같이 죽었다는 얘기가 돼요.

이영기 : 곰티재에 한 순에 네 사람인강 모르겠네. 네 집인강 싶으다.

이대우 : 우리 쪼만한 동네 절단났다 아입니까 그게 뭐.

최승호 : 그라면 아버지가 돌아가시고 나서 그 남매간에 둘이 엄마하고 이렇게 세 명이 살았습니까?

이영기 : 할무이 할부지 계시고. 나 많은.

최승호 : 그러면 거게 초등학교 졸업하고 이대우 씨는 어떻게 계속 그 마을에 살았습니까, 이사를 나왔습니까?

이대우 : 아니 거 살았습니다. 서당에 다녔거든요. 어른들이 중학교 해봐야 소용이 없다. 연좌제 철폐 전이거든예. 그니까 아무 때도 써물 데가 없다 이러면서 그래 서당에 가거라 해가 서당에 가게 됐고. 인제 그 동네서 결혼해가 경산으로 나왔지요.

최승호 : 결혼은 몇 살 때 했습니까?

이대우 : 스물세 살 때 했습니다.

최승호 : 지금 자녀는 얼마 있고예?

이대우 : 2남 3녀.

최승호 : 우리 할머니는 그라면 그 동네서 사시다가 할머니도 서당

에 다녔습니까?

이영기 : 국민학교 졸업하고 그냥 집에 살림 살았지 뭐.

최승호 : 살림은 좀 많이 있었습니까?

이영기 : 없어. 없고 나만 어른 두 분하고 마 만제 고생하고 살았지 뭐.

최승호 : 논은 몇 마지기나 있었습니까?

이영기 : 아부지 돌아가실 때 논 한 마지기.

최승호 : 한 마지기 있었습니까. 그러면 한 마지기 갖고 그 다섯 식구가 어떻게.

이영기 : 보리밥 늘 해묵고 콩죽 끼리묵고.

이대우 : 밭이 엿 마지기 있었거든에.

이영기 : 콩 그거 가꼬 인자 콩죽 만날 끼리묵고.

최승호 : 아, 밭 엿 마지기 논 한 마지기. 일곱 마지기네 그지예. 그걸로 인제 다섯 식구가 먹고 살았네예.

이영기 : 봄 되마 나물 뜯고 뭐.

이대우 : 사실은 휴학할 형편이 못 됐어. 경제적으로 좀 못 됐고 인자 이런 이유 저런 이유를 붙이가 어른들이 마.

최승호 : 가고 싶었습니까?

이영기 : 하이고, 학교 다니고 싶지. 여기는.

이대우 : 예, 가고 싶지예. 밥도 안 묵고 뭐.

이영기 : 학교 보내라꼬 몇 번을 오셨는데.

최승호 : 담임선생님이.

이영기 : 공부를 잘했어예.

이대우 : 담임선생도 또 어른들 찾아보러 오고 뭐 이래 했습니다.

이영기 : 고럴 때는 야가 중학교 고칼 때는 살림도 조금 낫었지예.

아부지 돌아가실 직시 카면은.

최승호 : 살림이 나아져갖고 학교 다닐 형편은 됐는데.

이대우 : 아버지가 인제 일본에 공부를 하러 가 있었거든예. 이 사
건이 나기 전에.

최승호 : 일본에서 공부를 하셨습니까?

이대우 : 예, 6년간 하다가 인제 해방돼서 45년도에 1945년도에
나와서 3년 살고 돌아가셨거든예.

최승호 : 일본에서 무슨 공부를 하셨는가예?

이대우 : 거기까지는 모릅니다.

이영기 : 책이 야튼 뭐.

이대우 : 책을 우리 집에 마이 있는데도 내가 일본어를 모르니까.

최승호 : 유학을 가신 겁니까, 아니면 강제징집 돼가 가신 겁니까?

이영기 : 돈도 낮에는 벌고 밤에는 공부하고 이랬는갑….

이대우 : 그런 건 아이구요. 유학 갈 형편 그런 건 아예 꿈도 몬 꾸
고, 인제 낮에는 벌이고 밤에는 공부하고 이래 했다고.

최승호 : 혹시나 강제동원 돼가꼬 간 거는 아닙니까?

이대우 : 아이고 아입니다.

최승호 : 내 발로 스스로 돈 벌러 가신 거네.

이대우 : 예예.

최승호 : 그라마 결혼하기 전에 가신 겁니까?

이영기 : 결혼하고지.

최승호 : 결혼하고.

이대우 : 두 사람 애 낳아놓고.

이영기 : 내가 나고 일본 가시고, 6년 공부해가 나와가 야가 나고.
그래야 나이가 여섯 살 차이가 나지.

최승호 : 아버지가 6년간 일하고 공부하고 나와갖고 동생을 낳았
　　　　네예. 그 전에 가셨고. 그때 해방되자마자 나오셨네 그지
　　　　요? 아버지가 몇 년생이라 그러셨어예?

이대우 : 지금 살아계시면 백네 살 되시는데.

최승호 : 서른두 살에 돌아가셨으니까. 결혼은 그라마 아버지가 몇
　　　　년에 하신 거예요?

이영기 : 열여덟이라 카든강. 엄마가 열여덟이라 했나, 한 살 차
　　　　이.

이대우 : 아부지는 열아홉이고 엄마는 열여덟이고.

최승호 : 열아홉, 열여덟에 결혼하시가꼬 그래가 인자 누나를 낳은
　　　　게 그라면.

이영기 : 이런 이야기 할라 카마 고 창창해. 내 우에 오빠가 있었
　　　　거등. 그러이께네 또 거도 네 살 차이 나예. 만주 가가 또
　　　　한 4년 계시다가 오시가 또 하나 놓고 그랬는데.

최승호 : 아, 오빠가 있어예?

이영기 : 돌아가셔가 없어예. 진작 커가 한 아홉 살 무가 죽었지 싶
　　　　어. 그래놓이 가정이 뭐 돈이 있을, 살림 뿌룰 여게가 없
　　　　었지요. 만날 이래 가고 저래.

최승호 : 아버지가 만주도 갔다오셨어예?

이영기 : 그랬는가 뭐.

이대우 : 만주도 몇 년 있었지요.

이영기 : 4년 있었다 카대. 거 내 우에 오빠가 있었으면 네 살 많거
　　　　든.

최승호 : 만주 먼저 가셨다가 다시 돌아와서 일본에 4년 또 돈 벌
　　　　러 갔다가, 6년 갔다가 돌아오셔서.

이대우 : 나가 생활했는 기 기간이 한 10년 되고 하니까. 열아홉에 결혼해가 서른둘에 죽었으마 10년 빼뿌고 나마 한 3년. 부부생활은 한 3년 했다고 보면 뭐.

이영기 : 3년은 채 왔다리 갔다리….

이대우 : 엄마가 참 불쌍한 삶이죠.

최승호 : 엄마는 그래가 언제 돌아가셨습니까?

이대우 : 팔십에 돌아가셨으니까 그때가 언제고? 지금 살아계시마 백세 살인데.

최승호 : 아버지 형제는 몇 형제였습니까?

이대우 : 독잡니다.

최승호 : 독자. 큰아버지, 작은아버지도 안 계시고. 아버지가 독자고 그라마 아들도 독자고.

이대우 : 예, 저도 독자고.

이영기 : 여는 4대 독자.

최승호 : 할아버지도 그라면. 할아버지도 그러면 강화동네에 사셨습니까?

이대우 : 예.

최승호 : 할아버지는 무슨, 농사지었습니까?

이대우 : 농사지었….

이영기 : 아주 옛날 노인이지예.

이대우 : 자인으로 이사 와가 좀 사셨어예.

최승호 : 자인으로 이사 온 거는 그라면 몇 연도에 이사 오신 겁니까?

이대우 : 71년도. 50년 채 납니다 인제.

최승호 : 그때 이사 올 때가 몇 살이었습니까?

이대우 : 수물여섯 살.

최승호 : 아, 결혼해갖고 인제.

이대우 : 한 3년.

최승호 : 3년 살다가 이쪽으로 이사를 오셨네예 그지예. 자녀가 아까 몇이라 그랬습니까?

이대우 : 2남 3녀.

최승호 : 우리 누님은 자녀가 얼맙니까?

이영기 : 우리도 2남 3녀.

최승호 : 똑같네예. 누님은 거기서 인제 스물한 살에 결혼을 해가 어디로 시집을 왔습니까?

이영기 : 저 금천면 김전리 카는데. 거 한 10년 살다가 자인으로 이사를 나와가 지금 자인 살아예.

최승호 : 자인에 이사 온 지가 몇 년 됐습니까?

이영기 : 오래됐지예.

최승호 : 김전에 10년 살다가 자인 이사 왔다.

이영기 : 동생하고 인자 같이.

최승호 : 이웃입니까?

이대우 : 이웃. 누부가 70년에 1970년에 이사 왔습니다. 1년 먼저 왔습니다.

최승호 : 70년에 자인, 동네가 무슨 동네였습니까? 동부리?

이영기 : 서부리 1리.

최승호 : 서부1리. 카면 동생도 맨 서부1립니까?

이대우 : 예.

최승호 : 누님 있는 데 일부러 오신 겁니까?

이대우 : 예, 일부러 왔습니다.

최승호 : 일부러, 온 가족들 다 데리고. 그러면 70년부터 2000년까지 한 30년 동안을 그라면 아버지 얘기는 못 하고 살았네예?

이대우 : 못 하고 살았습니다.

이영기 : 하이고 못 하고 살았구마.

이대우 : 해줄 사람도 없었고요.

최승호 : 내가 이걸 얘기할 데도 없었고.

이대우 : 알려고 하지도 않았고. 알려고. 내가 이 관심 있게 봤는 거는 연좌제 철폐할 때. 할머니가 마 그 너희들한테 내가 죄인이다 죄인이다 카시면서 살았는데 그때 연좌제 철폐 되니까 할머니가 제일 좋아하시더라고요.

최승호 : 그때가 언젭니까?

이대우 : 80 몇 연돈데.

최승호 : 전두환 시절.

이대우 : 노태우 아니면 전두환.

최승호 : 80년 말.

이대우 : 중후반.

최승호 : 80년대 중후반 그럴 때 그때 연좌제가 폐지됐다 그렇게 들었습니까?

이대우 : 그래가 내가 경찰서에 가보기도 하고.

최승호 : 어느 경찰서에 가셨습니까?

이대우 : 그 당시 청도경찰서.

최승호 : 거서 뭐 달라고 그랬습니까? 경찰서 가서.

이대우 : 아버지에 대한 자료를 기록을 좀 보자. 근데 그 사인이 있을 것 같아서 갔는데 그거 볼려고 그 참 자격도 없는 방범

위원장까지 하면서.

최승호 : 방범위원장. 어느 방범위 경찰서?

이대우 : 자인지서.

최승호 : 자인지서 방범위원장.

이대우 : 내 일부러 아버지에 대한 거를 알라고 내가 그랬거든요. 1년 하다가 남을 넘겨줬지마는 그래 청도에 가니까 모두 눈만 뚱그라이 해가 안 가르쳐 주더라고요. 자료 없다 그 란 식으로.

최승호 : 그러면 인제 방범위원장을 해서라도 아버지에 기록을 찾고 싶었는데 그때까지 그러면 계속 마음속에만 있었네 그 지요.

이대우 : 예.

최승호 : 이제 청도경찰서에 갔는데 기록도 없고 그렇게 해서 인제 포기를 했습니까, 아니면 계속 또 알아보고 다녔습니까?

이대우 : 그 당시에는 그러고 많은 세월을 잊고 살았어요. 요 근래 2000년 들어와서 2000년 전인지 2000년 후인지 그거는 기억이 안 나는데 청도에 거 가입을 하게 됐어예. 청도유 족회에. 그 인자 관심이 있던 차에 또 누가 그래 또 이야 기를 해주더라고요. 그기에 대해서. 그 진행자 중에 그 회장 되는 분이 박희춘 씨라고. 그 자칭 대학교수라고 얘 기를 하시더라고예. 그분하고 인제 아까 생존자 집에도 가기, 찾아가게 되어서 마이 알게 됐고. 또 인제 매전면 장 하시는 분 이종대 씨가 또 저의 고모할매 집 아들입니 다. 이래서 인제 그분한테도 이야기를 듣게 되고 또 외삼 춘이 그 초등학교 교장을 정년퇴임 하신 분인데 그 또 가

서 이애기를 들어보고 시대 상황 즉, 가정 얘기는 누님이 마이 알지마는 그 당시 상황은 아마 내보다 더 안 못 하겠나 싶어가 참 따라 나올려고 생각을 했고.

최승호 : 그러면 매전면장님이나 그 외 삼촌 박희춘 씨, 생존자 이런 분들에게 들어보니까 아버지가 참 억울하게 돌아가셨고 아버지 명예라도 회복해야 되겠다 이런 생각을 하시게 된 거네 그지요?

이대우 : 예.

최승호 : 1차에 못 했으니까 2차에 미신고자로 신고를 하셨는데 앞으로 정부나 아니면 우리 국회나 우리 유족회에 바라고 싶은 게 있을 건데 뭐 어떤 게 바라는 겁니까?

이대우 : 그래서 저는 처음에는 연좌제만 철폐해주면 카는 그런 마음밖에 없었어요. 그 자식들한테 그 애는 다섯이나 되는데 그 참 면목이 없드라고요. 이래서 그 사람 욕심이라는 게 희한하지요. 연좌제가 해결되니까 또 명예회복을 했으면 싶은 생각이 들어서 누구보다도 관심 있게 인제 지식인들 층에 내 알… 뭐 일부러 이걸 마 알고 이래 한 거는 아니지마는 수많은 세월 동안 만난 적마다 남하고는 이애기가 잘 안 되드라고요 이게. 또 당자들하고는 이야기를 해보니까 전부 자기 가정사뱩이 이야기를 또 안 하드라고예. 이래서 그 주로 인제 유명한 사람들 찾아다녔지요.

최승호 : 그분들 공통적인 말씀이 어떤 말씀이었습니까?

이대우 : 세월이 주로 딱 갈리는 게 그 48년 5·10선거. 5·10선거 전에는 미군정, 치안은 우리한테 다 맡겨도 그 문정시절 아님… 시절이라 제주도에서도 미군이 참여하게 되고 또

여수에서도 미군이 참여하게 되고. 그런 이런 거는 뭐 제가 이야기할 필요 없이 다 아시는 이야기니까.

최승호 : 처음에 연좌제만 철폐되면 낫겠다 싶었는데 연좌제 철폐되고 나니까 인제 우리 아버지 명예회복을 해야 되겠다, 이런 욕심이 생겼다 그지예.

이대우 : 예. 또 해결된 분도 나타나고 또 어떤 데는 4명이 어울러서 또 단독소송을 한 분 더 했고 4명이 어울러 했는 사람도 있고. 그래서 뭐 보상 관계까지. 그분들도 나는 돈이 필요해서 하는 기 아이고 아부지 자식으로 마땅히 할 일을 한다, 했다. 이런 이야기를 하시더라고예.

최승호 : 자식 된 도리죠.

이대우 : 사실 나도 같은. 마음은 같은데 인제 남들 돈까지 보상을 받고 하니까 또 예. 조금씩 그런 생각도 들더라고예.

최승호 : 그런데 명예회복을 할려고 하면 아버지가 돌아가셨다는 사실을 증명하는 기록이 여러 가지가 있거든예. 그게 제일 먼저가 청도경찰서에 있는 뭐 수용자명부라든지 그리고 아니면 수감자명부, 대공 바인더 이런 데 이름이 올라가 있거나 아니면 60년도에 양민학살특위 국회에 신고를 한 사람이면 되는데 혹시 60년도에 집안에서 청도군이나 군에 신고하신 분이 있습니까? 신고돼있는 거 확인하셨습니까?

이대우 : 저는 그 모릅니데이. 신고한 일도 없고 모릅니다.

최승호 : 혹시 집안에 뭐 집안 어른들 중에서 누가 그때 당시 아버지가 돌아가셨다, 이일희 씨가 돌아가셨다 이렇게 신고하신 분은 없어예? 없어. 그러면 거기 청도경찰서에 가도

자료를 못 찾았다 그러셨죠. 없다 그랬죠.

이대우 : 청도경찰서에는 두 번이나 갔어요. 또 요 근래 대통령이 노무현 대통령가? 4·3사건에서.

최승호 : 사죄하실 때.

이대우 : 사죄하는 첨 봤거든예. 그런 거는. 그래가 그때도 그게 아이고 과거사진실규명법이.

최승호 : 2005년도에 통과됐죠.

이대우 : 2005년도에 통과돼가주고 철폐를 시깃다네요이.

최승호 : 2017년에, 10년에 없어졌습니다. 5년 만에.

이대우 : 그 나는 그 깜짝 놀랬거든요. 그렇게 빨리 끝낼 줄 몰랐거든요. 이미 다 늦었는 거 아닙니까. 그래서 청도경찰서에 갔어요. 가서 자료를 이야기하니까 진실규명법으로 인해가 청도군청으로 넘겼대요. 군청으로 또 갔어요. 청도군청에 가서 그래 이야길 하니까 자료는 전부 중앙으로 다 진실규명법이 철폐되는 동시에 함께 다 넘겼다, 이관시겼다. 그러면서 한 30분간 뭘 찾더라고예. 근데 인자 인터넷 모니터에 걸 찾아가주고 보이끼네 보상받은 사람은 명예회복 하며 도장을 다 찍었더라고요. 찍어놓고 미신청자는 고대로 있고. 고골 이자 내 아부지 미신청자 명단에 있는 걸 봤다고.

최승호 : 아, 미신청자 명단에 있습디까?

이대우 : 예. 또 청도 곰티재에 가면 위령탑이 있어요. 그 위령탑에 보상받은 사람 탑도 있고 미신청자 탑도 있어요. 예, 거기 인제 아부지 이름이 있습디다.

최승호 : 미신고자에.

이대우 : 예, 확인을 했고.

최승호 : 확인이 됐습니까?

이대우 : 예.

최승호 : 그러면 이번에 인제 2차 조사 때는 아버지가 유족으로 확인이 되겠다 그지요?

이대우 : 예. 될 걸로 그거는 뭐 될 거로 백프로.

최승호 : 혹시 지금 아버지가 돌아가셨다는 거를 인우보증이나 해 줄 사람이 있습니까?

이대우 : 다 해놨습니다.

최승호 : 아 인우보증 다 받아놨습니까?

이대우 : 마을에 사는 분 한 분하고 외삼촌이 팔십구 센데 돌아가신 아부지하곤 처남남매간이지요. 그 외삼촌 근데 나이 많은 분들이 돼가 자꾸 뭐 오늘 어떻다 내일 어떻다 캐사까 싶어서 보증도 두 명 하라고 하는 게 유리하다고 해서 그때 했고. 다 준비를 해놨습니다. 아이 갖다 내지는 안 앴는데.

최승호 : 고고는 인제 12월 9일날 위원회가 설립이 되면 그때 당시에 신고하라고 할 겁니다. 그때 자료를 내시면 됩니다.

이대우 : 아버지 없이 두 분이 남매간에 엄마하고 사셨는데 참 억울하게 사셨잖아예.

이영기 : 아이고, 말로 다 몬하지예.

최승호 : 그거 한 번 그동안 살았던 세월에 대해서 할머니 한 번 말씀 함 해봐 주시소.

이영기 : 일본 가셨다가 여섯 살 때 제가 여섯 살 때 나오셔가지고 그래 뭐 나오시나놓이끼네 그때 이런 생각이 나더라고요.

지금이라도 생각이 나는데 그래 참 이리. 요전 앞에도 이 야기 했지마는 아부지예 소리를 몬 해봤어예. 여섯 살 무도 꾀마 쪼매 늘어가주고 부끄럽고 이랬는데 또 머 이내 저런 일이 또 닥치고 그래놓이 뭐 아부지 그거를 크게 못 느꼈지예. 만날 뭐 남이 아부지 부르면 부럽고 크는 과정 이야 뭐 말 안 해도 다 아실 끼고. 지금 생각하면 말로 다 몬 하지 뭐.

최승호 : 아버지 함 못 불러봤다 그지예.

이영기 : 예, 아부지예 소리를 함분 못 해봤어예.

최승호 : 마지막 아버지 본 모습은 기억납니까?

이영기 : 기억은 나지예.

최승호 : 뭐 입고 그때 있었습니까?

이영기 : 앞에 밭에 밭이야 우리 집 앞에 밭이 열 마지기짜리가 있 는데 거 보리를 비는데 점심 잡수로 오시라 카라 카드라 카이께네. 장 말은 할무이가 뭐 밥 무로 오느라 캐라 뭐 우예라 캐라 그 소리만 듣고 만날 그래 말하다가, 아부지 점심 잡수로, 아부지하고 할부지하고 계시… 둘이 부자간 에 보리를 비는데. 저 밭이 너르다 카이. 안골째기에. 점 심 잡수러 오시라 캅니더 그캐놓이끼네 보리를 비시다가 보리를 한 움큼 들은 그거예. 허리를 펴미 고개를 이래, 허리를 펴미 일라서시더라 카이끼네. 그런 거를 탁 앉아 뿌더라이끼네. 그거 인제 금방 아부지예 캤는 그기 부끄 럽어가주고. 그거 생각나고. 뭐 딴 뭐 별로. 장 뭐 아침으 로 그거 뭐 밥 잡수로 오시라 그카마. 얼매 아인 세월이 라도 장 뭐 글을 보고 책을 보시던 어른이 돼가주고 그런

기억밖에 뭐 없어예.

최승호 : 아부지에 대한 기억이. 아부지가 그때 살았으면 공부도 좀 더 하고 더 했을 긴데 아부지 원망 안 스럽습니까, 일찍 돌아가신 거.

이영기 : 원망은 사춘기 시절이 지금 오이 사춘기 시절이었나 싶어. 제사 때가 됐는데 옛날 아는가 몰라. 모 수가 뜯어가주고 쑥카마 좀 진해예. 그걸 뜯어온너라 캐가 뜯으러 가이 어찌 거도 밭이 언덕이 높은지 좀 고생시럽었나봐. 집에 와가 그걸 따듬는데 괜히 남들 다 사는데 돌아가시가주고 제사가 이르다 싶어가주고 성질이 좀 나드라카이께네. 그래가 할무이 보고 성질을 부린 그기 장 안 잊어뿌고. 그기 지내보면 그기 사춘기였나 싶어예.

최승호 : 아부지 있었으면 이 고생 안 할 긴데.

이영기 : 그 어린 마음에. 그때는 나이가 쪼매 들어놓이 고걸 뜯어오너라 캤겠지. 그랬는데 그런 생각이 들더라고예.

최승호 : 아버지 돌아가시기 전에 한 말씀, 아부지한테 하고 싶은 말도 한 마디 못 했는데 지금 한 번, 마지막으로 한번 카메라 보면서 함 하시소.

이영기 : 너무 가슴이 꽉 채이가 말이 잘 안 나오지예. 다 안 나오고, 돌아가신 그 청춘도 아깝지마는 할무니하고 어무니하고 살은 세월이. 우리 남매간에 고생시리 살았는 세월. 나는 또 어느 정도 돼 시집을 가뿌리가 모리지마는 우리 야가 고생을 마이 했어예. 그 양성바지 다 부자로 사는데 찡기가주고 그래 철이 일찍이 들었어예 야가. 고성 이씨 경주 이씨 양대가 촌에 부자도 많고 사는 그 속에 살림도

없지. 사람도 없지. 찡기가 크면서 고생했는 거 그거 참 말로 다 몬 하지요.

이대우 : 원래 그 촌에는 그 저 좀 잘 살면 유시 다 하고 집안 너르면은 다른 사람 좀 얕보고. 머 허튼 말도 하고 이래. 그거는 우리 동네뿐 아이고 어데 없이 뭐 촌 동네일수록 더하고. 지금 뭐 경산이나 자인이나 그카다가 영 절단나고 야 아무도 그카는 사람 없잖아예. 그 당시는 뭐 주로 양성이 고성 이씨 경주 이씨 살면서.

이영기 : 부자 유시가 많다이야.

이대우 : 그 당시 살았는 거는 지금….

이영기 : 나무도 해대고.

이대우 : 지금하고는 마 지금 우리 이래도 그때 세월로 생각하마 만석 부잔데예 뭐, 만석 부자.

최승호 : 우리 아버님도 한 말씀 해주시소. 공부도 다 해갖고 만약에 아부지 계셨으면 공부 해갖고 뭐 내가 하고 싶은 일도 했을 긴데 아부지 일찍 돌아가시는 바람에 서당공부 하고 누님하고 둘이 살았는데 그 세월 한 마디로 이렇게 한번 아부지 보고 싶은 마음 이런 거 한번 전해 보시소.

이대우 : 저는 마 아부지에 대한 거는 원망도 하기 싫고 다 받아들였는 거는 오래부터 오래전부터 받아들였으니까. 거 다 내 복에 팔자에 그런 기다 이래 생각하지, 뭐 원망도 없습니다 사실.

최승호 : 아버지가 또 정말로 나쁜 일을 하셔서 돌아가신 것도 아니고 그때 당시로서는 그게 나라를 위해 꼭 필요한 일이라고 생각했기 때문에 하신 거잖아 그지요?

이대우 : 내가 그 입장이 돼도 아마 반대를 했을 거라고.

최승호 : 지금 내가 지금 내 입장에도.

이대우 : 예, 그래 생각합니다. 하고.

최승호 : 아버지가 좀 자랑스러우시네 그지요.

이대우 : 그 말은 참 남한테는 못 해도 예, 마음속으로는 그 나는 그 이승만 대통령을 정말 영웅이라고 생각했고 배웠고 또 얼마 전까지만 해도 그랬고 이랬는데 그분이 정말 독립운동만 했더라면 만고에 영웅이지 않으셨겠나. 이 정치라는 게 참 뭔지. 나훈아 말따나 왕이나 대통령이 나라를 위해 죽는 거는 죽는 사람은 못 봤다 카드시로. 그 전부 자기에 이익 이익에 따라가 움직이지. 거 정말로 국민이 편할라 카마 지도자를 잘 도야 되겠다는 생각이예, 그 생각이 들고. 물론 뭐 박 대통령도 너무 욕심… 장기집권 해가 참 그런 겪어… 자기 한 동네 후배한테 생을 마감하는 그런 비극을 초래했고. 그러이 인간이란 게 좀 맞게 적당히 카는 게 참 어려운 거 같애요. 우리도 이래 서민으로 못 배우고 살아도 욕심 빼고 산다 캐도 뭐 또 돈 생각 나고 뭐 조금 더 지금보다 앞으로 더 잘 살았으마 싶은 생각 들고. 지금에 와서는 그런 게 없습니다. 지금이 딱 좋거든요. 마 노래 가사처럼 지금이 딱 좋아. 마 더도 말고 덜도 말고 이런 생각입니다. 그러이 아버지에 대한 원망도 없고 기대도 없고 없었고. 너무 일찍 세 살… 돌아가셔뿌니까 아부지 얼굴을 기억이 안 납니다, 나는. 지금도 아부지 얼굴 기억이 안 나요.

최승호 : 혹시 집에 그 아버지 사진이나 이런 걸 갖고 계십니까?

이대우 : 사진도 전엔 있었는데 없고.

이영기 : 이사를 몇 분이나 하는 바람에.

이대우 : 이사를 여러 번 했어요. 여 와가도 자인에 와가도 이사를.

이영기 : 일본서.

이대우 : 몇 번 해나놓이께네.

이영기 : 요만한 요새 주민등록 사진맹그로 고런 사진이 사진 가꾸에 늘 걸리 있다 어느 날 보이 없드라.

최승호 : 그러면 오늘 인터뷰를 마치도록 하겠습니다. 이번 인터뷰는 한국전쟁 70주년을 기념해서 영남대학교 지역협력센터와 경산유족회, 그리고 경산신문사가 함께 한국전쟁 70주년을 기록화하는 그런 사업으로 진행하고 있습니다. 오늘 두 분이 나와주셔서 그동안 가슴에 있던 말씀들을 해주셨는데 오늘 고맙습니다. 고생하셨습니다.

15. 정옥이 구술증언

사건과의 관계 : 정용우의 자
구술 당시 나이(생년월일) : 1949년 9월 29일
출생지 : 경산시 압량읍 남방리 483번지

최승호 : 안녕하십니까, 한국전쟁 70주년 민간인학살 70주기를 기
념하는 기록화사업 오늘은 그 세 번째로 경산코발트광산
유족회 회원을 만나겠습니다. 먼저 오늘 오신 분 성함이
어떻게 되십니까?

정옥이 : 정옥이입니다.

최승호 : 올해 연세가 얼마시지예?

정옥이 : 49년생 칠십둘.

최승호 : 생일은 몇월 며칠입니까?

정옥이 : 9월 29일요.

최승호 : 원래 어디서 태어나셨습니까?

정옥이 : 지금은 경산신데 그때는 경산군, 압량면 남방동.

최승호 : 아, 남방동에서 태어나셨구나, 예. 번지는 기억하십니까?

정옥이 : 번지는 483번지만.

최승호 : 몇 남 몇 녀입니까?

정옥이 : 몇 남이라이. 몇 남 몇 녀가. 아부지가 제 세 살 때 맏인데 갔는데예.

최승호 : 아, 세 살 때. 그러면 아들도 없고 딸도 없이 맏이로 세 살 때. 그러면 세 살 때 아버지 정용우가 돌아가시고 나서 초등학교, 학교는 어떻게 다니셨습니까?

정옥이 : 아버지 돌아가시고 그때 엄마가 한 여섯 살까지는 계셨거든요. 그래서 일곱 살, 여덟 살 때 제가 초등학교에 들어갔어요. 그것도 작은아버지 댁에서.

최승호 : 작은아버지도 맨 남방동에 사셨어예?

정옥이 : 작은아버지 사시는 곳이 남방동 제가 말씀드린 그 번지예요.

최승호 : 아, 그 번지고. 그러면 내가 태어난 번지는 잘 모르시네, 그지예?

정옥이 : 예, 거기에 그때 생각하니까 우리 조부모님이 계셔서 그래서 우리 아버지, 작은아버지(*정삼우) 같이 계셨는 거 같아요.

최승호 : 아, 3대나 4대 같이 사니까.

정옥이 : 작은아버지는 결혼은 안 하셨을 때 같아요.

최승호 : 그러니까 인제 같이 사신 걸로, 그것도 얘기로 들어서. 남성초등학교 졸업하셨어예?

정옥이 : 아니요. 남성초등학교에서 2년 다니다가 압량초등학교로 갔었어요. 그때 삼촌이 가정 관계로 이사를 하게 돼서 저도 거 따라가서.

최승호 : 그러면 이후에 중학교, 고등학교도.

정옥이 : 학교는 생각도 못 했어요.

최승호 : 학교는 생각도 못 하셨고. 그러면 결혼은 언제 하셨어예?

정옥이 : 결혼은 72년도에 72년 2월 27일에 했습니다.

최승호 : 날짜까지 기억하시네예. 그때 그럼 중매로 결혼을 하셨습니까?

정옥이 : 예.

최승호 : 지금 자녀는 몇 남 몇 녀지예?

정옥이 : 아들 하나, 딸 하나 남매요.

최승호 : 태어난 마을에 대해서 혹시 삼촌한테 들은 얘기가 있습니까? 남방동이 어떤 동네였는지.

정옥이 : 태어난 그 동네가 제가 그때 기억으로는 뭐 하튼 안 좋은 기억만 있기 때문에. 그 조부님이 같이 계셨거든요. 삼촌은 거기에 우리 증언해주셨던 삼촌, 작은아버지 그분이 계셨는데 그분도 그때 당시에 일본으로 가신 것 같애. 공부하러. 그래 가셨고 우리가 조부모님 밑에서 살면서 하이튼 그 남방동이 사라호 태풍 그 지나가서 지금은 완전 그 동네도 없어졌어요. 남방동이 위에 동네가 있고 아래 동네가 있는데 아래는 제가 기억하기로는 한 셋 집, 이렇게 세 가구 정도밖에 없었는데. 그게 사라호 태풍 때 지금 완전 날라가서 없어졌어요. 지금은 동네 자체가 없어졌어요.

최승호 : 거기는 성씨는 어떤 성씨들이 살고 있습니까?

정옥이 : 제가 그 동네는 제가 어려서 갔기 때문에 근데 좀 귀한 싱이라서 기씨가 한 분 계셨고요, 우리 앞집에. 그라고 우

리하고 그리고 다른 한 분은 잘 모르겠어요.

최승호 : 세 집밖에 없었으니까 고래밖에 없었구나. 그러면 아버지 형제는 몇 형제지예?

정옥이 : 아버지 형제는 지금 이 코발트 여기에 내가 이 생각만 하면 눈물 나는 게요. 우리 큰아버지도 여기서 가셨어요.

최승호 : 큰아버지도? 큰아버지하고 아버지하고 같은 날.

정옥이 : 아버지는 뭐 저는 그때 너무 어렸으니까 얘기로 듣고 알고. 그 앞에 우리 큰아버지는 얼만가는 모르겠는데 좀 빨리 가신 거 같애요. 빨리 가셔서 뭐 하이튼 그 정확한 내막은 그 조부모님이라도 그 얘길 잘 안 하지요.

최승호 : 큰아버지, 우리 아버지, 삼촌 3형제네, 그지예.

정옥이 : 고모 한 분 계시고. 3형젠데 그죠. 아버지 형제는 형제 3형제 고모 한 분 이렇게.

최승호 : 그럼 이제 어머니는 이제 아버지 돌아가시고 나서 재혼을 하셨습니까, 같이 사셨습니까?

정옥이 : 제가 그 기억을 하는데요. 그 우리 외가도 여기 바로 신천동입니다. 근데 우리 집에서 외가를 굉장히 안 좋게 생각을 하는 게 우리 아버지가 처갓집 가다가 밤에 뽑들려 가신 것 같애요.

최승호 : 아, 옆 동네니까.

정옥이 : 그래서 뭐 하이튼 제가 커도 외가를 못 가게 하더라고요. 가지 말라고. 외갓집이 굉장히 신천동에서 좀 집안도 괜찮고 뭐 여러모로 이렇게 살고 있는데도 그 동네 자체를 못 가게 해요. 그거 인자 원인은 우리 삼촌이 아부지도 없는데 질녀 하나 있는 거 혹시나 외갓집에서 데리고 가

까 봐. 그래서 완전히 연을 끊었어요. 끊고. 엄마는 내가 한 여섯 살쯤 됐을 때 계속 우리 외갓댁에서 누가 찾아오는 것 같아요.

최승호 : 재가해라, 딜고 가삣구나.

정옥이 : 그렇지 인자. 그래 하라고 하니까 우리 엄마가 못 간다고. 내가 그 생각을 했거… 고때 어려도. 내가 이걸 갖고 어디 가느냐. 그래서 못 간다 그랬는데도 하이튼 끝내 외갓집에서 데리고 갔어요. 그래 우리 삼촌이 나는 죽어도 질녀 하나 있는 거 못 보낸다. 그걸 확실히 기억하고 있었고요. 그래서 내가 엄마가 디기 멀리 살지도 안 하는데도. 하이튼 왜 우리 정씨 핏줄이 하나밖에 없는 그거 그 집에 줄 필요가 없다. 차후에도 니가 갈 생각도 하지 마라 하면서. 하이튼 그때는 지금 같이 예를 들어서 내가 철이 들었으면은 차후에 엄마를 찾아봐도 되잖아요. 근데 완전 거기에 내가 너무 어릴 때부터 참 뭐 세뇌 교육이랄까. 이런 자기 성을 참 우리 작은아버지가 그렇게 생각을 했었어요. 그래서 절대 니는 안 된다. 그래서 끝끝내 진짜 어디에 계신다 카는 거 알아도 못 가고 인생이 끝났어요. 엄마도 돌아가셨고.

최승호 : 큰아버지, 아버지가 돌아가셨을 때 아버지 연세는 얼마였지예?

정옥이 : 하우, 그 연세를 알겠습니까. 제가 그거는 들었는 기억 밖에 없기 때문에. 결혼할 당시에 우리 조모님이 그런 얘기를 한 번씩 인제. 그 얘기도 안 했는데 제가 물으면. 궁금하잖아요, 내가 어떻게 해서 그런지 그래서 물으면은 다

그런 지난, 우리 조모님 자신도 아들 일은 그게 이래 안 되새기고 싶은데 나를 보니까 더 가슴 아픈 거야. 그래서 절대 그거는 생각지도 말아라 카민서. 그거 뭐 그렇게 얘기하는데 그때 당시 우리 아버지도 제 생각에 한 스물다서, 스물일곱 이 정도 안 됐겠나. 그 정도만.

최승호 : 결혼한 지 3년밖에 안 됐네, 그지예?

정옥이 : 3년도….

최승호 : 2년, 2년 됐네. 세 살이라니까.

정옥이 : 3년도 채 안 됐죠, 예. 제가 돌 지내고 바로니까. 그 전혀 그런 기억을 못 하지예.

최승호 : 큰아버지는 아버지보다 몇 살 많았어예?

정옥이 : 큰아버지는 세 살 많다고 들었어요.

최승호 : 큰아버지 댁에는 자녀가.

정옥이 : 없지요, 없지요.

최승호 : 거도 없습니까?

정옥이 : 큰아버지도 뭐 아주.

최승호 : 결혼 안 하고 돌아가셨어예?

정옥이 : 안 하고 가셨어요. 안 하고 갔고.

최승호 : 그러면 큰아버지, 아버지 두 사람 중에 딸은 한 사람만 낳았네, 그지요? 그럼 삼촌은 아버지보다 몇 살 적어예?

정옥이 : 우리 삼촌은 마이 적지, 그래 되면은요 차이가. 지금 삼촌이 계시면 팔십 한 육 세 이쯤 됐는데. 그 아버지하고는 차이가 많은 것 같아요. 그래 내 우리 조모님 하신 말씀이 우리 큰아들 멀쩡한 거 다 갖다 잊어먹고 지금 끝에 꺼 하나, 별 대수롭지 않게 생각을 하시더라고 보니까. 우리

가 얘기 듣기로. 내 큰 자식들 참 우리 삼촌이 보면은 뭐 우리 나는 아버지를 모르니까 기억을 못 하니까 사진도 한 장 없어요 지금. 그걸 왜 그랬느냐 하니까 니가 알아서 좋은 것도 없고 니 상처만 되는데. 그래서 지금 내가 알고 있는 거는 아버지 아무것도 모르는 상탭니다 그러이까.

최승호 : 아버지 이름만 함자만 들었네, 그지예. 아버지 함자가 어떻게 되지예?

정옥이 : 정용우.

최승호 : 큰아버지 이름은?

정옥이 : 큰아버지 이름은 갑자기 생각이 안 난다. 제가 이 얘기를 꺼내면은.

최승호 : 큰아버지는 자식이 없으니까 그러면은 신고도 못 하셨겠네예?

정옥이 : 그렇죠. 우리 집에 어른들마 알고 동네 사람들만 인자 아는 거라. 그러이 큰아들 잃고 불과, 얼마 됐는지까지는 그런 얘기를 저한테 안 해줬기 때문에 모르는데 뭐 얼마 되지도 안 한 거 같아요.

최승호 : 큰아버지가 먼저 이제 잡혀가시고 그라고 인자 아버지가 잡혀가셨는데.

정옥이 : 아버지는 멀쩡하게 저녁 잘 잡숫고 나가가지고 그길로.

최승호 : 저녁 잡숫고. 근데 왜 그 아버지가 잡혀가셨다 그래, 무슨 일을 하셨다 합디까?

정옥이 : 무슨 일을 우리 아버지가 무슨 일을 한 것도 아니고. 이래 동네에서도 뭐 참, 거 할머니 그 친구들 말씀하시기를

느거 아부지는 인물이 너무 잘났기 때문에 모든 사람들이 옆에서 눈독을 들이고 있었는데 뭐 무슨 동네 무슨 일이 있으면은 뭐 아부지를 불러서 물어보고 뭐 그런 그렇다 카는 그 정도만 알았거든요. 어른들이 안 해주시면은 저 흰 거 대해가 아무것도 모르니까.

최승호 : 아버지가 인제 아버지는 공부를 마이 하셨다 합디까?

정옥이 : 아버지는 그때 당시에 한 중학교 하신 것 같아. 그래서 동네서 무슨 뭐 옆집에 뭐가 좀 복잡한 이래 서류 같은 게 오면 물어보러 오고 그랬다고 인자.

최승호 : 아, 글도 알고 하시니까.

정옥이 : 그런 얘기만 하더라고예.

최승호 : 그런데 인제 그러면 누가 신고를 하거나 하면 질투나 이런 것 때문에 아버지를.

정옥이 : 집에서는 아는데요, 누가 신고하고 그런 것도 없고. 인자 제가 집에 있으니까 집에서 뭐 하든 집에 일 끝나고 집에 일 마무리되면은 저녁에 가까우니까요. 옆 동네니까 저녁 일찍 먹고는 인자 처갓집도 가고 그렇게 하고 했는데 갑자기 뭐 없어졌으니까 이거는 한동안 누가 압니꺼 그거. 아무도 몰르고 소문만.

최승호 : 언제 없어졌다고 합디꺼? 몇 월달에. 모내기 철인가?

정옥이 : 그렇길래 아주 시원한 옷차림을 하고 나갔다 그랬는데 우리 할머니가 하시는 말씀이 날씨 시원하고 여름 지나서 그땐데 날씨 추우니까 그 인제 사람들이 인자 이집 저집 거 가까운 동네도 그런 사람들이 있었는가 바예. 그러이까 옷을 들고 가방을 싸들고 들고 다녔다 하는 그런 얘

기를 한 번 들었거든요. 혹시 어디서 만나는가 그 생각을 했는 모양이죠. 그래서 인자 정확한 다른 이야긴 안 해요. 옷도 안 입고 나갔다 그 시원한 계절에 갔는데 지금 어디 가서 있어도 참 뭐, 뭐를 입고 사는지 인자 부모로서 그런 생각을 했길래 그런 얘기를 한 것 같은데.

최승호 : 그러면 집에 나가가꼬 죽었는지도 몰랐네예, 그지예?

정옥이 : 죽었는지 살았는지도 몰랐죠.

최승호 : 근데 코발트광산으로 갔다는 건 언제 들었어예?

정옥이 : 코발트광산 갔다는 거는 그때 우리 정영호 작은아버지.

최승호 : 정영호 씨가 작은 아버집니까? 저 영천에 사셨던 그분이?

정옥이 : 영천이 원래 그 자기가 중간에 살기를 영천에서 살았지. 지금 지금 바로 삼촌이거든요.

최승호 : 아, 이분이 작은아버지구나, 삼촌이구나. 이분도 내 영천에서 내가 많이 했는데.

정옥이 : 지금 현재 압량면이 서부동입니까, 어디고? 동네가 바뀌었죠.

최승호 : 압량에 여 계십니까?

정옥이 : 예. 갑제동에 있어요. 공사 앞에. 우리 숙모님 계시잖아예.

최승호 : 그러면 우리 정영호 선생님 전화번호를 하나 좀. 전화번호 기억하십니까?

정옥이 : 전화번호가 거 우리 할머니만 계시니까 전화를 저한테 연락하면 알아보고.

최승호 : 아버지는 그럼 전쟁 터지고 나서 인제 붙들려 갔는데

언제 돌아가셨는지 모른다. 몰랐고.

정옥이 : 그렇지예. 그러이 우리 작은아버지가 건물을 하튼 평산에서 뭐 뭐슨 직장이라 저는 그런 거 모르겠고요. 이 평산 그때 무슨 지선데 여기 초소 같은 게 있었다 하더라고요. 요기. 여 평산 올라가는데요. 초소 같이 있었는데 여기서 근무를 했어요.

최승호 : 청년방위대로 근무를 했을 겁니다. 삼촌이.

정옥이 : 이 삼촌이 굉장히 똑똑해요. 그래도 형들은 그래도 자기 나름대로 나가서 공부도 하고 그 형들 다 잊어먹고 자기도 여 살기 싫더래요, 나중에 하는 얘기가. 그래서 나는 뭐 나쁜 놈들이 살든 좋은 놈들이 살든 관계없이 자기는 일본이나 저 만주 가 살고 싶다 했대요. 여기 형들이 없는 이런 비극적인 데서 살기 싫다 그랬는데. 그래서 작은아버지를 통해가주고 작은아버지가 여기 근무를 하니까 밤에 사람들 막 싣고 이래가 올라가는데 얼핏 보니까 앞에서 정확하게, 처음에 볼 때는 아는 사람들 보이는데 그다음에 또 차가 올라가고 또 차가 올라가는데 보니까 자기 형이. 형님이더라. 그라고는 뭐 형님이라고 했는데 그때 당시에 우리 할머니가 아시기로는 이게 뭐 경산서에 있는 사람들을 죄지은 사람들을 잡아가 어데로 싣고 가는데 거 느거 형이 왜 거 갔겠나. 인자 우리 할머니 하시는 말씀이 형이 왜 거기를 그 차에 타고 갈 일 없다 이카니까 작은아버지는 분명히 봤다 우리 형님. 내가 형님을 모르겠느냐. 그래서 인자 그때부터 삼촌이 인자 죽⋯ 찾아 좀 자기가 생각을 했죠.

최승호 : 왜 형님이 그 차에 타고 있을까.

정옥이 : 그렇지. 왜 갔으까.

최승호 : 그럼 그거는 아버지잖아 그죠, 차에 타고 가는 거 봤는 거는. 큰아부지는 그럼.

정옥이 : 큰아버지도 그 그 인편을 통해서 하튼 큰아부지가 잡혀가서 어디 있었는지 그건 큰아버지에 대해가는 잘 모르겠어요. 모르겠는데 나중에 누가 아버지는 작은아버지가 얼굴을 봤고 큰아버지는 큰 히, 자기 삼촌이 하시는 말씀이 형님은 하이튼 뭐 어디 경찰서에 잡히가 있었는지 어디 있었는지 왜 그 차를 타고 갔는지 다른 사람 통해서 들었는가 봐요.

최승호 : 큰형님하고 작은형님이 둘 다 인제 붙잡혀서 인제 코발트로 갔다 카는 거는 삼촌이 보셨네.

정옥이 : 예, 삼촌이 정확하게 봐니까 자기가 인자 그때부터 시작해가 그랬는데 뭐 이 지금같이 드러내놓고 하는 그것도 안 되고 하니까 참 세월 기다리고 있었지 뭐. 그랬는데 이 하는 바람에.

최승호 : 언제 우예 돌아가셨는지도 모르고 뭐 땜에 돌아가셨는지도 모르고 사라져버렸네. 그지예 어느 날.

정옥이 : 뭐 때문에 돌아가셨는지도 모르고 멀쩡하게 예. 그러이끼네 참.

최승호 : 근데 거기 그럼 할머니나 할아버지가 그 아버지가 인제 뭐 코발트에 끌려갔다 카는 거는 들었는데 그럼 아버지가 코발트에 혹시 시신이라도 찾으리 가셨는가예?

정옥이 : 코발트에 가셨다 카는 거만 알았지, 그 시신 찾으러 가고

그때 당시 그거 못했어요. 제가 여 남천초등학교 3학년 땐가 학교 다녔는데 그때 여기 평산에 웅덩이처럼 지금 지금 우리 여기 위령제 지내는데 말고 그 요양병원 있는 그쪽이요. 우물이 산이 높은 산에 우물이 있더라고예.

최승호 : 아 보셨어요?

정옥이 : 굴이. 봤죠. 굴이라고는 그 그걸 앞에 봉해놨기 때문에 다 모르는데 우리 그 초등학교 선생님이 내가 이거를 알은 지가 얼마 안 됐어요. 코발트 이거 바람에 여기가 내가 굴속에도 보고 이랬지마는 그때 당시는 여기 못 보죠. 보기도 그렇고. 그런데 여 웅덩이같이 생긴데 가니까요, 물이 벌겋게 생겼더라고요. 내가 거 3… 정확하게 고고는 기억하는데 3학년 때 소풍 갔었는데 거기서 남성초등학교 소풍을 여기로 왔어요. 가깝잖아요. 그래 왔는데 웅덩이에 다 여 들다보고 있는데 그 그때 선생님 말씀하시기를 여기 굴속에 여기 옛날에 일본사람들이 인자 그 사… 그 선생님이 하시는 말씀이 우리가 일본사람들이, 일본사람들이 저기에 사람들을 다 죽여가주고. 그래서 이 웅덩이 흙 자체도 보니까 우에서 보기에는 물이 푸르죽죽한데 옆에 보니까 완전 그 그 뭐라 표현해야 됩니까. 썩은 핏물 같은 게 있잖아요. 그 물 자체가 지금은 그게 그 우물 자체가 없어졌잖아요. 그걸 보고 내가 집에 가서 그 인자 소풍 갔다 온 날 가서 얘기를 했어요. 얘기를. 오늘 할머니, 소풍을 갔는데 그 우리 학교 선생님이 나쁜 사람들 저 나쁜 사람들이 여기에 죄 없는 사람을 실어다가 전부 총살을 시키났기 때문에 그 피가 흘러 내려와서 웅덩이가

물이 색깔이 이렇다, 그런 얘기를 하더라고. 그래 얘기를 하니까 거 우리 할머니도 그거까지는 모르잖아요. 싣고 가도 그 사람을 어디 어떻게 죽있는지 그거는 모르고. 총소리 나는 건 이 근처에 사람은 다 들었대요. 그런데 그거만 생각하는 거야. 그래서 그래 니가 참 그 내가 어리기 때문에 초등학교 2학년, 3학년 데리고 무슨 얘기를 하겠어요. 그래 혹시라도 그 굴이 평생 없어지진 안 할 거고 언젠가는 그 굴이 드러날 때도 안 있겠나. 그러면은 그때는 참 내 아들 둘 중에 하나라도 안 찾겠나 하면서 이런 얘기를 하더라고요. 하나라도 안 찾겠나 이런 얘기를 하이. 그래도 그때는 뭐 그 웅덩이에 들다보고요, 좋다고 깔깔거리고 다니고. 그 지금 그걸 알고부터는요, 나 처무는 가까이도 안 가고 싶어요. 너무 무섭더라고 그 물 자체 봤는 게.

최승호 : 할머니도 대충 인제 코발트에서 큰아버지, 작은아들, 둘째 아들이 죽었는 거는 짐작은 하고 있었네, 그지예?

정옥이 : 그렇지, 차로 계속 싣고 계속 차가 그 군용차로 싣고 가고 싣고 가고 했는데 흔적은 없잖아예, 지금. 그러이 이 주변에서 하는 소리가 총소리도 났다 그러니까 인자 안 죽었겠나 이런 생각만 하지.

최승호 : 할머니가 한번 그 아들 찾으러 함 가보자 이런 얘기도 안 하셨어예?

정옥이 : 자기 혼자 가봤는가 봐예. 그런 그런 우리 듣는데 그런 얘기는 안 하는데. 멀리도 가보고 팔방 찾았다 그래요. 팔방을 찾고 다녔는데 내 듣는 데는 그런 얘기 안 한다 아입

니까. 그때만 해도 그 얘기할 그 당시가 저로 봐서는 상황이 굉장히 안 좋잖아예. 아버지 그렇게 가셨는데 또 엄마까지 이러니까 인자 나를 없는 데서 얘길 하지, 절대 듣는 데서는 그래 내가 고모를 통해도 알 수가 있고 또 나를 내가 직접 듣기도 해도 그때는 이해를 못 했고. 지금 인자 생각하니까 그 우리 조모님이 나를 굉장히 끼고 돌았거든요. 그때는 그거를 인자 그 조모님이 가시고 난 뒤에 내가 지금.

최승호 : 할머니 혼자서 그 가보긴 했는데 갔다 와서 무슨 얘기 하는 거는 못 들었어예?

정옥이 : 그런 얘기는 안 하고요. 그 얘기를 내가 먼저 했잖아요. 그 핏물이 벌겋더라 카는 얘기를. 그 이야기만 해주니까 우리 할머니 본인은 참 본정신으로서는 왔다 갔다 했겠어요. 거기마 해도 이 산이 굉장히 좀 머 꼴짝도 깊고 좀 그라고 이 총소리 나고 이라고부터는 사람들이 여기 잘 안 왔어요. 근데 우리가 소풍 오는 거는 여 굴하고는 좀 차이가 있고 우에니까 거기 나는 그거 가봤는 거기뿐이 몰랐지. 그 아버지가 그래 실고 가드라 그래도 설마 그 굴 속에서 그렇게 참 돌아가셨다 카는 생각은 못 했지요.

최승호 : 일본인들이 사람을 죽였다 카는 거는 누가 얘기해 줬어요? 선생님이.

정옥이 : 아니요. 그 딴사람들이 그 일본사람들이 갔다 카니까 그 여러모로 말이 많았잖아, 그지요? 일본사람들이 아니고 뭐 동네 좀 똑똑한 사람들은 하이튼 다 잡아갔다 그래요 다. 남자가 없을 정도로. 그래 그런 얘기를 하는데 우리

가 듣기로는 그때는 인자 생각을 사람들이 인자 은근히 일본사람들이 좀 뭐.

최승호 : 나쁜 사람들로 만들려고.

정옥이 : 그런 것도 있겠고. 우리가 알고 보니까 정확한 거는 서로 다 모르는 입장이고. 거기서도 생각하는 게 동네 지금 우리 박사리 겉은 경우 보면은 동네 사람이 고발해가 그런 경우도 있고 이런 거 봐서는.

최승호 : 혹시 그러면 할머니가 아버지나 큰아버지를 면회 가보고 뭐 이런 것도 없었네, 그지요?

정옥이 : 면회. 어디 갔는지를 모르겠는데 뭐예.

최승호 : 어디 갔는지를 모르니까 어디 잡혀 있다 소리도 못 들었고.

정옥이 : 그래 인자 팔방 찾기만 했지. 지금같이 차가 있어서 온 동네 타고 다닌 그것도 아니고요. 하이튼 어른들이 그런 얘기는 잘 안 했어요. 내가 밖에서 어쩌다가 보니까 좀 들어도 내가 어리기 때문에 그 왜 갔는가 이런 생각만 했지, 깊이 생각할 그런 여지가 없었지요.

최승호 : 돌아가신 시신도 못 찾았고, 확인도 안 됐고. 그러면 할머니가 큰아버지하고 아버지하고 제사를 지냈을 건 아닙니까. 제사를 지냈습니까?

정옥이 : 제사는 제사를 못 지내죠. 오디 갔는지도 모르고 하이튼 온 가족이 그것도 우리 할머니가 인자 돌아가시기 얼마 전에 저도 인자 결혼할 때까지도 그 정확한 얘기를 안 해 줬어요. 안 해줬고 뭐 외갓집도 못 가게 했으니까. 그 또 이리저리 좀 뭐 좋은 얘기가 아니다 싶어서 그러는지 뭐

제사 그런 것도 내가 기억… 지내주는 거 기억은 못 하는 것 같아예. 그래 인제 나갔는 날로 이래 그 생각만 하시겠지, 그 어른도.

최승호: 결혼을 그때 언제 하셨다 그랬지예?

정옥이: 제가요. 72년도. 2월 27일이 그때 당시 국회의원 선거날이었어요. 그래서 기억을 잘해요, 내가.

최승호: 그때 몇 살이었지예?

정옥이: 그때 제가 스물네 살.

최승호: 고때까지는 인제 할머니가 아버지, 큰아버지 얘기를 거의 안 하셨다 그지예?

정옥이: 거의 안 했죠. 어떻게 나갔다 카는 이, 그리고 사람들이 그때 참 갑자기 밤에 나가서 없어지고 뭐 저녁 잘 먹고 나간 사람도 없어지고 이라니까 누구 지금 우리 생각에 내 생각에 그래요. 동네 누구한테도 그 얘기를 못한 것 같애. 그리고 무슨 큰 죄인처럼 자기 자식 잃고 얘기도 못하고 이런 상황인 것 같드라고요. 내가 정확하게는 몰라도. 그래서 더 인자.

최승호: 그때 그러면 스물네 살 때 결혼할 때 삼촌은 한집에 있었습니까, 아니면 밖에 나가 있었습니까?

정옥이: 저도 일을 하고 밖에 나가 있었어요. 집에 계속 안 있었고.

최승호: 몇 살 때부터 직장생활 하셨어예?

정옥이: 한 열여덟 살 때부턴강 이래 나가서 스물네 살 때 들어왔는데 들어오자마자.

최승호: 스물네 살, 그럼 열여덟 살 때부터 6년간은 어디 사셨습

니까?

정옥이 : 지금 내가 안 그래도 간 동네마다 다 없어졌다 그라는데 서울에서 있었는데요. 저 구파발 북한 지금 북한산 지금은 너무 거기 뭐 완전 뭐 올림픽대로가 거 가고. 작년에 우리가 내가 가면서 그 기억을 함 더듬어 봤거든요. 근데 옛날에 나는 여기 와서 돈 번다고 와있었는데 이렇게 그 동네도 없어지고 너무 참 좋다 카면서. 그 내가 그 우리가 구파발을 지나가면은 그 독립문 지나서 서대문교도소 그걸 지나가요. 거기에 서대문교도소에서 탁 넘으면은 거기도 영천이라고 영천고등학교가 영천여고가 바로 우측에 있더라고. 지금 그 인왕산 가는 그 길. 그래서 내가 우리 아부지는 어디 가서 잊어먹은 지도 모르고, 그 교도소를 지나가다가 보면은요 차라리 죄를 지어서 갔으면은 그 교도소에 가서도 만날 수는 아 있었겠나. 내가 그 그거를 지나가면서 참 죄를 지어서 갔는 그 교도소를 보고 나는 그런 이상한 생각을 하게 되더라고. 차라리 죄를 지어서 갔으면은 거기 가서 나중에 볼 수도 안 있었겠나 그런 생각을 하면서 그 길을 왔다 갔다 한 것 같아요.

최승호 : 열여덟 살 때부터 6년간 직장 다니셨어예?

정옥이 : 그냥 뭐 가내공업처럼 그런. 삼촌 집에서도 그냥 나이가 들어서 있으면 좀 그렇잖아요. 우리 작은아버지가 대단하신 분이 자기 자식이 8남매나 되거든요. 그런데도 삼촌 돌아가시고 우리 사촌이 와서 그 장례식장에서 하는 소리가 나는 언니가 굉장히 미웠대요. 그래서 내가, 걔도 지금 결혼해가주고 지금 한 30년 가까이 됐거든요. 그런

515

데 우리 작은아버지가 돌아가신 지 2년 됐는데 그때 장례식장 와서 그런 얘기를 하는 거예요. 그래서 왜 이러니까 네.

최승호: 언니만 챙겼으니까.

정옥이: 그렇죠. 할머니도 언니만 챙기고 자기 아버지도 언니만 챙기고 그래서 굉장히 언니를 미워했대요. 그래 자기가 뭐가 좀 맛있는 게 있어도 언니는 안 조도 된다고. 아버지하고 할머니하고 다 챙겨주는데 언니는 안 조도 된다 그런 얘기를 작년에 하드라고. 그래서 내가 그래 내가 하이튼 참 뭐 이래 늦게라도 그래서 우리 작은아버지가 그 형님 자식이 하나밖에 없으니까 형님 보듯이.

최승호: 그렇지. 형님 이상으로 이랬다 그죠.

정옥이: 완전 형님, 형님 가족 자체가 없잖아요. 한 가정이 없으니까. 자기가 원풀이했대요. 형도 없고 가족이 완전 없잖아요. 4형제 되는데 아무도 없고 자기 혼자만 있으니까 참 자식, 형제간에도 그 그런 그거를 안 있었겠어요.

최승호: 혹시 뭐 꿈에도 아버지를 한 번 본 적이 있습니까?

정옥이: 없어요. 생시에 생각하는 게 있어야 꿈에.

최승호: 사진도 한 장 없고.

정옥이: 사진도 한 장 없고. 내가 하도 답답해서 여 저 우리 외갓집에 내가 안 간 지가 하튼 네 살, 다섯 살, 한 여섯 살 그때까지는 갔는지 모르겠는데 그래 올… 한 번도 지금까지도 못 갔는데 한 3년 전에 제가 한번 찾아갔었어요. 지금도 계시거든요. 신천에. 그 김씨들이 아주 드시게 삽니더.

최승호 : 김씨, 무슨 김씨입니까?

정옥이 : 모르겠어요 제가. 그래서 드시게 사는데 삼촌들도 외삼촌들도 다 잘 계시고 그렇더라고. 그래 막내 외삼촌이 한 분 계세요. 그래 내가 가서 내가 가는 거는 그만큼 가지 마라 했는데 인자 삼촌도 가셨고, 나도 어느 정도…. 사진이라도 한 장 안 있겠나. 그라고 또 코발트 여기 왔다 갔다 하다 보니까 참 60년 기억 못 핸 걸 내가 한 10년 동안 계속 이런 마음속에 품고 살잖아 그죠. 그래서 내가 혹시라도 있겠나 생각하고 갔더니 역시나 큰 외삼촌들은 다 돌아가시고 막내 삼촌 계시는데 자기도 보여주기가 싫었는지 엄마 사진 한 장도 안 주더라고예. 없다 하면서. 그래 결국은 사진도 한 장 없어요.

최승호 : 있는지 없는지를 모르고. 없다 합디까 그냥.

정옥이 : 없다 그래요. 없고. 내가 가서 뭐 그늠 사진을 그걸 몇십 년 전 꺼를 뭐 올려놓지는 않았을 거고.

최승호 : 엄마는 돌아가셨어예?

정옥이 : 엄마가 한… 내가 인편으로 들었거든요. 한 근 10년은 한 10년쯤 된 것 같은데 정확하게는 모르겠어요.

최승호 : 음, 10년 전에 돌아가셨는데. 가보도 못 하셨네, 그지요.

정옥이 : 못 갔죠.

최승호 : 엄마도 재혼하셔서 거기서 자식들이 있을 거잖아예.

정옥이 : 예, 자식들이 있는데 참 그 그 딸이 한 번 전화가 왔더라고요. 우째 전화번호를 알아가주고. 그래서 내가 자기가 결혼해서 어디 가서 사는데 아버지는 틀리지만 엄마는 같은 엄마니까 그래 언니가, 언니라고 부르대요. 그렇게 있

다 카는 거를 자기도 결혼해서 늦게 알았다면서. 그래가 차후에 한번 보자, 이라고는 아직 못 봤어요. 그래 내가 용기가 안 생기요. 내가 한 번도 안 가보고 참 가보지도 못했고. 그 가끔은 참 엄마 계신, 내가 묘라도 함 봤으면 싶더라고요. 그것도 나이가 드니까 그렇지. 그런데 삼촌이 그만큼 잘해줬는데 삼촌 원망도 하고요. 왜 그랬겠노 싶어. 그래도 나중에는 그 알려조도 되잖아요.

최승호 : 자기는 인제 형님 두 사람 중에 한 사람 딸 하나 남았는데 그 딸마저 인제 다른 사람 뺏기면 집에 인제 대가 끊긴다고 생각했겠지.

정옥이 : 예, 그 인자 외갓집들이 사는 것도 잘 살고 집중하고 이래 집성촌을 이루고 살더라고예. 참 마당 넓은 집 뭐 큰 집들 가보니까 한 넷 집 있는데 다 외갓집 큰집, 작은집 뭐 이렇게. 그래서 인자 혹시나 데리고 가까봐, 오로지 그 생각만 한 것 같애요.

최승호 : 삼촌도 뭐 원망할 수 없잖아.

정옥이 : 근처에도 못 갔는. 그러이까 그때는 그렇게 살았는데 인제는 지금은 또 안 그렇잖아 그지요. 그래서 내가 일찍 좀 철이 들었으면 아무리 못 가게 해도 몰래도 갈 수 있잖아. 내가 삼촌하고 같이 사는 것도 아니고. 집도 알고. 그럼 때가 늦어요.

최승호 : 엄마는 재가하셔갖고 어디에 사셨다 합니까?

정옥이 : 엄마도 뭐 별로 멀리도 안 살아요.

최승호 : 경산에 계셨어요?

정옥이 : 예.

최승호 : 엄마 자식들은 몇 남 몇 녀나 됩니까?

정옥이 : 3남매라 하는 소리만 들었어요.

최승호 : 3남매 소리 듣고. 아직 보지는 못했고. 아직 용기가 없다 그죠.

정옥이 : 예, 용기가 안 생겨요. 지금은 엄마가 살았으면은 용기가 생기는데 만약에 그 참 자식들도 얘기 안 하겠어요. 어째 살았을 때 한번 못 본 사람이.

최승호 : 죽고 나서 찾아오노.

정옥이 : 그렇죠. 자기들 그때 본의 아니게 좀 뭐라 그래야 될까요. 나도 지금.

최승호 : 그래도 그쪽에서 언니 있다 카더라 전화 왔으니까, 인자 한번 전화 함 해보셔도 될 것 같습니다.

정옥이 : 참 용기가 안 나요. 내가 한번 어떨 때는 내가 한번 여기 우리 유족회 오니까 작년에가 남편 돌아가신 분 있잖아요. 대구에. 뭐 김연숙 씨인가. 자기도 혼자밖에 없다 하대요. 그래가 이얘기 하면서 엄마하고 이때꿈 같이 산… 지금 같이 산대요. 자기 남편 돌아가시고도. 그래서 내가 그 유족회 와서 하는 얘기가 그래도 엄마 있어서 좋다. 우리 엄마도 옛날에 지금 시대 같으면 엄마도 딸 하나 하고 안 살았겠나. 그때는 아니잖아 그지요. 우리가 생각하기에도 살길이 막막하니까. 젊고. 근데 그분보고 그랬어요. 그래도 엄마가 같이 있어서 좋다, 내가.

최승호 : 그래도 20대 때 청상과부 돼갖고 최소한 70년을 혼자 살아야 되는데 그것도 참.

정옥이 : 그러이까 잘 했… 잘 갔죠. 잘 갔는 기 백번.

최승호 : 엄마 지금 안 밉습니까?

정옥이 : 안 밉죠. 안 밉고 내가 못 보고 못… 지금 인자 우리가 나가 이 정도 되면은 그 뭐 부모세대를 참 뭐 넘어가는 이런 상황인데 그 엄마가 나를 얼마나 원망했겠노 싶어요.

최승호 : 함 찾아오지도 안 하고.

정옥이 : 예. 아무리 그 삼촌이 그런다고 해서 내가 나이 들면은 삼촌이 나를 뭐 붙들고 있는 것도 아니고 내가 생각해도 그래요. 그런데 하아….

최승호 : 그렇지. 결혼하고 나면 사실은 뭐 큰 외갓집에서 델고 간다 캐도 델고 갈 수도 없는데.

정옥이 : 그러니까요. 그 생각을 그때는 내가 오로지 외가, 결혼하기 전까지는 엄마가 왜 갔을까 그 생각밖에. 그러다가 나중에는 난도 결혼해서 살아보고 이래 보니까 정말 잘 가셨구나. 그래 생각했는데 그 여러 가지 생각이 들죠.

최승호 : 용서도 하고 그러셨네요.

정옥이 : 어떻게 뭐 네 살, 다섯 살 뭇는 나를 나두고 갔을까. 그래가 내가 제일 중요시하는 게 가족이거든요.

최승호 : 원망하시다가 또 살아보니까 용서도 되고. 그런데 지금은 인제 후회도 되고 그렇다 그죠.

정옥이 : 우예 보믄 그래서 내가 누가 이런 상황이 있어서 요즘도 좀 가정이 잘 깨지는 집도 많잖아, 그죠. 그러면 뭐슨 이유가 다 있겠죠. 그래도 엄마는 찾어가 봐라, 내가.

최승호 : 엄마는 찾아가 봐라. 내 낳은 엄만데.

정옥이 : 그렇지. 부모는 자식이 그래 밉고 그런 건 아니잖아, 그지요. 가정환경상 그래서 갔지.

최승호 : 엄마는 꼭 찾어봐라. 아무리 어려워서 이렇게 재혼을 하고 하더라도. 맞습니다.

정옥이 : 어버이날이나 이럴 때 되면은 우리 지금 숙모님 계시는데 내 지금 삼촌 돌아가시고 또 나쁜 짓 하고 있어요. 숙모를 보러 안 갔거든요. 그래 한 번은 전화가 오시가 내 백숙도 해놓고 맛있는 거 해놨는데 오라 이러시대. 그래 가께요 캐놓고 삼촌 돌아가시고 나이까네 하, 걸음이 영 안 떨어져요. 안 가고 싶어요. 한 번도 안 갔다니까 지금.

최승호 : 2년 됐는데. 제가 그 정용호 삼촌을 한 10년쯤 전에 영천에 함 찾아가 봤거든예. 그 촌에 재실 옆에 사시대예. 그때만 해도 정정하시고 기억력도 좋으셨는데.

정옥이 : 굉장히 똑똑해요.

최승호 : 인제 숙모도 찾아봬야 되고 또 엄마 자식들도 또 한 번 찾아보고. 인제 일흔 넘었으니까 그렇게 하셔야 되겠다.

정옥이 : 근데 이게 참 어릴 때 이 상처가요. 내가 애들 이래 좀 돌보는 이런 자격증도 따놓고 하면서 절대 부모들보고 젊은 부모들 보고도 하는 말이 무인 중에도 내가 생각지도 않은 중에도 고 어린 자식한테 상처 주는 말을 할 수 있다. 뭐 내가 어떻다 얘기는 안 하지요. 안 하면서 절대 그거를 제일 생각해서 말할 때 생각해서 해라. 남의 자식한테는 더 말할 것도 없지마는 자기 자식이라고 가까워도 상처 가는 말 하면은 그기 별거 아인데 그기 안에 살아있을 수가 있어요, 그 말이. 그이께 내가 그걸 제일 조심해라 이런 소리는 그 사람, 듣는 사람들은 보통으로 듣겠죠. 자기 자식한테 뭐 좋은 얘기하고 나쁜 얘기 할 수 있는데

521

나는 그게 너무 사무쳤기 때문에 그거를 항상 강조하고 우리 애들한테도 내가 그런 얘기해요. 다른 거는 다 너거 직장 따라 하고 싶은 다 하고 사는데 불리한 일은 절대 하지 마라. 나는 내가 죽을 때까지 그 꼴은 못 본다고. 가정을 제일 중요시하고 살아라. 뭐가 있습니까 지금. 아무도 없이. 그래, 그래도 삼촌을 잘 만났기 때문에 내가 살아 있었고 지금 시대 겉으면은 참 뭐 그 조카가 무슨 대단한 그거라고 하…. 얼마나 그 고충이 많았겠어, 그죠.

최승호 : 72년도에 결혼하시고 큰애는 언제 낳았습니까?

정옥이 : 73년도.

최승호 : 그다음해 낳고 둘째는.

정옥이 : 4년 뒤에.

최승호 : 그러면 77년도에 둘째를 낳으셨네. 결혼을 하실 때 거기 인제 와촌에 우씨 집안으로 결혼을 했는데. 그때 결혼하면서 혹시 그쪽에 시댁 쪽에서 안 좋게 생각한 사람들은 없었어예? 혹시나 뭐.

정옥이 : 생각 안 했겠습니까.

최승호 : 가족도 없고, 엄마 아버지도 없는데.

정옥이 : 근데 중매를요, 우리 시고모님이 중매를 하셨어요. 저쪽 우리 아버님 누나가예. 근데 그분이 진량에서 한동약국, 혹시 아세요? 그 아들은 도청에서 작년에 퇴임했는데 근데 그 모친이 시고모님. 인자 교회를 나오고 하니까 저도 교회 나가거든요. 그래서 교회를 목사님들을 통해가주고 이런 사람도 있다 이래서 했는데. 그 고모님이 결혼하고요 저 사정을 다 알잖아요. 그 시고모님이라도 명절 되면

은 꼭 찾아뵈러 가고 또 한 번 친정 오는 걸음에 또 그 고모님한테 들리고. 그 고모님이 하시는 말씀이 내가 용돈 주께. 설에는 세뱃돈을 줘야 되고 아닐 때는 내가 용돈을 주마. 그래 저보고 하는 말이 부모한테 용돈 받아 보는 그게 얼마나 중요하고 좋은지 모른다고 하셨어요. 저는 한 번도 받아 본 적이 없거든요.

최승호 : 시고모님은 어떻게 사정을 어떻게 아셨어예?

정옥이 : 교회를 통해서 목사님들 통해서 알았는데 인자 여기 와서 그 교회 부흥회를 하면은 메칠씩 있잖아요. 그래서 인자 자기 조카 뭐 참 신붓감을 하나 찾아보겠다 하고 와서 그래 속속 다 알고 뭐 하나 숨김없이 한 거죠. 거짓말할 이유도 없고. 그래서 제가 갈 때도요 이 집에 우리 남편 5형제거든요. 지금 같으면 가겠어요? 그 짐을 지고. 나는 혼잔데.

최승호 : 5형제 맏입니까?

정옥이 : 예. 그래서 저는 지금 자랑이 아이고. 형제간에도요, 5형제 맏이로서 우리가 지금 한 번 모이면은 이십, 한 여섯 명씩 모여요. 지금까지도 올해 코로나 때문에 추석에 안 모였어요. 명절이든 뭐 어른 기념일 추도식이든 이렇게요 다 불러요, 다 불러 모아가 나는 마 아무 그거 없고 3일, 4일씩 준비해가주고 내가 어떤 가족인데 그래서 내가 부모 없다 소리, 인사는 못 들을망정 욕 안 먹겠다 이래가 주고 다, 그런 무슨 일 있으면요, 조카 한 명도 안 빠지고 다 와요. 그래서 내가 작년에 교회서 책을 썼는데요. 그래 아버지를 보내면서 인자 기억 속에 없는 우리 아버지.

그거 땜에 책을 썼는데 우리 교회 주보에다가 2주 연속 이렇게 냈는데 그때 내가 그런 얘기를 했어요. 그때.

최승호 : 제목이 기억 속에 아버지.

정옥이 : 한 번도 불러보지 못한 아버지. 그래서 내가 그걸 지금 썼는 것도 집에 있는데 우리 교회서 내가 여기 가서 애가 올개 마흔여섯, 일곱 아입니까. 이래도 전혀 내색을 안 해서 몰랐거든요. 그래 인자 어차피 알고 넘어간 거고 코발트에 온다 카는 것도 알고 다 드러났잖아요. 그래서 내가 교회서도 그걸 우리 주보에 뒤에 책자를 2주 연속 내는데 한 면 내면은 그냥 단축해가주고 일주일에 한 번밖에 안 내요. 그래서 이거를 냈는데 그 책 쓰시는 분도 우리 목사님도 이건 1주 내가 안 된다면서. 그래 너무 감동적이다 이래가 2주 연속을 내줬어요. 그래서 내가 뭘 밝히고 싶은 얘기겠나. 그래 인자 나도 이렇게 이렇게 해서 이렇다 카는 얘기를 6·25를 맞으면서 내가 6·25 때마다 내 나름대로 편지를 쓰고 일기를 쓰고 뭐 어버이날 이 부모에 대한 게요. 부모 있는 사람 그거 못 느끼거든요. 그래서 내가 그걸 항상 생각하고 있기 때문에 그게 나이가 들수록 더 힘들어요. 젊었을 때는 몰라서 그렇고 그라고 또 남들 이래 주변 생각하잖아요, 그죠. 저 사람이 그렇구나, 그런 소리 안 듣기 위해서 그때는 숨겼고. 그래 이제는 뭐 그렇다고 해서 내가 자식들한테 안 떳떳한 거 없고 부모로서 크기 잘한 거는 없지마는 그래도 우리 가족관계가 굉장히 원만해요. 이 코로나 가꼬 일주일에 여, 하나는 딸은 시지 살고, 하나는 하양 사는데요. 야들이 참 잘

해요. 작년인가 저작년인 때 한 번 여기 왔었어요. 그래서 내가 너거도 한 번 보고 해라 카면서 그래 왔는데. 그인자 내 자기 엄마가 그렇다 카는 거를 아는 거라 정확하게에. 그래서 우리 엄마는 다른 거보다 가족관계를 중요시한다 이런 거를 하나 심어줬거든요. 그 내 아버지 아유, 이거 남은….

최승호 : 오늘 다 하시소. 해놔야.

정옥이 : 이거 편지를 좌악 계속 썼어요. 6·25날 되면은 쓰고 어버이날 되면 쓰고. 무슨 참 좋은 음식이 있어도 그죠. 딴 사람들은 부모님 드린다 카잖아. 난 드릴 데가 없어요. 그래서 내가 삼촌, 숙모한테는 내 나름대로 잘했거든요. 잘하고 그래 해도 뭐 자기 자식보다는 못하겠지마는 항상 내가 신경을 써서 했죠, 했는데. 그 남편도 역시 생생하게 정확하게 아는 거는 이 코발트 인자 이 일이 있고부터 한 10년 그때부터 이렇게 알지, 내가 이런 얘기를 안 했거든요. 굳이 할 필요도 없고. 뭐 그 또 알고 싶어 하지도 안 하고. 내가 그 집 가서 착실하게 살아주고 뭐 참 뭐 피해준 일 없으면은 자기도 굳이 뭐 알 일도 없고 이랬는데, 요고 인자 위령제 지내고 우리가 전국 딴 데도 가보고 이래 가보면은 내가 갔다 오면 굉장히 안 좋게 생각하고 그래 마음이. 그래서 인제 그걸 자기도 느껴요. 인제는 서로가 나이 들어가 그렇고 남편도 귀한 남편이잖아요. 내께 누가 있어요. 젤 가까운 사람인데. 그래서 내가 열 번 잘못해도 그래 내가 이만큼 부족한데 와서 참 이때까지 뭐 큰 어려움 없이 살고 누가 잘했다기보다도 그래

서 내가 웬만한 거는 듣는 데 얘기는 안 해도 그래 아이구 그건 아니네, 자기가 잘못해놓고 큰소리칠 일도 없지만, 하지만서도 나는 그래 좀 있다가 한 5분 후에 이게 진짜 이거 맞는 거 맞나. 카만 아닌가 이얘길 빨리 하지, 이라고 넘어가요. 그러이까네 그 부부싸움 안 하는 이유가 거기 있습니다. 내가 누구, 내가 왜 싸우겠노 그래.

최승호: 하나밖에 없는.

정옥이: 애로 우리 아부지, 엄마로 봤으면 얼마나 좋아하겠어요, 그죠.

최승호: 아버지 그 호적등본 한 번 떼 보셨어예? 거기에 이름 혼자 옥이만 이렇게 돼있습디까?

정옥이: 호적초본.

최승호: 호적초본에. 그 사망 날짜가 언제로 돼있습디까?

정옥이: 모르겠어요. 그 서류 띨 때 내가 다 해줬지 싶은데. 여기에 코발트에 서류 넣은 다 돌아갔을 적에. 사망 날짜가 뭐 정확하게 나오겠어요? 잊어버린 날로 했는지 뭐.

최승호: 그거는 정확하게 못 보셨구나. 그 77년도에 둘째 놓고 지금 거기 와촌에서 사시면서 뭐 사회활동도 마이 하고 하셨잖아예. 부녀회장도 하고 뭐 이렇게 안 하셨어예?

정옥이: 아 그런 거는 했어요. 부녀회장도 했고. 그래 지금 기억을 잘 하시겠나 모르겠는데 내가 애들 학교 보내놓고 그 앞에 가게 하면서 가게 손님이 와가 있어도 기다리라 하고 애들 다 데려다주면서.

최승호: 예, 신문에도 나고 했었잖아예.

정옥이: 그걸 왜 그랬는고 하면 나는 너무 그 인간관계가 중요하

더라고예. 그라고 고 바로 앞에 소풍 갔다오다가 그때 하마 오래됐어요. 거 사망사고 한 번 났었거든요. 걔를 보고 놀래가주고요 내가 한 달 동안 가슴에 뭐가 뭉칫는 거 같애. 너무 놀래가주고요. 그라고부터 시작해가 내가 한 십몇 년을 그 애들 그때만 해도 신호등이 정확하게 지금 같이 안 돼 있었거든요. 그래 신호등도 그때서 계속 인자 우리 남편이 여, 시에 뭐 와가 이것저것 하면서 건의도 하고 이래해가 고 집 앞에다가 한 거라. 하도 그런 피해가 있고 사망사고가 마이 나니까. 그거 굉장히 그때 마이 했어요. 그 내가 이 나는 가족관계를 내한테 물어보는 사람을 제일 안 좋아해요. 뭐 얘기할 것도 없고 뭐라고 얘기할 수도 없고 지금 그런 상황이잖아 그죠. 그래서 지금 그래도 이런 거를 좀 밝혀지고 이렇게 하니까 지금 죽어도 뭐 있겠어요.

최승호 : 혹시 그동안 썼던 일기라든지 편지, 이런 것들을 좀 이렇게 모아놓으셨지예? 가지고 있지예?

정옥이 : 하이 그건 모아놔도 내 뭐 밖으로 내놓고 할 그건 없어요.

최승호 : 그러면 주보에 나갔던 거라도 하나 보내주시소. 그건 뭐 이미 다 공개됐으니까.

정옥이 : 그거는 우리 교회 찬양대가 대구에서도 우리 경산서도 한 40명 오거든요.

최승호 : 어느 교흽니까?

정옥이 : 와촌교회요. 그래서 그 사람들 하는 얘기가 드라마 작가하나 하면서. 그 너거는 보기를 그렇게 생각하나, 나는 현실에 지나온 내 뼈에 사무치는 얘길 했는데.

최승호 : 나는 실화를 썼는데.

정옥이 : 그치. 보는 사람은.

최승호 : 드라마보다 더 극적이니까.

정옥이 : 지금 환경에 내가 굉장히 밝게 살라고 애를 쓰거든요. 절대 사람 상대방에 이래 마주치면은 내가 집에서 금방 안좋은 일이 너무 큰 안 좋은 일이 있다가도 딱 나와도 절대 그 내색 안 합니다. 안 할라고 애를 써요. 사람이 나타나잖아요. 기분 나쁘고 하면은. 그 왜 내가 그렇게 인상 쓰고 살 이유가 뭐가 있나. 지금 굉장히 밝게 살라고 노력하거든요. 아무도 제 이렇게 컸는 과정 살아온 이런 거를 생각을 그렇게 안 해요. 전혀 그렇게 생각 안 합니다. 너무 이래 얘기하면은 뭐 참 짓궂은 소리도 하고 이런 얘기 잘하고 웃기고 이래 넘어가기 때문에 환경하고 너무 이렇게 참 반대다, 이런 얘기를 하거든요.

최승호 : 제가 그 주보 한 번 얻으로 다음 주나 보고 와촌으로 가겠습니다.

정옥이 : 그거는 내가 있지 싶어요. 드리께요.

최승호 : 좀 찾아놓으시소. 부녀회장은 언제부터 언제까지 하셨어예?

정옥이 : 그거는 내 기억 안 나요. 오래돼서. 한 30년 전이지 싶은데. 30년도 안 넘었겠어요.

최승호 : 소월부녀회장.

정옥이 : 아이 덕천이죠. 덕천리.

최승호 : 덕천 부녀회장도 하고. 뭐 다른 활동은 안 하셨어예?

정옥이 : 지금 우리 남편이 댕기는 거 알지요. 하이튼 동네서 뭐 하

나부터 열까지 다 합니더. 그러이까 내까지 둘이 나가면
무슨 살림이 되겠어요. 부녀회장은 동네 돌아가면서 하다
보니까 그거는 했고. 저는 또 밖으로 잘 안 나갑니다. 안
나갑니다.

최승호 : 내 혼자라도 집을 살림을 좀 살아야겠다 싶어서.

정옥이 : 그렇죠.

최승호 : 유족회 활동은 어떻게 알고 유족회 가입하셨어예?

정옥이 : 유족회 활동 우리 작은아버지가 내가 참 우리 형님 눈으
로 가는 거 봤는데 그라고 나도 못 봤고 그러이께네 그때
부터 우리 작은아버지가 적극적으로 하셨잖아요. 그래 하
면서 인제 이얘길 해줬지. 작은아버지가 지금도 계시면은
진짜 산증인인데.

최승호 : 맞습니다. 내 작은아버지 얘기는 들어놓은 게 있습니다.

정옥이 : 그래서 작은아버지가 여기에 와서 그렇게 하는 얘기 저한
테는 안 합니더. 그런 얘긴 안 해요. 그 해가주고 굉장히
마음이 여리다 그랬거든요. 자는 만약에 해놓으면은 몸에
병 생긴다고.

최승호 : 아, 사실을 알게 되면.

정옥이 : 예. 그렇게 해서 그런 얘기 잘 안 합니더.

최승호 : 그래도 또 유족회 활동을 하도록 이렇게 하셨네.

정옥이 : 그러이까네 그때부터 인자 참 그때 처음에 왔을 때 제가
안 왔잖아요. 안 오고 싶더라고요, 그때는. 그때 오니까
우리 소풍 가서 그 물 뻘건 그거를 보고 그때도 좋다고 뛰
어다니고 거기 우리 아버지 피가 섞인지도 모르는 물인데
그 앞에 가가 그 굴 앞에서 뛰다니고 좋다고 다니고 이랬

는데 참 뭐 일고여덟 살이니까 뭘 알겠어요. 그라고 이런 내막도 몰랐고. 그랬는데 인자 우리 작은아버지가 이때부터 얘길 다 해주신 거라요. 만약에 참 내가 뭐 아는 데까진 니도 알아야 안 되겠나. 그래서 내가 안 온다 그랬어요. 내 이런 얘기 하지 마라고 나는 지금 또 생각하면 또 머리 아프다고 이러이까는 그라만 그 우 서방 보내라. 인자 유족회 처음 올 때요. 우 서방 보내라. 그래 니가 니는 차차 오고 그러고 제가 그때 일도 했었고요. 그러이까는 차차 오고 보내라, 그래서 자기가 몇 년 다녔어요.

최승호: 지금도 맨 거 덕천에서 수퍼 하시지예?

정옥이: 예, 그 담 세줬어요.

최승호: 세 주시고, 그러면 지금은 뭐 하십니까?

정옥이: 지금은 그냥 농사 좀 짓고.

최승호: 사는 건 맨 거 덕촌에 사시예?

정옥이: 예. 맨 그 집인데 앞에만 남 주고요. 주택이 뒤에 또 있어요. 같이 붙어있어요.

최승호: 혹시나 인제 요번에 제2특별법이 인제 돼갖고 아직 신고 못 한 사람들 있는데 혹시 당시에 남방동에 아버지하고 비슷하게 돌아가신 분들 있습니까?

정옥이: 그 기억을 제가 하겠습니꺼? 그때는 너무 어리잖아요.

최승호: 삼촌한테도 들은 적은 없고.

정옥이: 어른들이 이런 얘기를 왜 그만큼 늦게 해줬는지도 모르겠어요.

최승호: 좀 일찍 해줬으며 알려고 노력했을 건데.

정옥이: 노력했을 거고. 노력해도 역시 마찬가집니더. 꼼짝을 못

하게 외갓집도 못 가게 하는 사람이 무슨 일을 하라 그러겠어요. 그래서 내가 모든 게 이해가 안 갔는데 지금은 아, 그래서 그렇구나. 그래 우리 외삼촌분이 막내 외삼촌분이 계시는데 그래요. 제가 한번 찾아가니까 아~ 정가들 고집 세다 하면서 우리 작은아버지 보고. 그 우리 외삼촌이 진못둑 있잖아요. 그 못둑에 앉아 있었대요. 있으니까 내가 본 척도 안 하고 지내가더랍니다. 남방동은 그 못둑을 지나서 내리가거든요 남성초등에서. 내려가는데 얼마나 가슴 아팠겠어요. 자기도. 자기도 참 자형도 없고 누님도 없는데 저거 하나 남았는 게 외삼촌이 있어도 본 척도 안 하고. 고개 이래 돌리고 가더래요. 그라이까 얼마나 마음이 아팠겠어요. 그래 자기도 그런 얘기를 해. 야 참 니도 대단하고, 그 그래놓고는 나중에 너거 작은아부지 성질에 만약에 니가 외갓집 들락나겠으면 니도 쫓겨났을지 모른다고. 그렇게 중요시하는.

최승호 : 아버지가 계셨으면 사랑받고 학교도 다니고 했을 건데 지금 아버지 혹시나 살아있으면 아버지한테 하고 싶은 얘기는 없어예?

정옥이 : 지금 살아있으면은 같이 살아있었을 당신데 무슨 큰 얘기 할 거 있겠어요.

최승호 : 하고 싶은 얘기.

정옥이 : 지금 아버지한테 무슨 얘기 하면 좋겠습니까.

최승호 : 사실은 뭐 원망할 수도 없고, 그죠.

정옥이 : 그렇죠. 내가 모를 때는 왜 그렇게 외갓집은 왜 갔나 그런 얘기를 한번 한 적이 있대요. 어릴 때. 그 인자 외갓집

가다가 뭐 그날 잡혀갔다 그러니까. 아무것도 알지도 못, 모르는 소리를 그죠.

최승호: 외갓집을 왜 가가꼬 잡혀갔고.

정옥이: 그러이께 왜 갔을까. 그 철없는 제가 아는 건 그거밖에 없잖아요. 그 이후로는 들은 얘기밖에 없으니까.

최승호: 외갓집 가다가 잡혀갔다 캤으니까. 외갓집만 안 갔으면 살았을 긴데.

정옥이: 그렇죠. 우리 아부지가 계시면은 지금 뭐 그 말이 무슨 말이 필요하겠습니까. 제가 그 성격을 아무리 안 닮았다 그래도 안 닮았겠어요, 그죠. 꿈에도 한 번 보여줬음 좋겠는데. 꿈에도 한 번 안 나타나고. 얼굴은 모르니까 꿈에도. 안 나타나요. 기억을 못 하니까.

최승호: 엄마는 한 번씩 이렇게 꿈에 나타나고 이랬어예?

정옥이: 안 보여. 안 보여. 전혀 안 보여요. 이 꿈도요. 우리가 평소 때 이래 생활하던 거 하고 같이 친하게 놀았다든가 아니면은 뭐 참 뭐 싸움을 한다든가 뭐 놀이를 심하게 한다든가 이런 게 꿈에 나오지. 아주 옛날에 기억도 없는 게 뭐 꿈에 나온들 제가 압니까, 저도 모르지예. 지금 예를 들어 꿈에 아버지가 나타났어요. 딸이라 그래도 아버진지 아인지 모르잖아요, 제가요. 무슨 할 말이 있겠어요, 그래. 그러이 인제 세상이 좋아져서 뭐 여러분들이 신경도 써주시고 해서 인제 잘 밝혀지면은 그래도 사후에 이 정도라도 그죠. 내가 알고 부모 찾, 참 부모로 생각하는 이런 자식이라도 되었기에 그나마.

최승호: 모르고, 평생 모르고 아버지 못 찾았을 건데 그래도 유족

회 만들고 하면서 아버지 다시 한번 생각했다 그죠.

정옥이 : 유족회 때문에 내가 이런 것도 알고 그래 우리 작은아버지 그만큼 얘기해주실 때는 자기가 먼저 가실라고 그랬는가 봐. 그래서 인제 니가 알아서 아버지 챙기라 카는 그런 신호탄인 것 같기도 하고. 저한테 뭘 물어보면요, 얘기할 게 없어요. 괜히 생각만 하지.

최승호 : 자식들한테는 뭐 너거 외할아버지 이래 돌아가셨다 이런 얘기.

정옥이 : 그것도 유족회 하고부터 얘기했어예. 유족회 하고부터. 그전에는 뭔가 뭐 얘기할 뭐 건더기가 없더라고예. 그라고 뭐 얘기 참 뭐 너거 외할아버지가 이렇게 가서 외할머니가 갔다 얘기를 하겠습니까. 무슨 얘기를 하겠어요. 그래서 지금 제가 이렇게 있어도요. 우리 애들이 우리 사촌들, 그라마 여동생, 자기 이모, 종 이모 안 됩니까. 야들이 엄청 잘하거든요. 날하고 좋은 기억을 주지. 삼촌도 나를 위해서 자기가 그만큼 했는데 내가 뭐 사촌들한테 우리 애들한테 괜히 조금 삼촌한테고 내가 뭐 이런 섭섭한 거 있다고 해서 애들이 알면은 좋은 기 하나도 없잖아, 그죠. 내가 좋은 기억도 있고 나쁜 기억도 뭐 크게 나쁜 기억은 없어도 제 나름대로 생각에 안 좋은 기억이 있어도 절대 그런 얘기는 안 하죠. 안 하고 이러니까 내 밑에 자식들도 뭐 그런 생각 전혀 안 하고. 우리 작은아버지가 작년, 저작년 돌아가시고 애들이 다 이래 멀리 있잖아요. 그래 우리 저 울산 지금 시청에 있는 그 사촌 동생이 한 얘기가 누나가 하이튼 총대 메고 아버지 총책임지

고 장례식하고 총괄해가 해라. 인자 돌아가시기 며칠 전에 제가 병원, 영대병원 가서 그 응급실에서 119 타고 경산으로 인자 안 되겠다 해서 나오면서부터 내가 애들한테 전활 하니까 그래 누나, 우리는 멀고 하니까 왔다 갔다 하고. 아부지 젤 좋아했잖아, 누나가. 그러이까네 누나가 아부지를 좋아했는 게 아이라 아부지가 누나를 젤 좋아했으니까 아부… 누나 책임 다 지고 해라. 내가 다 하께. 너거는 전화만 하거든 온나 이랬거든요. 그래서 실지….

최승호 : 아버지였네 그죠. 삼촌이.

정옥이 : 예, 아버지죠. 아버진들 참.

최승호 : 그래 하시겠나.

정옥이 : 예. 못 하죠. 삼촌은 한이 맺혀 한 거고, 해도 저는 거 모르는 게 안 많았겠어요. 그 우리 삼촌 얘기 들어보면 더 기가 막혀요. 니는 너그 아부지 없는 것만 생각하지. 나는 형님 둘에다가 니 아부지꺼지 니꺼지 내 짐이다 이런 뜻으로 얘기를 하더라고요. 그 얘기 함 들어보세요. 무슨 얘긴가.

최승호 : 참 어렵게 힘들게 외롭게 사셨는데 지금은 인제 가정에 가장 소중함을 지키고 계시고 지금은 뭐 그때 그 상황이 그렇게 원망스럽진 않다 그죠.

정옥이 : 지금은 제가 잘못했는 기 원망스럽죠. 왜 안 찾아봤는가.

최승호 : 엄마 안 찾아봤고.

정옥이 : 그리고 엄마라도 왜 내가 혹시라도 그때 엄마 가지 말라고 했대요. 외갓집에서 델로 왔을 때. 그래서 내가 우리 엄마가 그걸 평생을 그 얘길 생각하고 안 있었겠나. 그러

이께 내가 이해를 하는 거라. 인자 그래서 내가 그때는
내가 어려서 했는 소리고 이런 것 같으면은 참 돌아가시
기 전에 그죠. 얼마나 좋아요, 요새. 어디로 모시고 나가
도 되고. 이래가주고 참 이런 얘기도 하고 넘어갔으면 좋
았을 텐데. 위령제 이런 거 아이랐으면 이 생각도 더 안
할 거 같애. 위령제 나오니까….

최승호 : 혹시나 저기 경산시나 우리 정부에 혹시나 뭐 아버지 일
로 해서 그라고 이후에 인제 이 역사적 사실 이런 것들 후
손들한테 물려주는 관련해갖고 뭐 경산시나 정부에 하고
싶은 얘기들은 없어예?

정옥이 : 이걸 잘 바르게 해서 역사라고 얘기하지마는 정확하게 아
는 사람도 있고 우리가 생각할 때도 얘기해주면은 긴가민
가하는 사람도 있고 그렇거든요. 이걸 정확하게 참 밝혀
가주고 후손들한테 뭐 이걸 역사를 바로 심어줬으면 좋겠
다 하는 그런 것도 있어요. 그런 것도 있고 이런 이런 일
이 앞으로는 없겠지마는, 참 이런 세월이 있겠어요.

최승호 : 그렇죠. 사람 죽인 사람도 용서하고 또 상황에 따라서 감
옥 갔다 오면 되는데. 사람 죽인 것도 아니고 그 사상적
으로 사상이 달랐다고 이렇게 쥐도 새도 모르게 끌고 가
서 지긴다고.

정옥이 : 그 뭐가 우째 된 지도… 우리 인자 자식 된 사람들은 그렇
잖아, 부모 그 부모에도 부모도 그렇겠지마는 이거 뭐 이
상한 무슨 뭐 생각인지 그거를 참.

최승호 : 그때는 참 어두운 시절이었고 내 생각에 맞지 않으면 죽
이는 것도 쉽게 그것도 특히 전쟁 중이었기 때문에 안 그

랬겠나 싶은데. 앞으로는 그런 일들이 없었으면 좋겠다.

정옥이 : 참 정확하죠. 이런 일이 있겠어요, 앞으로는 없지. 없어
야 되고. 그게 참 국가에서도 요즘은 이거를 뭐 어느 정
도 이렇게 인자 지금 뭐 6·25 뭐 재차 또 신고받는다 카
면서 이래 해놨대, 그죠. 그래 이런 거는 참 좋잖아요. 모
르고 지나가는 사람도 있고. 그 집, 그 세대가 다 돌아가
시고 없는 사람도 있어요. 그긴 우리 그 주변에 보니까
작년인가 한 사람 했는데 막내 조카가 우예 알고 했더라
고예. 우에 어른들 다 돌아가시고 없으니까 몰라요.

최승호 : 6·25 전사 찾는 것도 그렇고.

정옥이 : 그래 우리 요 참, 저기라도 있을 때 모든 게 원만하게 또
됐으면 더 좋겠고. 모두 힘써가 하시니까.

최승호 : 오늘 나오셔서 가슴에 있는 말씀 다 하셨지예? 혹시 또
못, 꼭 이 얘기는 해야 되겠다, 이런 얘기 있으면 한 말씀
하시소.

정옥이 : 꼭 할 얘기는 없어요, 인제. 이 정도 그래도 좋은 세상이
왔다고 생각하면은 좋잖아, 그지요. 그러니까 우리 같이
이런 사람들도 이제는 참 웃으면서 얘기해야 되고. 뭐든
지 인자 정확하게 이거 잘 참 찾아서 뭐 지금 하고 계신
다, 소리 들었는데. 그랬으면 좋겠어요.

최승호 : 오늘 고생하셨습니다.

정옥이 : 나는 이 얘기하면…. 감사합니다.

최승호 : 오늘 그 세 살 때 아버지를 코발트광산에 보내시고 지금
까지 70년 가까이 아버지 얼굴도 모르고 살아오셨는데
그래도 지금 인제 행복한 가정을 이루고 있는 우리 정옥

이 유족을 만났습니다. 이번 기록화사업은 우리 영남대학교 지역협력센터하고 경산신문사, 우리 경산유족회가 함께 합니다. 그동안 열 분 계획했던 열 분 중에 올해로 오늘로써 여덟 번째 했는데 연말까지 두 분이 더 남았습니다. 두 분 더 할 때까지 그 협력센터와 신문사와 유족회가 계속 협력해서 다시는 같은 아픔들이 이 땅에서 재현되지 않기를 바라는 마음으로 이렇게 열심히 준비하고 또 깨우쳐 나가겠습니다. 오늘 수고하셨습니다.

정옥이 : 감사합니다.

16. 정시종 구술증언

사건과의 관계 : 정차섭의 아들
구술 당시 나이(생년월일) : 72세
출생지 : 경산시 남천면 협석리 445-4번지

최승호 : 한국전쟁 70주년 그리고 민간인학살 70주기를 기념하는
기록화사업 오늘은 그 다섯 번째로 경산코발트광산 유족
을 만나보겠습니다. 오늘 나오신 분 자기소개를 간단하게
좀 해주십시오.

정시종 : 네, 코발트광산 유족 정시종입니다. 나이는 칠십둘입니
다. 그리고 주소는 남천면 남천로 789, 형제자매는 저 홀
로, 홀몸입니다.

최승호 : 남천로가 옛날로 말하면 옛날 주소로 하면.

정시종 : 협석리 445-4번지입니다.

최승호 : 협석리 445-4번지. 초등학교는 그러면 거기서 언제 다
니셨는지 입학하셨는지 기억나시겠습니까?

정시종 : 1955년 3월달에 입학을 했는 걸로 기억을 합니다. 졸업

은 61년 1, 2월경에 했습니다.

최승호 : 그리고 그때 당시에 초등학교 졸업하고 중학교도 가셨습니까?

정시종 : 중학교는 61년 3월 27일인가 그쯤 입학을 하고 졸업은 64년도 1월 21일날로 기억합니다.

최승호 : 그러면 뭐 고등학교는 그때 가셨습니까?

정시종 : 고등학교는 형편이 그래서 그때부터 계속 군에 갔다 와서 독학으로 검정고시도 뭐, 도전해보고 했는데 지금도 뭐 공부를 하고 있습니다. 독학으로요.

최승호 : 군 입대는 언제 하셨습니까?

정시종 : 군 입대는 일찍 홀로 지내기가 너무 힘들어 66년 1966년 2월 16일을 입대를 해가주고 육군 6사단 포병부대에 입, 전입 받아가주고 제대를 68년 12월 14일인 걸로 그렇게 제대했습니다.

최승호 : 66년도에 입학하셨으면, 입대하셨으면 나이가 그때 당시 열여덟 살?

정시종 : 아닙니다. 그때 열일곱이 안 됐습니다. 지원할 때 열일곱 살이 안 돼가지고 그해 그 병무청에서 한 살 더 보태기 하라 지원서에. 그래서 제가 어데 기거할 곳도 없고 군에 가서 밥이라도 묵지 싶어서 그렇게 군에를 일찍 갔습니다.

최승호 : 보통 뭐 스무 살 넘어서 가는데 형편이 어려워서 일찍 군대 간 그런 상황이네요. 그럼 그 입대 전역하고 나서 결혼을 하신.

정시종 : 그래서 전역하기 전에 좀 부대가 좋았으면 장기복무하라

고 많은 사람들이 상관들이 요청했습니다마는 뿌리치고 전방이라서 왔습니다.

최승호: 아, 고향으로 왔습니까?

정시종: 왔습니다.

최승호: 그러면 결혼은 73년도에 몇 살이시죠, 그때가?

정시종: 그때가 인자 25세인가, 26세인가 그쯤 됐는데 다행히 와이프를 잘 만난 것 같습니다.

최승호: 선보셨습니까, 아니면 중매를 했습니까?

정시종: 아, 선보고 뭐 저를 아주 외면하고 안 만날라 했는데 아주 적극적으로, 제가 보기에는 나를 구해주는 사람이다. 내가 너무 외로웠기 때문에 그렇게 해서 지금은 뭐 아주 고맙게 생각하지요.

최승호: 그 자녀는 몇이 됐습니까?

정시종: 2남 1녀가 있습니다.

최승호: 살았던 협석리, 협석리에 집성촌이잖습니까? 거기에 성씨들이 누가 제일 많이 사십니까? 어떤 집성촌입니까?

정시종: 성이 초계정씨 집성촌입니다. 우리 파에 그 종손이 그 마을에 살고 있고, 예전에는 아주 한 70가구 정도 됐는데 지금은 많이 밖으로 나가가주고 그래도 지금 아직 많이 남아있습니다. 남천에서 거진 많은 인원이 살고 있습니다.

최승호: 그 동네 혹시 거기 아버지처럼 돌아가신 분이 얼마나 되시지예?

정시종: 아우, 많지예, 거. 그날. 지금 그 얘기를 계속해도 되겠습니까?

최승호 : 그 얘기보다 그러면 아버지 얘기를 한번 해보십시오. 아버지가 언제 돌아가셨는지, 아버지에 대한 기억 이런 것들.

정시종 : 저는 기억이 없고 큰아버님, 저보다 참 그 아버님보다 세 살 위에 큰아버님이 전부 제게 이야기 했는 걸 듣고 기억하고 있는 그런 실정입니다.

최승호 : 아버님 성함이 어떻게 되시지예?

정시종 : 아버지 성함이 정, 차, 석.

최승호 : 차 자 석 자. 돌아가실 때 당시 나이는.

정시종 : 그때가 한 26세쯤.

최승호 : 결혼하고 바로 인제 인제 선생님 낳지 않고.

정시종 : 아, 제 나이가?

최승호 : 아니, 정차석 아버지 돌아가신 나이가.

정시종 : 네, 그렇습니다. 저희 아버지는 아버지께서는 1900…, 큰아버지한테 들은 얘긴데 1943년 일제에 의한 강제징병으로 일본해군으로. 사진이 한 장 남았는데, 군복 입은 사진이. 그 사진이 진실화해위원회에서 증거물로 냈을 때 이거 육군이 아니고 해군이다. 그런 그, 큰아버님이 그 사진을 보이드리니까 느거 아부지가 그때 포항에 훈련받고 태평양전쟁에 참전했다. 그래가 느거 아부지가 45년 8월 15일 우리나라가 해방됐을 때 참 돌아왔다. 그라고 나는 우리 큰아버님은 세 살 위인 큰아버님은 일본 탄광에 끌리가. 야야, 내가 고생을 그렇게 하다가 거의 같이 느거 아부지하고 같이 왔다. 같이 와서 해방의 기쁨도 잠시뿐이고 가족들 믹이 살릴라카이 둘이가 나란히 같은

541

지번에 참. 초가삼간 한쪽에는 큰아버님이 짓고, 한쪽에 좀 떨어져가는 아버님이 짓고, 같이 산에 나무도 서까래도 비고 이렇게 해서 둘이가 다정하게 집을 같이 지어가 주고 농사도 같이 짓고 이랬는데. 아, 그러이 일하고 몇 년도인고. 그때 한 49년 봄이라 카는 이야기를 들었는데 큰아버님 마음이. 마을 구장, 그때는 이장 아닙니까. 이장님이 다니면서 국민보도연맹에 가입하라는 통보를 몇 번 받았답니다. 받았는데 큰아버님은 그래도 연세가 조금 많고 아버님은 젊고 이래나이끼네 계속 가라 그래가 인자 국민보도연맹에 남천지서에 아버님 직접 가서 느거 아부지가 직접 가가 신청서를 내고 그 가입을 했다. 그 당시에는 뭐 뒤에 후일에는 어떻게 될지 아무 생각도 없이 국가재건을 위해 하는 일이라 생각했고 모든 분들이 마을에 이장이 가가호호 댕기면서 이야기했기 때문에, 독려를 했기 때문에 마을에 많은 어른들이 남천지서에 가서 가입신청을 하셨답니다. 그런데 1950년 7월달인강. 큰아버님 말씀인데, 제가 지금 얘기하는 거는. 아버님보다 3년 위인 큰아버님이 얘기하시는데 그 모내기하고 저녁에 초저녁에 저의 아버님께서는 옆집에 큰아버님댁에 모내기를 마치고 마당에 덕석을 펴고 저녁 식사 후 여러 가지 이야기도 하고 내일 또 머슨 일을 하자 이 계획도 하고 이랬는데. 그러이 형님 인자 갈랍니다 집에 가께요, 카미 앞에 싸랍문에 나서는데 큰집 사랍문이지요. 사랍문에 나오는 순간, 손들어, 꼼짝 마 하는 고함소리와 총칼을 무장한 경찰과 군인들이 아 인자 아버님을 강제연행되는 모습을 큰아버님은 직접 인자 보신, 큰아버님이지예.

최승호 : 경찰이 남천지서 경찰입니까?

정시종 : 경찰하고 뭐 군이 섞였는가. 그거는 뭐 큰아버님이 자시한 얘기는 안 했습니다마는 그 큰아버님께서 인자 아버님 잡혀가이 동생 아입니까. 잡혀가는 모습을 목격하고 가서 얘기도 한마디 못 했답니다. 같이 또 잡혀갈까 싶어가주고 그기 두려워가주고 그대로 뭐 가는 모습만 보고 아주 충격을 마이 받았다는 얘기를 들었습니다. 그리고 그날, 같이 아버님과 같은 날 남천면 그때 몇 대 면장님인지 모르는데 정태현 면장님인데, 남천면 3댄강, 4댄강 뭐 몇 대 면장님인지 모르겠는데 그날, 같이 연행됐다는 얘기를 큰아버님께서 하셨습니다. 그 당시는 뭐 마을에 밤낮을 가리지 않고 왔다는, 잡으러 왔다는, 연행하러 왔다는 그런 얘기를 큰아버님께서는 뭐 매일은 안 해도 내가 조금 고때 몇 학년 때고, 그렇게 얘기해주시고. 그때 잡힌 분들은 모두 평산동 광산으로 전부 갔다. 그때 인자 큰아버님 말씀은 들미광산으로 갔다, 이런 얘긴데. 그 들미광산이 지금 보니까 코발트 폐광산이 들미광산인 줄 그렇게. 그래 지금 70년이 지난 지금까지 영영 돌아오지 못한 참 비참한 사건. 큰아버님도 종종 얘기해주셨지만 제가 이런 기회에 자세하게 듣고 기억이라도 하도록 적어놨으면 더 좋은 그기 됐을 긴데 그때 어리고 이래서 대충 듣고 넘어갔는 게. 그래 또 시근도 없이 그때는 큰아버님, 아버지가 어예 됐습니까? 꼬치꼬치 묻기도 그라고. 큰아버님도 뭐 가슴이 아팠겠지요. 그런 행편입니다.

최승호 : 큰아버지는 그럼 보도연맹 가입하지 않았고, 아버지만 가입했다. 그런데 왜 그 구장이 아버지 보고 보도연맹에 가입하라고 그랬습니까, 아버지가 무슨 활동을 하셨습니까?

정시종 : 아버님은 조금 인자 그 성격이 조금 뭘 못 참고 또 불의를 못 보고 그런 성격이어가 경산에 이리 와가도 마 경산 겉으면 그 당시는 어른들이 캅디더. 백천만 내려가도 함마 마 5년씩 나이를 접어야 된다는 이기를 했는데 내려가서 뚜디리 맞기도 맞고 또 다른 사람 치기도 치고 머 그런 활동을 했었다는. 느거 아부지가 아주 뭐 한 두 사람 정도는 치고 뭐 이기고 돌아오는 그런 사람이다 카면서 그런 얘기는 했습니다. 그 활동적이고 큰아버님 성격은 좀 차분했습니다. 돌아가신 어른이지마는 차분했고 형제간에 성격이 완전 반대적인 그런 성격입니다.

최승호 : 혹시 저 초계정씨 중에서 그 뭐 유학을 했거나 공부를 많이 한 사람이 있었습니까? 마을에 당시에.

정시종 : 그 당시는 저는 뭐 기억이 안 납니다. 안 나고 마을에서는 선비라고는 몇 분이 계셨습니다.

최승호 : 아, 선비는 계셨지만.

정시종 : 정조섭 아재 겉은 분은 그 2대 민의원으로 출마하신 분인데 그때 방, 방 무슨 의원이고?

최승호 : 방만수.

정시종 : 그런 의원들 때문에 인제 낙선되긴 했지만 그런 어른들은 마을에 우리 동창서당에 우리 형빨들. 저는 이 정권에도 가고 했지마는 그 우리보다 한 네 살, 세 살 위에 그 어른

들은 집합해가 서당에 공부도 한학을 하고 이랬는데. 저의 백부님도 우리 아버님이 제일 막낸데 백부님도 저희들한테 손수 천자문을 문종이에 써가주고 한지에 써가주고 엮어가 저이들 한자공부를 하라 그랬는데 저희들은 뭐 공부할 시간도 없이 군에를 가뿌고 그렇게 지내왔습니다. 우리 형님, 사촌 형님들은 많은 한학을 같이 하기도 하고 이랬습니다.

최승호 : 마을에 당시에 거기 저 뭐 소작쟁의라든지 일제 때 아니면 뭐 만세운동이라든지 그 사회주의 활동을 이런 걸 한 사람은 들어보셨습니까?

정시종 : 그런 거는 그 자세한 이야기는 큰아버님께서 하지는 않았습니다. 우리 문중에서도 아까 그 현직 면장으로 계시는 분, 또 그 저한테 인자 12촌 형님뻘인데 그런 분은 그 자형하고 같이 한꺼번에 연행돼가주고 지금까지 못 돌아온 분. 또 뭐 여러분들이 있습니다. 그때 열세 분인강 뭐 보도연맹에 가입된 분이 있었다 캤는데 지금 일일이 성함은 다 모르겠습니다.

최승호 : 아, 마을에 열세 명이.

정시종 : 그래 그랬는데 그 전태현 면장님이라서 제가 그, 거는 기억을 하고 또 큰아버님이 느거 아부지하고 같은 날 연행됐다 그래서. 그 자녀들이 가족들이 전부 서울 쪽으로 다 갔습니다. 일찍이.

최승호 : 아, 전태현 면장.

정시종 : 그 아들이 막내아들이 내보다 한 살 많았는데 그도 직장이 일찍이 그래가 서울로 다 가뿌리고 거 연락이 함분 닿

였는데 거 경산유족회 이런 일이 벌어졌는데 함분 연락하자 만나자 해도 못 만났습니다. 못 만나고 지금 유족회 가입 안 됐는 분도 마이 있을 겁니다. 있는데 일일이 제가 뭐 다 못 챙기고 그렇습니다.

최승호 : 전태현 면장이 그때 당시에 빨치산 활동을 하는데 뭐 도움을 줬거나 그런 거는 아닌가예?

정시종 : 그런데 큰아버님 말씀은 면장이 평소에 마이 씨, 밤 되면은 사람들이 와서 뭐 양식이라든지 뭘 좀 내놓라고 마이 거 고통을 당했는갑습니다.

최승호 : 밤손님이 많이 찾아왔다.

정시종 : 밤손님이 찾아와가지고 내놓라카이 뭐 안 내놓을 수도 없고 그 당시 저는 보지는 못했지마는 그런 고초를 겪었다는 큰아버님 말씀을 들었습니다. 들었는데 그 같은 날도 아버지 가시고 난 뒤에 더 시간이 밤중에도 그 면장님이 연행되셨다는 그런 얘기를 들었습니다.

최승호 : 들었고, 혹시 어머니한테 들은 얘기는 없습니까? 어머니는 언제까지.

정시종 : 어머니는 아버님 가시고 3년 후에 내가 네 살 땐가 그때 또 세상을 떠났습니다.

최승호 : 아, 젊으실 땐데.

정시종 : 저는 뭐 완전히 비운의 홀몸이 됐죠.

최승호 : 완전히 엄마도 없이 형제도 없고.

정시종 : 사촌들은 많았습니다. 큰집에 인자 큰아버님, 큰어머님이 할머님 계셨고. 할머니 계셔가 우리 결혼하기 직전에 돌아가셨는데 그분들이 마음적⋯. 아버님이 막내니까 큰아

버지 세 분, 고모님 두 분, 아부지. 막내가 인자 어린 20대에 잡혀갔으니까 할머님부터 인자 형제간에 또 자매간, 남매간에 다 걱정을 하고 그랬겠지요. 그리고 우리 엄마도 뭐 그렇게 하다가 또 제 곁을 떠났으이께네 그거는 뭐 운명이지요.

최승호: 엄마 살아계셨으면 당시에 아버지가 무슨 일을 하셨는지, 그리고 뭐 들었을 건데 엄마도 일찍 돌아가셨으니까 아버지에 대한 거는 아무것도 못 들었네, 그지요?

정시종: 큰아버님한테 들은 이야기가 전부 답니다.

최승호: 큰아버지만 인자 해주셨네. 혹시 큰아버지가 아버지가 저 잡혀가고 나서 뭐 어디 어디 잡혀갖고 면회를 갔다든지 이런 얘기는 안 하셨어예?

정시종: 다른 집에서는 면회를 거기로 갔다는 얘기를 들었습니다. 지금 겉으면은 그 한전 경산지점 그 터에 전매서에서 수매를 해가주고 담배 잎담배를 연초창고로 사용하는 그곳에 여름에는 비어있는 틈을 타가주고 연행된 사람을 한 이틀씩 가둬뒀다가 집단으로 차로 실코 코발트광산으로 행했다, 그런 말씀을 들었는데. 백부님 세분이 인자 금액적으로 뭔가 없으니까 그러니까 이얘기로는 바로 위에 큰아버님이 그때 우리가 뭐 소라도 있었으면은 소 한 마리 값을 해가 사람 살렸다는 그런 얘기도 들었다. 그런데 우리가 형제간이 이래 동생이 가는데도 그런 거를 못 막았다는 그런 얘기도 뭐 함분 했습니다. 했었는데 제가 어렸기 때문에 그걸 꼬치꼬치 뭐 묻고 이런 그게 없어가주고 뭐 지금 이 얘기가 전부 다인 겁니다.

최승호 : 혹시 또 다른 큰아버지한테 들은 애기 중에서 뭐 하시고 싶은 게, 얘기 없습니까?

정시종 : 큰아버지한테 들은 애기는 그게 전부 다 끝인 것 같은 데. 그 불안했다는 거. 그 할머님이 막 밤잠을 못 주무시고 이자 막내를 보내고 그런 애기들도 진짜 뭐 누가 돈 있어가 빼낼 그런 일도 못 했고, 엄두도 못 냈고. 그렇게 뭐 처음에는 가서도 우리 할머니나 큰아버님들도 돌아오실 줄도 그런 것도 기대를 했고. 뭐 조사받으마 안 오겠나, 뭐 전에 뭐 신청해 난 거도 있는데. 그래 지금은 뭐 국민보도연맹인 줄 알지, 그때는 어른들은 국민보도연맹이 뭔지도 모르고 그렇게 가입을 하고 이랬는데 지금 보니까 아, 그 아버지가 확실히 진실화해위원회에서 요구하는 경찰서 자료에도 보니까 국민보도연맹으로 등록돼가 있는 같습다.

최승호 : 혹시 할머니는 아버지를 찾을려고 뭐 광산에 갔다든지 그런 애기는 안 하셨어예?

정시종 : 그런 애기는 뭐 아예 엄두를 안 냈는 갑습니다. 그런 때기 때문에.

최승호 : 아, 찾으러 갈, 겁이 나서? 혹시나 또 나도 잡혀갈까 봐.

정시종 : 그 바로 위에 큰아버님이나 우리 할머님 성격이 아주 조용하십니다. 조용하고 할머님도 제가 결혼하기 전에 한 1, 2년 전인강 돌아가셨는데 그때 연세가 89세로 돌아가셨습니다. 장수했지. 그때 그 어른으로서는. 그런데 이 애기를 일체, 자기 막내라서 그런가. 저희한테 저한테 뭐 느거 아부지가 어떻고 이얘길 한마디도 안 했습니다. 안

하고 지금 바로 위에 인자 형님 되시는 큰아버님께서 그래 그 고런 얘기, 간단한 얘기, 지금까지 했는 얘기만 저는 전달을 받았지요. 어릴 때. 제가 그 이렇게 될 줄 알았으면, 세월이 좋아지고 이렇게 될 줄 알았으면 기록도 좀 하고 큰아버님한테 중간중간 물었을 긴데 전혀 그렇지도 안 하고 군에 제대해서도 제대로 방황하면서 대구에서 생활했습니다. 대구에서 한 그때 5, 6년 했나, 이래 하다가 와이프를 만내가지고 와이프를 잡아야겠다는 그런, 그런 욕심으로 와이프를 잘 잡았기 때문에 내가 여태까지 살았지 안 그랬으만 아, 내가 세상에 왜 살아야 되는지 이런 생각도 했었습니다. 했는데 다행히 와이프가 날, 은인이죠.

최승호 : 결혼해서 그러면 다시 협석으로 들어와서 인제 그냥 사신 겁니까?

정시종 : 아무것도 인자 내가 거 없으니까. 땅도 없고. 아버지 유산이 뭐 조금 있었는 같은데 그게 뭐 다 사라졌습니다. 사라지고 남아있었는데 제가 또 그걸 집이 한 열 몇 번 이사를 하다가 집을 하나 마련했는데 융자를 그때 보태가 집 팔… 저 땅 팔아가주고 그게 보태가 융자를 마이 내나노 이끼네 박 대통령 서거 당… 직전에 내가 이사를 드갔는데.

최승호 : 79년. 지금 현재 사시는 고 집.

정시종 : 아니지. 경산에 영남주택이라고 분양을 받았는데 그게 까꿀로 막 가격이 다운되는 바래야 도저히 빚을 갚을 능력이 안 되고 그래가 그냥 뭐 마이나스 되고 인자 땅 해치하

고 그냥 마을에 가서 남의 집 방, 빈방에 하나 부탁을 해
가 살았지요.

최승호 : 그때가 그럼 몇 살 때입니까, 결혼해가.

정시종 : 그때 결혼하기 직전에는 인자 큰집에 조금 붙어있다가 결
혼해가 그 영남주택을 만들었다가 다시 고향에 그때 한
내가 대구에 생활한 거 말고 다시 또 나갔을 때 결혼해가
나갔는 거는 한 9년. 부산도 살았다가 경산도 살았다가
뭐 이리저리 살았는 게 나간, 밖에 생활을 9년 하다가 도
저히 형편이 안돼가 방세나 없는데 좀 들어가 살자 이래
가 고향으로 왔다가 그래도 이렇게. 그동안에는 어데 취
업도 안 됐습니다. 연좌제에 걸리가 뭐 또 연좌제 때문에
큰아버님이 니는 학교 더 진학해봤자 어데 직장에 들어갈
수 없다. 느거 아부지 때문에. 그런 일이 있을 때 마이 비
참했지요 저도.

최승호 : 음, 무택(?)도 안 되고 직장도 안 될 거다.

정시종 : 그래도 그 저는 초등학교 때는 아부지, 엄마 없어도 뭐 6
년간 우등상을 계속 받은 사람입니다. 그때 학교 진학을
좀 시키달라고 그런 부탁도 큰아버님께 하니까 아 도저
히 안 된다 이래가주고 뭐 포기하고. 그래 인자 저 직장
도 안되니까 그때는 어데 직장에 오라 카는 직장이 어딨
습니까? 그래서 아라이, 이렇게 농사일이나 하고 나무나
해 때고 하마 안 되겠다 그래서 십칠 세 안 된 나이에 군
에 억지로 갔습니다. 그때 지원할 때도 1년, 그때는 군대
행정이 좀 그래서 그렇지. 1년만 까올리오마 군대 보내주
께, 안 그라마 니 못 가 하는데 그렇게 연도 수만 1년 올

리가. 그 군 제대 그거에 보면은 나이가 한 살 마이 돼있거든. 그래 십칠 세 미만 됐는데 갔다 와, 갔다 왔는데 군대 생활도 그래도 명랑하게 했습니다. 혼차 외롭지도 아하고 군대서는 재밌는 군대 생활을 하고 이래 나왔습니다. 그래 지금도 참 생각하면은 연좌제 때문에 제가 제대로는 마음고생을 했습니다. 남들 보기에는 뭐 그하지마는 아, 내가 공부도 더하고 남들 가는 같이 직장도 괜찮은데 드갈 낀데 그런 음… 비참한 생각도 들었습니다. 들었고 무시도 당했습니다. 아부지 엄시 호로자식 소리도 듣고 그런들 뭐 우야겠습니까. 내가 뭐 이젠 운명이다, 그런 생각하고 열심히 사는 수밖에 없었는데 그래도 그 괜찮은 와이프가 다독거려조가주고 잘 지내왔죠.

최승호 : 마지막으로 시청에서 공무원으로 퇴직하셨는데 공무원 생활은 어떻게 시작하게 됐습니까?

정시종 : 공무원을 인자 제 사촌형들이 제보다 한 살 많은 형이 그 바로 그 아부지 위에 큰아버님이 그 집 둘째 아들 택인데 그 형이 민정당 그 당시 당원이었습니다. 당원인데 활동도 마이 하고 이래가 야, 니도 임마 당원 해. 내하고 같이 움직이. 실지 저는 뭐 민정당에 들어갈 일이 없는데 형이 인자 끌어들여서 당원증을 하나 만들어 줍디. 사진 가오느라 캐가. 그래서 묵고 살 길이 없는데 그때 아, 연좌제 풀렸다는 얘길 합디.

최승호 : 80년도.

정시종 : 그래가 그냥 나도 그때는 군청인데 군청에 차량이 마이 나오니까 그 우에 함 해봐라 카면서. 그 내 사촌형님도

하양 읍장도 하고 뭐 이래 하셨는데 형님 힘으로는 되지
도 안 하고 그래도 국회의원 그 염의원 빽이라 이랬는 거
거를 당사에 찾어가 갔습니다. 가서 제 이력서 써갔는 걸
누가 뭐 거 가봐라 카길래 내 혼자 이력서 잘 쓰니까 갖다
던지놓이끼네 그래가 우에 운 좋게 그렇게 들어갔습니다.

최승호: 몇 살 땝니까 그때?

정시종: 그때가 87년도니까 나이는 좀 집에 나이로는 서른여덟쯤
그쯤 됐을 겁니다.

최승호: 늦게 시작하셨네예. 그때부터는 인자 좀 생활이 안정이
되셨겠네예, 그죠.

정시종: 그때도 처음에는 뭐 월급도 적었습니다. 적었고 억지로
지탱을 하고 그래 하다가 조금조금 뭐 없는 직장보다도
그래가 지내왔는데 애들이 즈거가 뭐 셋 다 공부를 지금
저거도 아르바이트하고 뭐 이래가 인자 도움을 즈거들 스
스로 좀 해야 되겠다는 그런 도움을 받고 내가 3남매를
다 대학을 다 시켰습니다. 시켰는데 운 좋게도 즈거 대학
을 4년 하고 나서도 둘째 놈은 도청에 있는데 둘째 놈도
지 대학원 나왔습니다. 나오고 딸내미도 대학원은 안 댕
기도 과가 부족하다카미 사회복지과를 2년 더 댕깄다카
이. 6년 했고. 큰놈은 캐나다 가서 공부를 좀 더 했고.

최승호: 내가 못 배운 거를 자식들이.

정시종: 그래서 자식들이 그렇게 해주니까 내가 그런 보람을 또
느끼고, 느거가 잘 커조서 고맙다. 그래서 며느리가 아,
캐나디언입니다. 큰며느리가. 그래서 그 사람이 처음에
여기 왔을 때는 그 교수님, 교수님 캤기 때문에 그때는

석사학위로 여기 왔지요. 와가주고 그때는 효성여댄강 거기서 한 1년 하다가 경북테크노여자대학교 여기에 인자 그 요청을 받아가 급여도 더 받았겠지요. 그래가 우리 큰 놈이 만내가, 내 자세한 얘기 다 한다. 그래가 바로 2000년도에 결혼하고 캐나다로 갔는데 거기서 둘 다 같이 공부하고 며느리는 여기 겉으면 행정고시 같은 거 이런 고시를 해가지고 다시, 목에 갑상선에 큰 고장이 나뿌는 바람에 강의를 못 하게 돼가 지금은 연방정부, 여기 겉으마 한 4급 공무원 택 되지. 공무원 하고 있습니다.

최승호 : 아, 그러면 인제 그 며느리가 인제 경북테크노대학 교수로 왔는데 아들하고 인연이 됐네, 그지예. 한 마을에.

정시종 : 거의 뭐 겸임교수 택이지 뭐. 정상적인 교수는 아이겠지.

최승호 : 아, 겸임교수로 왔다가 인자 마을에.

정시종 : 계약직으로. 버스승강장에서 둘이 만나가주고 인자 그 큰 놈이 학원에 그때 무역과를 나와가 영어를 토익, 토픽 이거를 계속 치고 영어를 집중으로 하는데. 아, 여자분이 있어놓이 차 안에서 헬로우, 나는 마이 홈, 바로 앞에 있는 어느 집이다. 당신 어디서 왔노. 뭐 이래 돼가주고 내가 선생이 돼주겠다, 가르치겠다. 외국어교수촌에 몇 층에 몇 호에 오라 이래가 인자 그 가르침을 마이 받았어요. 그래가 그 영어에 아주 능통해져뿠어요 아들이. 그래서 지금은 뭐 우리말을 거의 사용을 안 하니까 거 오타와에서 있는데. 수도 아닙니까. 오타와에서 저거 둘이만 한 애니까 우리말 뭐 안 하는 식이지.

최승호 : 그러면 인제 유족, 내가 아부지가 돌아가셨다 카는 사실

은 큰아버지한테 들었고. 그라고 나서 아버지가 어떻게 돌아가셨는지 알려고 노력은 안 하셨습니까?

정시종 : 노력은 그때 1999년도 우리 경산시민회 모임에서 많이 활동하신 분들이 전화가 와서 그래서 제가 남천면에 이런 분들을 소문 듣고 찾아댕기면서 여 가입하자. 또 가입서도 써주고 이렇게 해서 조금 그래 됐지요.

최승호 : 아, 초창기에 인제 유족회 만들 때 같이 활동을 해서 유족 회원이 됐다, 그지요?

정시종 : 예.

최승호 : 그때 유족회 만든다는 거는 어떻게 알았습니까, 들었습니까?

정시종 : 그때 인제 그 경산신문 대표님하고 또 그 장미꽃집에 사장님, 장 사장님하고 저한테 연락이 오고 또 제주4·3사건 유족대표 이도영 박사님 만날 기회가 있어가주고 그때 함 만나가주고. 고 그 박사님 말씀도 왜 이렇게 유족들이 그냥 있느냐, 이렇게 있으면 안 된다. 뭉치라, 서로 모아라. 그리고 그 이도영 박사님이 저하고 연령이 비슷합니다. 그래서 껴안고 참 서로 뭐 울기도 하면서 대화를 하다가 내 성격에는 이거 맞다. 도저히 우리 그냥 있어가 안 된다. 우리도 모으자. 마음을 모으고 서로가 힘이 되도록 하자. 그렇게 해서 또 이끌어주는 경산신문 최 대표께도 감사드리지요. 앞장서서 많이 도와주시고 이때까지 도와주싰는데 저희들은 다 못 배웠습니다. 못 배우고 홀어머니 밑에서 컸고 저 같은 분도 있습니다. 아버님, 어머님 안 계신 분도 마이 있습니다. 그래서 시민회 모임 쪽에

서 마이 도움을 받으면서 뭉치게 됐고 언젠가는…. 아버님 유해가 지금 70년 동안 광산 그 캄캄한 갱내에서 토석에 엉키가주고 있는 모습을 볼 때는 그 언제 자식 된 도리로서 우리가 떠나기 전에 세상 떠나기 전에 아버님 유해라도 양지바른 곳에 아이라도 뭐 갱내에 있어가는 안 된다는 그런 마음은 항시 가지고 있지요. 그렇다 해서 그게 제힘으로 마음대로 되는 것도 아이고. 지금 골프장이 광산 곁에 들어오면서 세종시에 임시 안치된 유해도 있고 갱내에 있는 유해도 있는데 이게 수습이 다 되어가 우리 아버지다, 너거 아부지다 이리 몬, 뭐 나누더라도 함께 수습되어가주고 좀 양지바른 곳에 모셔지는 기 저희들 바램입니다. 바램이고 저 혼자 바램이겠습니까, 전국의 유족들이 뭐 너무나 많습니다.

최승호 : 지금 저 세종시에 있는 유해하고 나중에 대전 월령골에 인제 국가추모공원을 만들면 거기에 한다 그러는데. 거기 가는 건 어떻게 생각하십니까, 유해가.

정시종 : 아, 그 얘기하면 제가 참 울분이 터져요, 진짜. 우리 그 경산시가 경산시에 그런 공원이 역사평화공원이 만들어져야 된다고 나는 그 그렇게 생각했던 분입니다. 왜냐, 일제강점기 때 그 코발트를 광산 코발트를 그 저 캐냈던 광산이 일제에 했는 역사가 살아있고, 또 우리 유해가 어데로 방치돼가 있는데. 고 대전골 대전 그 뭐 무슨 골이라 캤는지 몰라도 거기보다는 지금 1년에 방문객들도 우리가 영 많다고 나는 경산이 많다고 생각합니다. 그 박근혜 정부 때 16년도 5월달에 첫 공문을 뭐, 저는 보지는

못했습니다마는 뒤후에 봤는데 그때 경산시에서는 아무 생각도 없이 공문도 어디 내삐리나뿐 모양입니다. 처박아 여뿌고 그런 역사평화공원 거창한 공원이 우리 역사에 국비 전액으로 지방비, 시도비가 한 푼도 안 들고 국비 전액으로 4년간에 걸쳐가주고 그 공원을 맨들어줄라 카는 그거를 신청 안 하는 지자체가 어딨습니까, 그래. 경산 시장님 진짜 부끄러운 줄 알아야 돼요. 제가 그 이 자리에서만 카는 게 아이고 가는 데마다 분통 터진다 카는 얘기를 마이 했습니다. 시장님 본인한테도 얘기했고요. 그때 몇 년도고 18년도에는 매일신문에도 그거 조금 냈습니다. 내도 뭐 아무 감각도 없고 사과 들은 적도 없습니다. 대전시만 좋아졌지요. 5월달에 공문 보내고 고 답변이 경산시에서 없으니까 6월달에 재신청하기 전에 그 행안부에서 코발트광산을 전부 둘러보고 올라가서 7월달에 재신청하라고 공문을 보냈는데도 불구하고 두 번의 공문을 그냥 방치하고 그런 일이 어딨습니까, 그래. 단체장이 경산시장이 의지만 있었다면 공청회도 열고, 우리 경산이 이케 훌륭한 평화공원을 하나 만들어 보겠습니다, 이얘기하고 의회에도 의장한테 통보해가 의회도 협조합시다. 그 삼성현공원이 멀리 있습니까, 바로 가까이 있는데. 그게 얼마나 훌륭한 공원을 맨들 긴데 우리가 포기를 두 차례나. 그기 지금으로 하면 6, 700억은 될 깁니다, 지원금액이. 지금 돈으로 환산하면. 그래 그 금액 큰 금액으로 지원할라 카는데. 그러면 그걸 만들어놓고 나면은 방문객들은 많아지겠지만은 주변 상권도 좀 좋아지고. 그런 거

다 치워도 일자리만 해도 공무원들이 한 열 명은 더 생길 겁니다. 그러나 또 일용직들도 잡초 제거하고, 잔디 가꾸고, 나무 가꾸고, 일자리 얼마나 생깁니까? 이것저것 생각하면 진짜 우리 유족들은 분통 터지죠. 내 혼차만 분통 터지겠습니까. 다 마찬가지겠죠. 지금 그 위령탑 하나 만들어놨는 게 제대로 그 위령탑이 아이라고 생각합니다. 옆에 주변 땅도 확보하고 올 이얘기를 하면은 좀 들어주고, 또 그 국유지인 기획부 기획재정부 소유의 땅도 번지가 지금 금방 기억 안 나지마는 거게도 한 900여 평 그 옆에 안 있습니까. 수직갱 바로 그 옆으로 내려오면 그 땅을 다 확보해가주고 지금 뭐 방문객들이 차량이 버스 타고 오면은 복잡합니다. 그리고 화장실이 마음대로 어데 있습니까? 내 한 날 보이끼네 제주도에서 왔던강, 버스 세 대로 왔는데 제가 마중을 나갔습니다. 나갔는데 아, 전부 왜 일케 돼 있노. 아, 이건 아이다. 방문객들이 그런 소리를 하고 돌아갈 때 분통이 터졌습니다.

최승호 : 경산시가 당시에 왜 그 공문 신청을 안 했다고 그럽디까?

정시종 : 그 제가 그 당시 복지정책과장을 만나고 복지국장도 만나고 고함도 질렀습니다. 이럴 수가 있나 카면서. 그런데 자기들은 위령탑을 작년에 만들어줬잖아요 뭐. 그런 식으로 나가니까 공무원 자세가 그 자세가 아이고 위에 경산시장이 조금이라도 아, 이거를 하나 만들어야 되겠다는 의지가 있었다면은 바로 지시해가주고 자, 시민들에게 알리라. 시민들이 주인 아입니까. 시민들이 알 권리도 있는데 공청회 함분 없이 과장이라는 정책과장이라는 복지정

책과장이 자, 인근 주민들 열 명 모아놓고 동부동 사무소에 2층에 열 명 모아놓고 자기들끼리 자, 찬성하느냐 반대하느냐. 거기에 코발트광산 쪽에 역사평화공원이 건립되면은 어떻게 참 좋다는 그런 얘기는 안 하고 전국에 있는 유해가 이쪽으로 다 모입니다. 이런 거만 강조해가주고 그중에 다섯 명이 반대를 하고 다섯 명이 찬성했다. 이런 말도 후에 나왔는데 그게 중요한 거 아입니다. 진짜 중요한 거는 설명회를 열고, 공청회도 열고, 시의회에 요청도 하고. 시민들은 모르고 있는 일입니다, 이거.

최승호 : 시민들도 모르고. 공무원들끼리만 인제.

정시종 : 모르죠. 저거끼리만 알고 무조건 부레끼 해라. 저거 일하기 싫다는 기지. 신청 안 했는 자체가. 분통 터지죠. 저런 거 직무유기 하는 거 아입니까, 시장이. 시장부터 담당과, 국장 다 그렇죠. 제대로 일했습니까, 그게?

최승호 : 그때 당시에 시민모임이나 언론에서도 경산시가 신청 안 했는 부분에 대해서 많이 지적을 했었거든요. 결국은 뭐 시장이 뭐 사과 한번 없이 지금까지 지내왔지 않습니까.

정시종 : 지금도 참 쳐다보기도 싫어요, 진짜. 만날 때마다 그런 얘기도 하고 본인 집에도 내가 문서를 보냈습니다. 이거는 시장 직무유기다. 잘못됐다. 시의회도 마찬가지다. 시의장한테도 내가 보냈습니다. 역사평화공원 제때 신청하라고 공문이 두 번이나 내리왔는데도 그 아무 생각 없이 그냥 포기하는 거 이거는 직무유기가 틀림없다 싶습니다. 그래서 저는 아 지금은 뭐 해가 여러 해가 지냈지만은 그 당시 울분이 터졌고 내 혼차 검찰에 고발도 하고 싶어

요. 직무유기에 대한 고발. 그 누가가 같이 힘을 모아주는 사람도 없고 이래서 내가 지금 이태까지 참고 견뎌나온 세월이지만은.

최승호 : 지금이라도 경산시에서 다시 그, 국비사업은 이미 끝났으니까 지방비로라도 이렇게 하면은 어떻겠습니까?

정시종 : 그거를 우리말을 좀 들어주면은 좋겠는데 우리가 유족들이 요청을 일단 시에 해가주고 시에서는 그 요청을 받으면은 지사님하고도 이논해야 됩니다. 도에도 담당과가 있고 국이 있고 한데. 이기 내가 잘못된 거는 역사평화공원 거부터 왜 잘못됐나 하면은 그런 공문이 내려오면은 복지정책과에서 할 일이 아입니다, 그게. 행정, 행자부에서 그때 행정, 행자부 아닙니까, 그래. 행자부에서 내려온 공문을 복지정책과에 주는 게 정책국에 주는 기 그기 안 맞다 싶으고. 그러면은 행정지원국장이 쥐든지 행정자치과장이 쥐든지 이래가주고 총괄 건설 분야, 토목 분야 뭐 복지 분야 이래 과장들하고 의논해가 그 역사평화공원을 하나 탄생시켜야 되는 그런 일이 있는데 전부 서로 미루코 복지정책과에 내주이. 복지정책과가 공사를 하고 공원을 만드는 그런 과가 아니잖아예. 그거는 진짜잘못 됐다 싶읍니다. 그래서 지금이라도 대구·경북, 대구 유족들도 안 많습니까, 우리가. 대구 유족하고 여 우리 같이 유족하면서 이 대구권 대구·경북권 전부 뭉치가주고 우리 경산코발트광산 좀 작은 규모라도 평화공원을 하나 만들어 줬으면 그런 생각도 듭니다.

최승호 : 경산에 대구·경북권 역사평화공원을 조성했으면 좋겠다.

정시종 : 꼭 그런 거를 만들어줬으면은 좋겠습니다.

최승호 : 유족회에서 그런 것들을 탄원서라든지 결의문을 경산시 장하고 도지사한테 한번 보내볼 생각은 없습니까?

정시종 : 앞으로 보내야지요. 보내고 지금 코로나 때문에 이카지마 는 또 뭐 비행장 뭐 옮기고 이것 때문에 난리지꼈는데 좀 조용해지면 우리가 해야 됩니다. 해야 되고 또 그럴만한 이유가 됩니다. 또 모든 걸 여건이 됩니다. 그냥 방치해 서는 안 된다 생각합니다.

최승호 : 올해 그 십 년 만에 진실화해위원회가 다시 출범을 했거 든요. 그 진실화해위원회에도 이러한 경산유족들, 경산 코발트광산의 현황을 건의를 해서 대구·경북권, 아까 좋 은 말씀 하셨는데 대구·경북권 역사평화공원 조성할 수 있는 그런 길이 있지 않을까 싶습니다.

정시종 : 그걸 당연히 해야 되지요.

최승호 : 우리 진실화해위원회 2차, 2기 화해위원회에서 신고자, 신고 못 했는 사람들, 미신고자를 받고 있다 카든데 혹시 주변에 미신고자 없습니까?

정시종 : 미신고자가 지금 작년 몇 월달, 아니 재작년 몇 월달이 고 지금 찾다가 두 명 찾았습니다. 두 명 찾아가 내가 우 리 유족회에 가입신청서를 넣었습니다. 넣고. 그런 사람 들도 숨어가 내가 이거 노출되면은 다른 불이익이 있을까 해서 가입도 안 하고 그래서 제가 이제는 세상이 우리의 이 고통을 세상에 알려야 된다. 왜 숨어 있노. 아부지 가 있는 게 분통 터질 일인데 왜 그냥 있노 카면서 제 손수 신청서를 다 만들어가 두 명 해놨습니다.

최승호 : 아직도 그 두려운 사람이 있습니까?

정시종 : 근데 지금 그 두 명 그분들도 밖에 노출되기가 싫으니까 인자 조용하이 뭐 감추코 살자 싶어가 있었는데 이제는 제 말 듣고 제가 설득하니까 아 좀 그래 하자, 그렇게 해서 왔습니다. 그러이 얼마나 참 고통스럽고 비참한 일입니까. 지금도 그렇게 마 난 숨어가 있을란다. 그런 사람들이 있으니까 안타깝지요.

최승호 : 그때 당시 협석리에 13명이 보도연맹에 가입해서 돌아가셨다 했는데 지금 거기 가입, 지금 우리 유족회에 가입해서 진실 규명받은 사람은 몇 명입니까?

정시종 : 지금 받은 사람이 반, 한 반틈도 안 되지 싶은데.

최승호 : 정화섭 씨하고. 정화섭 씨하고 차섭 아버지하고는 어떻게.

정시종 : 같은, 열 촌간이지예. 근데 그 서, 서, 서, 보자. 그분은 아침에 그때 이자 똥장군 아닙니까, 이거 짊어지고 보리밭에 조로로록 허치로 나갔는데 그 아침에 잡히드갔다 카더라카이. 그래서 인제 그때는 뭐 경찰들한테 뭐 할당이 돼가 뭐 누구 잡아라, 뭐 몇 명 잡아라. 그런 게 있었는가 몰라도 아침저녁 밤을 뭐, 밤낮을 가리지 않고 뭐 연행하로 댕깄다카이끼네 그 참.

최승호 : 당시에 그 정태섭 면장도 같이 연행돼서.

정시종 : 정대현이지.

최승호 : 정대현. 근데 이분은 유족신고를 안 했잖아요, 그지예?

정시종 : 안 했습니다. 자기들이 서울에 가있어뿌나놓이끼네 내가 그 막내이 하고는 나이 한 살 차인데 통화를 한 번 정도

하고는 그 뒤로는 저도 휴대폰도 바꿔뿌고 자꾸 바꿔뿌이 어디 찾을 수가 없어요. 그래서 뭐.

최승호 : 이번에는 여 이분이 좀 신고를 하게 되면 그때 당시에 마을 사정을 좀 더 잘 알 수 있지 않을까 싶은데.

정시종 : 그 사람도 거의 내하고 뭐 거의 비슷할 끼라요. 어리니까.

최승호 : 막내가 친구분이시니까 그 위에 형들은.

정시종 : 형은 나이가 좀 많은 형이 있었지. 형은 아마 고인이 벌써 됐을 기지. 우리가 못 뵌 지 오래됐는데.

최승호 : 한 번씩 그 마을에 내려오고 했습니까?

정시종 : 절대 안 옵니다. 안 온 지가 뭐, 하마 수십 년 됐지. 제가 부산에 있을 때 그분이 부산에 직장에 그, 그 당시 젊을 적인데도 과장으로. 그 사람 머리가 좋아가 우에 드갔는데 일본 유학도 회사에서 다 보내주고 이랬는데. 에, 그래가 그 내가 거 있다는 소식을 듣고 아, 니는 잘됐다.

최승호 : 아, 거는 연좌제 피해도 안 봤네, 그지예?

정시종 : 그렇지요. 그런 걸 보는 그런 업체가 아니었고. 연좌제 그 해당 없는 업체. 그래서 그래 나도 지금 일본에서 유학을 마치고 니 돈 어딨었노, 카이끼네 여기서 보내줬다 업체에서. 그 사람이 성격이 좋았다카이. 그래가주고 그 승진도 마이 했을 끼라. 지금 뭐 나이가 뭐 우리쯤 되면 다 퇴임하고 이래서는 때지마는 똑똑었다카이 그 사람이. 그 형이 인자 연세가 많은 형이 있었어요. 맏형은 나이가 윽시 많았지. 그 누님들이 있고 그랬는데 다 흩어져뿌리고.

최승호 : 혹시 저 아부지 호적은 어떻게 돼 있는지 보셨어예?

정시종 : 호적에 돌아가신 날짜를.

최승호 : 적혀있습디까?

정시종 : 아, 53년으로 돼 있더라카이. 사망일을 53년이든가 뭐 56년이든가 이래 돼 있는데 그거 정정.

최승호 : 정정했습니까?

정시종 : 법원에, 가정법원에 가서 제가 정정을 했습니다. 진실화해위원회에서 결정 통지서를 들고 그 페이지 수가 많았는데 그거 전부 복사해가 넣고 확정서라 카나 뭐라 카노. 그걸 들고 결정서, 그걸 들고 가니까 그걸 인정해가 답변이 왔는데 답변서 그거 들고 인제 호적계에 가서 담당자한테 정정해 달라카이 정정됩디다. 그래서 50년 7월쯤인가 이렇게 연행되는 그 시점으로 정정했습니다. 그래서 왜 정정했나 하면은 돈도 나오고 뭐 그런 게 아이고 그래도 위에 우리 손녀들하고 뭐 자식들이 보면은 아, 참 우리 할아부지는 이렇게 돌아가셨구나 카는 그기 기적, 기재가 되도록 할라꼬 제가 그렇게 했습니다.

최승호 : 그건 참 잘하셨네, 그지예. 다른 분들도 그렇게 호적정정하신 분들이 좀 있는가예?

정시종 : 우리 유족회에서 몇 분이 계실 겁니다. 저는 확실히 누가 누구 했는지 모르고 하지마는 마을에서는 그렇게 핸 분은 저 혼차뿐인 거 같습니다.

최승호 : 올해 한국전쟁이 일어난 지 70주년, 70년입니다. 그러니까 아부지 돌아가신 해도 70년인데 그동안 이제 말없이 이렇게 있어줬던 우리 배우자, 사모님하고 자녀들한테 감회가 있지 싶은데 한번 말씀, 한 말씀 해주십시오.

정시종 : 아, 자녀들은 뭐 와이프도 얘기하지마는 아부지 그동안

에 견디조서 고맙다 카지요. 고맙고 아버지 성격이 그래도 정의롭게 살아조서 고맙습니다. 아버지 성격은 보면은 불의를 보면 못 참고 흥분도 하고 이런데 저희들도 그 DNA를 이어받은 거 같습니다. 절대 정의롭게 살지, 불의도 거짓말하고 남을 뭐 어떻게 해치고 그런 식으로는 안 살아가겠습니다. 자식들이 그 아부지 DNA를 받았다고 자기들이 스스로 이얘길 하니까 그 보람으로. 저거도 내 해준 것도 없습니다, 자식들한테. 없는데 자기 갈 길을 마음대로 저들 잘살 수 있으니까 너무 고맙고. 며느리 두 사람도 너무 착한 사람 우리 집에 왔다 싶으고. 늘 내가 내 마음속으로는 이 뭐 고맙게 생각하고 큰 며느리한테도 늘 땡큐 베리 마치고. 일주일 한 번씩 채팅을 합니다. 화상채팅, 인터넷 채팅을 하면은 이 내가 영어를 몰라가 영어를 지금 내가 배웁니다. 며느리하고 우리말을 못 해가. 실정이 그렇습니다.

최승호: 사모님한테 한 말씀 하시야 안 됩니까?

정시종: 너무 고맙지요. 나를 참 옳게 잡아주고 곁에서 이, 배우자라기보다도 생명의 은인이라 생각합니다. 은인이라 생각하고 실지는 늘 고맙게 다독이주고 고맙다는 이야기를 자주 하고 이래야 되는데, 지금 이 자리에서 말을 그카니까 좀 미안합니다. 미안한데 아, 세상에 태어나가 제한테는 제일 고마운 분이 와이픕니다. 제 와이픕니다. 와이프 사랑합니다. 미안합니다.

최승호: 마지막으로 우리 유족회하고 경산시나 지역사회에 하고 싶은 말씀 있으면 해주십시오.

정시종 : 저희들의 이 고통을 누가 아시겠습니까. 우리 경산시민 여러분께서도 경산코발트광산이 아, 이렇게 역사적인 광산이었구나. 그걸 좀 알아주시고, 또 거게 대한 유족들도 그동안 70년 동안 얼마나 고생이 많았겠노, 조금이라도 뭐 알아주시면 100분의 1이라도 뭐 알아만 주시면 고맙겠습니다. 무시하지 말고 그 고통을 조금이라도 나누어 가져주시면 고맙겠습니다. 앞으로 저희들이 바라는 대구·경북 권역의 역사, 조그만한 역사평화공원이라도 만들어져서 우리 경산시민도 방문하고 또 전국에서 오는 손님들이 1년에 많습니다. 많은데 함께 마음을 나누고 같이 들여다보는 또 느껴보는 그런 역사평화공원이 되어 갱 속에 토석에 묻힌 우리 유해님들도 양지 곳으로 모시고 그렇게 되기를 유족으로서 마지막으로 바램입니다. 70년 동안 장례식 아부지 장례식 못한 아들의 소망입니다. 오늘 감사합니다.

최승호 : 긴 시간 동안 정시종 우리 유족분이 인제 아버지에 대한 기억이 거의 없지만 큰아버지한테 들었던 기억을 중심으로 해서 말씀해주셨습니다. 오늘 이 한국전쟁 기록화사업은 영남대학교 지역협력센터와 우리 경산신문사, 그리고 경산코발트광산유족회가 함께 만들었고 함께 준비했습니다. 이것으로 다섯 번째 코발트광산유족 구술증언 채록을 모두 마치겠습니다. 수고하셨습니다.

정시종 : 감사드립니다. 수고하셨습니다.

17. 김장수 구술증언

사건과의 관계 : 김팔봉의 자
구술 당시 나이(생년월일) : 1934년생
출생지 : 청도군 매전면 덕산리 440번지

최승호 : 올해로 한국전쟁 70주년이 됩니다. 한국전쟁 70주년이라
는 것은 바로 민간인학살 70주기를 의미합니다. 올해로
70주기를 맞이해서 기록화사업을 진행하고 있습니다. 오
늘은 경산코발트광산유족회에서 청도에서 온 유족분들을
모시고 기록화사업 구술채록을 시작하겠습니다.

최승호 : 먼저 오신 분 자신의 성함을 말씀해주십시오.

김장수 : 예. 김장수입니다.

최승호 : 사는 동네는 어디십니까?

김장수 : 저는 청도군 매전면 덕산리 440번지.

최승호 : 그럼 그 번지에서 태어났습니까?

김장수 : 예.

최승호 : 형제가 몇입니까?

김장수 : 딸 둘, 남자 둘, 4남매.

최승호 : 맏이시라고예?

김장수 : 4남매 맏이는 아이고. 딸이 우에 둘 낳고. 누나 둘 그다음에 인자 지가 맏이.

최승호 : 그러면 아버지가 그 몇 살 때 돌아가신 겁니까?

김장수 : 아버지 한 사십 안 됐지 싶습니더. 그때. 확실하게 모르겠고 한 사십 이쪽저쪽 고 정도.

최승호 : 내 나이로.

김장수 : 내가 그때 한 다섯, 열여섯. 고래 됐지 싶습니다.

최승호 : 어떻게 해서 아버지가 돌아가셨는지 아십니까?

김장수 : 뭐, 산에 댕기는 사람 빨개한테 인자 식량 제공하고 뭐 돈도 주고 뭘 뭐를 줬다고 인자 그래가. 인자 안 주마 인자 죽을 지경인데 집에서 그래 인제 할 수 없이 내 거 뺏기고 그래 고초를 마이 당했다카이. 세월이 그래가 뭐.

최승호 : 덕산리가 좀 외진 동넵니까?

김장수 : 우리 집이 좀 외지다카이. 두 집. 두 집밖에 안 살거든요.

최승호 : 원래 덕산리가 그 큰 그 도로 옆에 있지 않습니까? 마을이.

김장수 : 도로 옆엔데 그 뭐, 그 인나들 산에서 니리오마 오기는 좋다카이끼네.

최승호 : 아, 거기서 좋아서. 그러면 밤손님이 와서 산사람들이 와서 집에 와서 어른들한테 뭐를 요구했습니까?

김장수 : 먹는 식량, 쌀하고 뭐 뭐 간장 겉은 거 그런 거. 자기가 묵고 살아야 되이끼네 그런 거 돌라카고 뭐. 심지어 우

리 밑에 집에 그때 소, 소 한 마리꺼정 몰고 와뿟다카이 끼네. 그래가 산에 가가 잡아가 뭐 그래가 머었다 이해샀태.

최승호 : 혹시 어릴 때 거기 밤손님 오신 걸 한 번 봤습니까? 밤손님 오신 거 산사람 온 거를 함 본 적 있습니까?

김장수 : 본 적은 있기는 있는데 확실하기, 겁을 내가 올키 잡에는 몬 가고 이래 옛날 창문을 종이로가 발랐는데 이래 떨버가 내다보고 그랬다카이.

최승호 : 옷은 뭐 입고 있습디까, 그 사람들.

김장수 : 옷은 뭐 뭐 군복 비슷한 거 뭐 그런 거. 뭐, 밤에 올키 전 깃불도 없고 옛날에 그럴 적에는 전부 호롱불이거든.

최승호 : 몇 명이나 됐습니까?

김장수 : 그기 꽉 많지는 안 하고 한 대여섯치 고래 돼비고 고렇더라.

최승호 : 그 사람들이 뭐 자주 왔습니까? 아니면 한 달에 한 번씩 아니면 일주일에 한 번씩?

김장수 : 그래 뭐 자주 오지는 안 하고 뭐 한. 그래가 그 한 적에 우리도 인자 집에서 지서서 알아가 지서 직원들이 순사들이 올라가가주고 사람을 막. 우리 옴마도 얼매나 뚜디리 맞았노. 나도 심지어 마이 맞았다카이. 그 당시에. 쪼매난 거를. 바린말 하라 이기라 바린말. 바린말 암만 할 기 뭐 있노. 그래 그 내 거 뭐 쌀하고 뭐 식량 뺏기고 뭐 돈도 있는 거 뭐 다 내나라 이카고 뭐. 그래 온 전신에 다 뺏깄는 상태에서 뭐 자꾸 순사들이 바린말 하라카이 거 그래 됐다 이캐도 그양 뭐 바린말 하라이 그런 식으로.

최승호 : 내 꺼 뺏긴 것도 억울한데 또 경찰이 또 바른말 하라카니까 많이.

김장수 : 그래 뭐 할 말이 뭐 있습니꺼. 지서, 우리 엄마는 지서 거 뿥잡어 니리가가주고 고문꺼징… 내나 막 물로 디루고 막 이런 식으로 했다카이.

최승호 : 고문까지, 바른말 하라고.

김장수 : 예. 그 여 여 그때 지서장이 이름은 지가 압니다. 여 경산 경산사람이라 카든데. 지서, 지서 주임이. 최정기라 캐. 최정기라 카드라.

최승호 : 최정기. 그 사람이 고문까지 했습니까? 엄마한테.

김장수 : 그 밑에 순사들 시키가.

최승호 : 그라면 산사람들한테 그 산사람들이 쌀하고 달라 카는 거 안 주면 어떻게 됩니까? 안 주면.

김장수 : 저거가 마 쌀단지, 뭐 단지를 다 들시가 마 가주고 가고 그랬는가.

최승호 : 뭐 말 안 들으면 불도 지르고 사람도 죽이고 그렇게.

김장수 : 예. 저거한테 반대를 하마 죽이, 뭐 죽는 거는 현실이라 안 하겠십니까?

최승호 : 실제로 그 마을에 산사람들한테 산사람들이 요구하는 거 안 들어줘갖고 다친 사람들 있습니까?

김장수 : 여 거 저 지금 우리 유족회 들어가 있는데 내나 그거 그 사람 외갓집인데 보자, 김 뭐꼬 이름이 기억 안 나노. 도 윤기 마을 밑에. 거 일가족 다 몰살 안 시키뿟나. 불, 불로 질러뿟다카이께네. 사람 다 지기뿌고.

최승호 : 도윤기 마을이.

김장수 : 김용곤이. 용고이 외갓집, 외갓집이다.

최승호 : 아, 김용곤 씨 외갓집이.

김장수 : 예. 거 도씬데. 도덕배라고. 그 사람들 다 죽었다. 그 가족들 다 몰살시기뿌고. 거는 거 산, 산에 사람이 그래뿟다.

최승호 : 산사람이 뭐 달라 카는데 안 줬구나.

김장수 : 안 줬고 뭐 우예 됐든동 그래 집에 불로 질러뿟으이.

최승호 : 불 질러갖고 다 죽은 거예요?

김장수 : 예.

최승호 : 그 동네가 어느 동넨지는 기억나십니까?

김장수 : 내나 덕사이 있다카이. 덕산.

최승호 : 아, 맨 덕산리.

김장수 : 덕산리, 덕산이 오땀이거든. 다섯 요래가.

최승호 : 오땀. 다섯 마을이다.

김장수 : 다섯 집아. 요 북 뭉치가 있다카이. 다섯 마을로 1개 동을 맨들어가 덕산리 동이라.

최승호 : 그럼 거 도윤기 사는 마을은 무슨, 이름이 뭡니까?

김장수 : 거는 새각단.

최승호 : 선생님이 사는 데는.

김장수 : 곰티.

최승호 : 아 카마 곰티재 가까운데.

김장수 : 곰티재 밑에 거라카이.

최승호 : 그렇구나, 아 그래서 인제 안 줄 수도 없네 그지예. 안 주면 몰살시키뿌니까.

김장수 : 안 주마 우리 집도 불로 질러뿟끼나 뭔 수가 안 있겠는교

머.

최승호 : 그래서 할 수 없이 줬는데 경찰은 인제.

김장수 : 뺏기고, 내 거 뺏기고 경찰들은 또 동조해가 와 주노, 거와 식량을 와 주노, 제공하노 이런 뜻이든동 뭐. 그때는 세월이 그래놓이 그랬든동.

최승호 : 내통해가꼬 한패다, 막 몰아가고.

김장수 : 예. 이 사람들한테 만약에 거절로 하마 산에 그 사람들한테 집도 불 질러뿔끼고.

최승호 : 이럴 수도 없고 저럴 수도 없네.

김장수 : 그렇지. 갈 데가 없어. 갈 데가 없다카이.

최승호 : 그러면 인제 우리 아버지는 인제 거 산사람 빨치산한테 부역했다 카는 그것 때문에 인제 보도연맹에 가입하게 됐네예.

김장수 : 그렇지. 인자 호주 아입니꺼. 집주인이께네 제일, 그때는 아이 한 사십 대 고 정도 돼가이 청년 아이가. 그러이께네 아버지가 인제 주목을 마이 했는 택이지. 그래 뭐 무식자라 카이께네. 옛날에 공부를 했나 뭐. 천지에 뭐 글도 한 자 모리고. 이라라 카마 이라고 저라라 카믄 저라는 부치 한 가지로, 부처 겉은 사람을 그 지랄, 그래 갖다 지기뿐다카이.

최승호 : 아부지 성함이 어떻게 되시지예?

김장수 : 김 자 팔 자 봉 자. 김팔봉.

최승호 : 혹시 아버지는 아버지 형제는 몇입니까?

김장수 : 아버지 형제간은 둘이.

최승호 : 카마 아버지가 맏입니까?

김장수 : 맏이.

최승호 : 동생, 그럼 삼촌은 아직 살아계십니까?

김장수 : 삼촌은 우 마을에 사는데 좀 떨어져가.

최승호 : 지금도 살고 계십니까?

김장수 : 어데, 지금 돌아가셨심다.

최승호 : 돌아가셨고.

김장수 : 거도 뭐 백 살 안 넘었겠나, 살았으마.

최승호 : 작은 삼촌은 그라믄 보도연맹에 가입하거나 이래서 다친 적은.

김장수 : 예. 거는 없습니다.

최승호 : 아버지가 인제 대표로 인제.

김장수 : 우리 집만 그래 돼뿟다.

최승호 : 보도연맹 가입은 누가 하라고 했습니까?

김장수 : 동 이장이 그때 그칸다 카데.

최승호 : 덕산 이장이.

김장수 : 덕산동 이장. 동 이장들이 각 동네 동 이장들이 지서서 그런 지시가 니리오이 그런 거 조사해가 올리라 카이끼네 전부다 그래 그래 안 하고 또 동 이장도 그래 뭐 안 하마 또 지도 사상가라 카미.

최승호 : 사상가라, 반대하마 사상가라 캤구나.

김장수 : 그렇지. 옛날에는 뭐 전부.

최승호 : 그라마 동 이장 이름은 기억나십니까?

김장수 : 그때 박재호. 고인 됐심다.

최승호 : 박재호, 고인 됐고. 아, 그 사람 때문에 그라마 인자 아버지가 보도연맹 가입했네, 그지예. 그때 덕산리에 몇 사람

이나 보도연맹에 가입했다고 들었습니까?

김장수 : 마이. 지법 사람 숫자 지금 한… 근 한 여남씩은 됐지. 내가 도윤기 집안, 도씨네들 집안에 거 또 그때 마이 당했다카이. 도가들 집안에. 그래 한 사람 걸리드가놓이 전부다, 다 니도 안 그러나 이런 식으로 마.

최승호 : 줄줄이 다.

김장수 : 예예.

최승호 : 덕산리 한 마을에만 한 여남은 명. 열 명 가까이 되네, 그지예?

김장수 : 근 한 열 명 될 깁니다. 아이 아 여기 유족회 안 들어가 지금, 댕기다가 그때 청도 거거 댕기다가 마 안 하고. 돈도 몬 찾은 사람도 있고 그렇다카이.

최승호 : 지금 우리 덕산리 주민들 중에서 경산유족회 회원은 몇 명입니까? 유족회 나오는 사람.

김장수 : 나오는 사람은 3명.

최승호 : 그럼 열 명 중에 세 명만 경산유족회로 오고 나머지는 청도유족회로 갔습니까?

김장수 : 그래, 열 명은 안 되겠다. 한 일고여덟 고 정도 될라 모르겠다.

최승호 : 아, 일고여덟 명쯤 되는데 그중에 한 반틈은 경산유족회 오고.

김장수 : 으응, 서이 서이밖에 안 온다카이.

최승호 : 서이만 경산에 왔다, 그지예?

김장수 : 김용곤이 하고, 외손도 그때 신고하라 캐가 그거 하거든. 그래 그 용곤이 그 사람 오고, 도윤기하고 내하고 세 사

람.

최승호 : 세 분은 그러면 다 보상 받으셨지예?

김장수 : 받았지.

최승호 : 그러면 어르신은 그럼 초등학교는 졸업을 했습니까?

김장수 : 내가 4학년 때 관화초등학교 해방되고, 해방되고 그래 뭐 50, 45년에 해방됐나. 해방되고 나여 해방 전에는 학교 가 저 멀리 있거등. 내가 그 관화, 관화 그거 초등학교가 아이고 관화 그기 뭐 간이학굔강 거 쪼매난 집 하나 얻어 가 왜놈들 선생 하나 와가 고 내가 2학년 때, 2학년 때 해 방돼뿟거등. 그래 그거는 왜놈 글 그거 배우다가 그 어데 물씨 돼뿌고. 그래 인자 새로 관화 인자 초등학교 명칭을 붙이가 그래가 여여 관화 거 학교로 옮겨, 옮기가 그래 가 거 4학년 때 4학년 때. 그래 그하이께네 아부지가 인 제 그래그래 죽고 그기 인자 동네 말이 퍼지고 이라이끼 네 그 집안은 빨개이한테, 빨갱이 자식이다 이런. 선생이 인자 그 뭐 지서서 그거 그 동네로 연락을 했든동 뭐 우예 됐동 그래 돼놓이 마 학교서 교장 선생하고 그래 이 이런 걸 학교 몬 드가구로 퇴학시키뿌라 이런 식으로.

최승호 : 아, 퇴학을 시킸어예? 그때 당시에는 아부지 살아계셨잖 아요, 그지예?

김장수 : 아부지가 그때 살아가 그게 대… 죽고 나서지. 살아가 안 있었지 그때.

최승호 : 그때는 살아계셨지.

김장수 : 살아가 있었나 모르겠다. 그 확실하게 잘 기억이 안 나네.

최승호 : 빨갱이 자식이다 그래가 퇴학당했습니까?

김장수 : 그렇지. 그래가주고 공부를 몬 하이 딴 아들이는 학교 가
방 들고 학교 책보따리 들고 가이 또 그때 어린 마음이라
도 내가 좀 배아야 되겠다 카이끼네 그래가 우예우예 청
도 소문을 들으이 거서 인자 고등공민학교 모집을 한다
이래. 4학년 때 거 인자 6학년 전부 학교 다 배아야 되는
데 학업을 몬 배아도 거 가이 교장 선생이 인자 아아들 모
으이께네 마 입학금만 대마 학교 댕기라 카대. 그래가 인
자 1학년 때 인자 중학교, 참 고등공민학교 1학년 입학을
했다카이. 그런 기.

최승호 : 4학년 마치고 2년 안 했는데도 입학을 했구나.

김장수 : 그렇지. 그러께네 자꾸 성적이 마이 떨어진다카이. 6학년
수료를 안 했으이. 그래 뭐 그래도 억지로 내 열심히 하
이 따라가겠데. 그래 인자 중학교 인자 그거 3년 만에 중
학교 인자 졸업장은, 중학교 졸업장 받았다.

최승호 : 그게 고등공민학교가 나중에 그 정상학교로 변했다면서
예.

김장수 : 그렇지. 청도중학교.

최승호 : 청도중학교로.

김장수 : 청도중학교라카이 그기.

최승호 : 그래가 1회 졸업생입니까?

김장수 : 1회.

최승호 : 그때 당시에 졸업생이 몇 명이나?

김장수 : 33명인강 뭐.

최승호 : 그 1회 졸업생들 요즘도 한 번씩 모입니까?

김장수 : 이적지 동창회를 내 했다카이. 그래 인자 내하고 둘이 한

동네 댕깄는 사람이 있는데 김재수라고 그 동창회 할 직에 아주 나이 많은 사람도 연락을 자꾸 해가 오라 카대. 그래가 가마 대접을 잘한다카이. 그래가주고 앉아 놀다가 한데 그 사람도 병원에 눕어 있다. 죽어쁫다.

최승호 : 그라마 인자 1회 졸업생은 혼자만 계시네.

김장수 : 어데, 혼자는. 몇이 살았는데, 몇이 살았는데 그 사람들도 나오라 캐도 안 나온대.

최승호 : 그라마 고등공민학교 청도중학교 졸업하고 그다음은 고등학교는 입학 안 했습니까?

김장수 : 고등학교는 안 가고 세월이 그때 그러이끼네 군에 인자 지원을 했다카이. 군대 일찍.

최승호 : 몇 살 때.

김장수 : 그때 수무 살인강 열아홉인강.

최승호 : 전쟁 나곱니까, 전쟁 나기 전입니까?

김장수 : 전쟁 나고 휴전되고.

최승호 : 아, 휴전되고 나서 군에 입대하셨습니까?

김장수 : 그래가 대구, 대구 인자 모집 있다 이카대. 그래 공군에 가마 거 전쟁이 붙어도 덜 우예 우예 머 하다카미 머 글직에는 또 거 대구 여 능인고등하교 거서 시험을 쳤다카이. 그게 시험을 쳐. 그때 영어도 좀 나오고 수학도 좀 나오고 이런데.

최승호 : 휴전 후에 입대를 해갖고 그러면 3년을, 3년 다 오부이 다 근무했습니까?

김장수 : 어데. 그래가 이 여 공군본부에 거 근무를 하이. 그때도 인자 뭔고 하마 군에서도 한 1년 반 이래 거하이끼네 우

리 집에 엄마가 혼자 어린 동생 하나 데불고 뭐 뭐 이래가 묵고 사는 기 어디 곤란하이끼네 내가 집에 빨리 나가가 엄마를 좀 이래 도움을 좀 조야 안 되겠나 싶어가. 그래가 인자 내가 일찍이 거 의가사 카미 의가사 제대. 생활이 곤란하이끼네 그래가 그거를 신청을 해야이끼네 되데요. 그래가 마 그래 의가사 제대를 했다카이.

최승호 : 몇 살 때 그러면 제대를 하신 겁니까?

김장수 : 뭐 한 스물한 살 정도 안 되겠십니까.

최승호 : 그러면 군에 근무한 거는 1년 반 정도 근무했네.

김장수 : 그래가 여 공군본부가 여 인자 밀리… 니루가 있다가 서울 여의도, 여의도 거 미군부대 그때는 그 여의도가 발전도 안 되고 군인들만 주둔해가 있었거든. 그래가 미군부대가 거 대가 있는데 미군들한테 거 양도를 받았든동 본부로 글로 이동했다카이. 그래가 거서 제대를 했다카이. 비행장 거서.

최승호 : 제대해갖고 결혼은 언제 했습니까?

김장수 : 결혼은 집에 나와가 1년 정도 있다가 그래 결혼을 하고.

최승호 : 지금 그 애가 지금 자녀들은 그럼 몇 남 몇 녀입니까?

김장수 : 딸 너이, 아들 너이. 8남매 낳아가 제일 맏이가 그때 서울 거 뭐 회사 어데 드가가 있다가 심장마비로 죽었다카이.

최승호 : 8남매였는데 지금은 인제 3남 4녀가 남았네예.

김장수 : 고 손자가 하나 나가 그 씨는 있어가.

최승호 : 잇아났어예?

김장수 : 예예. 있다카이.

최승호 : 아이고. 자녀들은 그래도 좀 많은 편이네예.

김장수 : 그땐 뭐 아 생기는 대로 다, 생기는 대로 그때 뭐 참 머머 산아제한, 뭐 불알 까라 카고 뭐. 그래 아 했나.

최승호 : 부인은 어느 동네 사람입니까? 결혼하신 부인은.

김장수 : 그 밑에 거 동네. 하평 가는데. 하평.

최승호 : 하평이 외갓집입니까?

김장수 : 예. 하평.

최승호 : 그라마 그때 그 결혼할 때 저 뺄개이 집안에 자식하고 결혼한다고 반대를 안 했는가예?

김장수 : 그런 거는 뭐 고때 세월이 좀 나아졌고 그래가.

최승호 : 외갓집 쪽에는 혹시나 이렇게 그때 6·25 때 돌아가신 분은 없었어예?

김장수 : 전부 만주 다 드가뿟다카이. 만주. 외갓집에.

최승호 : 아, 외가는 만주로 다 이주해뿌리서 사람이 없었네.

김장수 : 중국으로.

최승호 : 중국으로.

김장수 : 예. 그래가 소식이 없어가주고 엄마는 인자, 여자는 시집 와도 친정이 제일 어데 가는 데가 제일 위주거덩. 그러이께네 친정 없어가주고 만날 인자 한을 품고 이래 살다가 그래 우에우에 알아가 편지 연락이 인자 중국하고 그때 됐다카이. 그래가 살았다 카미 그래가 뭐 차차 세월이 좋으이 아아들 할매 인자 저거 할매, 외갓집 할매 아이가. 그러이 살았는 거 다 보고. 보고 그래 죽고.

최승호 : 아 그럼 인제 그 외할매 혼자 놔두고 만주로 다 가뿌렀구나. 집사람 혼자 인제 시집왔, 놔두고. 엄마 놔두고.

김장수 : 엄마 혼자 놔두고 다.

최승호 : 엄마 놔두고 다 가뿌렀구나.

김장수 : 그렇지. 외롭지 뭐 그때. 그래 됐다카이. 그래가 인제 그 때 나이 좀 한 팔십 한 몇이 돼가 그래가 인자 이기 통과 가 되이 이게 아아들도 거 내 위사촌들도 나오고 이래가 보고. 자기 외할매 내게 그러면 외할매 안 되는교. 거를 인자 사진만 봤지 몬 봤다. 실물을.

최승호 : 애들 엄마는 어디 사람, 어느 동네 사람입니까?

김장수 : 애들 엄마.

최승호 : 어르신 부인. 내 부인.

김장수 : 아, 내 장개갔는 내 마누래. 부인, 어데? 아덜?

최승호 : 예, 아덜 엄마. 아덜 엄마는 어느 동네 사람입니까?

김장수 : 아덜 엄마라이.

최승호 : 자식들 어무이. 집사람.

김장수 : 아, 우리 그러마 할마시. 내나 고 하평 거 장개가가주고 우리 집으로 시집왔는 택이지.

최승호 : 아니, 아니. 엄마 친정이 거라 안 했습니꺼? 외가가.

김장수 : 외가 친정은 거도 하평이고 내 처갓집도 하평이고. 그래 됐다.

최승호 : 아 그렇구나 예예.

김장수 : 우리 외가는 그러이 하평, 고향이 하평이지. 하나도 없이 다 만주 다 들어가뿌고 하나도 없고.

최승호 : 그러면 그 다시 한번 저기 저 아버지 돌아가실 때를 한번 그 얘기해주시소. 아버지가 그라마 몇 살 때 집을 나갔습 니까? 경찰지서에 붙잡혀 갔습니까?

김장수 : 한 사십 대 한 고 정도 됐지 싶은데.

최승호 : 어른 몇 살 땝니까, 그라면은.

김장수 : 내가 열여섯 살 그때. 열여섯 살 됐지.

최승호 : 음, 중학교, 중학교는 못 갔는데. 중학교 다닐 땝니까?

김장수 : 중학교 그때 안 갔다.

최승호 : 중학교 안 갔어예?

김장수 : 안 가고. 아부지, 아부지 죽고나여 그래가 갔지 싶으다.

최승호 : 음, 열여섯 살 때. 몇 월달쯤 됐습니까, 아버지 나간 게.

김장수 : 6월달, 양력으로는 한 7월달 안 되겠나. 모 숨굴라고 준비하고 있었다카이. 그래 이 가주고 엄마는 면회 한 번 갔다. 거 저 내나 경찰서에 거.

최승호 : 청도경찰서에.

김장수 : 예.

최승호 : 면회를 갔었어예?

김장수 : 면회 가가 옷, 옷 갈아입어라 카미 옷을 가주고 갔다 캅디더. 옷, 옛날에 뭐 양복이 있나 전부 한복 그거 뭐. 여름이께네 바지저고리 뭐 삼비, 삼베 가주고 마이 했거든. 삼.

최승호 : 옷을 갈아입히려고 바지저고리 가지고 경찰서에 갔습니까?

김장수 : 갈아입히고 헌 옷 가주고 왔다 이카드라카이. 나는 그거로 눈으가 보지는 못 했다카이.

최승호 : 엄마가 가서.

김장수 : 엄마는 한번 거 가 갇히가 있는 거를 함분 면회를 함분 했다 캐.

최승호 : 그때 당시에 그 같은 덕산리 마을 사람들도 같이 있었는

가예?

김장수 : 그래 그렇지.

최승호 : 도윤기 씨 아부지하고 김용곤 씨.

김장수 : 그렇지. 한목 그래 잡아, 잡아가가.

최승호 : 한목 잡아갔어.

김장수 : 한날 잡아갔는 거는 아이고. 뭐 자구 자구 조 여가주고 모 다놓고 인자 언제 한번 갖다 지기자 카미 뭐 추럭을 가와 가 뭐 소문에 뭐 대고 실어가 갑바, 갑바 그거 비 안 새는 갑바. 차 우에 그거를 덮어씌아가 사람 우에 거 뭐 순사 들 탔든동 마 이래가 군데군데. 그러이 개머리판 그거로 가 막 멀 콱 뚜디리고 그란다 카데. 다리가 뭐 지게 거 도 로에 가이께네 그런 식으로 얘기가, 소문에 그런 얘기가 듣기데.

최승호 : 그러면 그 청도경찰서에 얼마나 아버지가 잡혀계셨습니 까?

김장수 : 근 한 보름꺼지 있었을 낀께 지법 오래 있었다카이.

최승호 : 보름 있는 동안에 면회를 한 번만 갔다 그지요.

김장수 : 엄마 혼자 함분 그래 옷 가주고 갔다 이카드라.

최승호 : 엄마 한 번. 그럼 그때 혹시 저 뭐 아버지가 뭐 돈을 좀 가 오라든지 이런 얘기는 안 하셨는가예, 엄마한테.

김장수 : 그런 거는 뭐 돈을 뭐 거 가가도 어데 성 고무도 모르고. 그럴 직에는 옛날 거 보믄 머 소 한 마리 팔아가주고 돈 좄는 사람은 뭐 살아 나왔다, 이런 소문도 있고. 뭐 듣기 드만 우옛든동 뭐.

최승호 : 혹시 그때 뭐 돈을 갖고 오라고 했으면은 돈을 가지고 가

서 빼냈을 거 아닙니까? 그런 얘기도 못 들었다 그지예.

김장수 : 아 그랬겠능교. 그라고 우리 집안에 누가 똑똑하기 좀 그래 활동하는 사람도 없었고. 그러고 또 그런데 활동할라고 마음을 무도 저 지서 근데서 또 거 한 덩거리라 카미 몰리가주고 까딱하면 마 욕본다카이.

최승호 : 아, 그래가 점점.

김장수 : 안 그랬겠십니꺼. 뭐 거 세월이.

최승호 : 한 편 든다, 한패다.

김장수 : 그렇지. 그런 점도 안 있겠나 이래 내가 생각이 난다카이.

최승호 : 그라면 인제 어느 날 가니까 인자 그 청도경찰서에 가니까 아버지가 없었어예?

김장수 : 가지도 안 앴고 그래가 거 큰 부잣집인데 거 이래 집안에 거 가다가 경찰서에는 가둘 데도 없고 사람이 하나둘도 아이고 뭐 여러 수십 명 되이께네. 그래가 거 김 뭐고, 청도 거 부잣집이 있다카이. 부잣집 있는데 그 안에 거 뭐.

최승호 : 감금, 아 거 감금해놨다가.

김장수 : 예. 그카데.

최승호 : 그래 있다가 거기서 코발트광산으로 갔다 캅디까?

김장수 : 코발트광산으로 갔든동, 뭐 어드로 갔든동 학실하게는 우리도 몰랐거덩. 몰른데 인자 청도 거서도 우리 거 곰티재 거도 사람을 마이 지깄다 카이끼네. 마이 지깄는데 거는 전부 시체로 뭐 글 적에는 뭐 같이 뭐 가족들이 이래 전부 시체로 디비가 자기 가족을 찾어가 어데 가 묻고 그랬다카이. 그랬는데 우리 인자 이래 여 왔는 사람은 시체가 인자 발견이 안 되이께네 어데가 죽었든동 뭐 그러이끼네.

최승호 : 아, 시신이 없으니까 인제 코발트광산으로 갔을 거다.

김장수 : 일로 왔는 기 확실하다카이. 거 청도경찰서 그 수창 차가 및 대 거 어데 지엠우씨에 거 싣고 나갔다 칸다카이.

최승호 : GMC에 싣고 나갔으니까 경산코발트광산으로 갔을 거다, 이렇게.

김장수 : 이 근방이라. 그래 죽인 데는 마이 없거등요. 그래 여 와가 마이 지깄다 이런 소문이 나대.

최승호 : 청도경찰서에 트럭이 그때 몇 대가 나갔는가예?

김장수 : 청도경찰서 그래가 마 실어다가 어데 가가 죽이뿌라. 이래 무슨 그기 지시가 안 있었겠나.

최승호 : 엄마는 그럼 아버지 뭐 집에 죽었는지 살았는지 알 수도 없잖아예?

김장수 : 엄마도 죽었다고 생각했지 뭐. 그래 보고 경찰서 거 갇힌 데 사람이 하나도 없고, 없시이께네 뭐 죽었다고 생각했지.

최승호 : 아버지 돌아가시고 나서 제사도 그럼, 바로 제사를 지냈습니까?

김장수 : 제사도 뭐 크게 이래 학실하게 뭐 날짜로 아나 이래가 몬 지냈는데 밥은 뭐 명절 지사 거는 이래 제사로 모시고 기지사는 뭐 안 지냈다카이. 그때.

최승호 : 돌아가신 날짜도 모르고 하니까 기제사는 안 지내고 명절 제사 때만 밥 떠놓고 했네.

김장수 : 그래, 그러이.

최승호 : 기제사 지내기 시작한 거는 언제부텀니까 그러면.

김장수 : 고 인자 조금 세월이 잠잠하고 이러이께네 학실하게 뭐

9월 9일지로 지내자, 이런 식으로 캐가 머 9월 9일날 밥
떠놓고 인자.

최승호 : 지금 인자 우리 위령제 지내는 날 지내지 그지예?

김장수 : 예. 지내고 지낸다.

최승호 : 아, 위령제 지내고 저녁에.

김장수 : 그래. 그래 한다카이.

최승호 : 우리 저 유족회는 어떻게 알고 이렇게 오셨습니까?

김장수 : 그러 인자 청도유족회하고 우리가 같이 발족을 해가 거 마
이 협조를 해가 댕깄거둥. 댕기다가 누가 또 아는 사람이
우리는 여 해가 안 된다. 경산유족회하고 거 코발트광산을
갔시이 경산을 가자 이래가주고 그때 그래 왔다카이끼네.

최승호 : 우리는 코발트에서 돌아가셨으니까 경산유족회로 가야
된다.

김장수 : 그래. 그래가주고.

최승호 : 그때 몇 명이나 우리 청도유족회에서 코발트광산으로 왔
지예. 한 30명 됐지예.

김장수 : 지금 한 스무남씩은 됐지.

최승호 : 그렇지예. 그분들은 다 그 보상을 다 받았지예? 여 경산
으로 온 사람들은.

김장수 : 그렇지. 청도가 먼저 받았다 카던데?

최승호 : 예. 청도는 먼저 받았어예. 지금 청도유족회는 지금 활동
은 그쪽에는 지금 안 나가시지예?

김장수 : 안 나갑니다. 안 나가는데 그 저 위령탑이 지금 재 만댕이
거 우리 집 있는 데서 얼매 안 떨어지거든.

최승호 : 예. 곰티재 있지예.

김장수 : 예, 곰티재 거 있는데 하분씩 우리 유족들이 거 연락을 한 다카이. 거 거 아무날 지내이끼네 놀로 오라꼬. 그래가 용이캉 둘이 한 도 분 가봤다.

최승호 : 청도유족회 거기 곰티재 위령제에는 사람들이 많이 옵니 까?

김장수 : 위령탑도 지금 그 위치고 거가 여보다 나은 겉드라. 우리 가 볼 때.

최승호 : 아, 청도 위령탑이 더 잘해놨어예?

김장수 : 예예, 거 해놨는 거 보마. 못둑 우에 위치가 거 이래 들어 얹힌 데가 돼가, 재 만대이.

최승호 : 아, 청도 열심히 해가 잘하셨구나.

김장수 : 비도 이, 와 쌓아 놨는 거 탑도 훨씬 높으고 크다 카이끼 네. 뭐 우에 됐든동 이기, 이거는 뭐 푹 꺼졌는데 뭐 뭐 뭐.

최승호 : 땅이 없으니까.

김장수 : 응, 보기에 글테.

최승호 : 좀 아쉽다 그지예? 우리 경산유족 경산코발트 위령탑도 그렇고, 공간도 별로 안 좋고. 정부나 우리 경산시에서 좀 나서주면 좋을 긴데.

김장수 : 그래도 뭐 유족회 여 일보는 사람들이 실지 참 고맙지 뭐, 그래도 다.

최승호 : 혹시 여 마을에 지금 한 7, 8명 돌아가셨는데 경산유족회 3명 오고 나머지는 다 청도유족회에 있습니까?

김장수 : 청도유족회도 안 나가는 겉드라. 안 나가고.

최승호 : 그 사람들 지금 인제 미신고자들 지금 신고받고 있는데

혹시 마을에 거 신고해야 될 사람은 없습니까?

김장수 : 마을에 신고해, 부산 객지로 다 나가고 마을에 거 안 산다 카이끼네. 그래 또 도씨네들 도윤기가 안타까버카데. 지도 돈 좀 타고 이래 하이끼네 그때 마 하라카이 와, 고향에 함분씩 오는 거 뭐 내 댕깄시이. 뭐 거 뭐 돈 언제 탈긴데 뭐 이싸미 그싸타가 뭐. 도가들 거 도가들 집안에.

최승호 : 도씨들 집안이 인제 마이 당했구나.

김장수 : 그래 됐다.

최승호 : 그래도 저 한 번 더 얘기하시소. 거 신고, 올 연말까지 신고하시라고. 그래 해야 뭐 그분들도 억울하게 죽은 아버지 소원을 풀지.

김장수 : 예예. 하이고 얘기 얘기 다 할라 카마 나도 그 지서 거 지서 매진지서 거 관화지서 거 붙짜끼 니리가가주고 쪼맨헌 그로 이누무 뭐 얼매나 여여 머리 대꼬챙이가 여 마 확확 때리고 이씨, 개겉은 새끼들. 하이그.

최승호 : 왜 때렸습니꺼?

김장수 : 바린말 하라 카는데 바린말로 뭐인 바린말로 하노, 암만 했는 거 해도 말 그대로 뭐 거진 뭐 양석 주고 뭐 그걸 거뿐인데 바린말 하라고 지랄을 바린말 뭐.

최승호 : 누나도 끌려갔습니까? 누나들은.

김장수 : 누나들은 시집을 가뿟거든.

최승호 : 아, 시집가고 없으니까 맏이인 니가 인자 오라 캐가꼬. 지서에서 오라 캤습니까? 아니면 붙들려 갔습니까?

김장수 : 붙잡아가 간다 카이끼네. 붙잡아가.

최승호 : 그때 열몇 살밖에 안 됐는데.

김장수 : 쪼매난 거로 그래 붙잡아 가가주고 개새끼들 그때 아이고 니미 씨발.

최승호 : 그때 그 때렸는 순사들 기억납니까?

김장수 : 매전에 거 저 황태바우라고. 전에 거 와 내나 방송에도 나오고 그거 그것도 죽었다. 한태암이. 그기 인자 바위 암자로 만날 바우라 태암이라고도 안 카나.

최승호 : 그 사람이 지서 주임입니까? 아니면 순사?

김장수 : 어데, 순사. 경찰.

최승호 : 그때 그 관화지서에 가니까 순경들이 몇 명이나 있습디까?

김장수 : 그때 한 대여섯이 됐지. 근데 그 특공대 카미 특공대 카미 또 마실에 청년들로 한 스물너덧 된 사람. 그래가 그거 총 조가주고 경비를 세우고 그것도 뭐 순사 한가지지 뭐. 영창 겉이.

최승호 : 마을에 있는 사람들이? 청년회. 뭐 혹시 저기 청년방위대 겠지예?

김장수 : 방위댄강 뭐 그렇지. 청년 뭐.

최승호 : 청년방위대에 거 덕산 사람들 있었습니까?

김장수 : 주로 고 동네 사람. 6개 동이거든, 고 관화지서 구역이. 6개 동 사람.

최승호 : 카마 저 두곡하고 금천.

김장수 : 두곡, 6개 동은 관화, 덕산, 두곡, 금천, 상평, 하평. 6개 동 아이가. 여섯 동네.

최승호 : 그러면 청년방위대 사람들은 주로 어느 동네 사람이 많았습니까?

김장수 : 뭐 그런 사람은 뭐 그기 순사들이 시키이께네, 시키이께 할 수 없이 인자, 명령 해가. 몬땠기 그래 몬 하지.

최승호 : 동네 사람이니까.

김장수 : 그렇지. 사람이.

최승호 : 그때 순사들은 전부 다 어디 사람들입니까? 청도사람입니까, 딴 데서 온 사람들입니까?

김장수 : 몰라. 내 거 여 지서 주임은 지서 주임으는 여 경산사람이라 캐, 그때. 채정기라 캐. 채정기. 이름이. 내나 이거 높을 최 자, 최 자 말고 채. 나물 채 자라, 채 자. 채가라 카드라.

최승호 : 그런 사람들도 다 죽었겠네.

김장수 : 여 여게 하양사람이든동. 그게 학실하게 모르겠다 카이끼네. 경산이라 캐.

최승호 : 채씨가 거 진량에 마이 살지예.

김장수 : 그래 거 어데 내 거 사는. 그것도 한 백 살 근 안 됐겠나. 나이가.

최승호 : 좀 악독하게 했네. 이 사람이.

김장수 : 그게 그때 지서 주임 한다 카마 경찰이 좀 뭐 앞에 들어왔는가. 그 사람으너 그 사람으너 앉아가 뭐 지시마 시키지. 뚜디리 패고 그런 건 없는데 밑에 것들이.

최승호 : 주로 한태암 씨나 이런 사람들이 뭐 고문도 하고.

김장수 : 김천서 왔다 카미 순사 하나 고 사람이 좀 얌전하고. 그래 몬땠게는 안 하대.

최승호 : 엄마도 수시로 불리가서 고문당했습니까, 엄마도?

김장수 : 아이고 몇 번 뽑들리 니리가가주고 밤, 겨울에 거 난롯불 앞에다가 끄다 놓고 뭐 대고 물로가 주전자에 코에다 디

루고 이 지랄뻥 해. 죽을 고문을 다 당했다카이. 그래 인자 우리 내, 옴마, 동생은 그때 쪼맨해놓이 안 붙들어가고 둘이를 붙들로 가가 어데 가가 저 골짜기 가가 지기뿌라, 뭐 어떻고. 죽는다고 각오했지 그때. 각오를 그래 했다카이. 해도 뭐 죽이지는 안 하대.

최승호 : 불어라, 바른말 해라 그 소리밖에 한 게 없네.

김장수 : 그렇지. 바른말 하라카이 그기.

최승호 : 그라면 뭐 대답이 나는 모른다, 뭐 밥 달라 캐가 밥 줬다. 그 소리밖에 더 할 게 있습니꺼.

김장수 : 딴말로 뭐 붙이가 할 말이 어디 있는데.

최승호 : 그렇지. 아는 사람도 아니고 모르는 사람인데.

김장수 : 그렇지, 맞아.

최승호 : 그 밥해줬다고.

김장수 : 나는 생각에 조곰 나이 들어가 세월 탓으로 세월이 인자 그래 맨들었다 카는 그런 생각을 더 그래. 그 사람들도 뭐 할 수 없이 그런 위치에 있시이 그런 짓을 안 하고 또 되겠나, 이래 싶으드만. 뭐 그 뭐 세월이 말하는 거지 우리가 이래라 저래라 뭐 그 소리도 몬 하겠고. 그렇더라카이.

최승호 : 억울하지만 그때 당시에 어쩔 수 없이 그런 일이 있었다.

김장수 : 그케. 그 뭐 우야겠노. 아부지도 그래 순진한 사람이 그런 참 죽음을 당했시이께네 얼매나 억울하겠노. 그렇지마는 뭐 한 사람 두 사람도 아이고 그래 붙작히 가는 기. 억울하게 죽은 사람이 대다수가 억울하게 다 죽었다 카이끼네. 뭐 진짜 뭐 뭐 순사들캉 사상적으로 뭐 좌익사상

가지고 막 이래 나서가 하는 사람 누가 있노. 그래 또 혹시 동네 더 하마 앞에 뭐 그놈들한테 원, 좀 원대가리한테 붙작히 갔는 기 사상이 조금 달라가 우리는 중공군 패로 가자 이런 식으로 했으마, 머리가 좀 발달돼가 좀 배았, 배았는 그런 것들이 그하지. 밑에 무식자들이 뭐 그 뭐 따라댕기미 뭐 할 긴데.

최승호 : 혹시 그 마을에는 웃대가리 그런 사람들 안 살았습니까, 덕산에는 없었습니까?

김장수 : 없었다카이.

최승호 : 관화 그 동네, 관화 6개 동에도?

김장수 : 없어. 그거 옛날 그 왜놈들한테 왜놈들 앞잽이 카미 왜놈들한테 인자 좀 그거 했는 그런 사람들이 그 인나들이 산에 댕기는 넘들이 너무 그 악하게 해놓이 아주 동네 사람한테 몬땠게 해놓이. 배급 주는 가가리 겉은 거 그런 그거, 왜놈들 밑에 배급도 한 홉 주라 카마 반 홉을 떼가 조뿌고 이라이끼네 얼매나 억울하노. 그때 온 거 다 조도 배고플 그런 시절인데. 그러이 그거를 집중해가주고 불로 질러뿌고 그래 해뿟다카이.

최승호 : 산사람들이 인제 왜놈 앞잡이들을 이제 집을 불도 지르고.

김장수 : 그래, 빨개이들이 니리와가 그래뿟다 이카대 뭐.

최승호 : 덕산에도 그렇게 불탄 사람이 있습니까?

김장수 : 면에 댕기는 면직원들, 지금 말하마 면직원 이런 사람들이 몬땠게, 뭐 몬땠게 그때 위치가 그래놓이께 그런동 뭐. 할 수 없이 그래 뭐 공출 겉은 것 농사지어 놓마 집에

물 거 하나동 없이 다 끌어대뿌고 그랬는데 뭐. 내가 그 거는 환하이 안다카이.

최승호 : 아, 산사람들이 면직원이나 일제 앞잡이 이런 사람들 집 에 불도 지르고 그런 거를 들었다.

김장수 : 왜놈들한테 얼매나 고초를 당한동 모린다. 우리도 학교를 댕길 직에도. 학교 그거 초등학교 그때 초등학교 간이학 교 아니가. 거 댕기이께 그 저저 고 좀 큰 기, 한 학년 높 은 기 뭐라 카노 하마 니 어디 있노 카미 일본말로 하라 이카거든. 진작 드가가 일본말로 우에 아노. 그러마 조선 말 내 어데 있다 카마 조선말로 우리나라 말로가 내 어데 덕산에 거 있다, 이카마 마 땅굴 그거 보꾸고 카미 옛날 에 그거 이래 땅굴을 파가 방공호 거 조 가다뿐다. 에이 고 그런 것도. 그래 했다카이.

최승호 : 그런 일본, 일제 때는, 식민지 때는 일본사람들한테 당하 고 해방 후에는 또.

김장수 : 농사 좀 지어 놓만 마 여 여 종자 할라고 종자 씨 저녀 삐게 어데 걸어가 주무이 맨들어 딱 여놓마 그거조창 다 죽… 여 샷이 있다카이. 찌리는 거. 그거 빼가 보고 그거 조창 다 뺏어가. 아이고.

최승호 : 아, 숨게놔도 벽 속에 숨캐놨는 걸 찔러가 인제 찾아가 가 는구나.

김장수 : 그거뿐가. 가마이 그거 뭐고. 가마이 치라고 한 집에 백 장이마 백 장 거 접어가. 우리 누나들 좀 컸거덩. 내보고 그 쳐가주고 거 돈이나 옳기 주나. 공 거 한가지지 뭐. 다 뺏어가고.

최승호: 가마이 치나놓마 공출해 가가고.

김장수: 공출되고 그랬다카이. 나는 학교 댕기미 그 맹태 짊어지고 산에 솔가지. 와, 산에 거 솔나무 꾕이 거 있거던. 그거가 뭐 뱅기 지름 짠다 카드나, 뭐 이 지랄하이. 그걸로 안 가오마 학교 몬 나오구로 하고 그랬다. 왜정 때. 아이고, 살아온 한평생 참.

최승호: 참 힘들게 어렵게 살으셨다 그지예?

김장수: 한평생 살, 다 얘기할라 카마 뭐.

최승호: 그러면 오늘 마지막으로 저 카메라 보시면서 그 아버지 참, 그 사신 걸으면 많은 연세도 아닌데 억울하게 돌아가셨는데 그 자식으로서 그때 아버지 생각도 나실 끼고 한 데 한 마디 하시소.

김장수: 여, 경산유족회서 이래 참 좋은 일로 이래 베풀어주이 저는 자슥 되고 아주 이래 참 흐뭇한 기분입니다. 앞으로 우리 유족회가 마이 발전되기로 바라며, 그래 우리 최승호 님이 연락해가 이래 올라와가 처음 지가 이래 녹화로 하고 있는 걸은데 대단히 감사합니다. 예.

최승호: 아이구, 말씀도 잘하시네예. 자 그러면 한국전쟁 70주년 기록화사업 2차 네 번째 유족, 구술채록을 이것으로 마치겠습니다. 이번 기록화사업은 영남대학교 지역협력센터와 경산유족회, 그리고 경산신문사가 공동으로 진행하고 있습니다. 감사합니다. 고생하셨습니다.

김장수: 고생하셨습니다.

최승호: 감사합니다.